SOUVENIRS
CONTEMPORAINS

D'HISTOIRE ET DE LITTÉRATURE

SECONDE PARTIE

Paris. — Imprimerie de Gustave Gratiot, rue Mazarine, 30.

SOUVENIRS
CONTEMPORAINS
D'HISTOIRE ET DE LITTÉRATURE

PAR

M. VILLEMAIN
MEMBRE DE L'INSTITUT

SECONDE PARTIE.

PARIS
DIDIER, LIBRAIRE-ÉDITEUR
QUAI DES AUGUSTINS, 35

L'auteur et l'éditeur se réservent le droit de traduction.

1855

SOUVENIRS
CONTEMPORAINS

D'HISTOIRE ET DE LITTÉRATURE

LES CENT JOURS

Suscepêre duo manipulares imperium Populi Romani
transferendum, et transtulêre.

(TACIT. *In lib. hist.* I, § 25.)

CHAPITRE I

L'AVANT-VEILLE ET LA VEILLE DU 20 MARS 1815.

Le 18 mars 1815, je revenais, par une nuit claire et froide, le long des boulevards de la Madeleine et des Italiens, la tête remplie de tout ce que j'avais vu, de tout ce que j'avais entendu, pendant quelques heures, au milieu des salons d'un élégant hôtel de la rue d'Anjou-Saint-Honoré. Dans ma mémoire de tout jeune homme, malléable et colorée comme une lame de daguerréotype sous les rayons du jour, les personnages, leurs entrées, leurs sorties, leurs voix, leurs paroles, les expressions diverses de leur inquiétude, de leur confiance ou de leur apathie, étaient présentes et sensibles; et je continuais à me donner à moi-même le spectacle, d'où je sortais à peine. J'en étais obsédé jusqu'à l'éblouissement et à la fatigue d'esprit, gardant toutes vives les émotions des autres, et y mêlant les miennes pleines de trouble, comme l'inexpérience.

Dans la riche demeure de la veuve de l'illustre Lavoisier, chez madame la comtesse de Rumfort, pour citer le nom toujours honorable de celle qui n'avait pu changer son premier nom, sans déroger beaucoup, je venais de voir une élite de la société de Paris sous le coup de l'agitation et de l'effroi qu'excitait l'entreprise de Napoléon, annoncée d'abord comme folle et impossible, d'un succès douteux durant quelques jours, grossie tout à coup par la trahison, secondée par la stupeur, s'armant de toutes les forces envoyées pour la combattre, et accourant, comme une avalanche, sur Paris épouvanté.

Déjà, et presque dès le début de cette course conquérante, la défection du jeune et infortuné colonel de Labédoyère éclatant au loin, comme un phare de trahison pour l'armée, avait paru de sinistre augure, et portait le trouble dans la noblesse d'ancien régime et de cour, à laquelle il appartenait. D'autres incidents et le progrès rapide des étapes de l'envahisseur avaient incessamment aggravé cette première alarme, malgré les démentis des journaux et des discours : et quand on le voyait, de Lyon, qu'il avait pris sans coup férir aux acclamations de quelques milliers d'artisans, lancer partout des ordres absolus, dissoudre les deux Chambres[1], en renvoyer impérativement les membres à leurs domiciles, pro-

---

[1] Premiers décrets de Lyon, datés du 13 mars; connus à Paris dans la journée du 17.

noncer des séquestres, refaire des catégories d'émigrés, et, en attendant, passer la revue des troupes dirigées contre lui, maintenir ou casser les préfets et les magistrats des villes, selon leur degré d'humble soumission ou d'hésitation effarée, et s'avancer en maître avec une armée conquise sur la route, il était impossible de ne pas compter les jours avec terreur, et de ne pas douloureusement prévoir une issue trop semblable à de tels commencements.

Tout ne paraissait pas encore perdu cependant. Une reprise d'efforts était tentée, et quelques espérances survivaient dans l'excès du mal et du découragement. Les protestations, les adresses de fidélité abondaient de toutes parts, et formaient comme une illusion de résistance contre l'entraînement des faits.

Dans la réalité, les troupes, impuissantes à méconnaître leur ancien chef, à soutenir son regard sans déserter vers lui, ne se révoltaient pas cependant d'elles-mêmes et hors de sa présence : ou du moins quelques rébellions ainsi commencées avaient avorté, soit par l'abandon partiel des soldats, soit par l'ascendant supérieur de quelques généraux fidèles. Dans la fuite des princes quittant Lyon devant le drapeau tricolore, le maréchal Macdonald, sans pouvoir dominer l'élan de révolte des troupes, avait noblement maintenu son serment à la Monarchie et à la Charte des Bourbons, comme le maintenaient ailleurs, au même moment et plus tard, Masséna, Berthier, Jourdan, Gouvion Saint-Cyr, Oudinot et Victor. Le maréchal Mortier avait fait plus. Rencontrant un corps de troupes égarées par deux généraux conspirateurs, il les avait arrêtées par ses reproches, et fait rentrer à leur poste, au nom de la discipline et de l'honneur. Ainsi, dans les douze premiers jours de cette invasion si extraordinaire, nul homme vraiment considérable ne s'était encore réuni à la marche du vainqueur; et ce vainqueur lui-même n'avait pas combattu.

Un dernier espoir, un dernier calcul de défense restait donc, c'était de faire partout retirer, sur le passage de l'Empereur, ses anciens régiments, de ne plus lui envoyer de recrues, sous couleur de le combattre, mais de l'attendre à quelques lieues de Paris, avec les compagnies de gardes du corps et les volontaires qui se pressaient depuis quelques jours.

Sortis de plusieurs maisons du haut commerce, et plus encore des grandes écoles, ces jeunes gens, sous un uniforme improvisé, se montraient en assez bon nombre dans les promenades publiques, en attendant des ordres et une destination qui ne venaient pas. Ils comptaient dans leurs rangs bien des noms d'étudiants étrangers à tout souvenir de noblesse et d'ancien régime, mais que l'instinct légal entraînait, et dont quelques-uns devaient s'illustrer plus tard dans la cause indestructible du droit et de la liberté civile.

Pour diriger ces derniers efforts de l'esprit public, pour sauver la Monarchie et la Charte, on avait, depuis le 12 mars, à défaut des soldats de Napoléon, son ancien ministre de la guerre, le duc de Feltre, qui, tenant de parenté et d'alliance à la cour des Bourbons, venait d'accepter du Roi, avec un honnête courage, la mission de vaincre sans armées son ancien Empereur.

Puis, par un contraste singulier, et peut-être d'un effet plus bruyant que solide, beaucoup d'hommes que leurs souvenirs de révolution, leurs principes de liberté rendaient depuis onze mois assez contraires à la Monarchie restaurée, lui sachant gré de la Charte cependant, et comparant ce régime de droit et de modération légale au coup d'État militaire qui ramenait Napoléon, et aux reprises de tyrannie dont il avait, disait-on, déjà marqué sa course, faisaient éclater les plus vives professions de foi. Tous, alors du moins, voulaient sérieusement maintenir les lois contre la force, et défendre la Royauté constitutionnelle contre l'Empire revenant de l'île d'Elbe, comme Marius de son exil d'Afrique, avec la terreur de son ancien pouvoir pour cortége de son retour.

A part même le mouvement unanime des Chambres convoquées depuis le 7 mars, à part le langage du Roi et les adresses monarchiques et libérales qui semblaient y faire de toutes parts un écho prolongé, des réunions loyales formées dans le même espoir, des rapprochements intimes de conscience et d'intérêt se multipliaient entre les hommes du droit légitime et les partisans de la liberté, même républicaine, entre MM. de Châteaubriand, Hyde de Neuville, Laîné, et MM. de La Fayette, Lanjuinais, Boissy d'Anglas.

Un recueil polémique, célèbre alors par l'âpreté de son zèle démocratique, et souvent, je crois, bien maudit de la Restauration, le *Censeur européen,* début de deux jeunes hommes instruits et probes avec courage, MM. Comte et Dunoyer, se déclarait hautement pour le pouvoir, dont il avait attaqué jusque-là bien des intentions et des actes, mais qu'il ne mettait pas en balance avec le despotisme lui-même reparaissant sous les traits de Bonaparte, et venant, par la violence de sa rentrée, abolir de fait tous les principes de droit et toutes les formes de liberté, dont ce nom seul était le démenti.

Devant un tel danger, il semblait qu'il n'y eût plus qu'une seule sauvegarde, qu'un seul cri de protestation et de ralliement, la Charte et la liberté de la Tribune et de la Presse. Le roi Louis XVIII l'avait compris, et marqué par son empressement à convoquer les deux Chambres, dès la première apparition de la petite armée de l'île d'Elbe. C'était la loi, qu'il appelait d'abord contre la force. Cet appel, si digne d'être puissant, se continuait partout; et à ce dernier moment, on affirmait de nouveau que l'alliance entre tous les amis du gouvernement représentatif, à titre ancien ou nouveau, aristocratique ou populaire, était désormais assurée, et qu'elle allait être annoncée par un *manifeste* qui paraîtrait dans le *Journal des Débats*. On nommait comme auteur de ce manifeste un écrivain célèbre, récemment popularisé par un an d'opposition modérée, après dix ans d'exil sous l'Empire, l'ancien tribun éliminé, Benjamin de Constant.

On disait, en même temps, que des actes de pouvoir conformes à ce rapprochement spontané des partis, que des témoignages éclatants de confiance et d'honneur offerts aux hommes les plus indépendants allaient sceller l'intime union de tout ce qui voulait la paix, l'industrie, la liberté, les principes de 1789 et la Charte de 1814, contre la dictature, la conscription illimitée, les commissions militaires et les prisons d'État.

Malheureusement cette coalition était tardive, et, dans sa sincérité même, plus intellectuelle que réelle. Surtout, elle n'entraînait pas une réunion immédiate de forces quelconques, de forces même bornées, mais effectives, sur lesquelles on pût s'appuyer, concentrer la résistance, et donner à la nation le temps du moins de n'être pas enlevée par surprise. La merveille du rétablissement de Napoléon au 20 mars est toute dans l'absence d'une organisation, pour lui résister. Ce qu'il y avait en France de troupes réglées, de vieux soldats étaient à lui de cœur et d'habitude. Hors de là, il y avait contre son despotisme des souvenirs tout récents de désastres affreux, des haines, des craintes, et le sentiment d'une liberté nouvelle; mais rien d'uni et d'armé, de sorte qu'à travers l'apathie et la curiosité expectante du grand nombre, les huit cents hommes de Napoléon étaient, à tout prendre, plus forts que tout ce qui restait à mettre en campagne contre lui.

Tout dans les moyens de défense était vague, incertain, léger comme les paroles qui frappaient l'air; tout dans le pouvoir nominal était confusion et découragement, tandis que ce point noir, formé sur la côte du golfe Juan, roulait irrésistible et toujours grandissant vers Paris.

L'influence de cette accablante réalité, la fascination qu'exerçait, même de loin, ce pouvoir inévitable, un sentiment presque général de défaite anticipée était visible dans la réunion nombreuse qui se pressait chez madame de Rumfort. Plusieurs sans doute affectaient encore le calme et la confiance. On s'enhardissait par des saillies de colère et d'indignation; mais un seul peut-être avait vraiment toute la sécurité d'une âme forte.

C'était un de ces hommes à part, qui, comme lui-même l'a dit, s'étaient tenus debout sous l'Empire. Réputé longtemps l'adversaire de la vieille Monarchie, il était, en ce moment, désigné au premier rang des défenseurs du Trône et des deux Chambres; et on ne doutait pas que son nom ne fût bientôt mis en avant, parmi ceux dont se couvrirait la monarchie de Louis XVIII. On savait que la veille, reçu en audience du Roi, il avait paru aux Tuileries, la cocarde blanche à son chapeau. Lui-même, grave et serein, semblait accepter et confirmer toutes les conjectures qui se répétaient sur son adhésion active au gouvernement si menacé des Bourbons et de la Charte.

Ailleurs, et pour quelques courtisans zélés, c'était là un scandale et un effroi. Mais cette répugnance était presque imperceptible dans les salons de la rue d'Anjou-Saint-Honoré; et, aux yeux de tout esprit sensé, M. de La Fayette, un des fondateurs de la liberté américaine, le proscrit de 1792, le prisonnier d'Olmutz, le muet adversaire de l'Empire dans ses grandeurs, revenant sur la scène politique, après tant d'années, n'était ni un ennemi, ni un allié indifférent.

Cet homme, que tous les partis ont jugé quelquefois avec rigueur, parce que jamais il n'a appartenu complétement à aucun d'eux, réunissait à la fierté du caractère une finesse d'esprit pénétrante et même dédaigneuse, qui n'était pas sans supériorité. Nous ne prétendons pas décider s'il était, comme général, au-dessus ou au-dessous de Fairfax, dont les talents militaires ont éclaté jusqu'auprès de Cromwell; mais il le surpassait beaucoup en volonté politique et même en connaissance des hommes; non qu'il n'ait été souvent trompé, mais par orgueil bien plus que par défaut de lumières, se faisant illusion, à la fois sur l'esprit de la multitude, dont il attendait trop, et sur son propre ascendant, auquel il croyait, comme à un principe. C'était là son erreur, moins évidente du reste, à cette époque, et moins réitérée qu'elle ne l'a été depuis.

Quoi qu'il en soit, ses malheurs, sa longue captivité, les débats du Parlement anglais sur son compte, son inflexible inaction sous l'Empire l'avaient grandi dans l'opinion ; et il semblait, à ce moment d'incertitude et de désarroi politique, un homme à part, aux yeux de tous, comme pouvant, à une certaine heure, concevoir et faire ce que nul autre n'eût osé. Je ne sais s'il avait déjà quelque pressentiment de ce rôle prochain ; mais sa sérénité, dans le trouble général, paraissait singulièrement fière. Au milieu des questions et des hommages, qu'il accueillait de quelques mots ou d'un sourire, il lui échappait de dire, avec cette béatitude de prévoyance, dont Dieu l'avait doué, que finalement cette crise serait heureuse pour tout le monde, en montrant à la vieille Monarchie le besoin qu'elle a de la liberté publique pour sa propre défense et pour son salut, aux amis de la liberté les précautions qu'ils avaient à prendre, les sauvegardes nationales qu'ils devaient établir, et enfin, aux Bonapartistes eux-mêmes, combien leur idole était incorrigible, et le despotisme, auquel ils avaient cru, impossible à constituer dans notre siècle.

Cette espérance d'un progrès perpétuel, cette fermeté de foi dans la théorie et dans l'avenir, deux choses si incertaines, ont prêté souvent à la censure et même à la raillerie contre M. de La Fayette ; et nous ne prétendons pas l'absoudre complètement à cet égard, devant les royalistes zélés, ni devant les politiques ; mais franchement, cette persévérance immuable d'opinion et de caractère, comparée à la mobilité de tant d'autres, à tant de désaveux de doctrines, à tant d'infidélités de partis, à tant d'apostasies de soi-même et de son nom, nous paraît former un titre assez rare dans notre siècle, et élever moralement un homme au-dessus de beaucoup d'hommes, tout en lui laissant sa part de torts et d'impuissance.

Près de M. de La Fayette, avec un air moins assuré et surtout moins calme, M. Benjamin de Constant recevait d'assez bonne grâce, d'ailleurs, beaucoup de serrements de mains et d'éloges passionnés sur sa déclaration imminente, et sur ce qu'on savait déjà de son énergique appel et de son engagement irrévocable contre l'usurpation armée. On l'interrogeait; on le félicitait de toutes parts.

A côté de lui, dans une sorte de sympathie admirative, se tenait un homme de lettres étranger, Français par ses ouvrages, l'auteur de l'*Histoire des Républiques italiennes* et du *Tableau des Littératures du Midi*, le bon et savant Sismondi, homme de cœur et d'illusions, annaliste érudit, critique varié, publiciste, économiste, connaissant tout de l'histoire, hormis le vrai de la vie humaine, aimant la liberté avec une âme droite et candide, mais pouvant tomber, les yeux ouverts, dans les filets d'un despote, incorruptible d'ailleurs au plus haut point, et paraissant jouir ici des hommages décernés à Benjamin de Constant, plus qu'il n'eût fait d'un triomphe espéré pour lui-même.

Moins confiant était le visage d'un autre homme de lettres, justement célèbre, quoique souvent méconnu, l'auteur classique d'*Agamemnon*, l'auteur original de *Pinto*, Lemercier. Bien que poëte, et poëte trop hasardeux, c'était lui qui, ce jour-là, semblait l'homme de pratique et d'expérience. Son instinct profond de liberté et ses épreuves de douze ans du Consulat et de l'Empire lui montraient juste ce qu'il fallait craindre. Sans goût et sans haine pour la Restauration, ancien ami du Premier Consul, n'ayant rien voulu de ses faveurs, et ayant perdu par sa disgrâce, aggravée de chicanes administratives, la moitié d'un riche patrimoine, Lemercier, avec un génie incomplet, avait une âme comme il y en a peu, naïve, intrépide, fidèle à la seule conviction, et désintéressée du succès même, autant que de la richesse.

Il voyait, en ce moment, avec une clarté parfaite la vanité des projets de résistance, l'entraînement de la force et de la peur, et, comme il le disait, la contrefaçon irrésistible du retour d'Égypte. Il était convaincu que tout s'abattrait, se jetterait ventre à terre, au bruit des roues du char armé de faux, et puis, que, lorsqu'il aurait passé, sans écraser, à force d'aller vite, on se relèverait de çà, de là, avec point de morts et peu de blessés, que le vainqueur se trouverait isolé et incertain dans sa victoire, et que maître de la France, sans l'avoir persuadée ni conquise, il n'aurait, alors même, rien à espérer que d'un recommencement de sanglants hasards et d'une victoire immense sur l'Europe, et qu'en la cherchant, il périrait à la peine.

Quant à l'idée timidement balbutiée par quelques-uns, qu'on était, de tous les côtés, bien las de la guerre, que Napoléon lui-même, sous le coup de l'expérience, avec les grandes lumières de son génie autrefois égaré par l'excès de la prospérité, avait dû revenir à des vues de paix au dehors, de modération et de garanties constitutionnelles à l'intérieur, Lemercier en riait d'un rire inextinguible; puis, citant les paroles du rêve somnambulique de lady Macbeth[1] : « Il y a ici l'odeur du sang, « encore. Tous les parfums de l'Arabie n'adouciront « pas cette petite main, » il expliquait, avec les souvenirs d'un libre commensal de Malmaison, comment le général Bonaparte, de passion et de calcul, de caractère et d'accoutumance, était organisé pour la guerre, pour le despotisme, pour broyer les corps des hommes sur un champ de bataille, et leurs volontés, leurs libertés, leurs lois, dans le cercle d'un pouvoir d'autant plus dur qu'il aurait moins d'espace.

Debout, près de M. Cuvier silencieux, Lemercier avec ses grands yeux bleus noblement animés, sa physionomie opiniâtre et pénétrante, débitait d'un air calme ses inductions prophétiques; et l'auteur de la *Panhypocrisiade*, ce poëme inégal et bizarre, dont quelques beautés mériteraient de vivre dans l'avenir, Lemercier semblait à cet instant même entrevoir, dans une vague révélation, le prochain chaos du Champ de Mai, comme une des scènes les plus étranges et des transformations les plus moqueuses qu'ait pu offrir *la tragi-comédie* de ce monde.

L'auditeur le plus attentif aux paroles et le plus sympathique à la colère intérieure de Lemercier était un jeune savant d'une autre classe de l'Institut, que sa haute taille et la noblesse de ses traits espagnols faisaient remarquer entre tous; il paraissait tourmenté à

---

[1] Here's the smell of the blood still. All the perfumes of Arabia will not sweeten this little hand. Oh! oh! oh!
(SHAKESP. *Macbeth*.)

la fois d'indignation et de douleur. Ses yeux noirs tout éclatants d'esprit, ces yeux que nous avons vus trop fatigués ou trop distraits de l'étude paisible des phénomènes célestes, s'éteindre même avant le déclin de l'âge, semblaient alors pénétrer résolûment l'avenir, comme la science. « Le protectorat étranger ou le despo-
« tisme militaire, disait-il, quelle alternative de maux
« extrêmes ! Et cependant, mieux vaut à tout prix
« l'indépendance du sol ; car l'indépendance défendue
« nous rendra bientôt la liberté. » Et il le répétait, comme pour mieux s'en convaincre lui-même ; et en même temps, il regardait avec tristesse l'inflexible sourire d'ironie, dont le poëte, son confrère à l'Institut, accueillait cette espérance.

Près de ce petit groupe choisi, et dans l'intervalle des graves réflexions et des élans de cœur qui en échappaient, on s'entretenait aussi des nouvelles de la soirée, de quelques adresses de régiments envoyées par les colonels, de l'activité loyale du duc de Feltre rappelé au ministère depuis six jours, de l'obligation périlleuse d'employer des troupes de ligne, pour arrêter la marche de Napoléon. Mais on parlait surtout du grand espoir fondé sur le maréchal Ney, de ses griefs contre l'empereur, de son divorce à mort avec lui daté de Fontainebleau, de son ardeur, seul sujet d'inquiétude par la chance, qu'au lieu de couper les passages, d'occuper les postes, d'entraver et d'alanguir la rapidité de l'ennemi, le Maréchal ne s'emportât trop vite à le combattre et ne risquât la foi vacillante des soldats.

On s'étonnait d'ailleurs du silence profond qui, depuis deux ou trois jours, enveloppait le point militaire qu'occupait l'armée du Maréchal. Quelques-uns même en concevaient un triste augure ; mais on doutait, plus qu'on ne désespérait. On ne supposait pas alors que nous aurions un jour la rapidité de nos convois emportés à toute vapeur, et la merveille de nos messages électriques, pour expédier aussi vite que la pensée le bulletin d'une victoire. Des bruits fâcheux s'arrêtaient en route ; et il circulait plutôt une alarme vague qu'aucune idée précise de la révolution déjà faite à Lons-le-Saulnier. On affectait cependant de s'appuyer encore sur d'autres espérances. On citait une dernière réserve qui, sous les ordres du général Maison, se concentrait à une marche de Paris, et toute composée de gardes du corps, de jeunes gens de riches familles et de volontaires libéraux, promettait, à défaut d'expérience militaire, une fidélité invincible.

Enfin, on assurait que l'armée grossie de l'Empereur manquait d'argent et de provisions, qu'elle se ravitaillait plus difficilement, depuis le passage du Rhône, et qu'elle trouvait moins de faveur dans les campagnes du centre de la France. Mais ces restes d'espérances, peut-être fort douteuses dans la bouche de ceux qui les répétaient avec zèle, n'étaient rien devant l'inquiétude remarquée dans les esprits les plus sérieux et dans le plus grand nombre. Quelques-uns même composaient déjà leur langage et adoucissaient leurs expressions, atténuaient leur blâme ou leur effroi, comme s'il s'était agi d'une catastrophe presque accomplie ou fatalement décidée, et qu'on dût avoir à répondre peut-être le lendemain de toute imprévoyante fidélité de la veille.

Tel ancien conseiller d'État, redevenu officiel, en

perspective de l'Empire, insinuait, avec gravité plutôt qu'avec douleur, l'extrême incertitude des événements; et, parmi les conséquences d'une révolution qui pouvait être si rapide, et qu'il fallait souhaiter rapide, si elle était inévitable, il suggérait l'idée que, probablement alors, nul effort européen, nulle reprise d'une œuvre détruite ne serait tentée contre la France calme et pacifiquement ralliée, sous un ascendant extraordinaire.

Mais, il faut le dire, cette interprétation bénigne était rare. Ce qui troublait surtout les cœurs patriotes et les esprits prévoyants, ce qui leur rendait affreuse l'entreprise partie de l'île d'Elbe, c'est que la répression prochaine ne leur en paraissait pas moins assurée que le succès immédiat. Telle était l'impression de quelques hommes vieillis dans les affaires publiques et qui avaient servi les commencements de la liberté en France, par exemple du sage marquis de Jaucourt, membre monarchique et courageux de l'Assemblée législative en 1792, conseiller loyal du roi Joseph en 1809, séparé de l'Empereur par les fautes irréparables qu'il lui vit commettre, déclaré des premiers pour la Restauration, mais la voulant constitutionnelle et légale, et la servant, à ce titre et dans cette voie. Depuis quelques mois chargé du portefeuille des affaires étrangères par l'absence du Prince de Talleyrand, M. de Jaucourt n'avait paru qu'un moment dans ce salon si agité; et ses paroles intimes avaient été tristes et fermes, prévoyant, disait-il, une prochaine calamité, et non moins sûr d'un déplorable, mais infaillible secours.

Ainsi s'exprimait encore M. Maine de Biran, député et questeur du Corps législatif, esprit supérieur dans les études philosophiques, portant aux affaires toute la douceur, toute la politesse de Philinte, mais avec une invincible ténacité d'honnête homme timide. Ainsi pensait, et parlait le sénateur Garnier, savant économiste, traducteur du livre célèbre de Smith, et par là touché d'un certain souffle de liberté anglaise, auquel il mêlait les souvenirs d'un esprit anecdotique et lettré, connaissant à fond notre ancienne histoire, cour, parlements, noblesse, bourgeoisie, aimant à citer, de Vauban à Racine, mille traits de point d'honneur indépendant et de franc parler politique, même sous Louis XIV. Le sénateur Garnier n'attendait désormais de l'Empire qu'un surcroît de tyrannie, disait-il, terminé par un nouveau et épouvantable désastre. Ainsi raisonnait presque le général Mathieu Dumas, qu'un regard de l'Empereur devait bientôt reprendre, mais qui sentait en homme éclairé et de cœur généreux tout ce qu'on pouvait reprocher à l'Empire; tel était le langage du judicieux Gallois, l'ex-tribun, esprit facile et ferme, nourri d'études variées, et surtout de cette connaissance des lois et de la Constitution britanniques, tour à tour objet de notre vive émulation ou de notre apparent oubli.

C'était aussi le jugement arrêté d'un constitutionnel des premiers temps, d'un des libéraux sensés qui, avec MM. Théodore de Lameth[1], Dumas, Beugnot, Becquey, avaient montré dans l'Assemblée législative beaucoup de talent et de courage inutile, M. Ramond, homme à la fois de science et de tribune, dont la pa-

---

[1] M. Théodore de Lameth, mort au mois de novembre dernier, à l'âge de quatre-vingt-dix-neuf ans, dans les inflexibles principes de modération constitutionnelle et de liberté qui avaient honoré sa vie entière. On a lu un court et remarquable éloge de ce rare et vrai citoyen par M. Arthur Beugnot, ancien pair de France, membre de l'Institut.

role toujours concise et forte, même dans un salon, n'exprimait que des notions exactes ou des sentiments fiers et libres.

Quelque temps préfet sous l'Empire, et malgré le déclin de l'âge, préfet d'une rare activité, poursuivant le détail des affaires avec la même ardeur que les recherches de géologie dans les montagnes de son département du Puy-de-Dôme, il avait gardé de son service public d'alors une grande répugnance, non pas seulement pour le système guerrier, mais pour le despotisme intérieur de Napoléon; et il disait souvent, après avoir énuméré les maux et les pertes de la France dans ces dernières années, que la chose qu'il concevait le moins pour une génération d'êtres intelligents, ce serait la récidive d'une pareille soumission, et la rechute sous un pareil régime.

La conversation entrecoupée et diversement reprise de ces hommes connus, les questions ou les réflexions inquiètes de quelques dames, l'entrée ou la sortie de quelques jeunes officiers d'un grand nom, les nouvelles du camp de Fontainebleau, l'annonce de quelques projets du château des Tuileries, tout cela se mêlait, se croisait, se succédait avec une effrayante rapidité.

On avait cependant essayé dans un des salons de ce rez-de-chaussée splendide de faire un peu de musique, selon l'usage élégant de cette maison, où furent entendus si souvent les maîtres de l'art, Garat déjà vieillissant, et madame la comtesse Merlin, dans tout l'éclat de sa voix et de sa beauté. Mais l'essai était court, interrompu et timidement repris. Les conversations politiques à demi-voix pénétraient dans cet asile réservé; les pronostics les plus fâcheux des esprits les plus graves s'y réfugiaient, et s'y produisaient, pour ainsi dire, avec plus de tristesse et de liberté.

Bien de brillantes parures et de gracieuses physionomies étaient là cependant. Aux personnes les plus distinguées de la société française se mêlaient beaucoup d'étrangères, d'Anglaises surtout. On sait avec quelle promptitude la belle compagnie de Londres, privée de la France depuis si longtemps, avait profité de 1814, quelle élégante émigration s'était hâtée et avait suivi, comme à la trace, la rentrée des plus tardifs demeurants de la nôtre.

Depuis quelques jours, cette affluence vers Paris, cette curiosité confiante était fort diminuée; et les brusques départs se multipliaient, sous l'impression des nouvelles du golfe Juan, et des marches accélérées de cette singulière campagne. Tant l'apparition de l'Empereur semblait la guerre elle-même, la guerre européenne, et avec cette guerre, toutes les chances de séquestres arbitraires et de violences qui avaient accompagné la rupture de la paix d'Amiens!

Il semblait même, à la première vue, que cette fois un surcroît inusité de rigueur se mêlerait aux défiances d'un pouvoir si redoutable qui allait être si menacé, et que, dans ce bouleversement du droit public, nulle garantie particulière ne serait acquise aux étrangers.

L'alarme était donc très-vive dans beaucoup d'opulentes familles anglaises venues à Paris; et la poste ne pouvait suffire aux demandes, pour fuir cette ville cherchée d'abord avec tant d'empressement.

Il restait cependant encore attardés, dans les hôtels de la rue de Rivoli, et comme autour des Tuileries près de changer de maître, bien des voyageurs oisifs ou politiques : et par l'attente inquiète dont chacun se sentait préoccupé, ces témoins étrangers étaient nombreux, ce soir-là, dans le salon d'ailleurs très-français et très-libéral de madame de Rumfort.

Il me serait difficile d'oublier le moment où, dans cette même soirée, une jeune Anglaise, d'un nom connu et de la plus rare beauté, s'était approchée d'un piano, vers lequel l'attiraient plusieurs de ses jeunes compagnes. L'expression de ses traits était calme, autant que charmante; et elle semblait, dans sa sécurité naïve, sans attention au mouvement un peu confus qui l'entourait, n'avoir, à cet instant du moins, qu'une curiosité toute musicale. Assez près du piano cependant, M. Ramond, que je vois encore avec son visage austère et amaigri, ses yeux étincelants entre deux rides allongées, son costume simple et triste, son col noir et haut serré, comme celui d'un ministre puritain, poursuivait un entretien qui portait à quelques pas de lui chaque son de sa parole profondément accentuée, quoique à voix basse.

« Tout, disait-il, est fatal ici. Le retour de cet homme,
« cette conquête moqueuse de la France par l'île d'Elbe
« est la reprise d'une lutte à mort contre l'Europe.
« La guerre n'est pas aujourd'hui plus évitable que le
« jour où la tête de Louis XVI fut jetée de l'échafaud,
« pour réponse aux Puissances signataires de la con-
« vention de Pilnitz.

« Napoléon reporté en vingt jours au trône impérial,
« sur les bras des soldats, est un tel exemple contre les
« rois, une telle menace contre la liberté humaine,
« qu'une attaque désespérée va suivre. Jamais le mot
« implacable de M. Pitt : *cette guerre est une guerre*

« *viagère*, n'aura été si vrai et si compris de tous. Ti-
« tulaire de la souveraineté de l'île d'Elbe ou de la
« France, n'importe, l'Empereur est incapable de faire
« croire à son désarmement. En vain voudrait-il signer
« la paix, par bon sens, par nécessité, par conver-
« sion miraculeuse; son existence seule est la guerre
« déclarée au monde. Arrivé demain, il faut qu'après-
« demain il batte le rappel, fasse la presse des con-
« scrits, ramasse les vieux soldats que nous ont ren-
« dus les neiges de la Russie et les pontons anglais,
« fouille nos arsenaux appauvris, et puis tombe comme
« la foudre sur la Belgique. Il y trouvera, malgré l'ex-
« pédition du Canada, grand fonds de vétérans an-
« glais de Portugal et d'Espagne, les troupes de Ha-
« novre, de Brunswick et les Prussiens, en attendant
« le reste. Qu'il soit vainqueur, je le veux; il n'aura fait
« que redoubler sur lui le tocsin de l'Europe, et appeler
« sur le champ de bataille tout ce qu'il y a d'hommes
« armés, hors de France : car il a encore plus affaire
« maintenant aux peuples qu'aux souverains. Je sais
« la valeur de nos soldats : malheur au premier corps
« anglais ou prussien qu'ils vont heurter, en débou-
« chant de la frontière ! mais c'est le duel d'un homme
« contre dix, et d'un peuple contre le monde. »

Tandis que M. Ramond s'animait de plus en plus,
en précipitant ses vives paroles, le piano à peine touché s'était arrêté; et un profond silence à l'entour faisait ressortir jusqu'au moindre son de la voix sourde
et contenue du vieillard. « L'issue, hélas ! continuait-il,
« n'est pas un moment douteuse. De tous côtés, elle est
« mortelle à cette liberté que nous avons cherchée qua-
« rante ans, comme les Hébreux la terre sainte, que

« nous tenions, bon gré mal gré, et que nous n'aurons
« plus demain. Cette liberté, les Anglais, eux, la pos-
« sèdent à demeure, la fortifient dans la paix, la main-
« tiennent et l'illustrent dans la guerre ; et ils ne la
« perdront pas pour quelques milliers de soldats, pour
« quelques centaines d'officiers, jeunes, braves, riches,
« vraie garde d'honneur d'une patrie libre, que nous
« allons leur tuer, à l'avant-garde de l'armée euro-
« péenne, qui s'échelonne contre nous de Dantzick à
« Bruxelles. »

On aurait peine à se figurer aujourd'hui l'accent passionné et douloureusement senti de ces paroles. Il me souvient seulement du contre-coup sinistre qu'elles eurent aussitôt. La jeune Anglaise qui, peu de minutes auparavant avait voulu préluder, se leva du piano toute chancelante, comme pour fuir. Jamais pâleur de mort plus effrayante ne glaça plus vite un des plus nobles et des plus beaux visages que la jeunesse et la pudeur aient colorés. Elle fit quelques pas, et s'inclina, comme accablée d'un mal soudain, sur le bras de sa mère. Puis, quelques moments après, ces dames, entourées et comme cachées par plusieurs personnes de leur pays et de leur intimité, sortirent du salon, sans que le sévère vieillard, dont la parole trop entendue avait blessé au cœur, comme un glaive tiré, eût le moindre soupçon du mal qu'il avait fait, ni que son attention fût un moment distraite de ses raisonnements et de ses pronostics de haine anti-despotique.

Y a-t-il pour quelques natures plus délicates, frêles et angéliques natures, en affinité d'ici-bas avec le ciel qui les attend, y a-t-il une secrète intuition de l'avenir, une corde tendue dans le cœur qui résonne d'elle-même, sous le pressentiment infaillible d'un malheur encore éloigné? ou plutôt, dans ces foules de malheurs éventuels, probables, certains, que renferme un grand fléau public, une guerre, une révolution, n'y a-t-il pas plusieurs chances contre une que toute crainte extrême sera réalisée, et que le deuil anticipé n'aura été qu'une prévoyance trop vraie? Nous apprîmes plus tard que miss Sarah *** était fiancée, depuis près d'un an, à un des plus brillants officiers de l'armée anglaise [1], distingué dans la guerre d'Espagne par son humanité chevaleresque, autant que par l'éclat de son courage. Nous sûmes aussi que ce jeune homme était un des aides-de-camp ou officiers d'ordonnance qui furent tués le 18 juin 1815, en avant de lord Wellington acculé sous un chêne, près de ses canons, sur un escarpement du mont Saint-Jean, et ayant pour inflexible plan de bataille [2] de rester là, lui et les siens, d'user le jour et la mort, jusqu'à ce que les Prussiens arrivent, et alors avec ses régiments décimés, de se ruer à fond perdu sur nos débris demi-vainqueurs, mais harassés, que prendrait en flanc une nouvelle armée toute fraîche et un peuple délivré.

Trois mois d'avance, une des innombrables douleurs que devait amener cette affreuse journée de Wa-

---

[1]   Oh, could he live
The friend I mourned, the brave, the good
Edward that died at Waterloo!
                    CAMPBELL's. *Miscell. Poems.*

[2] He repeatedly looked at his watch, and expressed afterwards the satisfaction he felt, as one hour after another slipped away, and the position was daylight still maintained.

terloo, avait, au milieu du luxe apparent d'une fête, porté le désespoir dans une âme innocente.

Ce même soir, une personne éminente, la plus remarquée partout, une femme que son rang dans le monde, la renommée de ses ouvrages et de ses entretiens, la souveraineté de son esprit plaçaient avant bien des hommes d'État, madame de Staël, arrivée tard dans ce salon si troublé, attirait sur elle toute l'attention et suspendait les conjectures.

Madame de Staël a été une de ces natures privilégiées, une de ces âmes supérieures et agissantes, dont rien ne s'oublie, qui saisissent en vous l'imagination comme le cœur, dont la physionomie même demeure toute vive devant vos yeux, et qu'on peindrait, à trente ans de distance, sans en manquer un trait, si la main était aussi habile que la mémoire est émue et fidèle.

Pour nous autres, jeunes lettrés d'alors, sous l'enchantement de ce premier amour des arts et de l'éloquence, elle avait, elle portait encore le rayon de feu sur le front, l'éclat d'une œuvre admirable et nouvelle, l'*Allemagne*, ce livre jeté au pilon sous l'Empire, et que la Restauration venait de nous rendre, comme une des libertés qu'elle apportait avec elle.

Mélange du récit de voyage, de la peinture de mœurs, de l'analyse critique, et même de l'invention libre et rêveuse, ce livre nous étonnait, nous charmait, au sortir de cette prison où, malgré nos frontières démesurément étendues, l'Empire avait enfermé nos esprits. C'était une échappée de lumière dans un ciel nouveau, ciel du Nord, mais ayant sa grâce et ses beautés, versant un jour inattendu sur nos études antiques, élevant le cœur au culte du beau dans la morale, pour l'y porter dans les arts, et rappelant ce que n'enseignaient pas les Concours Décennaux, qu'il n'y a pas de génie sans âme, ni d'âme sans religion, sans liberté et sans amour; et, tandis que tout cet ordre de vérités insolites se déployait à nos yeux, dans des pages spirituelles, éloquentes, le caractère tout littéraire de ce livre récemment proscrit, la hauteur spéculative des vues d'art et de goût qu'il offrait, l'absence de toute polémique directe, et cependant le frémissement de dignité humaine et de vertu civile qui se sentait sous les paroles, nous faisait mieux comprendre dans quel abîme d'insipide stérilité et d'apathie morale le pouvoir absolu qui prohibait de telles pensées voulait apparemment plonger l'intelligence de cette nation française, dont il abusait tant sur les champs de bataille.

A cette révélation commune que la jeunesse recevait de la publicité d'un tel écrit, à la lecture inspirante de ces pages, dont les beautés généreuses ont tant de prix et les illusions si peu de danger, se joignait pour moi le privilége d'avoir entendu les entretiens mêmes de l'auteur, ses entretiens familiers qu'on aurait cru parfois supérieurs à ses écrits, mais qui, partis de la même source, marqués de la même empreinte, avaient seulement de plus ce charme de l'unité parfaite, et de l'action soudaine de la pensée, de l'expression et de la voix vivante.

Souvent, depuis quelques mois, j'avais vu madame de Staël, dans cette même maison et ailleurs, éclairer d'une vive lumière quelque entretien accidentel sur la politique, les lettres, les arts, parcourir le passé et le présent comme deux régions ouvertes partout à ses yeux, deviner ce qu'elle ne savait pas, aviver par le mouvement de l'âme ou l'éclair de la pensée ce qui n'était qu'un souvenir enseveli dans l'histoire, peindre les hommes, en les rappelant, juger, par exemple, le cardinal de Richelieu avec une sagacité profonde, et, il faut ajouter, une noble colère de femme, puis l'empereur Napoléon qui résumait pour elle tous les despotismes, et que sa parole éloquente retrouvait, à tous les points de l'horizon, comme une ombre gigantesque qui les obscurcissait. Elle ne lui gardait pas de haine dans sa chute; mais elle haïssait l'autorité de ses exemples, la corruption funeste qu'ils avaient répandue, et cette doctrine de la fatalité, du mensonge et de la force, qu'elle sentait et qu'elle prévoyait survivante après lui.

Avec quelle admiration curieuse, nous l'avions encore entendue remuer tant de questions naguère interdites et comme inconnues en France, les principes de l'ancien droit public de l'Europe, les causes populaires de la victoire actuelle des Rois coalisés, le travail tardif et la solidarité pour longtemps indissoluble de la Coalition, les instincts différents et pourtant compatibles des monarques héréditaires et des parvenus au trône, d'Alexandre et de Bernardotte, enfin le génie collectif, et partant inépuisable de l'Angleterre, pouvant, au besoin, se passer du hasard d'un grand homme, pour faire de grandes choses, et forte d'une institution qui lui fournit toujours à temps des hommes résolus et capables, achevant, par la ténacité de lord Liverpool et de lord Castlereagh, ce qui avait consumé le génie et l'espérance de Pitt !

Puis de ces hauteurs et de ces mille points de vue spéculatifs et anecdotiques, où se plaisait madame de Staël, nous l'avions entendue revenant sans cesse à la France, insistant avec une joie naïve d'amour-propre

« sur l'ascendant que la paix et la liberté légale allaient
« rendre à cette terre natale de l'intelligence, disait-
« elle, à cette métropole des esprits, dont la civilisa-
« tion de l'Europe était une colonie. » Et que de fois
encore, du milieu de toutes ces thèses si animées,
de tout ce déploiement soudain de raison virile et
d'éloquence, je l'avais vue passer vivement à des intérêts privés, les faire valoir avec le même feu, donner à
quelque mérite modeste ou disgracié un appui décisif,
par ces paroles d'une séduction impérative ou d'une
bonté touchante, comme elle en savait dire aux hommes
politiques le plus à l'abri de l'émotion!

Que de fois, par cette ardeur conciliante qui lui
était un lien avec les meilleurs représentants de tous
les partis, et par ce droit légitime de son esprit qui ne
lui donnait guère moins de pouvoir sur M. de Blacas,
ou sur M. de Montmorency, que sur M. de La Fayette,
ou sur le baron Louis, je l'ai vue, dans la même soirée,
faire admettre à la maison du Roi un homme de mérite
aussi indépendant que malheureux, réintégrer dans
leurs emplois quelques agents impériaux dévoués, mais
avec honneur, au pouvoir qu'elle avait combattu, et
servir de son crédit des hommes de lettres qui, pendant
son exil, avaient eu le malheur de nier son talent!

Mais ce soir-là, toute cette vivacité de libres pensées et
de verve originale, toute cette chaleur de sympathie et
de bienfaisance était comme éteinte par un seul et absor-
bant intérêt. Sous la parure qu'elle portait d'ordinaire
à la fois brillante et négligée, sous ce turban de couleur
écarlate qui renfermait à demi ses épais cheveux noirs
et s'alliait à l'éclat expressif de ses yeux, madame de
Staël ne semblait plus la même personne. Son visage

était abattu et comme malade de tristesse. Ce feu d'esprit qui habituellement le traversait, et l'animait de mille nuances rapides, ne s'y marquait plus que par une expression singulière de mobile et pénétrante inquiétude, une sorte de divination dans le chagrin. On se sentait affligé, en la voyant. On avait devant les yeux non plus l'historien, mais la victime *de dix années d'exil*, la personne qui avait soutenu, au prix de tant de douleurs, un long défi contre le pouvoir absolu, avait compté, en se désespérant, chacun de ses victorieux progrès, avait souffert ses rigueurs croissantes, les avait pressenties plus dures encore, et s'était enfin délivrée du mal et de la crainte par une fuite hardie, semant sur sa route de Genève à Londres, en passant par la Russie et la Suède, la protestation contre la conquête universelle et le serment d'une résistance à vie.

Seulement, à l'affliction grave et agitée de ses traits, il semblait que toute cette série d'épreuves épuisées successivement par elle lui réapparaissait en masse dans l'avenir, à elle plus avancée dans la vie et d'une santé déjà languissante ; et on eût dit, en même temps, à l'effort de courage qui dominait sa tristesse, qu'elle se résignait à être frappée à mort par le triomphe de ce qu'elle avait le plus haï et le plus redouté, mais qu'elle en attendait, avec plus d'indignation encore que d'effroi personnel, bien d'autres maux pour le monde, pour la la France et pour la grande cause qu'elle avait tant aimée. Un intérêt intime se mêlait alors, en elle, à l'anxiété publique. Quelques jours auparavant, son âme était tout entière à des soins de famille, à l'union la plus digne préparée pour sa fille, à la pensée du jeune homme de si noble nom et de si grande espérance que sa fille et elle avaient choisi ; et maintenant, c'étaient les apprêts d'une fuite nouvelle, l'attente d'un nouvel ébranlement de l'Europe, d'une ruine publique, où pouvait s'abîmer tout bonheur privé, qui, de toutes parts, obsédaient cette âme active, que les incertitudes ordinaires de la vie suffisaient parfois à troubler jusqu'à la souffrance.

En ce moment, le tourment d'angoisse et de douleur de madame de Staël paraissait extrême, mais sans incertitude ; et sa résolution était invariablement prise, pour être exécutée sur l'heure, soit qu'elle sût déjà l'événement de Lons-le-Saulnier et toutes ses conséquences, soit qu'elle eût conclu de l'état intérieur des Tuileries, d'où elle venait, la perte absolue de toute espérance. Elle n'eut pas de conversation générale, mais seulement quelques paroles expressives échangées avec les personnes les plus considérables de la réunion.

A quelques nouvelles plus ou moins faussement favorables, à l'annonce d'une noble lettre de M. Octave de Ségur parti pour rejoindre, comme aide de camp, le Maréchal, à Lons-le-Saulnier, sa réponse était un sourire d'une tristesse inexprimable. Elle serra longtemps la main de M. de La Fayette, et lui dit, devant deux amis qui mêlaient leurs vœux aux siens : « Dans le chaos « prochain, vous devez demeurer, vous devez paraître, « pour résister, au nom du droit et représenter 1789. « Moi, je n'ai que la force de fuir. Cela est affreux. » D'autres paroles plus abandonnées exprimaient, dit-on, avec une lucidité étonnante, dans un pareil trouble public et privé, toutes les conditions de mécontentements intraitables, de secrètes hostilités, de défections cachées sous l'alliance, dont Napoléon allait être entravé de toutes parts à l'intérieur, avec les périls et les démonstrations implacables du dehors.

Madame de Staël fit encore quelques adieux plus marqués, ou plus intimes que les autres. A madame de Rumfort, qui, malgré son calme ordinaire et sa philosophie de personne riche et invulnérable, commençait à s'agiter un peu de l'inquiétude universelle, elle dit : « Restez tranquille ici, vous, chère Madame ; vos noms « vous protégent. Votre maison sera parfois, comme « a été la mienne, l'hospice des blessés politiques de « tous les partis. Vous aurez encore, au profit des per- « sécutés, quelque accès dans la cour de cet homme « qui est parti despote vaincu, et qui revient tyran « déguisé. Il sera obligé, cette fois, de ménager un peu « d'abord, même ceux qu'il appelait les *idéologues*, vos « amis Tracy, Sieyès, Volney, Garat ; mais moi, il me « hait ; il hait en moi mon père, mes amis, nos opinions « à tous, l'esprit de 1789, la Charte, la liberté de la « France et l'indépendance de l'Europe. Il sera ici « demain. Quelle comédie jouera-t-il, au début ? Je « l'ignore ; mais vous savez ce qu'il a dit à Lyon, ses « promesses générales d'oubli et ses affiches de pro- « scriptions individuelles. Les griffes ont déjà reparu « tout entières, avant qu'il ait bondi jusqu'à nous. Je « n'ai pas d'armée entre lui et moi ; et je ne veux pas « qu'il me tienne prisonnière ; car il ne m'aura jamais « pour suppliante. Adieu, chère Madame. » Et peu de minutes après, madame de Staël et quelques amis plus affidés de sa personne et de sa famille étaient sortis du salon, pour partir cette nuit même.

Diverses nouvelles survinrent encore, l'annonce entre

autres que le camp de volontaires recruté, disait-on, de beaucoup de soldats vétérans de l'Empire et réuni sous le commandement de deux Maréchaux de France, couvrait Paris entre Melun et Fontainebleau, et allait livrer bataille à l'Empereur sur le théâtre même de son abdication.

On parlait aussi d'un projet aventureux de M. de Châteaubriand : c'était que le roi, entouré de sa cour, de ses serviteurs, attendît sur son trône le Conquérant aux Tuileries, et lui résistât par sa présence, avec ou sans défenseurs. Mais personne ne croyait à la vertu magique d'un pareil plan, ni à la possibilité ou à l'intention sérieuse de l'essayer. Charmer le dragon et le frapper de torpeur, en laissant sa proie immobile devant lui semblait une invention fort douteuse, et à laquelle personne n'avait envie de s'associer, pour faire nombre, et embarrasser d'autant mieux le ravisseur.

Quoi qu'il en fût des desseins chimériques ou désespérés qu'on pouvait rêver ailleurs, chacun ici se retirait avec le découragement du jour, et dans la triste attente du lendemain.

Rentré à minuit et demi, sous l'impression profonde de toute cette soirée, je calmai de mon mieux l'inquiétude de mes parents, qui avaient voulu m'attendre. Je leur parlai, comme d'un bon augure et d'un gage assuré pour la confiance, de ce qu'on lirait demain dans le *Journal des Débats*; et je gagnai ma chambre, où, la tête encore toute bruissante des dits et des contre-dits de la soirée, je tombai vite dans un plein sommeil. Heureux âge pour la politique !

Dès six heures du matin, au jour déjà levé du 19 de mars, je me sentis brusquement réveillé. Mes parents et un de mes collègues venu d'assez loin étaient là. Ils lisaient à haute voix l'espèce de proclamation du *Journal des Débats*, signée du nom de Benjamin de Constant, et encore humide de la presse. Cette énergie de langage, cette attaque violente et réfléchie semblait un symptôme d'espoir et une promesse de résistance matérielle et morale. On voulait, on devait croire qu'il y avait entre le Conquérant et Paris une autre barrière que les phrases d'un journal et le mobile serment de haine d'un publiciste voyageur.

Je saisis, à mon tour, et je parcourus rapidement ce papier, qui, me disait-on, se distribuait dans les rues. Je fus frappé de la fermeté du langage, et de cette déclaration de guerre, faite à l'appui du trône constitutionnel, et au nom de tous les amis de la liberté. Je remarquai l'éloge du Roi, « bon, généreux, sensible, dont un an de règne n'a pas fait verser autant de larmes qu'un seul jour du règne de Bonaparte. » Je crus sincère et irréconciliable l'attaque en face et sans réserve au despote relaps qui traversait la France, qui marchait sur Paris, et qu'un simple citoyen osait ainsi dénoncer. Seulement, malgré toute cette véhémence de paroles, je ne pouvais me défendre de songer aux réflexions découragées, aux tristes prophéties que j'avais entendues la veille. J'allais en raconter quelque chose, lorsqu'il me fut remis une lettre qui m'appelait, au moment même, près de l'homme dont je vénérais le plus l'autorité, et dont j'avais le plus senti la généreuse bienveillance.

Arrivé à sept heures rue de la Chaussée-d'Antin, après avoir monté en courant un escalier encombré de quelques malles de voyage, je suis introduit dans la chambre de M. de Fontanes, qui, debout, dans sa grande houppelande, marchant d'un pas impatient, auprès d'un feu à demi-éteint sous les papiers brûlés, paraissait n'avoir guère reposé cette nuit. Il tenait aussi le *Journal des Débats* à la main : « Eh bien, me dit-il,
« le sort en est jeté. Voilà la première aventure finie.
« L'Empereur sera ici demain ; il ne m'y trouvera pas.
« Je n'irai pas, avec tous les officiers à demi-solde de la
« division militaire, balayer la poudre de sa calèche de
« conquête, sous le guichet des Tuileries. C'est partie
« rompue entre lui et moi ; et le traitement qui m'a été
« fait par la Restauration ne me renvoie point dans le
« camp de celui, dont j'ai reconnu la déchéance. Il ferait
« semblant de ne pas le savoir, lui peut-être ; mais moi
« je m'en souviendrais toujours.

« D'ailleurs, sauf la rancune, sauf cette identité de
« sa personne et de son pays, ce n'est plus le même
« homme, l'homme que j'ai souhaité, que j'ai prédit,
« que j'ai servi, il y a quinze ans, le reconstructeur de
« la société, l'appui des autels, le *non ibis amplius* de la
« Révolution. Il revient maintenant par le chaos ; et il
« tombera, avant d'avoir remis aux fers le Jacobinisme
« qu'il déchaîne, pour remonter. »

J'interrompis avec respect, par quelques mots sur la chance que tout espoir légal ne fût pas encore perdu. Je citai cet appel énergique publié ce matin même, cette déclaration dressée par Benjamin de Constant, au nom de tout le parti constitutionnel, et attestant la résistance unanime des Chambres et la force de l'opinion.

« Oui, me dit M. de Fontanes; je tiens ce *factum* dans
« ma main : c'est du meilleur Benjamin de Constant,
« moins vigoureux cependant que son pamphlet pour
« appeler les *terroristes* au secours du Directoire,
« après *fructidor*. Mais, mon ami, qu'importe cette
« phraséologie véhémente, lorsque le sauve qui peut
« est partout, même dans les plus hauts lieux, et que
« le flot, grossi à chaque heure, nous mouille déjà les
« pieds et va nous engloutir?

« L'Empereur sera ici demain; je ne l'attends pas,
« vous le croyez bien. Je vais partir, aussitôt les chevaux
« de poste venus. Je me réfugie en Normandie, dans un
« pays de bon sens, qui n'a été ni fort *légitimiste*, ni
« ardent révolutionnaire. Je serai là dans le castel du
« bon Chênedollé, avec de la prose et des vers, ma foi,
« pas trop loin de la côte, pouvant fuir sur un chasse-
« marée et passer le détroit, si les alarmes de ma-
« dame de Fontanes sont trop tourmentantes, ou s'il y
« a vraiment péril. Je ne présume pas ce dernier cas.
« L'homme de Marengo et d'Austerlitz va être trop
« occupé, pour être persécuteur. Il va être empêtré
« d'intérêts révolutionnaires, de garanties révolution-
« naires, de Constitutions anciennes et nouvelles. C'est
« en cela que l'article de Benjamin de Constant est le
« bien-venu. Il place la maison de Bourbon, à l'heure
« de sa chute, sur un terrain constitutionnel et parle-
« mentaire, comme vous dites vous autres. Il lui pro-
« met l'adhésion de l'opinion, le baptême renouvelé
« de 1789, les vœux des Constituants et l'épée de La
« Fayette : à la bonne heure, je le veux bien. Ce ne
« seront pas des forces pour qui tombe, mais des em-
« barras pour qui remonte. Pauvre Empereur! on va

« lui en tailler des Constitutions ! Savez-vous bien,
« mon cher, le mal de notre temps ? Il y a des faiseurs
« de Constitutions, comme de chaussures ; on les fait, en
« façon de brodequins qui serrent un peu la jambe, et
« en façon de pantoufles, il n'importe. On en fait pour
« tous les pieds. Je ne m'étonnerais pas que, dans quel-
« ques jours, Benjamin de Constant ne prît la mesure
« de l'Empereur et ne travaillât pour lui.

« — Ah ! m'écriai-je, Monsieur, cela est impossible.
« Veuillez, je vous prie, jeter les yeux sur ces expres-
« sions si fortes, ce langage d'une indignation si cou-
« rageuse. Voyez comme M. Benjamin de Constant, qui
« était de longue main fort ennemi de l'Empereur et
« l'a si rudement traité dans son livre de l'*Esprit de*
« *Conquête et d'Usurpation*, est ici plus énergique en-
« core. On ne peut rien imaginer au delà de ce portrait
« du despote qui, sans un mot de Constitution et de
« garanties, fait briller son sabre, pour lancer ses sol-
« dats sur leur proie. L'appel aux armes contre cette
« invasion de la tyrannie parle à tous les citoyens ; et
« la hardiesse même de l'écrivain est un bon signe :
« elle atteste que tout n'est pas encore perdu. M. Ben-
« jamin de Constant est bien avisé. — Non, me dit M. de
« Fontanes ; il est amoureux. C'est Roméo qui chante
« sous la fenêtre de Juliette. Vous savez contre l'Em-
« pereur l'indignation généreuse des femmes, de celles
« du moins qui n'allaient pas à la Cour impériale :
« *Bella matribus detestata*.

« Depuis quinze jours, depuis la descente au golfe
« Juan, les salons retentissaient de voix douces qui
« criaient anathème contre le perturbateur de l'Europe.
« Benjamin de Constant, qui écoute fort l'harmonie

« d'une de ces voix, et qui s'est rencontré là avec le
« comte Mathieu de Montmorency, M. de Damas, le duc
« de Laval, M. de Forbin, s'est échauffé la tête. Il a fait
« un amalgame de la légitimité, dont il se souciait peu,
« du gouvernement représentatif et de M. de La Fayette;
« et il a fulminé son article de ce matin, avec plus de
« colère que de confiance, je crois. Tout cela est tardif
« et impuissant. J'ai vu Châteaubriand cette nuit ; tout
« est à la débandade ; tout est perdu sans ressource.
« Ney a fait sa soumission, par entraînement de vieux
« soldat, par surprise de cœur ou défaut de tête. Aussi,
« pourquoi promettre ou attendre l'impossible? Il n'y
« a de force que celle de l'armée ; et il n'y a d'armée
« que celle de l'Empereur.

« Voilà le vrai, mon cher ; voilà où ont abouti vos
« idées anglaises, à vous autres, tous vos plagiats de *bill*
« des droits et de Constitution libérale. Châteaubriand
« le comprend bien aujourd'hui.

« — Tant pis, répondis-je, avec un effort de har-
« diesse ; les idées, j'en conviens, sont par moments
« bien faibles contre les baïonnettes ; mais elles peuvent
« encore plus que les traditions de cour et l'étiquette
« usée. Permettez-moi de le dire, Monsieur, vous jugez
« vous-même que ces idées vont embarrasser Napoléon,
« dans sa rentrée à l'Empire. C'est bien là quelque
« chose ; mais ce n'est pas tout ; il faut qu'elles raniment,
« qu'elles relèvent la conscience publique étourdie et
« abattue pour un temps. Pardon, Monsieur, je sais
« bien peu ; et si jeune, je n'ai encore vu que deux Ré-
« volutions, celle de l'année dernière et celle-ci ; mais
« pourquoi voudriez-vous que les hommes d'aujour-
« d'hui se passionnassent pour le drapeau blanc? Quel

« bien leur a-t-il fait? quel souvenir en ont-ils? Com-
« ment le préféreraient-ils à ce drapeau tricolore que
« la France a promené sur toutes les capitales, à ces
« Aigles qui ont égalé celles de Rome? Que nous im-
« porte la croix de Saint-Louis ou le cordon de Saint-
« Michel, par comparaison à cette croix d'honneur dont,
« vous l'avez dit, l'Empereur avait fait le signalement
« égal de tous les mérites, et la promotion du magistrat,
« du savant, du fabricant industrieux au niveau du gé-
« néral? Franchement, il faut que l'ancien régime, ou,
« pour mieux dire, le régime civil, la Royauté régu-
« lière ait à donner autre chose que ce qu'a donné la
« Dictature impériale. Cette chose, c'est le droit; c'est
« la liberté politique, le vote réellement libre de l'im-
« pôt, la discussion des affaires publiques, et sous l'as-
« cendant d'un pouvoir héréditaire inviolable, cette
« concurrence des services, cette activité, cette émula-
« tion légitime des talents qui fait la vie d'un peuple,
« et qui prévient ou relève sa décadence.
« — Tudieu! reprit en riant M. de Fontanes, quel
« filet de voix! Comme on trouve des paroles spécieuses
« pour la chose qu'on croit et qu'on aime! Mais conti-
« nuez, montrez-moi toutes vos illusions, avant que j'y
« réponde, et que la force des choses les ait dissipées.

Ferro diverberat umbras.

Un peu enhardi par cette bonté : « Comment, re-
« pris-je aussitôt, Monsieur, n'aimez-vous pas ce beau
« régime que vous avez vu en Angleterre, que vous
« avez étudié dans l'histoire, et que vous avez si bien
« dépeint dans un de ses plus éloquents interprètes,

« tant admiré de Voltaire et de M. Pitt, dans lord Boling-
« brocke? Ici même n'avez-vous pas senti et mis en pra-
« tique les avantages de cette forme de gouvernement,
« toute asservie et toute mutilée qu'elle était par l'Em-
« pire? Que n'avez-vous été écouté quand vous faisiez,
« au nom du Sénat, votre sage et noble rapport sur
« les communications de M. de Saint-Aignan relatives
« à des ouvertures de paix? Si l'Empereur eût cédé à
« l'action de ce ressort si délicatement touché par vous,
« il pouvait traiter encore et rester maître d'une des
« plus belles couronnes de l'Europe.

« — Je ne rétracte rien de mon rapport, reprit dou-
« cement M. de Fontanes; je ne m'étonne pas de votre
« erreur : vous prenez la théorie constitutionnelle pour
« la politique; cela est de votre âge; et cela est plus tôt
« fait que d'étudier les affaires et les hommes. Mais,
« mon cher, quand nous avons, au Sénat, délibéré sur
« les communications recueillies d'aventure par M. de
« Saint-Aignan, quand j'ai noté, comme je l'ai fait, la
« présence de lord Aberdeen aux conférences de Châtil-
« lon, et que j'ai ménagé de paroles même Bernadotte,
« déjà si hostilement séparé de nous, il était bien tard
« pour négocier avec la *Coalition*; et je n'accuse point
« l'Empereur de n'avoir pas voulu nous croire. Il était
« trop maltraité par la fortune pour pouvoir céder. Il
« avait besoin d'une revanche, au lieu de conseils paci-
« fiques. Seulement, ce qui le justifiait alors dans son
« opiniâtreté, la conjuration évidente de l'Europe, fait
« aujourd'hui son péril insurmontable : il triomphe, et
« il est perdu. Il sera demain aux Tuileries, et dans six
« mois, je ne sais où. » Et alors, avec une fermeté d'esprit, que j'ai vue rarement aussi nette et aussi convain-

cante, il résuma toutes les conditions de périls, toutes les chances de coalition indissoluble et de guerre implacable que suscitait la rentrée si fatalement triomphale de Napoléon.

« Je sais, dit-il, qu'il s'est écrié, en débarquant au
« golfe Juan : Le Congrès est dissous. Fausse nouvelle
« ou fausse prophétie, il n'importe ! le mensonge est
« le même. Le Congrès, au contraire, est scellé plus
« que jamais. L'Empereur n'a pas vu que tout lui
« est mortel, dans son entreprise. Le moindre échec, le
« moindre retard aurait, autour de lui, tout hérissé
« d'obstacles et d'hostilités. La nullité de résistance, la
« rapidité du succès, la course au clocher vers l'Em-
« pire, tout ce prestige qui, sans force réelle, élève un
« menaçant simulacre de fédération populaire, pousse
« aussitôt l'Europe à recommencer sa campagne, et à
« rejeter sur nous son million d'hommes encore tout
« équipé. De cela je n'ai pas un doute; et tel que je
« connais l'Empereur posant parfois devant lui-même,
« détournant sa pensée de son propre intérêt et se re-
« gardant avec un impartial sang-froid, je suis sûr qu'il
« a déjà ou qu'il aura bientôt le sentiment de sa perte,
« et la démonstration du péril croissant attaché à la
« merveille même de son retour.

« Voyez-vous, mon cher, les hommes ont un instinct
« qui leur fait faire en général la chose indispensable à
« leur salut. Cette chose aujourd'hui pour l'Europe,
« c'est la guerre, la guerre implacable, immédiate,
« universelle : non pas demain, mais sur l'heure. Le
« mot d'ordre a déjà couru sur toute la ligne. Les
« têtes des colonnes qui s'acheminaient vers la Vistule
« reviennent sur le Rhin. Le Congrès était divisé, en

« quelques points; il est lié maintenant; il est un dans
« la grande chose, ne souffrir à aucun prix l'Empire
« rétabli, l'attaquer à la hâte faible ou fort, paci-
« fique ou menaçant, et plus vite encore, s'il hésite,
« plus ardemment, s'il veut négocier.

« Parmi tous les instincts de conservation, toutes les
« insultes à venger, toutes les blessures, toutes les
« cicatrices au front qui crient à l'étranger de ne pas
« perdre un moment, d'envahir, pour se défendre, de
« détruire, pour se sauver, n'oublions pas la présence
« de M. de Talleyrand à Vienne, sa connaissance pro-
« fonde de la Révolution et de l'Empire, le souffle de
« haine et d'effroi qu'il répand, à l'égal de Pozzo, et
« avec l'autorité d'une ancienne confidence et d'une rup-
« ture implacable. Je sais qu'il demandait, depuis deux
« mois, l'envoi de Napoléon loin de l'île d'Elbe, une
« résidence transatlantique et mieux gardée. Jugez quel
« crédit lui donne en ce moment sa prévoyance inutile!
« Quant à sa volonté, c'est une main de fer sous un
« gant de soie. Elle ne cessera d'enfoncer dans les
« esprits ce que la peur, l'intérêt, l'orgueil, la ven-
« geance, la sécurité de tous réclament avec passion.

« Vous voyez, mon cher, que si je ne crois pas
« beaucoup aux théories constitutionnelles, j'ai foi à
« la raison politique, à la force inévitable et logique
« des choses; et, sous ce rapport, la condition de Na-
« poléon ne sera guère meilleure au dedans de la
« France qu'au dehors. Tout lui sera piége, obstacle,
« inimitié sourde. Rien ne lui sera grandement se-
« cours, sauf l'armée, vaillante, mais peu nombreuse,
« divisée dans ses chefs, et, malgré son ardeur, embar-
« rassée de ce qu'elle aura fait. Il va trouver pour appuis

« apparents, pour onéreux alliés ceux que nous lui
« avions appris à repousser, à tenir quelque peu dans la
« dépression, les régicides, les jacobins, les hommes à
« théories violentes; il les hait d'habitude et d'instinct;
« et eux, de leur côté, ne se tromperont pas, un moment,
« sur son alliance. Ils travailleront à l'envelopper, à
« le garrotter; et le plus habilement pervers d'entre
« eux l'attend demain, à son débotté, pour le trahir
« après-demain.

« Quant aux masses populaires soulevées, dit-on,
« sur sa route avec ce vieux fantôme de dîmes et de
« droits féodaux, que va-t-il en faire, après la tempête
« passée? Leur soumission n'est pas leur élan patrio-
« tique. Ce pays si facilement traversé par lui ne se
« couvrira pas de soldats, pour le défendre. C'est le
« flot de l'étang que fend la barque : un peu d'écume,
« au moment du passage; et rien après, qu'une eau
« dormante. La Restauration, j'en suis fâché pour
« l'Empereur, a trop peu régné. Un an de paix n'a pas
« ressuscité les morts et repeuplé les villages, pour des
« conscriptions nouvelles. Que va-t-il entreprendre? Mis
« au ban de l'Europe, séquestré dans sa conquête, sans
« communication au dehors, sans diplomatie, avec des
« frontières en interdit, jusqu'à ce qu'elles soient atta-
« quées, va-t-il convoquer une Convention nationale,
« la seule chose dont il ait peur dans le monde? Ces
« Brutus, dont Carnot est le Caton, vont-ils légiférer
« de nouveau? C'est là pour l'homme du 18 brumaire
« un crève-cœur et un péril auquel il ne tiendra pas.
« Je le dis, en parlant avec calme, et bien résolu, si je
« puis, de ne pas émigrer. Car je ne veux pas recom-
« mencer 1796, et retrouver à Londres l'abbé de Mon-

« tesquiou, ce grand ministre qui m'a destitué à Paris :
« Napoléon ne peut durer cette fois, parce qu'il n'est
« plus dans les conditions naturelles de la vie.

« Maintenant l'intervalle jusqu'à sa chute sera-t-il
« dur à passer? Le buisson de feu ne dévorera-t-il pas
« qui en approche? Gare à nous. Je n'affirme rien. Le
« maître aura de diaboliques alliés ; et, comme tout
« maître absolu et violent, il a quelques serviteurs
« pires que lui. J'en sais un qui est un sabre tiré, prêt
« à se démener et à servir sans ordre, comme le bâton
« du sorcier, dans la ballade de Goëthe. Mais auront-
« ils le temps? Je ne le pense pas. Il faut se tenir coi,
« sans émigrer, sans s'inquiéter de quelques phrases
« qu'on aura dites, et qui sont tenues en compte, mais
« pour s'en venger, seulement à la paix.

« Vous, mon cher, vous avez imprimé sur le 21 jan-
« vier un mot fort imprudent, parce qu'il est vrai :
« Celui qui par le meurtre du duc d'Enghien s'était ap-
« proché du régicide, autant qu'il avait pu. » — Pour-
« quoi, diable! avez-vous écrit cela? Ce n'est pas ce
« que vous avez fait de mieux, au moins ; mais, n'im-
« porte. Restez tranquille et actif, faisant vos cours au
« lycée, et ne disant mot ailleurs. — Au besoin, vous
« trouverez appui. Vous savez le jugement de M. Daru
« sur vous, quand je vous présentai à lui, un soir, à
« Courbevoie. Dormez en paix là-dessus. C'est un
« homme qui n'a jamais rien oublié, ni laissé vingt-
« quatre heures une lettre sans réponse. Il aura tou-
« jours grand crédit, comme un esprit supérieur qui
« trouve du temps pour toutes les affaires; et il est
« infatigable, même dans la bienveillance.

« Donc, vous demeurez ici; je vous y fais mon rési-

« dent : c'est là ce que j'avais à cœur de vous recom-
« mander, en vous disant adieu pour quelques mois.
« Malgré vos fumées constitutionnelles, vous avez l'œil
« assez bon et l'esprit naturellement juste. Lisez les
« journaux, les proclamations, les affiches ; car il y en
« aura à Paris, la grande fabrique d'opinions pour
« toute la France. Allez aux séances des chambres,
« aussitôt qu'il s'en fera ; et notez pour moi tout ce qui
« vous paraîtra digne d'attention et conforme ou con-
« traire à ma prévoyance. Vous me ferez tenir cela par
« l'ami que vous savez ; et je reconnaîtrai là votre bon
« attachement. J'étais tellement sûr de vous, que je
« vous ai déjà retenu une place d'assistant aux séances
« de notre futur sénat, ou chambre des pairs. J'en ai
« parlé hier à cet excellent M. Cauchy, qui ne peut
« manquer de rester archiviste au Luxembourg, de par
« ses anciens vers latins, sa parfaite intégrité et sa fa-
« cilité de travail si utile et toujours inoffensive. Il vous
« connaît de renommée d'études, et vous fera, sans hé-
« sitation, très-bien placer dans une tribune.

« Je ne crains pas, ajouta M. de Fontanes, de trop
« vous demander, en cela. Je flatte, au contraire, vos
« goûts législatifs. Vous entendrez quelquefois d'é-
« tranges choses et de fastidieux débats ; mais n'en lisez-
« vous pas aussi, dans ce fatras du *Parliamentary Story*,
« que vous aimez tant? Cette fois, vous assisterez du
« moins à une des scènes les plus extraordinaires de
« l'histoire ; Napoléon subissant, invoquant le bruit des
« assemblées, le Champ de Mai convoqué par lui ! il le
« dit dans ses proclamations, pour ne pas prononcer
« le nom d'*Assemblée constituante*, et tenir encore de
« Charlemagne. Le Champ de Mai, bon Dieu ! mais ce

« sera toujours la fédération et le reste. — Singulier jeu
« des opinions ! ajoutait-il avec une réflexion profonde.
« Cet homme que j'ai entendu contester le rang du
« Corps Législatif et ne lui assigner que la troisième
« place, au-dessous du Sénat, au-dessous du Conseil
« d'État, en affectant de nommer ses membres[1] une
« émanation des colléges électoraux de départements ;
« il va remuer maintenant la Souveraineté du peuple,
« et appeler une assemblée issue de la nation.

« Nous allons voir le *Pandemonium* de la Révolu-
« tion, tous les diables au repos depuis quinze ans,
« réveillés de l'étang de feu où ils dormaient, accou-
« rant essoufflés, rapetissés, mais terribles encore, et
« se hissant au faîte du dôme, pour siffler leur chef.
« — Je sais bien que cela ne tiendrait pas pied contre
« une ou deux grandes batailles gagnées ; mais où sont-
« elles ? Où les trouver ? Voyez cette carte, ajoutait-il,
« sur laquelle sont marquées au crayon toutes les sta-
« tions actuelles des troupes ennemies. Voyez cette
« triple barrière qui ne saurait être forcée, et qui avan-
« cera sur nous, comme ces murailles vivantes d'enfer,
« entre lesquelles sainte Thérèse rêvait de se sentir
« graduellement étouffée. Il n'est plus possible à Na-
« poléon de vaincre assez, pour se débarrasser à la fois
« de l'Europe et de la Révolution. » Puis, s'arrêtant,

---

[1] « ... Plus le Corps Législatif se confondra dans le peuple, plus
« il aura de véritable lustre. Il n'a pas besoin de distinctions, mais
« d'estime et de confiance. Oui, sans doute ; il aime à reconnaître
« qu'il n'est qu'une émanation des colléges électoraux répandus dans
« les cent huit départements de ce vaste empire ; il est fier d'en sortir
« et d'y rentrer. » (*Discours du Président du Corps Législatif, à la
clôture de la session de* 1808.

et se reprenant : « Lui, nous parler de libertés et de
« constitutions, comme il fait dans ses proclamations
« du 13 mars; lui, fonder *à novo* un trône constitu-
« tionnel, se transformer en Guillaume III, en Geor-
« ges Ier ; lui, qui n'a pu supporter notre langage de
« 1808, si discret, si dévoué, se charger d'autre chose
« que du despotisme et de la guerre ! Maintenant tout
« est obscur, je le sais. La foi au sens commun et à
« la justice va être terriblement ébranlée par cette pro-
« digieuse reprise de succès :

> Prudens futuri temporis exitum
> Caliginosâ nocte deus premit.

« Mais, et c'est ici le malheur, comme la faute de l'Em-
« pereur, il y a cependant un degré de certitude abso-
« lue, une vue claire de l'avenir qui se forme et résulte
« de la violation de certaines lois et de la prédomi-
« nance démesurée de certains moyens. L'Empereur,
« en ne s'appuyant que sur la force, en ne croyant plus
« au droit et à l'opinion des gens de bien, qu'il avait
« tant ménagés d'abord, en ne voulant que des masses
« de troupes et des masses d'artillerie attelée, a écrit
« lui-même son destin. Il va tomber, sous un triple
« amas de fantassins, de cavaliers et de canons en bat-
« teries. Il a tué le génie du général, sous l'énormité
« de l'appareil militaire; et il succombe à cet excès de
« déploiement de forces, dont il a donné l'exemple : on
« lui a pris sa méthode; et pour l'appliquer aujour-
« d'hui lui-même, il n'a plus assez de matière à sa
« disposition, assez de bronze et de chair vivante. »

Je me taisais, devant cette sévère prédiction d'un esprit si juste et si modéré. M. de Fontanes ajouta quelques mots tout personnels : il me montra surtout ses inquiétudes affectueuses sur celui qu'il aimait tant, à plus d'un titre, et dont il redoutait alors l'imprudence et le courage, le jeune Saint-Marcellin, tombé victime, hélas ! quelques années après, par un sacrifice aussi stérile qu'imprévu. M. de Fontanes, après d'autres avis réitérés avec le même cœur, reçut mes adieux, et monta dans la voiture qui le conduisait en Normandie.

Je remontai lentement la longueur du boulevard, l'esprit plein de ces nouvelles impressions à joindre à celles de la soirée dernière. C'était un dimanche. Il y avait ce trépignement oisif d'une foule, qui, comme on peut le croire, ne paraissait nullement diminuée par le départ à peine perceptible de tant d'étrangers, de riches et de curieux intimidés.

Seulement une grande part de cette foule restante se portait vers les Tuileries, en obsédait les issues, et semblait conduite en cela par un sentiment d'inquiétude et d'affection, que l'on devait croire sincère. Car, où était le motif de flatter, et qui flatter ? et quel succès attendre ?

Dans la confusion des bruits populaires et des nouvelles plus accréditées, un vent sinistre continuait de souffler sur la grande route de Lyon vers Paris, apportant la peur, l'abandon, la fuite. Cette œuvre s'acheva dans la nuit par le départ du Roi et de sa maison, et aussi par la dispersion d'un assez grand nombre de ses partisans, hommes de cour, fonctionnaires, écrivains, pouvant ou croyant être compromis pour sa cause.

Le matin du 20 mars, bien différent du matin de la veille, eut des journaux presque tous pâles, indécis, n'osant ni répéter l'ardente philippique de Benjamin de Constant, ni donner les nouvelles de l'armée et du château, dans leur triste réalité.

Tout se savait cependant, la proclamation du maréchal Ney, les désertions sucessives des troupes, la sortie nocturne des Tuileries, l'arrivée à Fontainebleau. Le vainqueur venait d'occuper cette résidence royale, se plaisant à reprendre le luxe de son pouvoir, au lieu où il en avait péniblement dépouillé le titre. Déjà tout entouré de messages confidentiels, d'hommages et de pétitions, il paraissait, dans l'enthousiasme de quelques-uns, joindre au prodige de son succès l'heureux privilége refusé à de moindres vainqueurs, de n'avoir pas versé, pour l'obtenir, une goutte de sang français. Mais quels torrents n'allait-il pas bientôt en répandre, pour se faire arracher des mains ce triomphe inévitablement éphémère!

Napoléon, par une superstition de dates, par une dévotion de jours heureux ou malheureux, faiblesse assez fréquente dans ces grandes puissances qui ont dominé le monde, en croyant plus au destin qu'à la loi morale, Napoléon, à ce moment d'un si glorieux retour de fortune, avait tenu beaucoup à rentrer dans Paris, le 20 mars même, anniversaire de la naissance de son fils : arrivé si fort à point pour cela, il lui était facile de traverser sa capitale, dès le milieu du jour, et de venir, par le pont d'Austerlitz et la longue allée des boulevards, reprendre aux yeux du peuple, et en plein midi, possession du trône abandonné, dans la nuit précédente. Mais par une timidité, et presque une pudeur de succès, symptôme fâcheux du présent et de l'avenir, il aima mieux ralentir volontairement, au dernier terme, une course si rapide, et différer son entrée à une heure assez avancée de la soirée, afin d'échapper aux regards des Parisiens plus étonnés qu'enthousiastes, même dans cette partie de la population oisive et tumultueuse que fait accourir tout spectacle nouveau, et pour laquelle toute révolution n'est qu'un spectacle.

Ainsi cachée dans la nuit, comme un triomphe souffert par la nation, mais voulu et préparé par quelques adeptes seulement, l'arrivée de Napoléon, au galop d'une rapide calèche, par l'issue de la cour intérieure des Tuileries voisine du Pont-Royal, au milieu des sabres de quelques cavaliers de sa garde, trouva répandue sous les guichets et dans les vestibules de ce palais sans maître, une foule d'officiers à demi-solde, ivres d'enthousiasme. Ils attendaient et proclamèrent l'Empereur. Ce fut là son peuple. A peine la voiture poudreuse arrêtée, pressés, agenouillés, poussant mille cris de joie, tous voulant toucher au moins ses vêtements, quelques-uns l'enlevèrent et le portèrent sur leurs bras, comme un glorieux trophée, jusque dans la salle du Trône.

Là, sans ordre d'aucune personne apparente, sans mission d'aucune autorité, un spectacle magnifique était improvisé, pour recevoir le vainqueur. Sous la voûte, illuminée de cent lustres se pressait, dans la plus grande parure, l'élite des dames qui avaient appartenu à la Cour impériale, femmes et filles de dignitaires, de généraux, et aussi de quelques hommes considérables de la banque et du haut commerce.

C'était un éblouissement de richesses, de pierreries et d'élégance mondaine, succédant comme par enchantement à l'obscurité de l'exil. La durée du premier Empire n'avait pas été assez longue pour que beaucoup de ces dames, qui en avaient porté et en reprenaient les couleurs, ne fussent pas encore dans tout l'éclat de la jeunesse et de la beauté : et un historien [1] étranger affirme que rien n'égalait le charme de cette réunion, parée de diamants et de violettes, sinon l'enthousiasme dont elle semblait animée.

Mais le dieu d'airain, auquel s'adressaient tant d'hommages, n'en fut pas un moment adouci, ni trompé.

A peine au terme de sa course, sitôt qu'il eut senti se refroidir l'ardeur de son dessein accompli, et qu'il eut reposé dans le lit royal et impérial où, depuis sept règnes, soit effectifs, soit nominaux, il n'est mort jusqu'à nous qu'un seul monarque, il vit clairement le néant de sa victoire. On ne saurait en donner une meilleure preuve que de rappeler ses propres paroles à un des plus hommes de bien de l'Empire, le comte Mollien, Ministre du trésor public. Venu le 21 mars au soir, pour saluer son maître, l'intègre et dévoué Ministre, avec l'aménité naturelle de son langage, n'ayant pu se défendre des lieux communs du jour, et peut-être de l'avenir sur cette merveilleuse révolution, cette victoire si facile, ce triomphe inespéré et pourtant si complet : « Assez, assez, mon cher, lui dit l'Empe-
« reur, en l'embrassant : le temps des compliments est
« passé ; ils m'ont laissé venir, comme ils les ont laissé
« s'en aller. »

---

[1] Alison's *History of Europe*, etc., t. X, p. 529.

CHAPITRE II

ÉVÉNEMENTS EXTÉRIEURS. — TRAVAUX DU CONGRÈS DE VIENNE, DEPUIS SA PREMIÈRE RÉUNION. — INFLUENCE DE LA DIPLOMATIE FRANÇAISE. — GRAVES QUESTIONS RÉSOLUES. — DERNIÈRES QUESTIONS A RÉSOUDRE INTERROMPUES PAR L'ENTREPRISE DE NAPOLÉON.

Quelque extraordinaire que parût à l'intérieur cette révolution prétorienne sans une goutte de sang versée, ce rétablissement de l'Empire par la présence d'un homme, enfin ce réveil apparent de l'esprit démocratique, pour la seule satisfaction de rappeler au trône un despote militaire, ce n'était pas sur la France uniquement que devaient alors se fixer les regards; ce n'était pas dans son sein qu'il fallait chercher les crises décisives et le dénoûment du drame.

Nul doute, en effet. Si, par impossible, Napoléon, dans la rapidité de sa marche, eût de loin stupéfié toute action étrangère, comme il prosternait devant lui toute force française, si, par je ne sais quel enchantement, les puissances de l'Europe, muettes de crainte ou se laissant persuader à d'invraisemblables promesses, n'eussent élevé ni protestations ni obstacles, rien dans la France même n'aurait ébranlé le second avénement de l'Empereur.

Les essais de guerre civile et de résistance locale, pour

la cause des Bourbons, une fois réprimés ou suspendus, la servitude aurait repris son cours; les flots, un moment débordés, retrouvé leur pente; et sauf la gloire, sauf l'éclat des conquêtes, et seulement, avec un surcroît probable de tyrannie, dans un champ moins étendu de despotisme, le joug aurait été derechef appesanti; et la France, malgré l'agitation de liberté qui seconda les défections militaires, n'aurait osé ni su rompre de ses mains seules les entraves qui lui étaient rendues, au nom de 1789 et d'Austerlitz.

Telle était, d'une part, la puissance du nom, l'habitude d'obéissance attachée à la personne; telle était, d'autre part, la force concentrée de l'organisation civile qu'avait montée Napoléon, et qu'après une année d'absence, il trouvait un peu dérangée, mais entière et facile à réunir. Ce que le retour passager des Bourbons avait apporté de garanties favorables à la liberté, et ce que l'opposition contre leur pouvoir simulait ou ranimait de passions anarchiques, se serait bientôt atténué, serait tombé de soi-même, sous le bras puissant d'un maître incontesté : il n'en serait demeuré qu'un souvenir assez vague perdu dans l'impopularité du droit antique, d'où la Charte de 1814 était issue; et les doctrines de 1789, réveillées à la suite de cette Charte, par elle et contre elle, les passions et les hommes de ce premier âge de la Révolution, un moment ravivés, se seraient bientôt alanguis devant celui qui, une fois déjà, les avait si souverainement domptés et réduits au silence.

S'il en fut autrement, si la représentation de liberté entreprise par quelques hommes, dans l'intérêt de l'Empire, devint sérieuse pour lui-même et l'entrava plus qu'elle ne le soutint, c'est que le loisir et la sécurité manquaient pour compléter le retour à la discipline impériale; c'est surtout que, dès le premier jour, la diversion imminente d'une guerre européenne, en même temps qu'elle encourageait des divisions intestines, rendait utile et spécieux tout réveil d'ancien esprit patriotique, et faisait hésiter Napoléon à comprimer une force, dont il aurait sitôt besoin.

Ce qui se trama contre lui de perfidies domestiques, à la première heure de son arrivée, ce qui fut entrepris, en défiance de lui, sur une ligne parallèle à son triomphe, l'attaque intérieure enfin si hardiment tournée contre son pouvoir et sa dynastie, aussitôt après sa première défaite, tout cela fut également lié à la certitude de ses périls au dehors, à la grandeur, à la ténacité de la Coalition maintenue et renouvelée contre lui.

Pour juger la courte et instructive Révolution du 20 mars, pour l'apprécier dans son prodige apparent, et dans son impossibilité réelle, on ne saurait donc trop constater les obstacles qu'un tel succès et un tel exemple rencontraient hors de France, dans la disposition des gouvernements et dans celle des peuples, dans les cabinets des Souverains absolus et dans le Parlement d'Angleterre, dans la diplomatie et dans la liberté.

La réunion du Congrès de Vienne, à la suite de la Campagne de 1814, et du renversement de l'Empire par l'abdication même du fondateur, avait paru destinée à marquer une grande époque dans l'état politique de l'Europe. Bien des esprits, même éclairés, croyaient y voir la fin régulière de la Révolution française, et le résultat dernier de l'œuvre de M. Pitt déclarant d'abord à l'anarchie violente de la Convention, puis à la dictature de Napoléon, une guerre aussi longue que la durée de l'une et de l'autre. Après vingt-cinq ans d'hostilités les plus sanglantes qu'ait vues l'Europe, il semblait réservé au Congrès d'établir un ordre durable qui satisfît l'ambition des grandes Puissances, et promît à toutes ce qui avait manqué sous Napoléon, le respect du droit et la stabilité de la paix.

En principe et dans la forme, ce n'étaient pas les affaires de la France qui devaient surtout occuper ce Conseil public de l'Europe. Ce qui concernait la France naguère si prépondérante, débordée sur les trois quarts du Continent européen, puis refoulée par ses désastres, et gardant çà et là d'abord quelques anciennes stations de conquêtes, puis assaillie sur son propre sol, prise dans sa Capitale, et déchue ou délivrée de son Empereur, toute cette première et immédiate conséquence des Campagnes de 1812, 1813 et 1814 était déjà réglée par le traité du 30 mai 1814, daté de Paris; et ce traité, au milieu de pertes immenses, comme nos malheurs, reconnaissait à la Monarchie restaurée le territoire de l'ancienne France, accrue non-seulement des premières acquisitions de 1791, mais du département du Mont-Blanc prélevé sur la Savoie, et d'annexes importantes aux départements de l'Ain, du Bas-Rhin, des Ardennes et de la Moselle.

Huit puissances, à des titres fort inégaux, avaient concouru à cette fixation, destinée bientôt à s'aggraver, sans que nulle révolution survenue depuis ait relevé la France de ce désavantage obstiné, qui la maintient aujourd'hui seule, parmi tous les grands États, dans les mêmes limites continentales qu'au début de nos grandes guerres, avec plusieurs villes frontières de moins.

Quoi qu'il en soit, à Vienne, dans les derniers mois de 1814, c'étaient de bien autres questions qu'il s'agissait. Un article du traité du 30 mai avait stipulé que toutes les Puissances engagées de part et d'autre dans la dernière lutte enverraient des Plénipotentiaires à Vienne, pour déterminer, dans un Congrès général, les dispositions de toute sorte qui devaient intervenir, à la suite et pour complément de ce traité. Cet arrangement annoncé n'était rien moins que la répartition définitive de maints territoires de l'Europe, devenus incertains par une série d'envahissements, et quelques-uns, tels que Gênes et Venise, demeurés sans prétendants légitimes et sans héritiers directs.

Il restait ainsi à fixer la translation ou le maintien de beaucoup d'importantes possessions, et la reconnaissance solennelle, sinon d'un équilibre impossible, au moins d'un certain ordre de principes et de garanties qui défendraient les États du second et du troisième rang, contre toute dépendance analogue à celle que leur avait naguère infligée la domination d'une grande Puissance.

Dans cette vue, les plénipotentiaires de l'Autriche, de la France, de l'Angleterre, de la Russie, de l'Espagne, du Portugal, de la Suède, du Danemark, de la Sicile, de la Sardaigne, du Pape, du royaume de Hanovre, du royaume des Pays-Bas, du royaume de Wurtemberg, des Cantons suisses, du Grand-Duché de Toscane, de l'Électorat de Hesse-Cassel, de deux autres grands Électorats et de douze Duchés ou Principautés de l'Allemagne, enfin des villes libres de

Francfort, de Hambourg, de Lubeck, de Brême, etc., etc., avaient dû se réunir, dès la fin de juillet 1814, dans la ville de Vienne. Mais la lenteur des préparatifs, le grand nombre des appelés, la présence attendue de plusieurs Souverains retardèrent jusqu'au 1er novembre 1814 la réelle activité du Congrès; et ce hasard fut la plus grande cause, peut-être, de l'*interdit* insurmontable que rencontra l'entreprise de Napoléon.

L'Angleterre, la Russie, la France, étaient représentées au Congrès chacune par un premier Plénipotentiaire et trois Ministres délégués; l'Autriche par le prince de Metternich et un assesseur; la Prusse par le prince de Hardenberg et le baron de Humboldt; les autres puissances par deux ou trois plénipotentiaires. Et bien que l'égalité ne fût qu'apparente, dans cette réunion si nombreuse, bien que la plupart des affaires fussent traitées dans des fractions de comités, et que la voix des grandes puissances fût toujours décisive, on peut juger quelle devait être parfois l'attente inspirée par cette *quasi-législature* européenne, où se débattaient entre des hommes éminents, acteurs pour la plupart dans la longue lutte contre l'Empire, tous les intérêts affranchis ou préservés par sa chute, et même les questions qu'avait tranchées 1789; car, jusqu'à l'ancien ordre de Malte, comme un fantôme du passé, avait deux représentants au Congrès.

Mais, à part toute cette commémoration d'anciennes puissances dépossédées, auxquelles l'égoïsme jaloux des possédants actuels laissait bien peu de place, un événement qui marqua les commencements du Congrès, et parut y dominer plusieurs fois, ce fut l'influence que s'attira d'abord le premier Plénipotentiaire français, et par conséquent l'ancienne Monarchie si récemment relevée sur le sol de France.

Cette influence, M. de Talleyrand la devait à mille choses, à des préjugés contraires, à des illusions diverses, au mal, comme au bien de sa carrière déjà longue. Il la devait à son origine, à son nom, à ses souvenirs de l'Assemblée Constituante, de l'émigration, du Directoire et de l'Empire, à ses conduites variées, à ses grandes manières, surtout à ce privilége éclatant de longue intimité et de rupture opportune avec Napoléon. Mais plus encore que tout cela, plus que son prestige d'habile négociateur des traités de Lunéville et d'Amiens, et de ministre en crédit, aux jours de cette diplomatie rendue si facile par tant de batailles gagnées et par l'étourdissement de l'Europe, il faisait valoir maintenant, il avait pour prisme tout-puissant l'ancien principe, dont il s'était à propos ravisé, *la légitimité.*

Devant les délégués et sous les yeux de ces Souverains, qui tous s'étaient si mal trouvés de leurs alliances successives avec l'autocrate de la France, et de leur facilité à reconnaître son pouvoir, ou même à s'y rattacher par un pacte de famille, M. de Talleyrand se sentait fort, et appuyé de la conviction commune, lorsqu'il proclamait l'axiome de l'antique hérédité des trônes et de la souveraineté imprescriptible, pour chaque nation, dans une seule famille. Il déclarait que le repos de l'Europe, la durée même de la civilisation était à ce prix qu'il parût impossible de créer désormais une nouvelle dynastie : selon lui, « l'épreuve de la doctrine con-
« traire avait été faite, et d'une façon assez dispendieuse
« pour l'humanité : il fallait désormais en tout et partout
« remettre en honneur l'unique principe de la transmis-

« sion légitime, pour l'inviolabilité des faibles et la sûreté même des plus puissants, qui ne sauraient l'être toujours. » Et son rare esprit, son esprit sérieux et piquant, lui fournissait mille raisons à l'appui de cet ordre d'idées, auquel sympathisait de soi-même l'instinct des Monarques et des Princes assemblés à Vienne, dans ce *jubilé* de l'Europe, à la chute du vainqueur, dont elle avait si longtemps souffert ou redouté l'empire.

Chose remarquable! en suivant, ou plutôt, en poussant ce mouvement sorti de la lutte acharnée contre la France, l'habile négociateur le faisait servir à l'action renaissante de la diplomatie française. Dans ce rôle difficile à soutenir, mêlé de puissance réelle et de prestige, de principes entés sur les siècles passés, et d'idées modernes, M. de Talleyrand n'était pas seul et sans secours. Aux hommes de mérite qu'il avait amenés avec lui, à son ami le duc d'Alberg, au noble et intelligent Alexis de Noailles, au savant publiciste la Besnardière, il avait réuni, moins encore pour l'éblouissement du monde frivole des cours que pour la sagacité du conseil et le secours caché du talent, une autre influence toute intérieure et toute dévouée; c'était celle d'une jeune femme, rapprochée de lui, de parenté et d'admiration, issue d'une famille princière, par cette lignée des ducs de Courlande qu'avait récemment illustrée Biren, élevée du reste, comme les grandes dames de ces contrées un peu sauvages, dans toutes les élégances du meilleur goût français, et y joignant une force toute allemande d'attention sérieuse, et une faculté cosmopolite d'esprit et de langage. La jeune duchesse de Dino, que ce nom et cette alliance rendaient nièce de M. de Talleyrand, alors à peine âgée de vingt ans, par sa beauté, le charme impérieux de sa physionomie, le feu du Midi mêlé en elle à la grâce altière du Nord, l'éclat inexprimable de ses yeux, la perfection de ses traits aquilins, la dignité de son front encadré de si beaux cheveux noirs, était une des personnes le plus naturellement destinées à faire les honneurs d'un palais, à embellir une fête. Mais cette reine de la société brillante aimait déjà la retraite et l'étude : elle n'en avait que plus de supériorité dans le monde, où elle se plaisait peu. De bonne heure mûrie par la réflexion et les fortes lectures, familière avec les notions les plus précises d'histoire moderne, comme avec la haute poésie de plusieurs langues, ses entretiens se portaient volontiers sur les intérêts les plus graves de la politique, ou sur les questions les plus délicates de l'art.

Supérieur même à sa beauté, et comme cette beauté, gracieux et dominant, délicat et sévère, son esprit paraissait la plus irrésistible des puissances; et, on peut le croire, lorsque sur une pensée politique reçue ou devinée, cet esprit voulait préparer la conviction, insinuer un conseil, guérir une défiance, entraîner une volonté, il y faisait plus qu'aucun autre diplomate. Plus d'une fois ce renfort, ou cette diversion vint heureusement aider la science consommée de M. de Talleyrand, lui aplanir des contradictions, lui épargner des obstacles, et séduire des auxiliaires à son avis, avant qu'il ne l'eût tout à fait engagé avec les autres, ou peut-être tout à fait arrêté avec lui-même.

Souvent cette raison si fine et si ferme, couverte de tant de grâces qui la laissaient moins redouter, fut encore plus directement utile au célèbre plénipotentiaire, fortifia ses résolutions, ou para d'un art plus spécieux la forme qu'il voulait y donner. Sur les esprits exercés par beaucoup d'épreuves, qui ont beaucoup vu, souvent douté, et failli quelquefois, l'ascendant d'une volonté jeune et courageuse est aussi salutaire que puissant.

Cet ascendant, si bien représenté, agit alors, sous diverses formes. Plusieurs des notes de M. de Talleyrand, plusieurs de ses lettres au roi Louis XVIII et à d'autres souverains, même des lettres tout intimes et copiées par lui, pour être plus secrètes, ont des touches vives et délicates, des nuances habilement persuasives, où se marque la main de madame de Dino ; et l'empreinte ne saurait être douteuse à tout œil exercé qui a lu quelques pages des Mémoires historiques, pour longtemps inédits, que plus tard la même main écrivit, sous son propre nom cette fois, et avec un rare mélange de simplicité noble, de raison élevée et piquante et de pénétration politique, précoce comme l'instinct, et sûre comme l'expérience, dans un esprit éminent.

Tels étaient les secours extérieurs ou personnels, fortuits ou lentement acquis, les forces, les illusions, les charmes qu'avait réunis de loin ou de près et qu'apportait avec lui dans le Congrès Œcuménique de Vienne l'ancien et habile rapporteur à l'Assemblée Constituante, l'ancien diplomate et grand dignitaire de Napoléon, le ministre principal, le plénipotentiaire suprême de Louis XVIII en 1814 et en 1815. Ce grand succès qu'il obtint, ce réel ascendant qu'il exerça, ne s'établirent pas toutefois sans résistance et sans échecs momentanés. Dès l'abord, les Puissances naguère ennemies de la France, qui venaient de lui imposer le traité de Paris, c'est-à-dire l'abandon diplomatique, la remise officielle de ses dernières conquêtes militairement si compromises, ces Puissances avaient trouvé bon, ne fût-ce que par habitude, de conserver leur caractère d'alliance à part, prépondérante, exclusive, et de n'admettre leur nouvel allié, le gouvernement français des Bourbons, que comme passif et surnuméraire : elles continuaient donc d'affecter ce titre de sainte alliance, qui, dans l'accord calculé des souverains, n'avait pas peu servi à la coalition passionnée des peuples; elles semblaient en garder l'étroite et jalouse inquiétude.

Arrivé à Vienne le 24 septembre 1814, quand le Congrès était, depuis le 16, en train de régler ses préliminaires et ses formes, le prince de Talleyrand avait contesté d'abord toute prétention, toute qualification d'alliance partielle, et par conséquent privilégiée.

« La dénomination d'alliées, disait-il dans une pre-
« mière note, que s'attribuent réciproquement et ex-
« clusivement quelques Puissances, est tombée de plein
« droit par le seul fait de la paix générale; elle est
« inutile; elle est surannée maintenant. Injurieuse au
« roi de France qui n'y était pas compris, elle ne sau-
« rait être reconnue par son ministre. Il n'existe au-
« jourd'hui qu'un Congrès européen, auquel toutes les
« Puissances sont appelées à concourir, dans une même
« indépendance de tout lien particulier et dans un
« seul intérêt de justice et de paix. »

Ce raisonnement, cette protestation du plénipotentiaire de Louis XVIII, avait étonné d'abord, à titre d'irrévérence envers la Coalition, et d'effort ingrat pour la dissoudre. On avait répliqué, en alléguant, comme subsistant toujours, le traité de Chaumont en 1814;

dernier acte d'union active et d'engagement solidaire entre les Puissances armées contre Napoléon. Devant cette première émotion du Congrès, M. de Talleyrand avait insisté d'autant plus, d'après l'objection même, et en s'armant des termes de ce traité, « pur instrument « de guerre, disait-il, convention comminatoire à l'u- « sage des agresseurs, et périmée par la paix. »

On céda, dans les formes extérieures du moins et dans le langage, à cette contradiction opiniâtre du ministre de Louis XVIII ; et ce privilége d'une alliance antérieure, cette affectation de faire une masse à part au milieu du Congrès, ne reparut plus dans les Conférences, où bientôt la diversité des intérêts, habilement ménagée par un tiers sans prétentions actuelles pour son compte, devait amener une dissidence profonde entre ces mêmes alliés prépondérants, qui voulaient naguère tout dominer de leur intime union.

Cette tactique, immédiatement déployée par le ministre d'un Prince à peine rétabli sur son trône, entre une France sans alliés personnels, sans forces disponibles et l'immense appareil de la Coalition, cette tactique, favorable dès l'abord à tous les faibles, et appliquée bientôt efficacement au maintien nominal d'un reste de Pologne et à la conservation du roi de Saxe, fut le premier titre du plénipotentiaire français, pendant sa laborieuse campagne au Congrès de Vienne.

Ce même ministre avait moins réussi, on le croira sans peine, dans la tentative de rapprocher les formes du Congrès de celles d'une assemblée délibérante. Il eût voulu que, répartis et préparés dans diverses commissions, tous les travaux fussent soumis à un vote définitif de tous les plénipotentiaires réunis. L'esprit d'autocratie et l'esprit de prépondérance politique, quelle qu'en fût la forme, s'étaient également soulevés contre une telle proposition. Et, finalement, le pouvoir d'initiative et le pouvoir de décision étaient demeurés dans les mains d'un premier Comité, où siégeaient seuls les représentants des huit Puissances signataires du traité de Paris : disposition qui consacrait ce qu'on ne pouvait empêcher, l'ascendant des plus forts, mais qui, du moins, comprenait la France dans ce nombre.

Ainsi, même repoussé dans son projet ostensible de donner au Congrès une forme quasi-législative et d'y faire tout décider, à la majorité des voix, entre les mandataires de Puissances si prodigieusement inégales, le négociateur de la Monarchie de 1814 était parvenu à replacer son pays dans le rang privilégié de ceux qui décidaient.

C'était devant ce comité, la tête et le bras du Congrès, que s'étaient agités pendant près de quatre mois, et que venaient à peine de se terminer, à la veille des *Cent jours*, les deux grands procès légués par la fin de la guerre, le procès du roi de Saxe et le procès du peuple polonais. Il y avait là un attrait de convoitise, un partage de proie suffisant à rompre les alliances les plus intimes, et à les remplacer par une hostilité nouvelle. La Prusse, si maltraitée par le traité de Tilsitt, qui lui avait enlevé quatre millions de sujets, ne trouvait rien de plus simple que de se dédommager par l'adjonction de la Saxe royale. Le *statu quo* était déjà pour elle. Les Russes, militairement maîtres de la Saxe, l'avaient remise, en octobre 1814, aux troupes prussiennes; et le roi de Prusse en avait pris solennellement possession, comme Souverain de ce nouveau territoire, avec l'intention exprimée, non de l'incorporer à ses États, mais de l'annexer à sa Couronne sous le titre de Royaume de Saxe, transmissible à ses successeurs, en même temps que le Royaume de Prusse.

Ce n'était pas là seulement l'indemnité des pertes qu'avait subies la Prusse, et le salaire de sa défection hâtive en 1813; c'était aussi, tout semble l'attester, le souvenir vindicatif et la punition de la longue, quoique impuissante, fidélité gardée par le roi de Saxe aux armes de Napoléon. Avec une sévérité sans scrupule, de la part de la Russie, avec quelque hésitation sur la forme, de la part de l'Autriche et de l'Angleterre, avec une ardente convoitise et une sollicitation assidue de la part de la Prusse, la *Coalition*, dans son ensemble, était prête à satisfaire sa rancune, aux dépens mêmes de ses principes, par le détrônement du roi de Saxe, et par la translation de ses États et de son droit héréditaire à la personne d'un autre souverain.

A côté de cette suppression d'une Souveraineté indépendante et de cette déchéance d'une Maison royale, compléter l'ancien partage de la Pologne et faire de ses débris un lot final pour chacun des trois spoliateurs primitifs devait paraître une chose facile, spécieuse, et à peu près inévitable. Il n'y avait pas là, en effet, de contradiction notoire entre les maximes proclamées récemment et le démembrement à parfaire; il n'y avait pas d'hérédité royale à violer, de monarque légitime à déplacer, de titre successible à détruire, en l'aliénant par voie de fait, comme avait souvent procédé le conquérant, dont l'ambition venait de succomber sous l'effort de l'Europe; il n'y avait, aux yeux des rois, qu'un Royaume en déshérence à partager, en fin de compte, un démembrement déjà fait à régler de nouveau, et une anarchie renaissante, disait-on, à prévenir pour jamais.

Sur ces deux points cependant de la Saxe et de la Pologne, où l'intérêt et la volonté étaient si impérieux d'une part, le scrupule et la résistance assez faibles d'un autre côté, le Plénipotentiaire français n'avait pas tardé à susciter de graves obstacles qui prolongeaient le Congrès, et qui ne le divisèrent que pour y faire prévaloir et pour y déposer, comme en réserve, un invincible argument de plus contre toute transaction ultérieure avec Napoléon.

Frappé de cette idée, que tout grand événement politique a des conséquences et une série logique, auxquelles il faut s'attacher invinciblement, le prince de Talleyrand s'était porté de prime abord défenseur du roi de Saxe, au nom du principe qui venait de renaître en France, la légitimité. C'était là, selon sa thèse choisie et persistante, « une condition suprême du pouvoir « royal, qui n'avait pas eu de nom, ajoutait-il finement, « alors qu'elle existait par un fait continu et qu'elle « allait, pour ainsi dire, avec la nature, mais qu'il fal- « lait bien maintenant nommer et définir, après qu'elle « avait été si fatalement interrompue. »

Armé de ce mot puissant, le prince de Talleyrand n'avait pas hésité à combattre de front toutes les colères que soulevaient contre le roi de Saxe son ancien attachement à la fortune de Napoléon, les bienfaits qu'il en avait reçus, la fidélité qu'il lui avait gardée même après Leipsick, et le séquestre qu'il avait encouru pour sa cause.

En défendant aujourd'hui, devant les Plénipotentiaires des Rois un Roi compromis, M. de Talleyrand était sûr de l'approbation de sa propre Cour, lorsqu'il attestait, dans sa correspondance avec Louis XVIII, son zèle à se souvenir des liens de famille, des affinités conjugales de la maison de Saxe avec la branche aînée des Bourbons. Mais au Congrès même, il prenait les choses sur un ton plus général; il repoussait comme une contradiction dangereuse, comme un non-sens politique, la pensée qu'une guerre entreprise pour la répression de l'esprit de conquête et d'envahissement, pût se terminer par la déchéance d'une ancienne lignée royale.

« Un Roi détrôné par des Rois, en représaille d'une
« défection ou d'une alliance quelconque, lui semblait,
« disait-il, un exemple plus révolutionnaire, un plus
« grand ébranlement pour les trônes, qu'un roi ren-
« versé par tout désordre législatif ou démocratique. Le
« vertige et le danger étaient pires en effet, et devaient
« effrayer davantage, si la destruction s'opérait par les
« mains de ceux qui devaient la prévenir, et au mo-
« ment même où le retour de la légitimité venait d'être
« inauguré en France, pour le raffermissement de
« toutes les couronnes contre l'esprit de faction et d'a-
« narchie. C'était par un seul acte, pour une passion
« irréfléchie, perdre toute la moralité de la guerre
« qu'on avait poursuivie avec tant d'efforts et de sacri-
« fices; c'était vouloir ne garder que des résultats ma-
« tériels, pour en disposer arbitrairement, et en se dé-
« mentant soi-même, aux yeux des peuples. »

On sait que la chronique secrète de l'Europe supposa d'autres motifs encore à cette intervention empressée dans la cause d'un roi malheureux. Mais ne suffisait-il pas de la raison politique pour déterminer le zèle du négociateur? Suspect lui-même à son propre gouvernement par les choses qui avaient accru sa célébrité, par ses souvenirs de 1789, par son association au Directoire, par ses services sous l'Empire, ne devait-il pas se faire un point d'honneur d'aller jusqu'au bout de son nouveau rôle, de donner, s'il le fallait, l'exemple aux rois sur l'intérêt bien compris de la royauté, et de défendre un allié trop fidèle de son ancien Empereur, au nom de ce principe de la légitimité, qu'après l'avoir si longtemps négligé, il invoquait comme exclusivement juste et tutélaire? L'habileté de M. de Talleyrand fut grande en cette occasion; et, par l'événement, cette habileté parut bientôt un rare instinct de prévoyance.

Placé d'abord seul en travers des prétentions avides de la Prusse et devant l'adhésion, ou, pour mieux dire, la main-mise provisoire que leur accordait la Russie, il ne pouvait, à ce premier début de résistance, s'appuyer que sur la disposition moins explicite de l'Autriche et de l'Angleterre, qui cependant avaient aussi donné un quasi-assentiment à la déchéance du roi de Saxe, en faveur du roi de Prusse. Il fallait donc, d'une part, ramener les deux Puissances de ce consentement ou de cette tolérance à une négation absolue; puis, avec ces deux voix reconquises, dominer les sollicitations de la Prusse, et peser sur l'honneur engagé d'Alexandre très-chevaleresquement disposé à dépouiller le dernier allié de Napoléon, pour mieux revêtir le premier prince d'Allemagne revenu vers la Russie en 1813.

Ce ralliement difficile d'alliés indécis, et ce changement d'une volonté puissante, M. de Talleyrand y réussit, avec sa thèse de la *légitimité*, que les Anglais cependant ne retrouvaient guère dans leur tradition la plus récente, que l'Autriche elle-même avait fort oubliée dans son alliance dynastique de 1810, et dont la Russie ne pouvait, ce semble, affecter le respect absolu, quand on considère toutes les infractions qu'elle y a faites, et sa manière violente de modifier, ou de hâter parfois l'ordre de succession à la couronne des Czars.

Quoi qu'il en soit, après trois mois d'efforts pour regagner l'opinion de l'Autriche et de l'Angleterre, puis pour s'en couvrir et l'engager à son tour dans une résistance directe aux vues de la Prusse et aux anciennes promesses de la Russie, la cause du roi de Saxe commençait à paraître gagnée.

Ce n'était pas sans de graves concessions, imprudentes à d'autres égards, surtout celle qui, parmi les avantages attribués à la Prusse, agrandissait sa frontière du côté de la France. Mais enfin le maintien de la maison royale de Saxe sur son trône héréditaire allait être consacré par la force du droit, en dépit des rancunes et des répugnances.

La Prusse, ardente à la proie qu'elle avait tant espérée, avait fait un dernier effort pour la garder, en offrant, comme dédommagement à l'ex-roi de Saxe, la cession des territoires entre le Rhin et la Meuse. Le prince de Talleyrand lutta contre cette offre, par les mêmes motifs de maintien absolu du droit, qu'il alléguait toujours ; et il rallia d'abord à son opinion le Cabinet anglais, qui s'inquiétait charitablement de l'influence que la Monarchie française pouvait prendre sur un voisin faible, ainsi transplanté. La combinaison prussienne échoua donc ; et M. de Talleyrand s'en félicita, tout en devinant le motif intéressé du retour d'équité des Anglais[1]. Ce fut à l'issue de cette difficultueuse affaire que tomba comme la foudre l'incident qui allait mettre à si rude épreuve ce talisman de la *légitimité*, dont avait, depuis quelques mois, tant usé le négociateur français.

Si le succès d'influence obtenu par le négociateur français était grand, il laissait des germes bien récents d'aigreur et de désunion dans le Congrès. L'empressement calculé de M. de Talleyrand à saluer dans une double vue la reconstruction partielle du royaume de Pologne, sous l'autocratie ostensiblement mitigée du Czar, n'était pas, aux yeux de ce Monarque, un correctif suffisant de la contrariété apportée à ses autres desseins; et Alexandre, par la résistance qu'à ce moment même et au sujet de la Saxe il avait trouvée dans le principe de droit public allégué par la France, et dans le retour de l'Autriche et de l'Angleterre au même scrupule, pressentait avec humeur le rapprochement

---

[1] Ce motif apparaît naïvement dans une lettre récemment éditée de lord Liverpool à lord Castelreagh : « La question de la Saxe sera, j'en ai la
« confiance, arrangée, avant le moment indispensable de votre départ.
« La proposition de la Prusse d'indemniser le roi de Saxe, en lui donnant
« le pays ou une partie du pays entre le Rhin et la Meuse, m'a rendu
« plus opposé au projet de réunir l'ensemble de la Saxe à la Prusse,
« que je ne l'étais auparavant. Le roi de Saxe, dans cette hypothèse,
« serait probablement la créature de la France, et disposé par suite à
« seconder les vues du gouvernement français sur les Pays-Bas, plutôt
« qu'à y résister. Je sens, je l'avoue, peu de tendresse pour le roi de
« Saxe personnellement; et dès lors, un établissement à arranger pour
« lui n'est pas mon objet; mais je ne désire pas voir le système de
« complet anéantissement des anciens États étendu au delà de ce qui
« est absolument nécessaire. » (*Letters and despatches of lord Castelreagh*. Third series, vol. II, p. 239.

secret de ces trois Puissances, et leur projet éventuel d'alliance contre lui.

Jeu singulier des affaires du monde! Ce projet soupçonné d'avance par le Czar (tant l'idée en était naturelle!), ce projet, en effet, conçu par les intéressés et signé entre eux secrètement, dès le 3 janvier 1815, ce projet dont Napoléon, en repassant deux mois après aux Tuileries, saisit et envoya la preuve incontestable, c'est-à-dire le texte même, au Cabinet russe, ce fut son retour et le long ébranlement de ce retour, qui devait en supprimer la pensée et en ajourner l'effet, pendant près de quarante ans! Mais, dans l'histoire politique de l'Europe, dans cette histoire qui a des siècles devant elle, le titre de M. de Talleyrand sera d'avoir, dès le lendemain de 1814, et parmi les joies confuses des vainqueurs, projeté l'alliance défensive de l'Occident contre le Nord, et songé, en face des hommages que recevait Alexandre, à opposer aux prodigieux accroissements de la Russie un rempart d'indépendance et de civilisation solidaire, en unissant, d'un lien à part, l'Angleterre, l'Autriche et la France.

Le reproche d'ingratitude allégué sur ce point par Alexandre ne saurait être le jugement de l'avenir. Dans la destinée des nations, et même des dynasties qui aspirent à rester nationales, il y a des services reçus, dont le joug ne saurait être rejeté trop vite : ce sont ceux qui sembleraient établir une habitude et un droit de dépendance envers l'étranger, quel qu'il soit; faux services d'ailleurs, auxquels ne peut s'appliquer le nom de bienfaits obligatoires, dans le souvenir de qui les a reçus; car ils avaient pour premier mobile l'intérêt propre, la précaution ou la vengeance de celui qui les rendait. Ainsi, même pour Louis XVIII et sa maison, pour ces princes sur lesquels a tant pesé le reproche du secours étranger, n'est-il pas vrai de dire que leur premier retour avait été l'accident, et non le but de la Coalition? que ce n'était ni leur intérêt, ni même la paix intérieure de la France que cherchait la Sainte-Alliance, mais son propre intérêt, sa propre sauvegarde contre l'ennemi puissant abattu à si grande peine?

Louis XVIII, prince d'un esprit plus élevé qu'on ne l'a dit, même de son vivant, parce qu'une sorte de finesse ingénieuse couvrait trop en lui la fermeté du sens, Louis XVIII, malgré quelques paroles publiques justement reprochées à sa mémoire, avait donc fort bien jugé les limites naturelles de la reconnaissance qu'il devait, pour le service peu désintéressé qu'on lui avait rendu; et, après s'être montré, jusque dans les rapports privés, peu traitable et fier de son droit, même devant Alexandre, il était entré volontiers dans une combinaison d'alliance séparée et de résistance éventuelle contre les empiétements de la Russie. Pour cette négociation hardie et peut-être hâtive, qui, durant le Congrès même, aboutit au traité clandestin du 3 janvier 1815, signé à Vienne par le prince de Metternich, lord Castelreagh et M. de Talleyrand, ce dernier ministre avait eu toute approbation de son Souverain, en même temps que par le contre-coup d'une telle alliance même cachée, il prenait plus d'influence encore sur l'ensemble des affaires.

Toutefois, ces luttes d'intérêt entre de grandes Puissances, ces prétentions émises et retirées, ce travail souterrain de quelques-uns, qui se devinait, même après la conciliation apparente de tous, avaient amené le Congrès à un état de défiance et de mutuels griefs qui semblait rendre bien difficile pour l'avenir une action commune des mêmes Puissances. La division fondamentale du Congrès, la rupture présumée de la Sainte-Alliance, à la suite de ses victoires, et dans le partage même qu'elle avait besoin d'en faire, c'était là le bruit de l'Europe! et ce fut, non pas seulement le langage ostensiblement affecté par Napoléon, au début de son entreprise ; ce fut aussi pour lui-même, d'abord, l'espoir dont se flatta son imagination si vive, et sa logique parfois si subtile dans le sens de sa passion.

En réalité cependant, vers le milieu de février 1815, les difficultés qui avaient hérissé la marche laborieuse du Congrès s'étaient aplanies ; et d'une contention, d'où la guerre avait un moment paru près de sortir, il ne restait plus que l'humeur de quelques froissements, un peu de rancune encore vive, et un surcroît de défiance pour l'avenir, mais avec un assentiment de transaction ou de lassitude, sur tous les points actuels.

C'était dans cette disposition que lord Castelreagh avait quitté Vienne le 15 février 1815, pour retourner à son poste ministériel à l'ouverture du parlement britannique, en passant par la France. Lord Wellington, qui, de l'ambassade anglaise à Paris, était revenu douze jours auparavant pour le remplacer à Vienne, y donnait aux mêmes idées l'appui de sa renommée déjà grande en Europe ; et son zèle de tory, en même temps que son attrait personnel pour l'esprit de M. de Talleyrand, ne pouvait que fortifier l'ascendant de l'homme d'État français devant les puissances même dont il avait le plus contrarié la politique ; « Cela finit bien, » disait le comte Pozzo di Borgo, en parlant de l'état intérieur du Congrès, qu'avaient agité tant de contentions opiniâtres et de jalouses arrière-pensées, « nous n'avons « perdu que les illusions du sentiment ; nous en sommes « maintenant à un mariage de raison, sans amour et « sans divorce possible. »

En fait, la Russie avait réduit ses prétentions territoriales sur la Pologne ; et elle consentait à n'en posséder qu'une partie, sans s'avancer jusqu'à l'Oder, et en donnant à son envahissement consolidé sous le titre de *grand-duché de Varsovie* une forme d'établissement représentatif et constitutionnel qui semblait être une barrière pour elle-même, et prolongeait, pour le pays annexé, l'espoir d'un retour futur à l'état de nation indépendante, même sous un Suzerain étranger.

Cette combinaison fut acceptée, non sans quelque dépit, par l'empereur de Russie, auquel il échappa de dire, qu'il s'étonnait un peu de succéder au roi de Saxe, avec plus d'entraves que n'en avait eues ce prince dans son *titulariat du même grand-duché*. Il se résigna cependant ; et le monde sait ce qui en est sorti, et ce que sont devenues les *Institutions et l'Administration distincte stipulées* expressément pour le grand-duché. Dès lors même, cette concession arrachée, toute provisoire qu'il la concevait sans doute, l'indisposa fort contre le diplomate, dont les défiances habilement communiquées avaient réussi à la rendre nécessaire ; et c'est à ce sujet qu'il dit encore : « Va pour la légitimité ; mais Talley-« rand se trompe étrangement de date, quand il abuse « du principe, au point de faire ici le ministre de « Louis XIV. »

La Prusse, laissant le roi de Saxe raffermi sur son

trône héréditaire échancré d'un côté seulement, obtenait d'autres accroissements qui, sans rien coûter au principe du *droit légitime*, la faisaient passer presque à l'état de puissance du premier ordre, par l'importance des territoires et le nombre des bras dont elle se fortifiait. La Couronne d'Angleterre faisait un peu agrandir son fief de famille d'alors, le royaume de Hanovre ; et elle assurait au royaume des Pays-Bas de nouvelles adjonctions qui, comme celles de la Prusse, semblaient surtout destinées à élever contre la France la barrière d'un plus puissant voisinage.

Dans la même intention, quoique moins apparente, il était donné aux Cantons suisses une Constitution plus forte, un gouvernement intérieur plus uni.

Le roi de Sardaigne, naguère réduit à la possession de cette île, et déchu ainsi de la meilleure moitié de ses États, les retrouvait agrandis, et touchait de plus près à ces annexes conquises par la France en 1792, et que le traité de Paris du 30 mai 1814 nous avait laissées.

L'Autriche enfin, pour prix du secours décisif qu'elle avait apporté à la Coalition, et des chances de famille qu'elle avait sacrifiées, en contribuant à la chute du trône impérial de France, s'étendait à l'aise en Italie, et obtenait toutes les riches campagnes placées entre la rive droite du Pô et les bouches du Cattaro.

Tous ces agrandissements, facilités par la dislocation de plusieurs anciens États, depuis la Pologne jusqu'à Venise, étaient sans proportion, il faut bien le dire, avec la faible adjonction de territoire conservée récemment à la France. Mais ces parts de lion faites à d'autres étaient la solde d'une guerre bien longue, l'indemnité tardive de pertes bien cruelles ; et cette solde, cette indemnité, c'étaient les réclamants qui se la distribuaient eux-mêmes.

La France, que l'habileté de son principal négociateur avait rendue prépondérante sur quelques points, dans ce Conseil européen où elle était entrée d'abord avec tant de désavantage, la France réduite à son ancien et si compacte territoire accru de quelques parcelles sur une de ses frontières, avec la restitution de ses faibles Antilles et de son imperceptible Pondichéry, la France, hors d'état d'obtenir plus pour elle-même, cherchait seulement, à cette dernière époque du Congrès, une dernière occasion d'influence, moins nationale, il est vrai, que dynastique. Le prince de Talleyrand, au nom du même principe dont il avait couvert le roi de Saxe, demandait instamment la chute du nouveau roi de Naples Murat, et le rétablissement immédiat de la couronne des Deux-Siciles sur la tête des Bourbons italiens, que la Méditerranée et la protection anglaise avaient maintenus jusque-là dans une fraction de leur ancienne royauté, en leur conservant pour capitale Palerme, à défaut de Naples.

Les services tout récents de Murat, au profit de la Coalition, luttaient bien peu contre de telles demandes préjugées favorablement, par ce seul fait que, sous divers prétextes, nul envoyé de ce Prince, encore ostensiblement reconnu, n'avait pu, jusqu'à ce jour, pénétrer au Congrès. De là, selon toute apparence, le beau-frère de Napoléon semblait devoir payer bientôt le prix de son imprévoyante ingratitude par un simple détrônement diplomatique, qui allait le réduire à la condition du prince Eugène, sans lui laisser, dans sa chute, le même renom de fidélité courageuse et la même consolation de devoir accompli. Le roi Murat cependant, à cette heure, par le même esprit d'illusion qui lui avait fait rêver une défection, et une survivance impossible dans la chute de l'Empire, doutait encore de l'infaillible dénoûment dirigé contre lui, et négociait partout en Europe, du cabinet de Londres à celui de Vienne, et de la cour de Rome à la prison mal gardée de l'île d'Elbe.

Telle était donc en soi, et dans les nombreux intérêts qui s'agitaient à l'entour, la situation du Congrès de Vienne, vers la fin de 1814 et dans les deux premiers mois de 1815 : des mécontentements cachés, des blessures réciproques, plus de conciliation que d'oubli, mais un concert apparent et même réel sur toutes les grandes questions actuelles, sauf deux décisions seulement à prendre encore, ou, pour mieux dire, à exécuter; car le temps seul, et le moment prochain de la séparation les rendaient inévitables.

L'une de ces décisions était la chute de Murat, invariablement voulue par l'Autriche, pour la sûreté de ses possessions d'Italie, et comme dernier effacement des violences qu'elle avait subies et paru longtemps accepter. La demande ouverte en était faite par l'Archiduc, prince régnant de Toscane, au nom de la défense des États qui lui étaient rendus, en même temps qu'elle était appuyée par M. de Talleyrand, au nom de la logique de tous les trônes, et déterminée de tout le poids de la diplomatie du Nord, par une volonté expresse de l'empereur Alexandre, dont l'orgueil paraissait flatté qu'il ne restât, des lieutenants impériaux, qu'un seul parvenu au trône, celui qui, disait-il, dès 1812, lui avait fait sa soumission, et s'était confié aux destins de la Russie.

L'autre question, liée quelque peu à la première, mais bien autrement grave et contestée, c'était la translation de Napoléon loin de l'Italie et de tout rapprochement possible avec Murat, ou plutôt, loin de l'Europe même, dans quelque île transatlantique, telle que Sainte-Lucie, les Açores ou Sainte-Hélène ; car ce dernier nom était déjà prononcé dans des Conférences intimes, dont le secret transpira jusqu'à Napoléon.

Les plénipotentiaires anglais ne répugnaient pas à ce projet, et même indiquaient éventuellement la place à choisir dans les lointaines possessions de la Grande-Bretagne.

L'Autriche, soit pudeur de famille, soit sécurité sur l'impuissance actuelle de Napoléon, résistait à l'idée d'une aggravation de sa captivité; mais elle résistait faiblement, comme à une violation de traité désirable peut-être, mais dont le motif spécieux ne serait pas encore trouvé.

Le principal plénipotentiaire de l'Autriche alléguait toutefois, dans cette hypothèse, avec une sorte de remords et d'effroi, la chance d'une protestation violente à rencontrer, et d'une défense désespérée de Napoléon, avant que, souverain titulaire de l'île d'Elbe, on pût lui arracher ce dernier asile, pour une déportation lointaine ; et il semblait différer, comme une extrémité fâcheuse, la délibération finale sur cette question d'un siége à faire, d'une voie de fait à exercer, pour dernière garantie des actes du Congrès.

Cela restait incertain encore. L'empereur de Russie, soit affectation de générosité, soit indifférence réelle pour un péril placé, dans tous les cas, bien loin de ses frontières, avait montré grande répugnance pour ce projet de translation, à la première ouverture qu'il en avait reçue, allant même jusqu'à dire, qu'au lieu d'afficher tant de craintes, le cabinet des Tuileries ferait mieux de payer plus exactement les trimestres de la pension stipulée pour Napoléon dans le traité de Paris.

Un des plénipotentiaires du Czar cependant, soit qu'il crût ne pas trop déplaire, en désobéissant sur ce point, soit que sa haine personnelle fût plus forte que sa consigne diplomatique, le comte Pozzo di Borgo ne cessait de rappeler au Congrès la grave imprudence d'avoir placé Napoléon à l'île d'Elbe, au seuil de l'Italie et de la France, sous la main des partis et des passions qui fermentaient encore ; et il insistait, dans ses entretiens les plus intimes, sur la nécessité de ne pas prolonger cette folle gageure, et même, disait-il, cette tentation immorale pour les révolutionnaires. « Rien de plus « urgent, répétait-il, que de l'enlever de dessous les « yeux de l'Europe, et de le transporter au plus tôt le « plus loin possible. »

D'autre part, les entretiens du duc de Wellington, venu, dès les premiers jours de février, pour relever de son poste au Congrès lord Castelreagh, la vive impression d'inquiétude qu'il rapportait de l'état de la France, son jugement sur l'agitation des esprits, sur la menace de troubles imminents et l'instabilité du trône des Bourbons, ne pouvaient que donner grand appui aux instances passionnées du comte Pozzo et aux insinuations opiniâtres de M. de Talleyrand.

La nouvelle de ces propos tenus et de cette question agitée dans le grand monde de Vienne, la crainte que l'exécution ne suivît bientôt, eurent-elles une action décisive sur le projet de Napoléon, ou ne firent-elles seulement que précipiter son entreprise, sans lui laisser attendre le moment plus favorable de la séparation du Congrès? On ne saurait le dire. Bien d'autres causes prochaines, bien d'autres fascinations agissaient sur cette impétueuse volonté ; et la plus grande sans doute, c'était la situation réelle et l'aspect de notre pays, c'est-à-dire les fautes inévitables, les maladresses d'émigrés rentrés, les réminiscences d'ancien régime, les exagérations de faux zèle, et la manière dont cet accompagnement de la royauté rétablie était ressenti, exploité, souffert ou repoussé par la liberté si nouvelle, que depuis un an essayait la France.

Évidemment pour la sagacité profonde, mais passionnée de Napoléon, la dynastie remontée par accident sur le trône, entre les restes glorieux d'une armée mécontente et la résurrection inopinée de quelques compagnies de gardes privilégiés, dont elle s'entourait à la hâte, cette dynastie retrouvée, fondant d'une façon un peu timide, par les mains d'un vieux et sage roi, la monarchie représentative, au milieu d'une cour, moitié d'ancien régime, moitié de noblesse nouvelle, et devant une bourgeoisie nombreuse, enrichie, volontiers frondeuse, la dynastie des Bourbons, ainsi posée en l'air, devait paraître à son terrible prédécesseur plus ruineuse et plus vacillante encore qu'elle ne l'était. La voyant sans cesse en butte, après quelques mois de règne, à ce que lui-même n'aurait pas osé supporter dans sa force, comment pouvait-il ne pas la croire renversable au premier choc?

Pour l'ambitieux dictateur qui, même au comble de la puissance, s'alarmait au moindre souffle de pensée libre et l'étouffait si vite, la confusion de voix qui s'élevaient de la France, et après tant de cris injurieux poussés contre lui-même à l'heure de sa chute, assaillaient déjà de mille sarcasmes la monarchie restaurée, ce clabaudage de liberté, comme il l'appelait, devait paraître un état de révolution déjà commencée. Il devait lui sembler, à écouter ce bruit dans les pamphlets du temps, que le maître manquait partout, et que cette anarchie paternelle, comme la qualifiait un de ses grands fonctionnaires, ne pouvait aller loin ; qu'il fallait donc se hâter de jeter à terre ce qui tombait de soi-même.

Bien des avis particuliers, bien des affinités secrètes en France et en Italie ne manquaient pas sans doute, pour exciter encore cette impatience de Napoléon; mais, à part le voile dont il couvrit ses complicités intimes, il était plus vrai qu'on ne l'a cru, quand il disait, à son arrivée aux Tuileries : « Il n'y a pas eu de
« conspiration pour moi. Je n'avais pas de correspon-
« dances, pas de comités affidés en France. J'ai lu *le*
« *Moniteur,* le discours de M. Ferrand sur la *ligne*
« *droite* et la *ligne courbe,* les journaux, les pamphlets;
« et je suis venu, les mains dans mes poches. J'avais vu
« qu'on rétablissait les gardes du corps, les gardes de
« la porte, les Cent-Suisses, et qu'on parlait incessam-
« ment du retour de la dîme et de la restitution des bois
« du clergé. Je me suis dit que je convenais mieux à la
« France que tout cela ; et je suis parti. »

CHAPITRE III.

ANNONCE A VIENNE DE L'ENTREPRISE DE NAPOLÉON. — IMPRESSIONS DIVERSES. — CONDUITE DE M. DE TALLEYRAND. — DÉCLARATION DU 13 MARS.

Quoi qu'il en soit des différents motifs qui précipitèrent l'entreprise de Napoléon, elle surprit tellement, elle était si peu pressentie, que le but même n'en fût pas saisi d'abord. Quand on apprit à Vienne son évasion armée de l'île d'Elbe, on crut, au premier moment, qu'il se dirigeait sur l'Italie, de concert avec Murat, et qu'il allait y tenter un vaste soulèvement. La nouvelle arrivait à la cour d'Autriche, dans la soirée du 5 mars, par un message de Sardaigne, à l'heure où dans les salons de l'Impératrice, suivant une mode introduite, quelques années plus tard, à des réunions brillantes de Paris, on donnait la représentation d'un tableau vivant [1]. Le sujet de ce jeu de cour était la première entrevue de Maximilien Ier avec Marie de Bourgogne, la riche héritière apportant sa dot à l'Empire, cadre vraiment favorable pour y déployer de magnifiques parures, et, dans les accidents variés d'une scène muette, placer à leur avantage les beautés à la mode, en flattant l'or-

---

[1] Notes du comte Alexis de Noailles.

gueil des souvenirs historiques, sans gêner par aucune témérité de réflexion et de langage la prudente étiquette d'un auditoire de souverains, de princes, de ministres et d'ambassadeurs.

L'attention admirative qui suivait les scènes diverses, les changements pittoresques, les attitudes guerrières ou gracieuses du tableau, est tout à coup troublée par un murmure de distraction et d'entretiens contenus. Le spectacle est bientôt interrompu. L'empereur d'Autriche et les monarques ses hôtes se retirent dans une pièce à part. Les ministres plénipotentiaires sont réunis en groupes animés. Tout le monde, dans le palais, se répète bientôt que, le 26 février au soir, Napoléon, avec quelques centaines d'hommes de sa garde, montés sur un brick et sur plusieurs petits navires, a quitté l'île d'Elbe, et que l'Europe est menacée [1].

Quelques personnages officiels essayent de traiter légèrement cet incident. Mais l'inquiétude perce et domine dans le langage des plus fermes. L'incertitude, quant à la portée de l'entreprise, dura cependant deux jours encore. Le 8 mars seulement, un nouveau courrier de Sardaigne apporta la nouvelle que Napoléon avec sa petite armée était descendu sur la côte de Provence, dans le golfe Juan, près la ville de Cannes, et qu'il marchait à la conquête de son trône.

Ce jour-là même, les principaux membres du Congrès, le prince de Metternich, le duc de Wellington et le prince de Talleyrand devaient se rendre à Presbourg, afin de porter au roi de Saxe les résolutions dernières qui terminaient ses longues inquiétudes et raffermis-

---

[1] *Letters and despatches of lord Castelreagh*, v. II, p. 420.

saient sa couronne, fort amoindrie d'ailleurs. Le départ ne fut pas différé[1], quelle que dût être la préoccupation des trois hommes d'État et le nouveau sujet donné à leurs entretiens, depuis le 5 mars.

Chez un d'eux, s'il faut en croire un expert et malin témoignage, la première impression de cette Catastrophe allait, depuis deux jours, jusqu'au trouble et à l'abattement extrême. Des exclamations de douleur lui échappaient. Il accusait l'imprudence de tous dans le Comité, et surtout la passion du comte Pozzo, d'avoir, par des menaces trop connues, par des indiscrétions haineuses, provoqué cette entreprise désespérée et tous les malheurs qui allaient la suivre. Longtemps subjugué dans les négociations par le génie du vainqueur de Marengo et de Wagram, M. de Metternich, après avoir secoué ce joug assez hardiment en 1813, semblait, dans sa surprise, le ressentir encore, et trembler plus qu'un autre, à ce réveil du lion qu'il avait mal enchaîné.

Plus calme dans sa sérieuse inquiétude, le duc de Wellington, au contraire, se préparait évidemment à l'espérance d'une grande lutte; et, au milieu des hommages un peu prématurés, dont jouissait déjà sa gloire, il

---

[1] A cette date du 8 mars et des jours qui en sont le plus voisins, une célèbre histoire contemporaine place des entretiens politiques, où figure lord Castlereagh délibérant avec les trois hommes d'État que nous nommons ici; mais l'anecdote est impossible. Lord Castlereagh, ne l'oublions pas, avait quitté Vienne le 15 février; il était reçu aux Tuileries par Louis XVIII, le 22 du même mois; il débarquait à Douvres avec lady Castlereagh, le 3 mars; et il siégeait au parlement le 6 mars. Il faut donc renoncer à sa discussion orale avec les plénipotentiaires de Vienne sur un fait qu'il ne soupçonnait pas quand il les quitta, et qu'il n'apprit qu'en touchant la côte d'Angleterre.

parut, à ce moment, grave et réfléchi, comme un homme qui rassemble en lui toutes ses forces, et sent venir sa dernière épreuve. Mais ce qui éclata surtout, non sans quelque grandeur, ce fut la tranquillité impassible et, pour ainsi dire, l'indolence hautaine de M. de Talleyrand. Ministre du Roi, dont le trône était si directement attaqué, agent principal de cette Restauration si menacée et qui pouvait sitôt disparaître, lui-même dès lors en butte à la proscription et à l'exil, on eût dit qu'aucune de ces chances n'existait pour son flegme imperturbable. Il n'était, ce semble, ni étonné, ni inquiet, ni le moins du monde irrité. Il avertissait, il soutenait, il tempérait M. de Metternich; il félicitait, et semblait envier Wellington : il ne pressait personne. « Ce qui arrive, disait-il, est un résultat grave, mais
« naturel, d'après la faute généreuse qui avait été com-
« mise, à l'origine de cette affaire, et qu'on mettait trop
« de lenteur à réparer. Napoléon est sorti de l'île d'Elbe
« par un coup de désespoir, pour fuir la crainte d'une
« captivité plus fâcheuse. Tant mieux : le désespoir ne
« réussit jamais. La fuite n'a jamais reconquis un em-
« pire. Tout est possible, sans doute, pour un moment ;
« mais tout est impuissant contre l'Europe : s'il a l'air
« de réussir vite, s'il est proclamé par quelques régi-
« ments et subi sans contestation par la foule, rien de
« mieux ; il aura passé aujourd'hui sur la France, sans
« la posséder, sans la soulever, ni pour, ni contre lui; et
« il tombera demain. »

Dans cet ordre paisible de raisonnements, M. de Talleyrand paraissait surtout ne concevoir à aucun prix, à aucun degré, la chance d'un dissentiment ou d'une hésitation quelconque, dans une seule des grandes Puis-

sances; et par là même, sa tranquillité de confiance anéantissait, pour ainsi dire, toute idée contraire, et raffermissait, sans effort, l'union qu'elle supposait inébranlable : « Vous êtes plus pressé que nous, disait-il
« à M. de Metternich : je le sens bien ; vous êtes encore
« plus intéressé à prévenir, ou à réprimer immédiate-
« ment le succès de cet homme. S'il réussit, s'il traîne
« après lui les campagnes, s'il fait déclarer en sa faveur
« quelque grande ville, s'il arrive à Paris, que dis-
« je ? s'il met en fuite l'abbé de Montesquiou et M. de
« Blacas, antagonistes un peu faibles pour lui, j'en
« conviens, c'est chose intolérable pour l'Autriche :
« c'est l'Italie en feu ; c'est Vienne assiégée ; car, vous
« êtes aujourd'hui ses plus mortels ennemis. Vous ne
« pourriez pas exister, lui victorieux et debout ; mais
« lui ne peut pas vaincre. Vous avez, de prime-abord,
« contre lui toute l'Europe avec vous. Vous avez plus ;
« vous avez ce principe de justice et de durée, dont nous
« venons de faire si à propos l'application désintéressée
« à la Saxe et à son Roi, le principe de la *légitimité*. Ne
« permettez donc, cher Prince, aucune inquiétude à
« l'Empereur et à personne de sa famille. Pour nous,
« à ce moment, le passé est irrévocable et l'avenir in-
« faillible. C'est une affaire fort simple, à commencer et
« peut-être à finir par quelque déclaration bien nette
« du Congrès ; sinon, par le déploiement d'une force de-
« meurée toute prête, et avec le concours d'une opinion
« anti-bonapartiste qui ne peut pas encore être changée,
« dans une grande partie de la France, et qui vous est
« toute populairement acquise en Europe. En vérité,
« cette épreuve ayant dû avoir lieu, c'est bonne fortune
« qu'elle vous arrive sitôt, et dans de telles conditions. »

Ce langage, relativement varié sur quelques points, produit sans empressement, sans effort, comme une chose trop évidente qui s'imposait d'elle-même et n'avait pas besoin d'être démontrée, M. de Talleyrand le rendit décisif, et sut le transformer en acte, pendant le voyage même de Presbourg.

Au retour de cette courte mission, toute déférente pour la légitimité du roi de Naples, M. de Metternich ayant le 12 mars réuni les plénipotentiaires des huit Puissances signataires du traité de Paris, il proposa comme digne des Souverains et du Congrès qui les représentait, « de se prononcer immédiatement sur
« l'événement, dit-il, qui ne pouvait manquer de faire
« une si grande sensation en Europe ; et il indiqua dès
« lors, comme texte principal, la déclaration que Na-
« poléon s'étant constitué ennemi et perturbateur du
« repos public, n'était plus sous la protection d'aucun
« traité, ni d'aucune loi. »

« Dans sa propre opinion, ajoutait-il, les Puissances signataires du traité de Paris étaient particulièrement appelées à déclarer en fait devant l'Europe, que ce traité, et tout ce qui en était la conséquence, serait invariablement maintenu, et qu'elles étaient prêtes dès lors à fournir au roi de France les secours que Sa Majesté Très-Chrétienne pourrait juger nécessaires pour rétablir la tranquillité publique, dans la possibilité peu probable où cette tranquillité serait effectivement troublée par une entreprise insensée, autant que criminelle. »

La proposition de M. de Metternich n'ayant rencontré dans le comité des huit Puissances qu'une approbation unanime, on remit au lendemain, 13 mars, à fixer la forme définitive de la Déclaration, qui parut en effet sous cette date, et fut immédiatement répandue dans toute l'Europe.

Rédigée d'abord en français, dans le cabinet [1] de M. de Talleyrand, cette Déclaration ne considérait pas l'invasion actuelle comme un fait de guerre, mais « comme un attentat contre l'ordre social, par lequel, « dit le texte, en rompant la convention qui l'avait établi « à l'île d'Elbe, Bonaparte a détruit le seul titre légal, « auquel son existence se trouvait attachée. En revenant « en France, ajoutait la *Déclaration* dans des termes plus « haineux qu'énergiques, avec des projets de trouble « et de bouleversement, il s'est privé lui-même de la « protection des lois, et a manifesté, à la face de l'uni-« vers, qu'il ne saurait y avoir avec lui ni paix ni trêve. »

« Les Puissances déclarent en conséquence, que « Napoléon Bonaparte s'est placé hors des relations « civiles et sociales, et que, comme ennemi et pertur-« bateur du repos du monde, il s'est livré à la vindicte « publique. »

Puis, venait l'assurance de la ferme volonté de maintenir le traité de Paris et tout ce qui pouvait le compléter et le consolider, la promesse d'employer tous les moyens et de réunir tous les efforts, « pour que la paix « générale ne soit pas troublée, et pour garantir l'Eu-« rope de tout attentat qui menacerait de replonger les « peuples dans les désordres et les malheurs des révolu-« tions. » Suivait enfin l'engagement spontané, au nom de tous les souverains, « de donner au roi de France et « à la nation française, ou à tout autre gouvernement

---

[1] Correspondance de M. de Talleyrand. Lettres des 12 et 13 mars.

« attaqué, les secours nécessaires, dès que la demande
« en serait faite; » et cela, tout en exprimant, par les
derniers termes du Manifeste, l'intime conviction qu'un
pareil secours « serait superflu, et que la France entière,
« se ralliant autour de son souverain légitime, ferait
« incessamment rentrer dans le néant la dernière ten-
« tative d'un délire criminel et impuissant. »

Fausse confiance et vain étalage de paroles, que semblaient démentir les engagements mêmes et les menaces si précises contenus dans le reste de la déclaration! Quoi qu'il en fût de ce mélange disparate, il n'y
avait pas là seulement une annonce positive de répression armée, mais une condamnation éventuellement
décrétée, une mise hors la loi des nations, et, sous le
nom de vindicte publique, un appel à des actes de violence et d'hostilité, dont tout bras pourrait se faire exé-
cuteur. C'était au nom de la Sainte-Alliance, et dans
l'intérêt des monarchies légitimes, l'invocation de la
maxime qui, dans les Républiques anciennes, faisait
tout citoyen[1] ministre de la vengeance publique contre
tout oppresseur de la liberté commune. Ce langage du
Congrès, il faut le dire cependant, ne parut pas excessif
à la passion de terreur et de haine qui dominait une
grande partie de l'Europe; et longtemps après, un jour
qu'on le blâmait, devant M. de Talleyrand, comme
odieux en soi et trop analogue à l'ordonnance de
Louis XVIII qui prescrivait de courir sus à Napoléon
Buonaparte. « Vous n'y entendez rien, reprit-il; je ne

---

[1] Quis est qui, quoquo modo quis interfectus sit, puniendum putet, cùm videat aliquando gladium nobis, ad occidendum hominem, ab ipsis porrigi legibus? (Cic. *pro Mil.*)

« parle pas de l'ordonnance royale : elle était, comme
« bien d'autres choses du temps, outrée et impuis-
« sante. Je ne m'occupe que de l'extérieur, et de la
« *Déclaration* du Congrès. Il faut parfois en politique
« frapper trop fort, pour frapper juste. Ne voyez-vous
« pas que pour empêcher l'Autriche de se souvenir
« jamais qu'elle avait un gendre, il fallait lui faire
« mettre sa signature au bas d'une sentence de mort
« civile, et non d'une déclaration de guerre? On peut
« toujours traiter avec un ennemi; on ne se remarie
« pas avec un condamné. »

Tout en s'exprimant ainsi plus tard, et sur un passé irréparable, M. de Talleyrand avait eu d'abord l'espérance que le retour de Napoléon serait arrêté par d'autres obstacles qu'une seconde invasion étrangère : « Votre
« Majesté, écrivait-il le 12 mars au roi Louis XVIII, a
« sans doute ordonné de faire marcher des troupes
« dans le Midi. Si j'osais exprimer mon avis sur le chef
« qu'il me semble le plus utile de leur donner, j'indi-
« querais le maréchal Macdonald, comme étant un
« homme d'honneur, à qui on peut se fier, comme
« ayant la confiance de l'armée, et parce qu'ayant
« signé pour Bonaparte le traité du 11 avril (traité de
« Fontainebleau), son exemple en a plus de poids,
« quand il marche contre lui. » Mais ce jour même l'épreuve était faite ; et l'ascendant militaire, sinon la loyauté de Macdonald, échouait à Lyon, au premier son du tambour de l'île d'Elbe.

CHAPITRE IV

CONSÉQUENCES DE LA DÉCLARATION DU 13 MARS. — IMPRESSIONS DES ESPRITS EN ALLEMAGNE. — PREMIERS DÉBATS DU PARLEMENT BRITANNIQUE. — ENTREPRISE DU ROI DE NAPLES MURAT. — TRAITÉ DU 25 MARS.

Quoi qu'il en fût de la tentation possible pour l'Autriche d'un retour à l'union dynastique de 1810, et aux chances de grandeur ou de sécurité qu'on pouvait y rêver encore, cette idée, dont Napoléon affecta et ressentit peut-être la courte illusion, n'inquiéta guère M. de Talleyrand, sous l'imminence et bientôt à l'aspect du prodigieux triomphe enlevé le 20 mars. Sa profonde connaissance des hommes le rassura vite, et lui montrait, dans l'effroi même d'un tel succès, un gage de persistance et un lien de fer pour la Coalition. Aussi sa seconde lettre à Louis XVIII sur la nouvelle reçue à Vienne de la terrible évasion déjà connue aux Tuileries, sans atténuer le péril, sans affecter une confiance exagérée, était formelle et imperturbable sur les conséquences extérieures de l'événement et sur le contre-coup qu'il aurait en Europe.

Ce langage de M. de Talleyrand dut continuer avec plus de force, après la déclaration du 13 mars qu'il avait annoncée plusieurs jours d'avance au Roi, et dont le texte, aussitôt transmis, arrivait aux Tuileries le

20 mars même, pour être reçu par celui qu'elle frappait.

Au moment même où, de Vienne, le plénipotentiaire français adressait à sa cour ce Manifeste, il ne prévoyait pas sans doute que l'hypothèse extrême qui s'y trouvait marquée serait accomplie, quelques jours après. Mais aussi, cette révolution faite ne changea rien à sa confiance et à son langage. « Ne croyez pas, disait-il autour de lui,
« quelles que soient la rapidité et la grandeur du succès,
« qu'il y ait toujours tentation de passer du côté de la
« force et de se réunir à la fortune. Les hommes, les
« souverains, les cours valent mieux que cela. Il y a
« des prospérités si déraisonnables ou si menaçantes,
« qu'elles font fuir, comme le malheur, ou plutôt
« qu'elles déterminent tout esprit prévoyant et coura-
« geux à les désavouer et à les attaquer. »

En même temps, très-assuré du résultat moral et du contre-coup d'opinion qu'il annonçait ainsi, il s'attachait seulement à faire ressortir dans toutes ses paroles la séparation, ou plutôt l'irrémédiable répulsion créée désormais entre ceux que la force avait un moment réunis, et dont une secousse plus violente avait brisé la passagère étreinte. On sait la réflexion que M. de Bubna, dès 1813, opposait aux chances de pacification fondées sur l'union conjugale de 1810 : « La guerre a fait cette union ; la
« guerre peut la défaire. » Rappelant ce mot expressif, et le commentant à sa manière, M. de Talleyrand ajoutait : « La guerre a défait cette union ; nulle guerre
« ne pourrait la refaire : car il faudrait de tels succès
« pour rendre une telle contradiction possible, que ces
« succès devraient être au préalable l'anéantissement
« de l'Autriche. »

Nul doute, au reste, quelle qu'ait été la première émotion de M. de Metternich, et malgré les espérances qu'on essaya de simuler de l'autre côté, nul doute que le cabinet de Vienne n'ait promptement compris combien sa rupture avec Napoléon était irrémissible. Aussitôt, en effet, la déclaration du 13 mars publiée, il concentrait de nouvelles troupes vers l'Italie et sur les bords du Rhin, rappelait les bataillons de la landwehr récemment licenciés, et préparait les nouvelles mesures d'alliance offensive qu'allait, dans quelques jours, sanctionner le traité du 25 mars.

En même temps, ce gouvernement, dans sa pénurie financière, moindre cependant alors que celle de la Russie, faisait un premier emprunt de cinquante millions, couvert à l'instant par les grandes fortunes du pays[1].

En Prusse et dans les États secondaires d'Allemagne, dans ceux où les peuples avaient entraîné les princes aux désertions armées de 1813 et à l'invasion de 1814, le mouvement ne fut pas moins vif : c'était comme une alerte nationale, un tocsin populaire sonné par le nom seul d'un homme. L'esprit de conspiration patriotique contre l'étranger, les associations d'étudiants soulevées au nom de la vieille Allemagne, l'ardeur du zèle démocratique ramenée à l'amour du sol et des anciens pouvoirs, toutes ces passions des années précédentes, que la politique des souverains n'avait pas encore eu le temps de décourager par ses ingrates méfiances, étaient en armes et prêtes à recommencer les mêmes combats, pour la même cause.

---

[1] *Letters and despatches of Viscount Castlereagh.* Third series, v. II, p. 340.

Quant au Czar de Russie, que plus d'un motif avait refroidi pour le gouvernement de la Restauration, M. de Talleyrand, principale cause de ce mécontentement, n'en prit aucune alarme; il jugea, comme il le disait, que la grandeur de l'incident avait concilié tous les autres litiges; et il se borna seulement, comme il le disait encore, à modérer Pozzo di Borgo, afin que l'empereur Alexandre ne mît pas trop de monde en campagne, et ne crût pas l'incendie plus grand qu'il ne serait. Mais Alexandre, malgré sa mauvaise humeur contre les Bourbons et leur principal ministre, était encore tout plein des récents souvenirs de sa terrible lutte; et ressentant derechef, en surprise et en haine, quelque chose de l'admiration qu'il avait autrefois subie, il n'en était que plus inquiet et plus irrité du succès de Napoléon.

Il répéta dès l'abord, « que l'affaire le regardait
« personnellement, qu'il avait à se reprocher une im-
« prudence, à se laver d'un tort, et qu'il mettrait
« à cette guerre renaissant par sa faute son dernier
« homme et son dernier rouble. » Puis de Vienne, où il s'arrêtait encore, il expédiait l'ordre de diriger vers l'Allemagne et les frontières de France, l'armée russe de Pologne et la garde impériale.

Tout s'armait donc de nouveau, souverains absolus et peuples encore dans l'agitation de leur indépendance reconquise; tout se préparait à marcher en corps contre Napoléon.

Il n'était pas jusqu'à l'Espagne, si déchue à la fin du dernier siècle, si soumise à la France de la Révolution et du Consulat, ranimée seulement par l'outrage que lui avait infligé Napoléon, il n'était pas jusqu'à l'Espagne qui, redevenue guerrière pour secouer de son territoire l'usurpation étrangère, ne prétendît aussi la combattre sur le nôtre. On apprit qu'elle se hâtait de réunir quelques forces de son côté des Pyrénées, et que nous aurions à redouter sa part d'invasion. Faible diversion sans doute, mais qui devait, dans l'épreuve imminente pour le nouvel Empire, peser encore sur ses forces affaiblies et retenir sur une de nos frontières une fraction de nos armées !

Mais le symptôme le plus grave de l'hostilité partout menaçante, le signe du renouvellement de la guerre viagère qui, s'attachant à un homme, ne cesserait que par sa mort ou sa chute irrémédiable, c'étaient la disposition, le langage, les engagements parlementaires, et bientôt les actes du gouvernement anglais. Par une loi souvent vérifiée dans l'histoire, il semblait que la même force qui avait le plus agi sur le commencement et la reprise de ces longues guerres, sur l'appel et le ralliement des Coalitions longtemps impuissantes, dût ressaisir de plein droit le même ascendant, au retour d'une dernière épreuve, et pour un suprême effort.

Aussitôt donc le succès de Napoléon constaté par l'occupation des Tuileries, et l'obéissance administrative de l'immense majorité de la France, un corps nombreux de troupes anglaises était porté dans le royaume nouveau des Pays-Bas, comme sur le point le plus menacé, et le lieu même que devait choisir pour asile Louis XVIII, à la frontière des États, qu'il se voyait contraint de fuir. En même temps, l'hostilité maritime était partout reprise par le Pavillon britannique contre le Pavillon tricolore, sans autre déclaration de guerre que le rétablissement même de l'Empire en

France. Puis, selon les traditions de la dernière guerre, c'était par d'autres efforts et par d'autres mains, par les négociations secrètes et par les débats publics, par la diplomatie et par les subsides, que l'Angleterre préparait les plus rudes coups au nouveau gouvernement de la France, isolé de toute alliance, hormis la plus compromettante et la plus faible.

Parmi les causes en effet qui redoublèrent, s'il est possible, l'aversion et l'effroi du succès de Napoléon, il faut bien compter l'entreprise simultanée du roi Murat, soit qu'elle ait été le résultat d'un concert préalable, d'une promesse donnée et reçue, soit qu'elle vînt du même fonds de mobilité aventureuse qui, deux années auparavant, avait détaché Murat de son chef naturel, auquel il devait être deux fois funeste, par l'éclat imprudent de son retour, comme par l'erreur de sa première défection. Quoi qu'il en soit, en effet, des communications furtives entre l'île d'Elbe et Naples, des espérances et des inquiétudes de Murat et de son projet annoncé à l'Autriche de faire la guerre à la France, il est certain qu'à la tête d'une armée plus brillante que forte, en affinité, tout despote qu'il était, avec les sociétés secrètes d'Italie, pressé à la fois par son propre péril et par des rêves d'ambition gigantesque, il ressentit le premier succès de Napoléon avec la plus vive ardeur, en allié militaire prêt à seconder la révolution de la France par l'insurrection de l'Italie. Afin que rien ne manquât même au réveil des plus irritants souvenirs qu'avait laissés naguère l'Empire, dont il saluait avec enthousiasme le nouvel avénement, Murat parut tourner à plaisir son premier effort contre Rome et la Cour pontificale.

Après une déclaration, au moins inutile, par laquelle il notifiait au Pape son attachement inaliénable à la cause de Napoléon, sur le refus qui lui était fait de livrer passage, par les terres de l'Église, à deux divisions de son armée, il les faisait marcher contre Rome ; et par la fuite du Pape, la dispersion momentanée de l'Église, il semblait recommencer dès le début les violences qui avaient attiré tant de difficultés et de haines à l'Empire, dont il se portait aujourd'hui le précurseur en Italie.

Puis, dans une proclamation du 14 mars, écho pour ainsi dire instinctif, mais écho bien exagéré des premiers décrets de Lyon à la même date, il proclamait la libération, l'unité de l'Italie, sa renaissance politique sous de nouveaux auspices, une promesse solennelle d'institutions libérales, et enfin une convocation, pour le 8 mai prochain, des députés de toute l'Italie, dans la ville de Rome, redevenue la capitale d'un grand peuple libre.

Pour de jeunes esprits, pour ceux-là surtout qui, sans considérer assez de quelle main et de quelle tête leur venait une telle offre, songeaient d'abord au poids actuel de la domination allemande, il y avait sans doute quelque prestige dans ce mouvement soudain. Mais que d'inquiétudes semées, que d'obstacles soulevés, et surtout quel démenti au langage pacifique dans la conquête même que, de l'autre côté des Alpes, affectait Napoléon! Certes, si pour décréditer ce langage, déjà si peu vraisemblable dans sa bouche, il était un excès de contradiction possible, c'étaient l'armement, les proclamations et la marche du roi Murat.

Tout cela cependant éclatait dans l'Italie, avec plus

de bruit que de puissance, consternait Rome, agitait le Milanais, et venait retentir jusqu'à Vienne, au moment même où Napoléon allait essayer encore de continuer à Paris, et sur son trône repris sans combat, le langage de pacification européenne, d'acceptation des traités et d'ambition bornée à l'indépendance du territoire, qu'il avait tenu sur la route, et que répétaient, en ce moment, même ses flatteurs.

En vue de telles imprudences de Murat, il ne faut pas s'étonner de la promptitude inusitée qui précipita l'action du Congrès, réunit si vite des éléments divisés et jaloux, fit taire toutes les rancunes, supprima toutes les défiances, hormis une seule, et réalisa, sans désemparer, la déclaration comminatoire du 13 mars, en réglant aussitôt le but et les moyens immédiats de la guerre, les contingents et les subsides qui devaient bientôt la commencer, en même temps que le premier des plénipotentiaires anglais à Vienne, le duc de Wellington, partait, pour aller y présider.

Le départ de lord Wellington pour la Belgique dès le 29 mars, et sa présence à la tête de l'armée qui se rassemblait là, si près de nous, était en effet le signe indubitable, et comme la première marche de la nouvelle agression. Le traité signé à Vienne le 25 mars en fut la proclamation authentique; et quoique ne pouvant être régulièrement acquis, par l'échange des ratifications, qu'un mois plus tard, il est vrai de dire que cet acte, dès le premier jour, sembla fixer le cours des choses dans un ordre invincible, comme le sera toujours l'union de toutes les Puissances de l'Europe contre une seule d'entre elles, et plus encore, si cette Puissance isolée, ainsi attaquée par toutes, est nouvelle de fondation ou de rétablissement, imposée par surprise ou violence, et nécessairement affaiblie à l'intérieur, sitôt qu'elle est menacée de toute part au dehors.

Par le traité du 25 mars, cette mise en action immédiate de la déclaration du 13, la Russie, l'Autriche, la Prusse et la Grande-Bretagne, s'engageaient en termes exprès à unir leurs forces contre *Buonaparte et sa faction*, pour l'empêcher de troubler de nouveau la paix de l'Europe; elles réglaient le contingent militaire de cent cinquante mille hommes que chacune d'elles devait aussitôt fournir, et la substitution pécuniaire, qui serait donnée pour une partie du contingent britannique. Puis enfin, par une secrète convention signée le même jour, elles contractaient l'obligation mutuelle de ne point poser les armes, avant d'avoir accompli la destruction complète du pouvoir de Bonaparte.

Que des résolutions si fortes et si promptes aient été prises, qu'elles l'aient été, pour ainsi dire, avant toute communication extérieure, *sans rien attendre et sans rien entendre*, comme le conseillait un altier jeu de mots de M. de Talleyrand, cela ne tint pas seulement à l'effroi des cours, à l'irritation d'un puissant monarque, aux dispositions de haine encore populaires en Allemagne; mais aussi, nous devons le reconnaître, à l'autorité morale du Parlement britannique, cet interprète alors si accrédité de la défense des trônes et des peuples, dont la parole répétée dans le monde, et longtemps seule libre en Europe, avait tant agi sur les déterminations et les efforts des années précédentes.

Alors, en effet, comme en 1792, comme en 1813, l'Angleterre, grâce à ses lois et à ses délibérations publiques, eut le privilége, non pas seulement d'exciter mais de justifier, pour l'étranger du moins, la guerre qu'entreprenait l'Europe, et d'en donner hautement les meilleures raisons.

C'était le 10 mars que, dans la Chambre des communes, en session depuis quelques jours, avait retenti la première mention officielle de l'entreprise de Napoléon. Un membre considérable de l'opposition, M. Whitebread, avait signalé cet événement encore incalculable, disait-il, en même temps qu'il sommait lord Castlereagh de produire sous les yeux de la Chambre un des actes de l'*Alliance* durant la campagne de 1814, ce traité de Chaumont, que M. de Talleyrand avait justement nommé dans le Congrès un instrument de guerre périmé, depuis le traité de paix de Paris.

Lord Castlereagh, en promettant d'assez mauvaise grâce la communication demandée, avait répondu sur la seconde question touchée par l'orateur, qu'en effet, le gouvernement avait reçu l'avis du débarquement de Bonaparte en France. Et, plusieurs jours de suite, la Chambre, occupée de graves débats sur la taxe des grains, avait paru ne pas songer au terrible problème qui se résolvait si vite sur le Continent voisin, et dont les journaux anglais étaient tout remplis, avec ce mélange de stupéfaction admirative et de haine, qu'excitaient les phases rapides de ce triomphe inouï.

Le 16 mars seulement, avant qu'on ne connût à Londres la déclaration du Congrès de Vienne, M. Whitebread protesta dans la Chambre contre toute mesure qui pourrait, dit-il, impliquer la Grande-Bretagne

« dans la guerre civile [1] commencée, sans doute, à
« l'heure même, en France, par l'effet du débarquement
« de Bonaparte. »

C'était là comme un écho de l'ancienne doctrine de
Fox et d'Erskine, contre toute prétention d'intervenir
dans les révolutions d'un peuple voisin. Lord Castlereagh, dont la politique était engagée déjà tout entière
dans la signature donnée à Vienne depuis trois jours,
avait répondu par des expressions générales, où perçait
cependant la tradition de M. Pitt : « Le système de ce
« gouvernement, avait-il dit, n'a jamais été de s'in-
« gérer dans les affaires intérieures de la France ; mais,
« en même temps, on ne peut s'empêcher ici de se sentir,
« en commun avec le reste de l'Europe, profondément
« intéressé à soutenir au dehors un gouvernement qui
« a tant contribué à la paix du monde, par opposition
« à cette force violente qui tend, aujourd'hui même, à
« la bouleverser.

« Je suppose, avait ajouté le ministre [2], que l'hono-
« rable membre des Communes lui-même ne fait pas
« exception à ce sentiment général. Quant aux me-
« sures que le gouvernement de ce pays pourrait croire
« utiles d'adopter dans les circonstances qui menacent
« de nouveau de troubler la paix universelle, je suis
« sûr que la Chambre ne me pardonnerait pas, si j'étais
« capable d'oublier mon devoir au point de hasarder
« déjà quelque opinion sur un tel sujet. »

M. Whitebread, reprenant la parole, insista sur une

---

[1] *The parliamentary debates from the year* 1803 *to the present time*, etc., vol. XXX, p. 230.

[2] *Idem*, vol. XXX, p. 230.

adresse à présenter au Prince régent, et réitéra sa protestation ; mais le silence expressif de la Chambre annonça combien le nom de Napoléon y était peu favorable, et quelle liberté d'action l'inquiétude publique voulait, dès à présent, laisser au Pouvoir qui se montrait bien résolu de le combattre.

Le 20 mars même, alors que le triomphe de Napoléon devait paraître inévitable des deux côtés du détroit, la Chambre des communes était le théâtre d'une vive attaque contre les procédés du Congrès accusé d'imiter Napoléon, en le remplaçant, et de n'avoir détruit sa tyrannie que pour y succéder. « Les alliés, s'écriait « M. Whitebread, ont négligé la leçon que présentait « la destinée de Bonaparte :

> « Apprenez la justice et le respect des dieux.
> « *Discite justitiam moniti, et non temnere divos.*

« L'exemple[1] n'a paru avoir aucune influence sur « ce Congrès sacrilége, pendant que les promesses et « les professions de foi étaient complétement violées. « L'espoir du rétablissement de la Pologne en royaume « indépendant, l'espoir de la restitution de la Finlande « à la Suède, et de la Norwége au Danemark, ces pré- « voyances, auxquelles on était encouragé par l'es- « prit bienveillant et libéral précédemment annoncé, « sont devenues tout à fait illusoires. Sur la foi de « la générosité d'Alexandre, beaucoup de gens étaient « disposés à supposer ce monarque particulièrement « jaloux de rétablir la Pologne. A l'accomplissement de « ce vœu il rencontrait, disait-on, quelques obstacles

---

[1] *The parliamentary debates*, etc., vol. XXX, p. 272.

« dans les autres membres du Congrès, ce qui compre-
« nait le noble lord ici présent. Un ordre du jour, pu-
« blié par le grand-duc Constantin à Varsovie, dénonça
« l'existence de cette difficulté, en même temps qu'il
« marquait la résolution de l'Empereur de briser sur ce
« point toute résistance à sa volonté. Dans cet ordre du
« jour, en effet, le grand-duc faisait évidemment allu-
« sion à la chance probable que les troupes polonaises au-
« raient à combattre pour l'indépendance de leur patrie :
« et, comme preuve ultérieure de l'intention d'Alexan-
« dre de couper le nœud gordien, s'il ne trouvait pas à
« le dénouer, on notait encore que ce monarque avait
« dit à un des principaux ministres du Congrès, peut-
« être au noble lord, qu'il avait cinq cent mille hommes
« tout prêts pour réaliser ses vues sur la Pologne. Quel
« a été, ou quel doit être le résultat de la détermination
« de ce monarque ? Cette chambre et l'univers sont en-
« core à l'apprendre. »

L'orateur Whig, par une méprise d'opposition, n'é-
tait pas moins vif dans ses récriminations contre le
sequestre de la couronne de Saxe et l'intention de la
transférer à la Prusse, reproche désormais inexact et
démenti, grâce à la décision récente qu'avait obtenue
surtout l'habileté de M. de Talleyrand. Mais sur d'autres
points, sur l'occupation de Venise par l'Autriche, sur
l'oppression du Milanais, sur la réunion de Gênes au
royaume de Sardaigne, sur l'accaparement et le partage
des anciennes spoliations au profit de spoliateurs nouveaux, la plainte de M. Whitebread était aussi juste
qu'énergique.

En finissant, il résumait ainsi les causes qu'il assi-
gnait à tant d'abus de la force commis par les vain-

queurs : « A mes yeux, grand nombre des actes qui
« ont déshonoré ces derniers temps sont nés de l'idée
« que telle était la tyrannie de l'homme naguère exilé
« à l'île d'Elbe, telle était la haine encourue par ses
« méfaits, la réprobation attachée à ses principes, que
« ceux qui avaient eu le bonheur de le renverser pou-
« vaient, sans exciter une attention particulière, se
« passer toutes leurs fantaisies. Il semblait que leurs
« actions ne seraient pas examinées de trop près, à
« cause même des iniquités qui les avaient précédées.
« C'était précisément une impression de même sorte
« qui avait auparavant amené pour l'Europe les cruels
« excès, dont les souverains alliés arrêtèrent la marche
« par la coalition de toutes leurs forces. Je ne me suis
« jamais fait de l'élévation et de la chute de Bonaparte
« d'autre idée que celle-ci : il s'était agrandi, grâce aux
« efforts de ses ennemis pour l'abattre ; il s'est détrôné
« par lui-même ; et s'il doit s'asseoir encore sur le trône
« de France, hypothèse devenue maintenant assez pro-
« bable, il y sera replacé par suite des façons de faire
« qu'ont eues les gouvernements européens, depuis sa
« chute. »

De toutes ces choses, à quoi même se mêlait un éloge
de la modération, du discernement et du cœur de gentilhomme qu'avait montrés le roi Louis XVIII[1], l'orateur
Whig, fidèle à la politique en minorité, depuis vingt ans,
en Angleterre et condamnée par le succès, induisait la
nécessité d'une neutralité absolue de l'Empire britannique, s'il y avait guerre civile en France. « Il en concluait encore le devoir pour les amis des Bourbons

---

[1] *The parliamentary debates*, etc., vol. XXX, p. 281.

d'agir avec d'autant plus de justice et de libéralité, si le trône qu'ils défendaient demeurait ferme contre cette tempête ; et enfin, si Louis XVIII était renversé du trône, il insinuait l'espérance que Bonaparte, sous l'impression de ses revers précédents, aurait appris la modération, et que l'Angleterre, continuant à jouir des bénédictions de la paix, comme elle avait droit de s'y attendre, à l'issue de la dernière lutte, userait de cette paix d'une manière humaine et généreuse, et proscrirait l'infernal trafic des esclaves blancs ou noirs. » Ces dernières paroles étaient une allusion justement improbative au peu d'accueil que la Monarchie restaurée de 1814 avait fait à tout projet d'abolir immédiatement *la traite des Nègres.*

En conséquence, M. Whitebread proposait la présentation d'une humble adresse à Son Altesse Royale le Prince Régent, pour le prier de vouloir bien prescrire, qu'il soit fait une communication à la Chambre touchant les mesures prises au Congrès de Vienne, pour l'arrangement final et la pacification permanente de l'Europe.

Ce fut à ce discours arriéré sur quelques points et faible sur d'autres, qu'avait à répondre lord Castlereagh, revenu de Vienne depuis un mois, pour reprendre sa place au banc des ministres, et y défendre ce qu'il avait fait au Congrès et ce que le duc de Wellington continuait de faire, après lui. Le rôle important de lord Castlereagh pendant quelques années mémorables, l'ascendant qu'il eut et les haines qu'il excita, le caractère particulier de sa politique, et le terme qu'il y mit volontairement lui-même par sa mort tragique nous avertissent de nous arrêter à ce personnage, et d'en donner de notre mieux quelque idée.

La première réflexion qui se présente à la lecture ou au souvenir de ses discours, cette partie considérable de l'homme d'État anglais, c'est qu'il n'y avait rien en lui de cette puissance de génie qu'exercèrent les deux Pitt, et qu'on retrouve encore dans les cendres de leur parole éteinte ; rien de cet art brillant de Canning, de cette gravité, de cette science, de cette force élégante de Peel.

Il semblerait même que ce laborieux ministre n'avait pas connu, ou avait à demi négligé cette belle préparation de lettres antiques, de philosophie et d'histoire, d'où sont sortis tant d'illustres et utiles citoyens anglais. Né en Irlande, loin des sources du bon goût britannique, occupé là, durant les premières années de sa jeunesse, dans les amusements d'une activité un peu sauvage, à errer, jour et nuit, en bateau sur les lacs du comté de Connaught, Castlereagh ne s'était formé aux affaires que par les affaires mêmes, passant des bureaux de M. Pitt à quelque emploi de confiance à l'étranger, et, plus tard, docile instrument des rigueurs politiques, dont son propre pays eut tant à souffrir sous la main des Anglais. Mais dans ces dures épreuves il acquit l'expérience, et fortifia l'énergie naturelle qui devaient le mettre un jour à la tête des conseils de l'Europe.

Nul appui étranger ne soutint davantage Alexandre dans la grande lutte de 1812 ; et il fut l'âme de la Coalition de 1813. Représentant la défense et la stabilité des anciens Pouvoirs, d'abord contre l'esprit de conquête, puis contre l'esprit de révolution, et ne relevant pas ce rôle difficile par l'éclat de talent et l'air de grandeur qui imposaient dans M. Pitt, il fut en butte longtemps en Angleterre aux détractions les plus injurieuses et presque à une haine nationale. Ses liaisons nécessaires avec les Souverains absolus du Continent, le déploiement qu'il dut donner, non pas seulement aux subsides, mais aux armes de sa patrie, quelques procédés légaux, mais rigoureux de son administration intérieure, sa fermeté inébranlable, mais hautaine, et une sorte d'impétuosité militaire attachée à sa personne, autant qu'à son système, le firent considérer, chez un peuple qui sait être libre, comme un ministre dangereux pour la Constitution et qui en altérait le caractère et la puissance; et, en même temps, les esprits les plus politiques, les hommes attentifs, au dehors comme au dedans, à l'avenir comme à l'heure présente, lui reprochèrent bientôt de n'obéir qu'à une seule défiance et à une seule haine, d'avoir trop déféré à la Russie, de n'avoir pas su, après une grande délivrance, se prémunir contre un autre grand danger.

Le traité secret du 3 janvier 1815 [1] entre la France, l'Autriche et l'Angleterre était la réponse à cette accusation et l'apologie suffisante de lord Castlereagh. Mais ce traité demeura bientôt comme annulé et démenti par le contre-coup prolongé du 20 mars; et le Ministre dirigeant de l'Angleterre, engagé chaque jour davantage dans la politique de compression des troubles, et aussi des réformes par toute l'Europe, sembla devenir de plus en plus étranger et suspect à sa propre patrie, jusqu'au jour où, prêt à partir pour le Congrès de Vérone, embarrassé entre l'Europe monarchique et l'Angleterre constitutionnelle, inquiet de ce qu'il

---

[1] Nouveaux suppléments au *Recueil des Traités*, etc., *depuis 1761 jusqu'à présent*, par Frédéric Murhard, v. I, p. 368.

avait promis, mécontent de ce qu'on lui demandait, ne pouvant céder jusque-là, ni rompre, il se délivra de tout par un suicide qu'applaudit la joie populaire.

Mais cette perspective distante de plusieurs années, ce futur changement de préoccupations et de périls étaient alors cachés à presque tous les yeux ; et Castlereagh se levait encore dans la Chambre des communes, comme un énergique défenseur de l'indépendance Européenne, soutenu dans cette œuvre patriotique par la grande majorité des vœux du peuple anglais.

Sa défense, en cette occasion, fut longue, spécieuse et fréquemment appuyée par l'approbation de la Chambre. D'après une tactique qu'avait eue jadis M. Pitt lui-même, et qui devait gagner au parti du ministère et de la guerre certain nombre de voix libérales, il s'arrêta d'abord à cette question de l'abolition de *la traite des Nègres*, qu'il poursuivait partout et qu'il regrettait de n'avoir pu terminer, avec le concours de la monarchie de 1814. Puis, il entreprit la pleine défense des actes généraux du Congrès, justifiant les nouveaux partages de territoire, et répondant à la fois à M. Whitebread et à une lettre publiée, sous le nom du prince de Talleyrand, où le Congrès était accusé d'avoir mis toute la population de l'Europe en une sorte de fonds commun, d'où on tirait ensuite différents lots, pour avantager quelques souverains.

Son argument contre ce reproche était la nécessité pour tous les États de rétablir et de réorganiser, disait-il, les deux grandes Monarchies qu'avaient démentelées les guerres de Napoléon, l'Autriche et la Prusse, dont la ruine avait laissé si grand vide en Europe. Il alléguait encore le besoin d'établir une sauvegarde aux côtés de ces monarchies, une puissance entre le nord de la Germanie et la France, puis, une autre puissance qui tînt lieu de barrière entre l'Italie et la France : et par là il expliquait l'agrandissement du roi de Sardaigne, sous le nom de roi de Piémont, et la confiscation de Gênes à son profit. Il justifiait enfin jusqu'à l'idée de donner la Saxe à la Prusse, et faisait presque honneur à cette dernière puissance du désistement qu'elle avait consenti. Mais surtout, il triomphait de l'accession de territoire acquise au Hanovre et qui facilitait, par une plus grande étendue de côtes, sa connexion intime avec l'Angleterre.

La faveur de la Chambre, en écoutant l'apologie de tant d'actes contestables, ne marquait que trop son parti déjà pris pour l'avenir, dans la crise actuelle. Lord Castlereagh se sentit donc bien fort, pour discuter les hypothèses diverses acceptées avec une indifférence presque égale par l'orateur de l'opposition.

« Si Bonaparte, dit-il en finissant, réussissait à ré« tablir son pouvoir en France, il faut désespérer de la
« paix, au moins d'une paix telle que naguère nous
« avions l'assurance d'en jouir. La question est main« tenant de savoir si l'Europe doit encore une fois re« venir au formidable système qu'elle a longtemps
« suivi, si l'Europe sera de nouveau un assemblage de
« nations armées, et si la Grande-Bretagne, parmi
« elles, doit abandonner l'état de bien-être où elle s'af« fermissait aujourd'hui, pour reprendre son poste,
« comme peuple militaire et lutter derechef pour l'in« dépendance du monde.

« Ce sont là des problèmes qui n'ont pas une mé« diocre grandeur, problèmes qui dépendent d'événe« ments près d'échoir et d'une lutte nouvelle et inat-

« tendue, où les libertés de l'espèce humaine vont être
« encore une fois attaquées et mises en péril. La ques-
« tion n'est pas purement de savoir si la famille des
« Bourbons, qui a déjà donné tant de biens à la
« France, et, dans le nombre, le plus grand de tous,
« la paix, doit continuer à régner en France ; mais si
« le despotisme et la tyrannie doivent de nouveau ré-
« gner sur les nations indépendantes du Continent, et
« en particulier pour ce pays, s'il nous sera donné
« de jouir de l'état heureux que nous avons-acheté de
« notre sang, après une longue lutte, ou si nous ne de-
« vrons pas, une fois de plus, revenir à ce système d'ef-
« forts artificiels que, durant cette lutte, il nous a bien
« fallu maintenir. Sur ces choses, il ne saurait y avoir
« qu'un seul sentiment ; et j'ai confiance que la Pro-
« vidence ordonnera tout, pour qu'il n'y ait qu'un seul
« résultat. »

A ces fortes paroles [1] qui ne disaient pas encore à quel point l'Angleterre était engagée dans la déclaration du 13 mars, Ponsonby et Whitebread répliquèrent par des arguments et des sarcasmes. Mais le coup que venait de porter lord Castlereagh le laissait maître du terrain : l'appui d'une immense majorité dans la Chambre des communes était évidemment acquis à la politique de la guerre immédiate contre l'Empire. Et, quand l'opiniâtre Whitebread finit ce premier débat, en citant le mot tout récent de Bonaparte : « Le Con-
« grès est dissous ; » et en ajoutant qu'il espérait bien que cette affirmation était vraie, et que « les membres
« de la Sainte-Alliance ne pourraient plus, à l'abri

---

[1] *The parliamentary debates*, etc., etc., v. XXX, p. 303.

« de leur pieux manteau, convertir en droits de pro-
« priété et en possessions légitimes ce qu'ils avaient
« naguère appelé pillage et vol[1], dans les mains de
« leur antagoniste; » on sentit, au frémissement de la
Chambre, que, malgré ce qu'il y avait de mérité dans
le reproche, la rupture actuelle de la Coalition semblerait un grand péril, et que le Congrès même de Vienne
redevenait le défenseur du droit, en ayant Napoléon à
combattre.

A ce premier aspect de la Chambre des communes,
suffisant pour autoriser tout ce que pourrait oser le ministère, se joignait l'unanimité de la Chambre des lords
représentant à la fois les défiances de la vraie liberté
anglaise, et la passion de toute l'aristocratie européenne
contre le retour d'une Dictature militaire qui n'affectait de vouloir être désormais moins conquérante, qu'en
paraissant s'appuyer sur les principes démocratiques
et l'esprit de révolution, qu'elle avait d'abord écrasés de
sa gloire.

[1] *The parliamentary debates*, etc., etc., vol. XXX, p. 305.

CHAPITRE V

LENDEMAIN DU 20 MARS A L'INTÉRIEUR. — FORMATION DU NOUVEAU GOUVERNEMENT DE NAPOLÉON. — ESSAIS DE GUERRE CIVILE. — DÉMARCHES A L'ÉGARD DE L'ÉTRANGER. — TENTATIVES DE PAIX ET POLÉMIQUE OFFICIELLE. — FORCLUSION ET HOSTILITÉ GÉNÉRALES. — SUITE DES DÉBATS DU PARLEMENT ANGLAIS.

Pour la complète et facile intelligence de ce drame si pressé des Cent jours, de cette révolution si prodigieuse et si courte, il n'était pas indifférent d'en suivre les premiers effets au dehors, du même pas qu'à l'intérieur, et de rappeler comment la vitesse du vainqueur reprenant son trône à la course, avait été suivie et égalée par la marche accélérée du Congrès européen. Ce ne sera pas une des moindres singularités de cette crise mémorable, qu'une action concertée entre tant de Puissances diverses et d'intérêts parfois contraires, ait paru aussi décisive, aussi dégagée de doute, aussi rapide que l'action même de l'audace et du génie concentrés dans un seul homme. C'est une exception à la loi ordinaire; et c'est la plus grande preuve de la crainte qu'inspirait cet homme et de l'effort que cette crainte faisait faire aux autres hommes sur les habitudes vulgaires de la politique et de la vie. Mais cette coïncidence, cette égalité d'impulsion et de résistance une fois marquée, nous avons à reprendre jour par jour le spectacle intérieur de la France, un des plus extraordinaires qui se soient jamais rencontrés.

J'avais bien peu de chose en moi, pour assister avec une pleine intelligence à de tels enseignements; mais j'avais du moins cette ardeur de l'extrême jeunesse, cette vivacité d'impressions et de souvenirs qu'on ne retrouve guère plus tard, et qu'on ne remplace pas toujours par l'impartialité. Libre de crainte, ému, mais sans chagrin décourageant, avide de nouveautés, mais sans idée possible d'intérêt et de calcul, je me sentais un pur spectateur, au milieu de ce monde confus et précaire du 20 mars. Je me réveillais, l'oreille au vent, pour ainsi dire, écoutant les bruits contraires des révolutions alternatives, comme le passager d'un vaisseau prêt à partir, les frémissements de la marée qui descend et qui monte; ou plutôt, je sentais une sorte de joie sans prévoyance personnelle, une joie spéculative et rêveuse, d'être né dans un de ces temps où, du port d'une vie obscure, on voit passer devant soi les événements inouïs et les hommes extraordinaires.

Parfois, dès le matin, un livre sur moi, Tacite ou les Lettres de Cicéron, Suétone ou les six écrivains de l'*Histoire Auguste*, j'allais errant de longues heures dans Paris et la banlieue, sans pouvoir me rassasier du spectacle de l'agitation universelle, et le confrontant par moments avec les récits encore vivants du passé.

On sentait en effet partout que le démon du Midi était de nouveau déchaîné, que la terre appartenait de nouveau à la force et à l'audace, et que de grandes choses allaient arriver peut-être le mois prochain. Paris semblait un forum et un camp. Cela même était un caractère singulier et nouveau du second empire. Le silence, l'ordre impérieux, le respect n'accompagnaient pas cette fois la présence de César. Il retrouvait la France autre qu'il l'avait laissée, enhardie à parler, raisonneuse et légalement taquine, en un mot, comme il disait, gâtée pour lui par les Bourbons. Son rapide triomphe sans doute avait consterné bien des âmes honnêtes, abattu bien des courages; mais la nécessité de s'appuyer sur un parti, au milieu de cette nation si changeante, le forçait d'appeler, ou de laisser provisoirement venir à lui la portion même d'anciens Jacobins sévèrement disgraciée sous son précédent règne. Cette nécessité s'était marquée, dès le lendemain du 20 mars, dans la formation du ministère qu'il avait appelé. Carnot et Fouché avaient dû y prendre place, et Fouché non plus comme un Jacobin naufragé, recueilli par le premier Empire, à force de lui paraître assoupli et dévoué, mais comme une sorte de médiateur et de garant qui s'offrait entre les hommes énergiques de la Révolution et le Dictateur qu'elle ne redoutait plus. Les autres ministères, *la Justice, les Finances, le Trésor, la Guerre, la Marine, les Affaires étrangères, la Secrétairerie d'État*, avaient été repris sans doute par des hommes du premier Empire et de la confiance impériale, mais affaiblis, obéissants plutôt que persuadés, et comme dépaysés dans un système nouveau, et sur une route inconnue pour leur chef et pour eux.

Ces adhésions mêmes n'avaient pas été obtenues sans effort; et elles avaient été entremêlées de quelques refus que l'Empereur n'avait pu vaincre. Le savoir pratique et la plus scrupuleuse intégrité se retrouvaient, pour présider *aux Finances* et *au Trésor;* mais parmi combien de difficultés et de sacrifices! Un dévouement désespéré avait pu seul déterminer M. de Caulaincourt à reprendre le portefeuille des Affaires étrangères; et l'archi-chancelier de l'Empire n'avait accepté que par contrainte le ministère de la justice, un peu comme une manière d'effacer, sous la gravité d'une fonction nécessaire à la société, l'orgueil compromettant de son ancien titre.

Du reste, la forme et, pour ainsi dire, l'allure du gouvernement, si on peut appliquer ce nom à une épreuve de si courte durée, étaient encore bien plus changées que la composition personnelle de ce gouvernement même. Sous l'influence de la minorité de son nouveau conseil, Napoléon avait, dès le troisième jour de sa présence à Paris, signé un décret qui supprimait la Direction de la librairie et proclamait la liberté légale de la presse. Par un autre décret, satisfaisant au vœu des philanthropes qu'il avait si longtemps négligé, il interdisait la traite et abolissait l'esclavage des Noirs.

Ces actes et quelques autres, mais surtout la faveur insolite obtenue ou affectée par certains hommes, donnaient à ce pouvoir, jadis si redouté, un faux air de complaisance démocratique, qui rendait pour le moment une sorte de liberté et de hardiesse à ceux mêmes que l'alliance du Jacobinisme et de l'Empire devait le plus menacer, si elle était possible. On allait, on venait, on écrivait, on lisait des journaux d'une franchise parfois assez véhémente; on en causait, dans les promenades publiques. Mille nouvelles sinistres arrivaient coup sur coup de l'étranger; quelques-unes venaient des Tuileries même, ou du Ministère de l'intérieur présidé par

Carnot, ou du Ministère de la police agité par Fouché. On tremblait pour demain; mais personne n'avait peur aujourd'hui.

Dans la réalité, Napoléon, à travers le prodige apparent de son retour, portait déjà la peine de ce qui avait causé sa première chute et devait précipiter la seconde. Sa puissance militaire n'était plus assez forte; son armée n'était plus assez nombreuse, assez confiante, assez dévouée. Et, chose étrange! mais vraie, dans cette révolution toute militaire, dans cet avénement d'empereur romain proclamé par une garde prétorienne, ce qui manquait c'était le nombre des soldats. Le vainqueur expiait ainsi, dans le triomphe même de son audace, les torts de son ancienne prospérité, son ingrat mépris de la vie des hommes, la négligence meurtrière de ses retraites et l'immensité de ses pertes, quand les éléments ou les hommes l'avaient vaincu. C'était là le pernicieux déficit qui gênait maintenant son génie, dans le succès même du premier acte de cette grande tragédie, et dans cette tentative non pas seulement de reprendre le pouvoir en France (la chose était faite, aussitôt qu'essayée), mais de lutter encore seul, en bataille rangée, contre toute l'Europe.

Il ne retrouvait plus en proportion suffisante l'équivalent de ces vétérans de Jules César, qui, leur chef mort et leurs bataillons en partie licenciés, avaient donné Rome et l'Empire au jeune neveu, et, pour ainsi dire, au nom seul de l'ancien Dictateur. L'armée française, quoiqu'elle eût sans combat, par entraînement et par surprise, transféré la couronne, n'était plus au 20 mars 1815, maîtresse effective de la nation, pouvant à la fois la dominer durablement et la couvrir contre l'étranger, la faire taire et la montrer invincible au dehors : et, comme l'armée ne possédait pas la France, Napoléon, même avec l'armée, se sentait faible, et contraint de subir deux choses que sa raison supérieure et sa passion despotique détestaient également, les Jacobins et la légalité constitutionnelle. Il s'y résignait toutefois, comptant sans doute étouffer l'une par l'autre, et toutes deux par une prochaine victoire.

C'est là, en effet, que tendirent, dès le premier jour de son rétablissement, tous les efforts de ce puissant génie; et jamais, dit-on, semblables prodiges d'organisation militaire ne furent opérés en un si court délai; mais il est un terme à la force active du plus habile. Napoléon ne pouvait ressusciter ces centaines de milliers d'anciens soldats morts dans les campagnes de Moscou et de Leipsick, sur l'Elbe et sur l'Unstrutt, comme sur la Bérésina, par la guerre seule, comme par la triple agonie du froid, de la contagion et de la guerre. Il ne pouvait remédier à cette pénurie d'hommes, sous laquelle il avait succombé, quinze mois auparavant, dans les glorieuses convulsions de sa lutte sur le sol de France.

Il retrouvait des places dégarnies, des arsenaux vides, et à peine 120 mille hommes, déserteurs du drapeau blanc, à ce cri magique de ses proclamations : « Soldats! la générale bat; venez joindre votre Em-« pereur et ses aigles tricolores. » Il fallait d'étonnants travaux pour doubler seulement ce nombre, refaire les cadres, accroître l'équipement, et ranimer cet ensemble nouveau du feu de la discipline militaire, au lieu de la fièvre des complots anarchiques. C'était aux vétérans dispersés de nos anciennes armées, aux prisonniers revenus de nos anciens désastres que cette recrue soudaine devait être empruntée: car le temps manquait pour laisser mûrir sur pied, ou même pour moissonner une Conscription nouvelle.

Ce fut donc sur le résidu glorieux de tant de combats, sur les demeurants du passé, que s'exerça l'infatigable action de l'Empereur secondé par l'intègre et sévère habileté de son ministre de la guerre, le prince d'Eckmuhl.

Avec cet aide, il devait en deux mois suffire aux premiers besoins d'un armement nouveau que, dans l'ardeur de ses calculs, il se promettait de porter à 500 mille hommes, avant la fin de l'année. De là, dès les premiers jours, le guerroyant aspect qu'offraient Paris et ses environs, le passage continuel de pièces d'artillerie, de fourgons chargés d'armes, de compagnies allant rejoindre leurs corps. Bien d'autres travaux d'organisation militaire commençaient, au même moment, sur tous les points de la France; mais Vincennes, Courbevoie, Saint-Denis, Paris, étaient comme de premières usines de guerre, et comme de premiers camps de manœuvres, où tout frappait les yeux des préparatifs, et du prochain mouvement de la défense et de l'attaque. La propagande militaire se mêlait à l'activité de l'armement. Sans cesse, dans les quartiers les plus populeux et les plus pauvres, dans les faubourgs Saint-Antoine, Saint-Martin, Saint-Denis, on voyait çà et là quelque soldat de la vieille garde, quelque revenant de l'île d'Elbe, avec son costume aimé du peuple, ses chevrons, sa croix, son teint bronzé du soleil, amassant une foule autour de lui et l'intéressant à ses récits de marches et de combats, et à ses exhortations de fraterniser tous, soldats et ouvriers, pour la défense de la patrie et de l'Empereur.

Napoléon lui-même, au milieu des soins infinis de cette reprise de l'Empire, voulut se montrer solennellement à ce peuple, à ces soldats que son nom, son approche, son passage avaient tant de fois troublés et comme enlevés, sur la route du golfe Juan à Paris. Cette première revue se célébra, dès le 21 mars, dans la cour des Tuileries et le Carrousel, avec les troupes mêmes de la garnison de Paris, naguère destinées à défendre la Royauté qui venait de disparaître. Une partie des troupes, en effet, dont s'était successivement grossie la marche de l'Empereur, était restée en arrière, à sa dernière étape sur Paris; et il convenait à sa politique de montrer que tout soldat était le même pour lui, et que ce n'était pas tel ou tel chef, tel ou tel régiment, mais toutes les armées de la France qui, complices de sa gloire, revenaient spontanément à sa cause et accouraient à ses Aigles, dès qu'on les voyait paraître.

Les courtes paroles qu'il prononça étaient dans cette pensée; et elles décelaient aussi l'intention d'adoucir, s'il était possible, pour les Puissances étrangères, le formidable aspect de son retour, en affectant de le borner à un duel contre la dynastie, que renversait sa présence :
« Soldats, dit-il au milieu d'immenses acclamations,
« je suis venu avec six cents hommes en France, parce
« que je comptais sur l'amour du peuple et sur les sou-
« venirs des vieux soldats. Je n'ai pas été trompé dans
« mon attente. Soldats, je vous en remercie. La gloire
« de ce que nous venons de faire est toute au peuple et
« à vous. La mienne se réduit à vous avoir connus et

« appréciés, etc... Soldats, nous allons marcher, pour
« chasser de notre territoire ces princes auxiliaires de
« l'étranger. La nation non-seulement nous secondéra
« de ses vœux, mais même suivra notre impulsion. Le
« peuple français et moi nous comptons sur vous. Nous
« ne voulons pas nous mêler des affaires des autres;
« mais malheur à qui se mêlerait des nôtres ! »

A ce moment, par une scène préparée, dont la simplicité toute militaire n'était pas sans grandeur, le général commandant des grenadiers de l'île d'Elbe, Cambronne, s'avançait entre les régiments et l'Empereur, avec quelques officiers de ce corps et les Aigles de l'ancienne Garde; et l'Empereur, comme pour présenter lui-même ces braves à toute l'armée, et en même temps les confondre avec elle, ajoutait d'une voix haute :
« Voici les officiers du bataillon qui m'a accompagné
« dans mon malheur : ils sont tous mes amis. Toutes les
« fois que je les voyais, ils me représentaient les différents
« régiments de l'armée; car, dans ces six cents braves,
« il y a des hommes de tous les régiments. Tous me rap-
« pelaient ces grandes journées, dont le souvenir est si
« cher; car tous sont couverts d'honorables cicatrices
« reçues à ces batailles mémorables. En les aimant,
« c'est vous tous, soldats de l'armée française, que j'ai-
« mais. Ils vous rapportent ces Aigles. Qu'elles vous
« servent de ralliement ! En les donnant à la Garde, je
« les donne à toute l'armée. La trahison et des cir-
« constances malheureuses les avaient couvertes d'un
« voile funèbre; mais, grâce au peuple français et
« à vous, elles reparaissent resplendissantes de toute
« leur gloire. Jurez qu'elles se trouveront toujours
« partout où la patrie les appellera. Que les traîtres et

« ceux qui voudraient envahir notre territoire n'en
« puissent jamais soutenir les regards ! »

On ne saurait dire avec quelle frénésie d'enthousiasme ces paroles furent reçues des premiers rangs qui les entendaient, et combien se prolongea ce serment juré par tous, aux cris répétés de *vive l'Empereur!* Ce qui parlait plus haut que tout langage humain, c'était la vue même du Conquérant, l'expression de ses traits pâlis par la fatigue, le rayon de joie qui en éclairait la sombre gravité, et par moments aussi, le doute triste et sévère qui semblait y passer, au bruit même des transports de cette foule armée, vaillante, passionnée, mais ne formant que quelques milliers d'hommes, au delà desquels se pressait une autre foule confuse, indécise et souvent muette. Les yeux s'arrêtaient ensuite sur ce petit bataillon de l'île d'Elbe, encore tout poudreux et tout noir de la route, avec ses vêtements négligés et ses armes brillantes. Devinant d'un zèle intelligent la pensée de son Empereur, il semblait, par la modestie de son attitude, ne rien réclamer pour sa part de triomphe, et ne souhaiter que sa place au champ de bataille. Mais déjà s'étaient répandus dans les plus humbles rangs, et devaient bientôt croître partout dans l'armée des germes de jalousie, que tout l'art du commandement ne pouvait étouffer, entre les privilégiés de l'île d'Elbe, les premiers téméraires qui les avaient rejoints, et la masse des régiments qui n'avaient fait que suivre.

Deux choses cependant éclataient à tous les yeux dans cette première démonstration, la confiance du succès contre les Bourbons, la réserve et la simple défensive contre l'étranger. Déjà, en effet, par des ordres rapidement donnés, par la contagion électrique du mouvement militaire, par la toute-puissance de l'exemple de Paris, Napoléon se sentait assuré d'atteindre, sur tous les points, les efforts de résistance que pouvaient tenter les princes déchus par son retour; mais quant à la Coalition étrangère, quant à l'armée européenne, il songeait à tout essayer, pour la diviser et la dissoudre, pour la ralentir du moins.

Dans la plénitude de sa victoire à Paris, il se sentait maître encore douteux de plusieurs parties de la France, et matériellement trop faible pour porter la guerre au dehors. Réduit, après l'hostilité la plus hardie, à la nécessité d'afficher la paix, au lieu de s'élancer de prime abord sur la Belgique, il croyait devoir marquer son nouveau règne par des efforts de conciliation sans nombre, depuis les secrètes démarches de Cour jusqu'à la controverse diplomatique, et à la publicité des protestations officielles.

Nul doute qu'avant son succès même, il n'eût déjà essayé ou permis des tentatives indirectes, dans le même but ostensible ou la même espérance. Dès le 12 mars, en effet, à son entrée dans Lyon, qui, pour des esprits clairvoyants, le montrait bientôt maître de Paris, il avait employé comme premier négociateur confidentiel son frère Joseph, l'ex-roi de Naples et d'Espagne, retiré depuis un an à Zurich. Par un sûr message, il l'avait prévenu de son triomphe commencé et certain; et il le chargeait de faire connaître officieusement aux ministres d'Autriche et de Russie près la diète Helvétique, son invariable intention d'adhérer au traité de Paris, et, sauf le nom d'Empire qu'il rapportait avec lui, de conserver la France telle que ce traité l'avait faite.

Mais quelque rapide que pût être la communication transmise de Lyon à Zurich, et sans qu'il y ait eu retard volontaire des deux ministres étrangers, l'avis reçu et répété par eux ne parvint à Vienne que plusieurs jours après la déclaration du 13 mars, et tout au plus, disait M. de Talleyrand, assez à temps pour servir, si on le voulait bien, à excuser la prise de Paris. Événements imprévus et promesses incroyables, tout cela, en effet, semblait appartenir au même monde de prestiges et d'aventures, et devait exciter même défiance dans les souverains !

Seulement à cette occasion, et après lecture de la lettre du Ministre russe, qui rapportait les assurances de modération données par le maître prochain de la France, le Czar, dans le dépit d'une semblable avance, ne pouvant retenir son humeur contre les princes, dont la faiblesse faisait si beau jeu à leur ennemi, s'en prit à M. de Talleyrand, et dans une soirée de Cour, allant brusquement à lui : «Eh bien ! lui dit-il, vous l'avez voulu. « Ne vous avais-je pas assez averti que les Bourbons « n'étaient pas capables de régner? — Sire, répliqua « M. de Talleyrand, se levant de son siége avec respect « et s'appuyant fièrement sur sa béquille d'infirme; « il faut cependant qu'ils règnent.» Et le monarque, tout en froissant d'impatience la lettre diplomatique qu'il tenait à la main, n'avait ni renouvelé le reproche, ni contredit l'affirmation.

Napoléon, à part cette première ouverture datée de son triomphe de Lyon, s'empressa, dès sa rentrée aux Tuileries, de tenter une autre démarche de conciliation plus régulière et plus expresse. Informé que les ministres d'Autriche et de Russie, près le roi Louis XVIII, n'avaient pas encore quitté Paris, faute de passe-ports, il voulut que M. de Caulaincourt les vît, et leur tînt le même langage pacifique, plus spécieux dans sa bouche que dans aucune autre. Ces entrevues, déclinées d'abord avec une sorte d'effroi par les deux ministres étrangers, n'eurent lieu que furtivement, l'une chez une dame zélée pour l'Empire, et d'un nom considérable dans la société polie, l'autre chez une demoiselle attachée au palais de l'ancienne reine de Hollande, et distinguée pour les agréments de l'esprit.

L'ambassadeur d'Autriche, le baron de Vincent, soit instructions secrètes reçues déjà par lui, soit inspiration diplomatique hasardée pour son compte, tout en paraissant confesser intrépidement l'hostilité sans trêve et sans relâche qu'allait rencontrer le nouvel avénement de Napoléon, laissa croire que la substitution de son fils à lui-même ne trouverait pas les mêmes obstacles, qu'en un mot l'Autriche, à aucun prix, ne voudrait de son règne, mais qu'elle s'arrangerait de sa Dynastie. C'était, comme on le voit, le commencement du leurre qui reparut dans la suite de cette crise si rapide, et qui devait amener ou couvrir la seconde abdication.

Quoi qu'il en soit, en laissant percer cette idée d'abdication et de régence, dont Napoléon était bien loin alors, mais qui faisait supposer dans l'Autriche, au nom de sa propre ambition, une inimitié moins systématique et moins durable que d'autres, le baron de Vincent recueillit avec grand respect, et promit de reporter religieusement à son maître tout ce qui lui était dit des sentiments actuels, des vrais sentiments de Napoléon, pour l'adoption complète du traité de Paris et le maintien de la paix. Puis, ne contestant rien, n'excluant aucune espérance lointaine, il prit ses passe-ports et hâta son départ, sans attendre même une lettre, dont il devait se charger pour l'Impératrice, et qu'emporta le lendemain un secrétaire de l'ambassade.

Avec le Ministre russe, M. Boudiakeen, et pour l'oreille du Czar, qui rappelait à la hâte son agent, l'Empereur autorisa l'emploi d'un argument à part, et d'une grande force ; c'était la copie authentique de ce traité secret du 3 janvier 1815, par lequel l'Angleterre, l'Autriche et la France, à la suite de leurs premiers efforts en commun pour prévenir la déchéance du roi de Saxe, formaient une ligue offensive contre la Russie et la Prusse, qui seulement n'étaient pas nommées dans cet acte très-explicite d'ailleurs, sur les cas d'agression et les contingents promis pour la guerre.

Napoléon qui, par moments, supposait un souvenir d'amitié durable entre le Czar et lui, avait chargé M. de Caulaincourt de faire lire et de laisser en double à l'Envoyé russe le texte de cet acte, transmis de Vienne à Paris, et oublié, dans le trouble de la nuit du 19 mars, sur la table du Roi, parmi d'autres papiers du Ministre successeur de M. de Talleyrand aux Affaires Étrangères. Mais cette preuve irréfragable d'un fait déjà soupçonné par le Czar, à Vienne, et quand la chose se tramait sous ses yeux, devait s'effacer pour lui, en présence d'un bien autre intérêt d'amour-propre et de sûreté monarchique. L'Envoyé russe n'en parut pas moins fort indigné de la déloyauté qu'on lui révélait. Il promit de rendre compte fidèle à son auguste maître du sentiment amical conservé par Napoléon, et attesté par une marque si confidentielle. Puis, ayant reçu ses passe-ports, il partit au plus vite, avec le texte de la précieuse Convention du 3 janvier 1815.

Telle était à cet égard l'illusion de l'Empereur, ou plutôt son besoin de ne pas désespérer de la paix, et son envie de tout tenter pour l'obtenir, qu'à la même époque, il faisait écrire, dans le même sens de confiance et d'affection, une lettre au Czar par la reine Hortense flattée en 1814 de quelques courtoisies délicates et des visites fréquentes de ce monarque. Enfin, il faisait recommander au prince Eugène, qu'il supposait encore à Vienne, et à la grande duchesse Stéphanie de Bade, d'essayer personnellement, près d'Alexandre, quelques ouvertures pacifiques en son nom, et à la faveur de l'accueil intime qui leur était ouvert à l'un et à l'autre, disait-il, en souvenir de lui.

Mais alors même le prince Eugène, si justement estimé pour son loyal courage et naguère admis dans la familiarité d'Alexandre, venait d'être éloigné de Vienne. Tenu pour suspect, depuis le succès de Napoléon, il était sévèrement consigné dans une ville de guerre distante de la cour; et Napoléon pouvait s'apercevoir que les restes de l'éclat réfléchi par lui sur sa famille, et la réminiscence des hommages attachés à l'honneur de lui avoir appartenu, étaient maintenant comptés pour bien peu dans cette région monarchique, d'où lui-même était tombé, et dont il n'était plus que la malédiction et l'effroi.

Si certaines démarches qu'il inspira ou permit encore, sous forme indirecte, parurent un moment trouver quelque accès, ce n'était que par maligne curiosité et comme un indice des inquiétudes que lui laissait à lui-même son premier triomphe. Nulle autre conséquence, en effet, ne fut attachée à ces tentatives d'explication et de paix réitérées par tant de voies secrètes. L'Europe ne cessa de protester et de s'armer ; rien n'apporta le moindre changement à la déclaration du 13 mars qui commençait à pénétrer en France. Rien ne retarda les mouvements de troupes qui étaient la mise en action de ce manifeste.

Seulement, il est curieux de voir à distance la vigilante inquiétude des Puissances pour le maintien de leur propre union. Ce qu'avait cherché Napoléon, dans la révélation du traité secret du 3 janvier, lord Castlereagh en eut l'éveil presque aussitôt ; et, dès le 27 mars, il écrivait au duc de Wellington : « Mon cher Lord, il est à
« présumer que dans le boulevari du départ, le cabinet
« des affaires étrangères, à Paris, n'a pas été vidé de
« tout son contenu par les ministres du Roi, et consé-
« quemment que notre traité secret, avec la France et
« l'Autriche, aussi bien que toute la correspondance
« du prince de Talleyrand, tomberont dans les mains
« de Bonaparte. Il essaiera naturellement d'en faire
« son profit, d'abord pour semer sous main la discorde;
« et s'il ne réussit pas à cela, il publiera le tout dans
« le *Moniteur*.

« J'ai prié Charles Stuart de s'assurer près de Blacas
« où la chose en est ; et je laisse à votre jugement
« de choisir ce que vous croyez le plus à propos
« de faire, pour conjurer toute impression défavo-
« rable. Je me flatte que ceci ne peut produire aucune
« fâcheuse impression sur l'empereur de Russie, après
« tout ce qu'il a su depuis longtemps. Il doit se sentir
« assuré que l'affaire en gros venait de dissidences ac-

« tuellement arrangées, et d'une très-indiscrète décla-
« ration du prince de Hardenberg. Le traité est, d'a-
« près l'intitulé même, purement défensif; et tous nos
« procédés depuis ont prouvé cela, de manière à ne pas
« permettre le doute [1]. »

Il y aurait bien eu, dans un autre temps, quelque chose à dire sur cette apologie sommaire de la convention secrète du 3 janvier. Quoique adoptée, en effet, à l'occasion de la Saxe, et contre des prétentions abandonnées depuis, cette précaution de résistance était bien vive, bien expresse dans les termes, et pouvait s'étendre plus loin. Mais l'Empereur de Russie, ne voulant pas se séparer, admit pour bon ce qu'on lui dit; et quelques jours plus tard, une lettre du comte de Nesselrode à lord Castlereagh, respirant toute la chaleur de confiance et de haine unanime qui avait échauffé la Coalition de 1813, répétait au ministre anglais, dans sa propre langue, qu'aux yeux du Czar comme aux siens, c'était pour tous le cas de donner le dernier schelling et la dernière goutte de sang; puis il ajoutait :

« L'Empereur m'avait chargé de parler à lord Cath-
« cart, pour une augmentation de vos forces en Bel-
« gique. Je regarde cette démarche comme superflue ;
« car je ne doute pas que vous n'ayez fait l'impossible
« pour former une belle armée au héros de Vittoria. »
Pour nous, cette lettre partie de Vienne est surtout remarquable par la date, le 2 avril; car elle indique avec quelle rapidité, sous le coup de la prévoyance et de la crainte, les dernières rancunes s'étaient oubliées

---

[1] *Letters and despatches of viscount Castlereagh.* Th. ser. v. II, p. 350.

ou cachées, les mains s'étaient unies, les yeux s'étaient fixés sur le point même où devaient se décider, deux mois après, le sort de la France et la paix de l'Europe.

Quelques jours à peine avant cette date, l'Empereur était encore dans le cérémonial de sa restauration : et, aux Tuileries, dans la salle du Trône, le dimanche 26 mars, il entendait, en tête de toutes les présentations officielles, l'Archi-chancelier alors ministre de la Justice, le saluant comme le monarque deux fois libérateur, dont l'existence pouvait seule consolider nos *Institutions libérales*. Dans ce discours, plus extraordinaire par la bouche qui le prononçait, le docile instrument du premier Empire disait, pour inaugurer le second : « Votre Majesté a tracé à ses ministres la route qu'ils « doivent tenir : déjà elle a fait connaître à tous les « peuples par ses proclamations les maximes, d'après « lesquelles elle veut que son Empire soit désormais « gouverné. Point de guerre au dehors, si ce n'est pour « repousser une injuste agression; point de réactions « au dedans; point d'actes arbitraires; sûreté des per« sonnes, sûreté des propriétés, libre circulation de la « pensée, tels sont les principes que vous avez con« sacrés.

« Heureux, Sire, ceux qui sont appelés à coopérer à « tant d'actes sublimes! De tels bienfaits vous mérite« ront dans la postérité, c'est-à-dire lorsque le temps de « l'adulation sera passé, le nom de Père de la Patrie; ils « seront garantis à nos enfants par l'auguste héritier que « Votre Majesté s'apprête à couronner au Champ de Mai. »

Deux choses sont à remarquer de ce discours, le renoncement si net au pouvoir arbitraire, la proclamation du régime légal, y compris la libre circulation de la pensée, c'est-à-dire ce que nous avons appelé, trente ans de suite, la liberté de la presse ; puis cette promesse, cette annonce réitérée de la présence et du couronnement prochain du jeune prince impérial.

L'illusion sur ce point durait-elle encore dans l'esprit de Napoléon, et si près de lui ? ou bien faut-il admettre que, dans cette tentative si prestigieuse du 20 mars, dans cette fiction impossible à soutenir à la longue, il y avait des apparences, dont il importait de s'aider, même quelques jours seulement ? car la soumission du territoire sur tous les points n'était pas encore tout à fait accomplie.

La pieuse Princesse, si digne du nom de Marie-Thérèse, et ayant, aux yeux de tous, contracté dès l'enfance la majesté du malheur dans sa prison du Temple et son partage de l'agonie de sa mère, s'était montrée vraiment héroïque à Bordeaux, et avait excité dans le peuple quelque enthousiasme pour elle, et dans les soldats quelque lenteur et quelque honte à la trahir. Sur un autre point du Midi, le mari de cette noble femme, prince médiocre d'ailleurs et n'ayant du général que le courage, avait non-seulement osé comme elle, mais trouvé, pour le soutenir, quelques troupes fidèles. Avec deux régiments de ligne et quelques centaines de volontaires, il tenait la campagne, dans les derniers jours de mars ; et il ne devait céder, une semaine après, que sous le nombre croissant des troupes déclarées pour l'Empereur, et devant la poursuite d'un chef considérable envoyé pour le combattre. Enfin, on ignorait encore à Paris la soumission de quelques grandes villes du nord de la France ; et on avait lieu de craindre des soulèvements réitérés dans les provinces de l'Ouest.

Cette espérance de paix à l'extérieur, cette nouvelle semée d'un accord secret de Napoléon avec l'Autriche était donc précieuse encore, comme pouvant hâter quelques défections dernières, prévenir quelque nouvel essai ou quelque obstination de résistance. Aussi, Napoléon, sans insister sur rien de ce que venait de dire officiellement son ministre, sembla tout accepter, dans cette courte réponse : « Les sentiments que vous m'ex-
« primez, sont les miens. Tout à la nation et tout pour
« la France, voilà ma devise. Moi et ma famille, que ce
« grand peuple a élevés sur le trône des Français et
« qu'il y a maintenus malgré les vicissitudes et les
« tempêtes politiques, nous ne voulons, nous ne devons
« réclamer jamais d'autre titre. »

Par ce mot un peu vague, *ma famille*, opposé à l'assurance si précise tout à l'heure renouvelée devant lui, l'Empereur flattait encore obscurément une espérance qu'il n'avait pas, et qu'aucune des harangues qu'il acheva d'écouter ne se permit de reproduire.

Le mouvement donné cependant par cette pompeuse réception, où de toute part avaient retenti les noms de patrie, de souveraineté nationale, et aussi les mots d'*Institutions* et de *liberté* proscrits sous le premier Empire, ce mouvement fut répété de ville en ville et presque de village en village avec une facilité d'imitation particulière à la France, ou plutôt à tous les pays, où l'épreuve des révolutions est trop fréquente. Les hommages d'adhésion spontanée, les adresses arrivèrent en foule. Le courage même du silence fut assez rare. Napoléon le remarqua, dans le clergé. « Ils attendent,
« dit-il ; ils prient, les bras croisés, sur la montagne ; à
« la bonne heure ! qu'ils se tiennent tranquilles jusqu'à

« ce que le Dieu des batailles ait prononcé ; je ne leur
« demande que cela. »

Mais, en même temps, lui-même et son gouvernement, tel que d'abord il l'avait établi ou souffert, agitaient les esprits, et ne pouvaient longtemps leur laisser l'illusion qu'avait jetée sur la foule le premier aspect du 20 mars. Des actes officiels vinrent bientôt donner pleine évidence à ce fait d'une Coalition demeurée unanime, et préparant une guerre implacable. Le premier de ces actes fut une sorte de dénonciation portée par le ministre de la police générale devant le Conseil d'État impérial contre la déclaration du 13 mars, arguée de faux matériel et incriminée comme pièce apocryphe et fabrication calomnieuse des seuls plénipotentiaires de Louis XVIII, sous le contre-seing dérobé des premiers signataires du traité de Paris.

Malgré le paradoxe singulier de cette accusation de faux, que le ministre, dans ses confidences familières, appelait un mode de publication « à l'usage des ba-
« dauds, pour nous faire connaître impunément ce qui
« se passait hors de France, » le procès fut fait avec avantage à la pièce en elle-même. On y releva surtout les expressions justement blâmées qui provoquaient contre Napoléon une vindicte universelle, que la passion de parti, ou le crime soldé pouvait traduire en assassinat. Fouché, dans sa dénonciation ostensible, avait affecté, par allusions directes à l'Angleterre et à l'Autriche, de nier l'authenticité possible de ce langage, sous le contre-seing réel des ministres d'un État libre, ou des plénipotentiaires d'un Souverain uni par des liens de famille au Monarque si lâchement menacé.

« Un père, disait-il, ne pouvait appeler l'assassinat sur
« son fils. »

D'après cette initiative du ministre actuel et de l'ennemi caché de Napoléon, une commission formée des présidents de section du conseil d'État présenta bientôt à ce conseil un rapport qui devait être le fondement de la délibération à publier. Alléguant aussi l'origine apocryphe du Manifeste du 13 mars, afin de donner passe-port à une discussion plus libre et plus méprisante, ce rapport multipliait contre l'acte du Congrès les arguments de droit, les injures, et parfois les sophismes, tels que s'y plaisait l'esprit subtil et passionné de l'Empereur.

Le plus flagrant de ces sophismes, sans doute, était de prétendre que « par le retour armé de Napoléon sur le
« Trône, il n'y avait rien de changé pour les Puissances
« alliées, rien de changé pour la France; qu'il suffisait,
« comme le voulait et le pratiquait en ce moment même
« Napoléon, d'adhérer, en droit et en fait, au traité
« du 30 mai 1814, et de rester dès lors en paix, chacun
« dans ses frontières. » Mais la condition principale, la garantie éminente de ce même traité du 30 mai 1814, c'était l'abdication de Napoléon et la déchéance de sa Dynastie. Sa reprise de possession du Pouvoir était donc, par elle-même et par elle seule, la plus grande des infractions à ce traité; son offre de le maintenir en était une énorme violation. Rien de plus contradictoire, de plus inadmissible, que cette adhésion posthume de Napoléon, sous le titre d'Empereur actuellement régnant, à ce traité, dont son exclusion du trône était, à tort ou à raison, la clause première et fondamentale. Peu importait donc l'avis plus ou moins habile, la réfuta-

tion plus ou moins amère que rédigerait le Conseil d'État : tous les artifices du raisonnement ne pouvaient rien, pour délier ce nœud gordien, que l'épée seule devait trancher.

Quoi qu'il en soit, en même temps que Napoléon réclamait de son Conseil d'État une réponse polémique et doctrinale à opposer aux principaux Gouvernements de l'Europe, il essayait officiellement près d'eux une démarche publique et personnelle. Il adressait à chacun des Monarques coalisés, et bientôt après il rendait publique sous sa signature une lettre autographe, dont le langage calme et doux formait le plus singulier contraste avec toutes les émotions de crainte, de haine et de vengeance excitées, à ce moment même.

Cette lettre, datée de Paris, 4 avril 1815, doit être conservée par l'histoire comme un monument unique de la fascination tentée sur le monde et demeurée, par un juste retour des choses d'ici-bas, aussi impuissante qu'elle était invraisemblable et fausse.

« Monsieur mon frère, vous aurez appris dans le
« cours du mois dernier mon retour sur les côtes de
« France, mon entrée à Paris, et le départ de la famille
« des Bourbons. La véritable nature de ces événements
« doit être maintenant connue de Votre Majesté ; ils
« sont l'ouvrage d'une irrésistible puissance, l'ouvrage
« de la volonté unanime d'une grande nation qui
« connaît ses devoirs et ses droits. La dynastie, que la
« force avait rendue au peuple français, n'était point
« faite pour lui. Les Bourbons n'ont voulu s'associer ni
« à ses sentiments ni à ses mœurs. La France a dû se
« séparer d'eux. Sa voix appelait un libérateur. L'attente
« qui m'avait décidé au plus grand des sacrifices avait

« été trompée. Je suis venu ; et, du point où j'ai touché
« le rivage, l'amour de mes peuples m'a porté jusqu'au
« sein de ma capitale. Le premier besoin de mon cœur
« est de payer tant d'affection par le maintien d'une
« honorable tranquillité. »

Rien sans doute de plus désarmé, de plus paisible que ce langage. Toutes les expressions en sont adoucies avec art. Le renversement de la Royauté et des Institutions récentes du pays s'appelle le départ de la famille des Bourbons. Nulle injure d'ailleurs contre cette famille. Seulement, la France a dû se séparer d'elle par amour pour Napoléon, qui veut à son tour payer tant d'affection par le maintien de la paix, c'est-à-dire de ce qui avait toujours manqué à ce Pouvoir si aimé de ses peuples. En vérité, ce retour des expressions paternelles affectées par le roi Louis XVIII était doublement choquant, et trop peu persuasif, sous la plume de son terrible successeur. De là cependant, et sans autre apologie du passé, Napoléon prenait l'engagement d'affermir par le rétablissement du Trône impérial le repos de l'Europe ; et il annonçait l'ouverture d'une nouvelle et pacifique arène offerte à tous les Souverains, et où lui-même descendait le premier.

« Après avoir présenté au monde, écrivait l'Empe-
« reur ainsi transformé, le spectacle des grands com-
« bats, il sera plus doux de ne connaître désormais que
« la lutte sainte de la félicité des peuples. Si tels sont,
« comme j'en ai eu l'heureuse confiance, les sentiments
« personnels de Votre Majesté, le calme général est
« assuré pour longtemps, et la Justice, assise aux con-
« fins des États, suffit seule pour en garder les fron-
« tières. » *Paris, ce 4 avril.*

Expédiées quinze jours après la rentrée de Napoléon aux Tuileries, et tandis que son Conseil d'État réfutait sur un ton moins radouci la déclaration du 13 mars, ces lettres ne purent arriver à leur destination. A Kehl, à Mayence, à Turin, partout le passage était fermé aux courriers, et même généralement aux voyageurs venus de France. Le Souverain de ce grand pays n'aurait pu communiquer avec les Souverains qu'il persistait à nommer ses frères, que par voie de contrebande ; et Napoléon se vit obligé, pour faire connaître aux Monarques étrangers son appel intime, de le publier dans le *Moniteur*, presque à côté de l'avis de son. Conseil d'État sur la déclaration du 13 mars, qu'il promulguait ainsi lui-même pour la France, en n'attestant que trop par sa colère l'authenticité qu'il refusait à cet acte.

Dans la réalité, ces publications si différentes nuisirent également à sa cause. Quelque réprobation morale qui dût s'attacher à un passage de la déclaration du 13 mars, le public vit surtout, dans ce passage même, la certitude d'une opiniâtre et unanime hostilité. Toutes les illusions de paix, dont Napoléon avait couvert, et pour ainsi dire pallié son retour, aux yeux de la bourgeoisie crédule, tombèrent en un moment ; et l'Empire ne parut plus que ce qu'il était, la guerre contre tous, pour l'intérêt d'un homme. Or, l'esprit même de défiance et de mécontentement qui s'était opposé aux Bourbons et avait souffert volontiers ou même secondé leur chute, la trouvait bien chèrement achetée par le retour de la guerre universelle, et n'était nullement prêt à semblable sacrifice. Dans le fond, peut-être on se serait accommodé de Napoléon, au prix de deux choses qu'il ne pouvait donner, la liberté et la paix. Mais, en dehors de cette espérance, sauf une première satisfaction démocratique vivement sentie de quelques-uns, rien ne plaisait dans son aventureux succès nous amenant de si grands périls. La suite même de ses triomphes à l'intérieur ne rassurait pas.

D'autre part, et pour l'étranger, la lettre autographe de Napoléon, cette lettre que, dans le blocus de la France, il affichait au *Moniteur*, formait par les sentiments et le style un trop singulier contraste avec la situation et le personnage, tels que le monde se les figurait dans son souvenir et dans ses craintes. « Cette justice, assise « aux confins des États et qui seule suffit à en garder les « frontières, » paraissait une étrange idée, au milieu du bruit de ces masses armées qui, de toutes parts, hors de France, se formaient et s'avançaient. La plaisanterie, mêlée à tout et parfois puissante sur les plus grandes choses, ne fut pas épargnée, on peut le croire, durant cette courte avant-scène de négociations impossibles même à commencer. L'homme d'État qui ne se refusait guère cet amusement, dont il se faisait parfois une arme, M. de Talleyrand, ne manqua pas, au Congrès et à la Cour, de commenter la lettre du 4 avril, en citant la fable du Loup devenu Berger. Il ne tarissait pas sur ce style nouveau de Napoléon. Et ces idylles du journal officiel, cette arène pacifique offerte aux Souverains, cette lutte sainte pour la félicité des peuples lui rappelaient les vers du bon La Fontaine :

> Il aurait volontiers écrit sur son chapeau :
> C'est moi qui suis Guillot, berger de ce troupeau.

Cependant, les conséquences du traité du 25 mars se pressaient avec une infatigable activité. La convention, adoptée sous cette date, par les plénipotentiaires des huit Puissances, avait réglé, comme pour une immédiate entrée en campagne, les contingents de chaque État; et le délai tenait seulement à ce calcul des ennemis[1], que la supériorité de nombre de leurs troupes sur celles de Napoléon irait toujours en augmentant, que chaque semaine, chaque mois, leur assurait un accroissement hors de toute proportion avec celui que, dans le même intervalle, pouvait obtenir Napoléon, et qu'ainsi pour eux, attendre encore, c'était rassembler des chances plus infaillibles de victoire. Tout se combinait donc pour la guerre, même les retards. La rapidité des résolutions, l'ardeur des préparatifs et l'unanimité de passions et d'intérêts qui rendait ce dénoûment inévitable, étaient servies par de telles forces, que l'issue ne semblait pas pouvoir être humainement douteuse, et qu'en France, autour même de l'Empereur, le découragement s'aggravait encore du répit momentané de l'agression étrangère.

[1] *Letters and despatches of viscount Castlereagh.* Th. ser. vol. II, p. 340.

CHAPITRE VI

SUITE DE L'ENTREPRISE DU ROI MURAT. — COURTE SUSPENSION ET REPRISE DES HOSTILITÉS. — DÉFAITE DE CE PRINCE. — ACTES NOUVEAUX DU CONGRÈS. — DÉBATS DU PARLEMENT ANGLAIS.

Pendant que le Congrès de Vienne organisait sans relâche la guerre contre l'Empire français, la seule tentative auxiliaire de Napoléon en Europe, devenue à la fois le démenti dernier à tout rêve de paix, s'était un moment arrêtée et semblait comme suspendue sur la frontière la plus vulnérable de l'Autriche, dans ces provinces italiennes depuis peu reprises par elle, et toutes sanglantes encore de leur démembrement de la couronne impériale de France.

Le roi de Naples, en effet, le vaillant et inconsidéré Murat, satellite naturel de l'astre français, naguère écarté loin de lui, et gagnant à ce prix un court et inquiet sursis de royauté, n'espérait plus aujourd'hui de chance favorable que dans une rapidité d'action qui, tout en contrariant le langage pacifique de Napoléon, pouvait enlever l'Italie. Nous avons dit déjà le contre-coup malencontreux de cette audace trop hâtive sur le plan de conduite plus circonspect qu'affectait Napoléon. Qui pouvait, en effet, croire à la modération du chef, lorsque le lieutenant mobile et repentant qui revenait à ce glorieux chef avec un nouvel enthousiasme, chassant des légations pontificales les troupes autrichiennes, adressait à l'Italie entière, dès le 31 mars, un manifeste comme aurait pu le rêver, cinq siècles auparavant, le tribun Rienzi devenu général.

« Italiens, vous avez été jadis les maîtres du monde,
« et vous avez expié cette gloire dangereuse par vingt
« siècles d'oppression. Mettez aujourd'hui votre ambi-
« tion à n'avoir plus de maîtres. Des mers, des mon-
« tagnes inaccessibles, voilà votre limite. Il s'agit de
« décider si l'Italie sera libre, ou si vous subirez encore
« longtemps la servitude étrangère. J'appelle à moi tous
« les braves de tous les points de l'Italie. »

Puis, cette proclamation fulminée au milieu de l'inflammable Italie, Murat partageait en plusieurs corps et lançait sur divers points ses troupes qui, mêlées de quelques officiers français, comptaient en indigènes quarante mille hommes d'infanterie et huit mille cavaliers. Lui-même, s'avançant vers la partie la plus belliqueuse de la péninsule, espère et provoque le soulèvement de la Lombardie, qu'il aborde par Modène. Rejetant en arrière une division autrichienne, aux ordres du général Bianchi, il s'empare de cette ville; et, en même temps, par les corps qu'il a détachés vers le centre de l'Italie, il fait occuper Rome et Florence, aux acclamations d'un parti nombreux, et avec cette complicité toujours prête des cœurs italiens aspirant à la délivrance. Succès trompeur pour Murat cependant, et plus pernicieux encore à la politique de son beau-frère ! car c'était avec l'expulsion du pape Pie VII, la Révolution tentée en

Italie, toutes les craintes en un mot que Napoléon voulait prévenir, tous les bouleversements qu'il prétendait n'être pas attachés à son retour.

Quoi qu'il en soit, ce péril particulier à l'Autriche, tout à coup survenu au milieu de l'alerte générale du Congrès, tout en excitant par une crainte de plus l'effort immédiat contre Napoléon, donna tant d'inquiétude au cabinet de Vienne, qu'il voulut négocier d'un côté du moins, et qu'il fit offrir à ce Roi parvenu, dont il poursuivait naguère la déchéance, une confirmation actuelle de sa royauté, s'il voulait s'unir à la Coalition.

La conduite de Murat, dans les deux années précédentes, méritait de telles propositions. Mais il ne voulut pas y entendre cette fois. Enivré des cris populaires qui retentissaient autour de lui : *Vive l'indépendance italienne ! Vive Joachim l'Italique !* le roi de Naples répondit fièrement aux émissaires de Vienne : « Il est « trop tard ! L'Italie veut être libre : elle le sera ; » et, marchant avec ses principales forces sur la ville de Ferrare, il espéra, en dominant le cours inférieur du Pô, couper l'armée autrichienne et hâter le soulèvement de la Lombardie et de l'ancien territoire vénitien. Mais le cabinet de Vienne, durant ses secrets messages au roi Murat, et les offres dont il avait voulu l'éblouir, avait fait passer à la hâte de nouvelles troupes en Italie ; et, dès le milieu d'avril, les Autrichiens accrus en nombre avançaient à leur tour sous les ordres du même général Bianchi, un de ces tacticiens habiles que donne de temps en temps l'Italie, pour aider à la puissance de ses conquérants et à l'affermissement de sa propre servitude. Vainqueurs près d'Occhio Bello, les Autrichiens font reculer l'armée napolitaine de l'intrépide Murat, et le contraignent, l'épée dans les reins, à repasser vite la Secchia, pour remonter jusqu'à Bologne et rentrer dans les Marches.

Singulier jeu de la destinée! ce fut, toujours sous le commandement supérieur du général Bianchi [1], le comte de Niepperg, attaché au service d'honneur de l'impératrice Marie-Louise, et bientôt furtif rival de Napoléon, ce fut cet ancien chambellan, tour à tour diplomate et général, qui se vit à ce moment chargé de presser Murat dans sa retraite, et de porter indirectement un premier coup fatal au triomphateur du 20 mars.

Sous la poursuite active des Autrichiens, le découragement devint si marqué dans cette armée napolitaine à laquelle manquait l'appui de l'Italie du Nord, que le vaillant Murat, tout en se repliant avec ordre encore, fit demander un armistice au Chef du Corps attaché à ses pas. Niepperg refusa; et le roi de Naples, pour échapper au péril d'être bientôt, entre deux divisions ennemies, coupé de ses États, prit un parti conforme à son courage, mais au-dessus des forces de son armée. Il suspendit son mouvement de retraite, et se porta d'une marche rapide sur le général en chef Bianchi, qui, à la tête d'une réserve moins nombreuse que la division de Niepperg, occupait, à l'entrée de l'État pontifical, les hauteurs de Tolentino. Il jugeait, dans son péril, qu'une victoire partielle, s'il pouvait la saisir, lui rou-

---

[1] Le feld-maréchal Bianchi, Prince autrichien, aujourd'hui âgé de quatre-vingt-huit ans, est frère ainé d'un savant orientaliste, M. Bianchi, connu par de grands travaux sur la langue turque, et depuis longtemps fixé en France, où il vit trop négligé du pays qu'il a servi de sa science.

vrait l'Italie, ou du moins la route de ses propres États. Là d'abord, puis à Macerata, quelques lieues plus loin, le vaillant beau-frère de Napoléon attaqua deux fois les Autrichiens retranchés. Repoussé, après deux assauts impétueux de sa part, mais mal soutenus autour de lui, il n'eut pas même la satisfaction de voir sa défaite honorée par le sang des siens et par les pertes de l'ennemi.

Dispersé, plutôt que vaincu en bataille rangée, abandonné, plutôt que trahi, ayant perdu son artillerie, ses munitions, son trésor, forcé de fuir dans la fuite universelle, après avoir erré plusieurs jours sur quelques landes dépeuplées de ce pays, dont il avait rêvé la renaissance et la grandeur, il parvint seul de nuit jusqu'à sa Capitale, où il revit pour la dernière fois dans son Palais sa spirituelle et altière épouse, la sœur de Napoléon. Dès le lendemain, il lui fallut fuir : et la Reine, sa femme, laissée au milieu de Naples soulevée, n'aura plus qu'à traiter de sa propre sûreté et de la conservation de quelques richesses, en obtenant du chef d'escadre britannique stationné dans les eaux de Naples, qu'il veuille bien là recevoir à bord, pour qu'elle fasse place à l'ancienne famille régnante, que le même pavillon va ramener de Palerme dans la Capitale du royaume des Deux-Siciles. Mais, pour ne pas anticiper sur un avenir si proche, n'achevons pas encore ce court épisode de la défaite du roi Murat, laquelle, à ce moment, semble le prélude et comme la figure d'une bien autre catastrophe préparée pour la France.

En effet, malgré toutes les tentatives de paix ou du moins de négociations essayées par Napoléon, rien ne se démentait, rien ne s'arrêtait dans les conséquences naturelles de la déclaration du 18 mars et de la convention du 25. Indépendamment des contingents militaires dont le ralliement et la marche étaient hâtés par chacune des quatre grandes puissances, l'acte nouveau qui les réunissait pour le but immédiat d'une nouvelle et absolue déchéance de Napoléon, recevait chaque jour, dans les proportions déterminées et pour des avantages faciles à comprendre, l'adhésion active des autres États européens, et notamment des principautés allemandes associées à la dernière guerre, dont celle-ci ne semblait que la reprise plus systématique et plus complète.

En même temps, d'après cet ancien procédé qui mêle les *Manifestes* aux préparatifs de guerre et parfois aux batailles, le Comité des huit Puissances avait jugé convenable de répondre par le raisonnement aux démarches pacifiques de Napoléon et aux argumentations officielles de son Conseil d'État. Il chargea donc une sous-commission érigée, pour ainsi dire, en Conseil de conscience européen, d'examiner les deux questions suivantes : « 1º La situation de Buonaparte vis-à-vis des Puissances de l'Europe a-t-elle changé par le premier succès de son entreprise, ou par les événements qui auraient eu lieu depuis son arrivée à Paris ; 2º l'offre qu'il faisait de sanctionner le traité de Paris du 30 mai 1814, pouvait-elle influer sur les dispositions des Puissances ? »

A ces questions, un peu tardivement posées, après la Convention d'armement signée et publiée le 25 mars, la commission répondit le 12 mai 1815, c'est-à-dire après la ruine de l'armée de Murat, par un avis motivé qu'adopta pleinement le comité des huit Puissances, et

où se remarquait, dans toute sa logique et dans toutes ses craintes, l'irréconciliable animosité des Cours européennes. « La commission estime, disait cet avis, que
« les hautes Puissances, à la nouvelle du débarquement
« de Napoléon Buonaparte, n'avaient pu considérer en
« lui qu'un homme qui en se portant sur le territoire
« français à main armée et avec le projet avoué de ren-
« verser le gouvernement établi, en excitant le peuple
« et l'armée à la rébellion contre le souverain légitime,
« et en usurpant le titre d'Empereur, avait encouru les
« peines que toutes les législations prononcent contre
« de pareils attentats.

« Que les événements qui ont conduit Napoléon à
« Paris et qui lui ont rendu pour le moment l'exercice
« du pouvoir suprême ont changé sans doute sa posi-
« tion première; mais que ces événements, amenés par
« des intelligences coupables et des conspirations mi-
« litaires, n'ont pu créer aucun droit.

« Que le consentement réel ou factice, explicite ou
« tacite de la nation française au rétablissement du
« pouvoir de Buonaparte, n'avait pu opérer dans la po-
« sition de celui-ci vis-à-vis des Puissances étrangères
« aucun changement légal, ni former un titre obliga-
« toire pour ces Puissances, la liberté dont jouit une
« nation de changer son système de gouvernement de-
« vant avoir de justes limites, de telle sorte que, si les
« Puissances étrangères n'ont pas le droit de lui pres-
« crire l'usage qu'elle devait faire de cette liberté, elles
« ont celui de protester contre l'abus qu'elle en pour-
« rait faire.

« Que dès lors, et dans la conviction de ces principes,
« les Puissances, tout en ne se croyant pas autorisées

« à imposer un gouvernement à la France, ne sauraient
« renoncer au droit d'empêcher qu'à titre de gouver-
« nement, il ne s'établisse en France un foyer de désor-
« dres et de bouleversements incompatible avec leur
« propre sûreté et la tranquillité générale de l'Europe. »

Il y a bien quelque chose à redire à cette *casuistique*
de chancellerie. La confusion tant soit peu dédaigneuse
entre le consentement réel et factice des peuples dénotait
la main des cabinets absolutistes. Lorsqu'au seizième
siècle, à la déchéance du tyran Christiern, les États
de la Suède convoqués, suivant l'ancien usage, cou-
ronnaient roi Gustave-Wasa, libérateur du pays, il est
certain que, devant l'éternelle justice, toute Puissance
étrangère eût été mal venue à contester ce vœu national,
et à réclamer, à titre d'alliée, pour le roi légalement
expulsé. Mais rien de pareil cette fois en France. Le Monarque déchu par la défection des troupes avait établi
la Charte constitutionnelle; et le Monarque ramené sur
le trône, aux acclamations de ces mêmes troupes, avait
dès longtemps violé son ancien contrat avec le pays,
en avait porté la peine par son abdication ou sa déchéance et avait, de son propre aveu, terminé sans retour un règne marqué par l'infraction de tous les droits
publics et la suppression constante des libertés nationales. Il aurait fallu, dans le Congrès, pour conclure
avec toute autorité, faire nettement cette distinction
comprise et pratiquée des Anglais. Mais les légistes des
Souverains absolus ne se souciaient pas de la reconn-
naître; et ils préféraient exprimer une mise en suspicion
indistincte et générale de toute volonté dite nationale,
et de tout choix émané d'un peuple.

Quant au désaveu de la prétention d'imposer à un

peuple un souverain choisi par l'étranger, ce désaveu juste et nécessaire, sur lequel avait insisté M. de Talleyrand, et qu'il réclamait, disait-il, pour l'honneur de tout le monde, était-il suffisant et sincère, lorsqu'on y joignait une réserve de protestation et d'attaque, à fin de déchéance, contre tout gouvernement qui paraîtrait *un foyer de désordres et de bouleversements* incompatible avec la sûreté des autres États et la tranquillité générale de l'Europe? Ces paroles sont à la fois bien violentes et bien vagues. Gustave-Adolphe, Louis XIII, appuyé de Richelieu, Louis XIV, pendant une partie de son règne, semblaient, aux yeux de leurs adversaires, des princes incompatibles avec la tranquillité de l'Europe. Tout récemment, un puissant Monarque vient également d'être déclaré incompatible avec cette tranquillité. Serait-il raisonnable cependant de conclure de là contre lui la nécessité de son abdication ou de sa déchéance, comme le font aujourd'hui même quelques écrivains prétendus *monarchiques?* Pareille idée, pareille proposition dans un publiciste, dans un législateur, loin de prouver, comme on le suppose, un salutaire retour aux principes d'ordre moral et d'autorité, démontre la déplorable inconsistance que nous ont laissée nos perpétuelles vicissitudes.

Par cet exemple actuel, nous pouvons juger du passé. Mais, à part l'assertion trop étendue des Casuistes consultants de Vienne, il était acquis à leur cause un argument particulier fondé sur un texte diplomatique et arrivant à cette conclusion : « Que dans l'état présent, « le droit des souverains alliés d'intervenir, quant à la « question du régime intérieur de la France, était d'au-

« tant plus incontestable que la cessation du pouvoir
« qu'on prétendait maintenant y rétablir, avait été la
« condition essentielle du traité de paix sur lequel re-
« posaient tous les rapports qui, jusqu'au retour de Buo-
« naparte à Paris, avaient subsisté entre la France et
« le reste de l'Europe.

« Que le jour de leur entrée à Paris, les souverains
« avaient déclaré qu'ils ne traiteraient jamais de la paix
« avec Buonaparte.

« Que cette déclaration, approuvée par la France et
« par l'Europe, ayant amené l'abdication de Buonaparte
« et la convention militaire du 11 avril 1814, cette
« même abdication, devenue la base de la négociation,
« avait été explicitement articulée dans le préambule
« du traité de Paris.

« Que de là il était résulté pour la nation française
« une clause fondamentale, dont elle ne pouvait se dé-
« gager, sans détruire le traité de Paris et tous ses rap-
« ports avec le système européen.

« Que les Puissances alliées, de leur côté, en insistant
« sur cette clause, ne faisaient qu'user d'un droit, qu'il
« était impossible de leur contester, à moins de pré-
« tendre que les pactes les plus solennels pouvaient
« être changés au gré des convenances d'une seule des
« parties contractantes.

« Qu'il s'ensuivait que le vœu du peuple français ne
« suffisait pas pour rétablir dans le sens légal un gou-
« vernement, dont la déchéance irrévocable avait été
« l'objet d'engagements publics réciproques, et qu'ainsi
« la position de Buonaparte, sous ce rapport, était
« identiquement aujourd'hui ce qu'elle avait été dans
« les dernières époques. »

Sur la seconde question, à savoir, si l'offre de sanctionner le traité de Paris pouvait modifier les dispositions des Puissances, la résolution élaborée par le Sous-Comité n'était pas moins péremptoirement négative. Sans doute le sentiment français ne pouvait y lire qu'avec impatience certaines assertions mêlées de déclamation et d'hypocrisie, par exemple : « Que ce traité avait été un
« bienfait immense pour un pays réduit par le délire
« de son chef à la situation la plus désastreuse ; que les
« Puissances alliées eussent trahi leurs intérêts et leurs
« devoirs si, au prix de tant de modération et de géné-
« rosité, elles n'avaient pas, en signant ce traité, ob-
« tenu quelques avantages ; que les seuls qu'elles
« avaient ambitionnés étaient la paix de l'Europe et
« le bonheur de la France ; que jamais, en traitant avec
« Buonaparte, elles n'auraient admis les conditions
« qu'elles avaient accordées à un gouvernement, dont
« l'existence offrait à l'Europe un gage de sécurité.

« Qu'abolir cette clause essentielle au traité de Paris,
« c'était rompre ce traité même ; qu'à ce titre le con-
« sentement formel de la nation française au rétablis-
« sement de Buonaparte serait une déclaration de
« guerre à l'Europe, puisque l'état de paix entre l'Eu-
« rope et la France ne résultait que du traité de Paris ;
« et que ce traité avait eu pour préalable et pour con-
« dition absolue la cessation du pouvoir de Buona-
« parte.

« Que cette vérité de fait était constatée par l'offre
« même que faisait aujourd'hui Buonaparte, de ratifier
« personnellement le traité de Paris ; mais que cette
« offre de sa part était le signe d'une nouvelle Révolu-
« tion, dont les acteurs, tout en proclamant sans cesse

« qu'il n'y avait rien de changé, sentaient eux-mêmes
« que tout était changé dans les principes et dans les
« personnes; qu'il ne s'agirait donc plus de maintenir
« le traité de Paris, mais de le refaire, les Puissances
« se trouvant replacées, à l'égard de la France, dans la
« position où elles étaient le 30 mai 1814, c'est-à-
« dire, devant un état de choses essentiellement diffé-
« rent de celui sur lequel, à cette date, avait été réta-
« blie la paix. »

De là, par une distinction assez inutile, le Comité tirait la conséquence « que la question avait cessé d'être une question de droit, pour devenir une question de politique et de prévoyance à résoudre par l'intérêt actuel de l'Europe; et alors il considérait « que pour l'Europe, la substitution de garantie était inacceptable, l'homme qui offrait aujourd'hui de sanctionner le traité du 30 mai 1814 étant le même qui avait, durant quinze ans, ravagé le monde et sacrifié des millions de victimes à un système de conquêtes aggravé par des trêves indignes du nom de paix; que c'était, en effet, pendant ces perfides suspensions d'armes, que Napoléon s'était emparé du Piémont, de Parme, de Gênes, de Lucques, des États de Rome, de la Hollande et des territoires entre le Rhin et l'Elbe; que c'était à la faveur d'une paix semblable, du moins avec le Continent, qu'il avait commencé cet envahissement du Portugal et de l'Espagne, d'où sortit la résistance désespérée qui entraîna sa chute; qu'aujourd'hui, quand cet homme vient usurper de nouveau le trône auquel il avait solennellement renoncé, il n'a d'autres garanties à proposer à l'Europe que sa parole; que dès lors, ce n'est pas la paix qu'il offre, mais un état provisoire d'anxiétés et de périls, auquel succéderait bientôt de sa part une hostilité ouverte, qu'il vaut mieux prévenir. »

Sur cet avis de la Sous-Commission, adopté par le Comité des huit Puissances, les plénipotentiaires de toutes les Puissances réunies au Congrès déclarèrent unanimement qu'il n'y avait lieu d'ajouter aucun manifeste nouveau à la Déclaration du 13 mars. Et ils signèrent, au nom de seize gouvernements, cette réponse, ou plutôt ce refus de toute réponse à la diplomatie du nouvel Empire.

Les paroles, en effet, avaient déjà fait entièrement place aux actes; et la guerre, dans un but déterminé, s'acheminait de toutes parts vers nos frontières. La convention du 25 mars, entre les quatre grandes Puissances, ne devait toutefois être ratifiée par le Prince Régent d'Angleterre, qu'avec cette réserve expressément énoncée, de ne point poursuivre la guerre dans la vue d'imposer à la France un gouvernement particulier : la même restriction était dès lors demandée par la Russie, l'Autriche et la Prusse; et elle devenait une règle identique, dans l'adhésion successive des autres Puissances. Mais cette forme était trop visiblement démentie par un autre fait diplomatique. D'après un article de ce même traité, Louis XVIII était invité à y prendre part; et son nom figurait au premier rang des signataires de cet Acte européen, auquel il n'avait certainement droit de souscrire qu'en vertu du titre royal qu'on s'abstenait scrupuleusement de lui garantir.

C'était le 3 avril, que le débat avait repris incidemment, dans la chambre des Communes, pour amener, quelques jours après, un acte politique tout à fait décisif. La Déclaration du 13 mars étant devenue publique, M. Whitebread, qui avait déjà, de concert avec d'autres membres, réclamé plusieurs fois communication des papiers d'État relatifs au Congrès, éclata contre cette Déclaration, la qualifiant d'infâme fausseté, en tant qu'elle sanctionnait la doctrine de l'assassinat. Il espérait, pour l'honneur et la dignité de son pays, que quelques-uns des noms qui figuraient sur ce papier n'avaient jamais été autorisés à signer un pareil document.

« Lorsque, ajoutait-il ironiquement[1], le noble secré-
« taire d'État des affaires étrangères était de sa per-
« sonne au Congrès, il était bien entendu qu'il réunis-
« sait en lui toutes les forces de la Puissance exécutive.
« Mais supposer que de tels pouvoirs fussent étendus
« aux lords Wellington, Clancarty, Cathcart, Stewart,
« cela était aussi impossible que de les autoriser à mettre
« leurs noms à une pièce si honteuse, ou que de les in-
« vestir du droit de déclarer la guerre à aucun État. »
L'orateur insista d'autant plus vivement qu'il s'appuyait d'un libelle tout récent, le *Moniteur anti-gallican* de Goldsmith, qui, interprétant de la sorte l'acte du 13 mars, en couvrait impudemment ses provocations personnelles à l'assassinat politique.

La réponse du ministre présent, le chancelier de l'Échiquier, fut faible et embarrassée, désavouant la doctrine, mais ne désavouant pas l'acte du Congrès : et là pouvait apparaître ce qu'il y a toujours de salutaire dans une discussion vraiment libre, et l'impossibilité d'y maintenir ouvertement aucune assertion contre

[1] *The parliamentary debates*, etc., v. XXX, p. 350.

la loi morale. Mais la question même de la guerre restait imminente ; et trois jours après, le 6 avril, le gouvernement britannique en saisissait le Parlement par ce message :

« Georges, prince régent,

« Le Prince Régent, agissant au nom et de par
« Sa Majesté, croit juste et convenable d'informer la
« Chambre que les événements récemment survenus
« en France, en contravention directe aux engagements
« conclus avec les Puissances alliées à Paris, dans le
« cours de l'année dernière, et qui menacent de con-
« séquences éminemment dangereuses, pour la tran-
« quillité et l'indépendance de l'Europe, ont déterminé
« Son Altesse Royale à donner des ordres pour l'aug-
« mentation des forces de terre et de mer de Sa Ma-
« jesté.

« Le Prince Régent a cru pareillement de son devoir
« de ne pas perdre temps, pour entrer en communi-
« cation avec les alliés de Sa Majesté, afin de former tel
« accord qui puisse garantir efficacement la sécurité
« générale et permanente de l'Europe.

« Et son Altesse Royale se repose avec confiance sur
« l'appui de la Chambre des communes, touchant
« toutes les mesures qui peuvent être nécessaires pour
« l'accomplissement de cet important objet. »

Ce message, communiqué le même jour aux deux Chambres anglaises, n'y rencontra que peu d'obstacles. L'opposition même admettait, devant un événement d'aspect si formidable et encore si obscur, la convenance d'accroître l'armement national et de bien s'en-

tendre avec les alliés de l'Angleterre. Seulement, à la Chambre même des Lords, quelques esprits généreux s'inquiétaient de ce principe d'intervention et de secours annoncé si hautement dans la déclaration du 13 mars. « En quel sens cela doit-il être entendu? di-
« sait lord Stanhope [1]. Si c'était selon la signification
« naturelle des termes de la langue anglaise, cela se-
« rait horrible. La famille régnante parmi nous a été
« assise sur le Trône par le pouvoir constitutionnel du
« Parlement qui avait déposé le précédent Roi, Jac-
« ques II. Par la Constitution de notre pays, nulle
« troupe étrangère ne pourrait descendre ici, sans le
« consentement du Parlement; et pourtant les alliés
« ont pris l'engagement, si le gouvernement de quel-
« que contrée était attaqué, d'envoyer, sur sa de-
« mande, leurs troupes à son secours. Cette déclara-
« tion est donc elle-même une attaque à la liberté et
« à la Constitution du peuple de ce pays. Je laisse de
« côté la France : il existe aujourd'hui en Espagne un
« gouvernement qui s'est conduit d'après les plus
« étranges principes dans l'ordre civil, politique et
« religieux. Les troupes anglaises devraient-elles, aux
« termes de la déclaration dont il s'agit, être portées en
« Espagne, dans le cas de quelque trouble, pour y
« soutenir le Roi contre les Cortès, c'est-à-dire contre
« le Parlement d'Espagne et contre le peuple de cette
« contrée? »

Le marquis de Lansdown, touché du même scrupule et le rendant plus direct encore, demanda s'il était vrai que par un article secret du traité de Paris, l'An-

---

[1] *The parliamentary debates*, etc., v. XXX, p. 360.

gleterre s'était engagée à soutenir Louis XVIII, en cas de péril intérieur et d'insurrection. La parole loyale d'un ministre, lord Liverpool, écarta sans peine ce faux bruit par une dénégation. Mais un doute grave demeurait encore, d'après l'esprit même d'une libre Constitution ; et le lendemain, le même ministre eut besoin de toute son autorité morale, pour paraître ramener aux vrais principes du Droit public l'engagement comminatoire du Congrès. Il le fit avec une sincérité, qui était l'art de cet homme d'État. Il rappela simplement la campagne de l'année précédente, la marche sur Paris, la déclaration faite alors par l'empereur de Russie et le roi de Prusse de leur résolution de ne point traiter avec la personne qui était à la tête du gouvernement français, l'entrée des coalisés dans Paris, la révolution faite par le Sénat conservateur, la formation d'un gouvernement provisoire, le traité de Fontainebleau, et la part faite à Napoléon dans ce traité, pour éviter une nouvelle effusion de sang.

Rappelant alors que l'Angleterre n'avait jamais reconnu Napoléon, comme Empereur des Français, il ajouta, quant au traité de Fontainebleau, et d'accord avec le refus qu'à ce moment même avait fait lord Castlereagh : « Nous ne pouvions, nous, accéder à la « partie de ce traité qui continuait à Buonaparte son « titre d'Empereur. Nous avons accédé seulement à celle « qui lui garantissait la souveraineté de l'île d'Elbe, et « les duchés de Parme et de Plaisance à la Princesse « fille de l'empereur d'Autriche. Maintenant ce traité, « dont l'Angleterre n'avait formellement adopté qu'une

[1] *The parliamentary debates*, etc., v. XXX, p. 365.

« partie, était obligatoire pour Napoléon. Il ne dépen-
« dait pas de lui de le résilier, sous prétexte de quelque
« inexécution de détail. »

C'est là qu'avec un grand sens le ministre anglais ramène tout à une seule question : « Les proclama-
« tions de Buonaparte, dit-il, prouvent elles-mêmes
« que ce n'est pas à cause de quelques violations du
« traité de Fontainebleau qu'il a fait son entreprise :
« il y déclare qu'il entendait bien rompre à la pre-
« mière occasion ce traité et ressaisir son pouvoir,
« qu'il avait sacrifié, quand il n'avait pas d'autre al-
« ternative, et avec l'intention de le reprendre un
« jour. Sur le premier point donc, il n'y a pas pré-
« texte de douter que l'esprit et les efforts du traité de
« Fontainebleau, du traité de Paris, et le préliminaire
« sur lequel ce traité était fondé, n'aient été violés par
« Napoléon. Ces traités étaient fondés sur la clause
« d'une absolue renonciation à la Couronne de France
« par Napoléon, pour lui-même et pour ses descen-
« dants. La reprise de l'autorité dans ce pays était
« donc une violation formelle, positive, incontestable,
« du traité de Paris et des conventions sur lesquelles il
« reposait.

« Si la nation française avait rappelé Buonaparte,
« elle serait elle-même partie dans cette violation ; mais
« la nation ne l'a pas rappelé ; et il n'a pas ce terrain
« où s'appuyer. Il a agi, au contraire, au mépris de
« toutes les autorités légales de France. » Puis l'orateur,
de ces faits irrécusables simplement exprimés, s'élevait
à une considération plus générale qui devait frapper
l'esprit public d'une nation libre : « Il est à remarquer,
« disait-il, que dans toutes les révolutions précédentes

« survenues en France, durant les vingt-cinq dernières
« années, bien qu'en réalité elles se soient opérées
« souvent par la force militaire ou par des masses de
« peuple que dirigeaient des individus ou des clubs,
« il y avait cependant toujours quelque apparence
« d'autorité légale, une Convention, une Assemblée
« nationale, un Sénat. Mais ici tout a été purement
« et simplement un acte militaire, qui ne peut se re-
« porter à aucun organe légitime du pays, et qui n'est
« autre qu'une prise directe du Pouvoir par la force
« armée. Sans fatiguer la Chambre de raisonnements
« sur ce premier point du Message, il est donc évident
« que ce pays a juste cause de guerre contre Buonaparte
« saisissant le Pouvoir en France.

« Mais, ajoutait lord Liverpool, avec ce scrupule et
« ce calme qui faisaient le poids de sa parole, je suis
« loin de vouloir dire que, parce qu'une guerre est juste,
« elle doit être entreprise ; la justice n'est qu'une part
« de la question ; l'autre part, c'est de savoir si la
« guerre serait sage, prudente, et politique, dans les
« conditions actuelles du pays. Il est impossible de nous
« cacher à nous-mêmes les périls dont un événement
« récent nous menace ; il est impossible de nous cacher
« à nous-mêmes les actes et le caractère de la personne
« actuellement à la tête du gouvernement français, ni
« les résultats que, durant les dix-huit dernières an-
« nées, ce caractère et ces actes ont eus en Europe.
« Il est impossible d'oublier l'invasion de tant d'États
« indépendants, de l'Espagne, de l'Autriche, de la
« Prusse et de la Russie, et l'impossibilité qui semblait
« reconnue, de conserver des relations de paix avec
« cette personne. Nous ne pouvons non plus dé-

« tourner nos regards des circonstances particulières
« qui ont accompagné son retour en France. Il y est
« revenu, sous la protection de la puissance militaire ;
« et il a proclamé que son but était de rétablir la gloire
« ternie des armes françaises.

« Ce sont là, sans doute, des motifs pour les plus
« graves appréhensions. Je ne voudrais pas, toutefois,
« engager la Chambre à aucune manifestation violente,
« hâtive, irréfléchie ; je ne veux que placer nettement
« sous vos yeux les deux alternatives soit d'armement
« préparatoire ou définitif, soit de guerre active. Et,
« entre ces alternatives, je demande que Vos Seigneuries
« ne décident pas à présent. Je le demande, parce que la
« question embrasse une foule de circonstances qui ne
« peuvent pas encore être toutes sous nos yeux. Ce n'est
« pas une question anglaise seulement : c'est une ques-
« tion européenne. Il est nécessaire d'avoir assuré le
« plus parfait concert entre le Gouvernement britan-
« nique et les alliés de Sa Majesté, avant qu'aucune
« décision complète puisse être arrêtée. Il y aurait im-
« prudence aujourd'hui à demander autre chose de
« vous, que la simple résolution qui est l'objet du
« Message. »

On doit sentir, même aujourd'hui, quelle devait être
la puissance de ce langage impartial et réservé, et
l'ascendant de cette probité sans passion. Aussi la réponse au Message ne fut pas un moment contestée dans
la Chambre des Lords, bien que plus d'une adhésion
fût mêlée de conseils ou de sarcasmes sévères. Le marquis de Wellesley surtout, le frère du général que la
reprise de la guerre devait élever à une gloire inespérée,
ne ménagea ni le Gouvernement britannique, ni le

Congrès, ni les souverains de l'Europe, tout en reconnaissant le péril actuel, et en accordant avec force l'appui demandé. Son opinion doit être avec soin conservée dans l'histoire, non-seulement à cause des rares talents de cet illustre frère de lord Wellington, mais aussi pour la vérité générale, et si méconnue, qu'il exprimait alors en faveur de la France :

« C'est depuis longtemps mon opinion, dit-il[1], que
« la conduite du Congrès menait aux événements que
« nous avons maintenant à regretter. Ce système, si en
« vérité il est permis d'appeler système ce qui n'était
« rien qu'un indigeste amas d'éléments tronqués, ce
« système, qu'ont établi les puissances réunies à Vienne,
« a été, à mon avis, la vraie cause du détrônement de
« l'auguste famille des Bourbons. Mon noble ami, lord
« Liverpool, a dit que, dans la confection du traité de
« Paris, on avait eu soin de consulter la dignité et l'hon-
« neur de la France. Sur ce sujet évidemment, il y avait
« deux systèmes de politique pouvant être suivis : en
« premier lieu, que la France fût requise de se retirer
« dans ses anciennes limites. Si ce principe était adopté,
« il fallait alors l'appliquer également à tous les autres
« Gouvernements de l'Europe. En second lieu, si des
« changements généraux et des distributions de terri-
« toire étaient admis, il fallait appliquer à la France la
« même règle, dont profitaient d'autres États. L'une
« ou l'autre de ces deux lignes politiques a-t-elle été
« suivie ? Non ; il n'a pas été procédé, d'après un plan
« général.

« La pure volonté, le bon plaisir des parties a été

---

[1] *The parliamentary debates*, etc., v. XXX, p. 375.

« consulté ; et les Souverains, à Vienne, ont puni telle
« Puissance, parce qu'elle était entrée la première dans
« la lutte contre eux, et telle autre, parce qu'elle avait
« quitté la dernière la cause qu'elle avait embrassée. La
« conséquence a été qu'au lieu de fonder un système
« de tranquillité stable et de bien être, les travaux du
« Congrès ont abouti à consacrer de grossières injus-
« tices et des contradictions absolues. Le malheur, à l'é-
« gard de la France, a été de n'observer ni l'un ni l'autre
« des principes indiqués tout à l'heure. La France a été
« forcée à rentrer, sauf une très-mince déviation, dans
« ses anciennes frontières ; elle a été rigoureusement
« punie, pendant que d'autres Puissances étaient agran-
« dies à un immense degré, et que de grandes accessions
« de territoire et de force étaient données à ceux qui,
« par diverses causes, devenaient les objets d'une faveur
« spéciale. Voilà ce qui a produit en France un senti-
« ment si fort contre les Bourbons. Le peuple les a
« seulement considérés comme sous la main des Puis-
« sances étrangères, qui faisaient d'eux des instru-
« ments de dégradation et d'injustice pour la nation
« française. Un des principaux arguments saisis par
« Buonaparte, et dont il a fait tant d'usage dans ses
« Proclamations, ç'a été que la France était humiliée et
« abaissée, aux yeux de toute l'Europe, avec l'aide de
« ceux que les étrangers avaient placés sur le trône. »

Remarquable langage que la *Sainte Alliance* comprit encore moins à la seconde Restauration qu'à la première, mais qui, dans la réalité, était le plus conforme à la saine politique, si la plus grande chance de bonheur et de paix pour les peuples était le but que cette politique se propose ! Il est certain, en effet, que rendre aux Bourbons une France relativement mutilée, presque réduite à ses anciennes frontières, tandis qu'à l'entour toute Puissance qui nous avait combattus demeurait considérablement agrandie, c'était créer pour ces Princes une cause immédiate d'impopularité et de reproche, c'était grever d'un fâcheux souvenir leur avénement nouveau et les décréditer, en les humiliant.

Mais quelle clarté de prévoyance, et en même temps quelle abnégation généreuse n'aurait-il pas fallu dans les vainqueurs, pour agir autrement et faire meilleure part aux Bourbons et à la France, aux Bourbons, qu'ils ne craignaient pas, et à la France, dont le récent souvenir les effrayait encore? Peut-être faut-il reconnaître qu'il y a dans la politique des fautes inévitables, qui font partie non d'une prétendue fatalité, mais d'une série naturelle de causes et d'effets. Quoi qu'il en soit, et, sauf quelques récriminations de détail, le marquis de Wellesley adhérait au Message de la Couronne; et lord Grey, en répétant avec lui le reproche d'avoir donné à Buonaparte et au peuple français le droit de dire que les alliés avaient fait de la famille des Bourbons un instrument pour affaiblir et abaisser la France, aux yeux du monde, concluait aussi sans réserve à l'armement immédiat de l'Angleterre contre Napoléon.

Le même jour, avec plus d'étendue et plus de véhémence, le même débat se produisit à la Chambre des Communes, et semblait marquer aussi cette puissante unité d'action qui naît de la liberté même dans un État bien constitué, et sous l'impulsion d'un grand intérêt national.

Plus hardi dans son langage, plus prompt à saisir sa part de responsabilité, lord Castlereagh ouvrait lui-même le débat sur la réponse à faire au Message du Prince Régent; et, s'honorant de ce qui avait été fait jusqu'à ce jour, souvent au grand dépit de ses adversaires dans la Chambre, il se flattait à cette heure du rapprochement qu'il apercevait entre eux et lui. « La « satisfaction de l'état récent de l'Europe, de la paix « et du système d'équilibre, disait-il, succède à ces « vingt années où le monde était pillé, opprimé par « un pouvoir immodéré dans ses convoitises, qui « voulait absorber et dévorer chacun des autres États « de l'Europe. »

A ce souvenir si vif encore dans les craintes, et dans les intérêts longtemps blessés de l'Angleterre, il réunissait tout à coup la question présente, en la rapprochant du sentiment le plus fort chez un peuple libre, la défiance et l'aversion du pouvoir militaire : « Que la « durée de l'état présent de l'Europe, dit-il, soit mise « en jeu par les derniers événements de France, il « n'est personne ayant réfléchi à ces événements qui « puisse en douter. Car si un chef militaire, dont les « prétentions au rang qu'il occupe ne sont fondées que « sur l'attachement d'une armée, si un système mili- « taire, inséparable d'un tel chef, doit être de nouveau « établi en France, il n'est pas difficile d'en prévoir les « suites. Nous savons l'effet que la dernière révolu- « tion de France a déjà produit sur les autres Puis- « sances de l'Europe. Si ce chef militaire, si l'armée « française trouvent la paix contraire à leurs vues favo- « rites, comme cela est évident, le moindre doute peut- « il être raisonnablement entretenu, quant à la marche « qu'ils vont prendre? J'en suis assuré, la Chambre le « sentira comme moi; il en a été fait assez pour mon-

« trer que ceci n'est pas une révolution sortie des sen-
« timents intimes du peuple français ; c'est une révo-
« lution faite par l'armée, une révolution artificielle,
« accomplie par cette sorte d'ascendant excessif qu'une
« personne, longtemps à la tête d'un système militaire,
« et s'adressant à de grands corps militaires, conserve
« et exerce sur eux. Si ce système doit de nouveau
« s'élever en France, soit à cette heure même, soit à une
« époque plus éloignée, il doit, dans l'ordre politique
« et moral, infliger à l'Europe toutes les calamités, dont
« elle s'est récemment délivrée par le plus grand effort
« qui se rencontre dans l'histoire du monde ; ou bien,
« nous devons être forcés de dire adieu et de tourner le
« dos à cet ancien système social, que nous étions jaloux
« de posséder encore, tel qu'il existait, alors que le ca-
« ractère d'homme de guerre ne prétendait pas être pré-
« dominant, mais aimait à se perdre dans l'ensemble
« de la patrie commune, et à prendre sa place, à rem-
« plir son office entre les autres rangs de la société
« civile.

« Je sens les hautes considérations où conduit ce
« vaste et imposant sujet ; car notre sentiment à tous
« doit être qu'après la lutte pénible que vient de tra-
« verser ce pays, qu'après une guerre continue de
« vingt-trois ou vingt-quatre ans, une nouvelle lutte
« entamée dans les circonstances même les plus natu-
« relles serait un événement chargé des conséquences
« les plus graves, embrassant les plus sérieux points de
« réflexion qui puissent occuper la pensée du Parle-
« ment. Mais, quand nous regardons à l'alternative,
« soit d'une guerre absolue, soit d'une paix de précau-
« tion, problème qui doit être rapproché dans notre

« esprit de la considération des différents rapports
« sociaux, liés à l'ordre naturel ou exceptionnel du
« monde, je sens que la question devient la plus solen-
« nelle, la plus formidable qui ait jamais attiré l'atten-
« tion du Parlement, et qu'elle nous impose le devoir
« impératif de l'examiner de la manière la plus grave
« et la plus approfondie. Si je sentais que j'appelle
« en ce moment, ou que je suis à même d'appeler le
« Parlement à discuter toutes les vues qui rentrent dans
« cette question, et plus spécialement celles qui, selon
« ma conscience, doivent déterminer la décision, je
« procéderais certainement avec plus d'étendue. Mais
« dans l'instant présent, je serais blâmable, si je préci-
« pitais quelque résolution politique sur la matière,
« sans avoir, en même temps, donné une information
« complète à la Chambre. Comme la question n'est pas
« encore dans un état qui permette d'exposer devant
« la Chambre de quelle sorte la Prérogative, placée
« pour le bien du peuple dans les mains de la Cou-
« ronne, peut avoir été employée, je ne considérerai pas
« divers points qui se rapportent au sujet, et qu'à une
« autre époque il sera convenable de soumettre au Par-
« lement.

« Je suis plutôt disposé à ajourner bien des choses
« qui peuvent être dites sur la matière, jusqu'à ce que
« nous sachions si l'état de précaution où se tient main-
« tenant le pays devra finalement aboutir à la paix ou
« à la guerre. Dans ce sentiment, je désire resserrer
« la question au point que, je le crois, la Chambre
« peut, en ce moment même, être très-bien appelée à
« juger. »

Avec cette circonspection, que la lourdeur même

du langage rendait plus apparente, et qui était affectée à propos, pour mener plus aisément la nation, là où le gouvernement britannique s'était jeté d'abord, Castlereagh, en se bornant à demander l'adhésion au Message de la couronne, laissait cependant percer déjà toute sa résolution et toute sa haine : « J'ai [1] entendu
« dire, ajoutait-il, qu'à l'époque du traité de Fontaine-
« bleau, les alliés avaient agi avec une folle générosité,
« sans nul souci de la vraie politique, qu'ils avaient
« concédé à Buonaparte un asile, dont il était à même
« d'abuser, et qu'ainsi s'était relevé son pouvoir. Mais
« Buonaparte n'a fait lui-même usage d'aucune des
« apologies qu'on a présentées ici pour sa conduite; il a
« avoué, sans rougeur sur le front, les principes qui
« ont dirigé cette conduite. Au lieu de se plaindre de
« quelques infractions aux engagements pris avec lui,
« grief que je montrerais faux, s'il l'avait allégué, il a,
« de prime-abord, affecté un complet mépris de tout
« traité et arrangement quelconque.

« Il n'a pas caché au monde que nulle restriction,
« nulle limite n'entravera son pouvoir, hormis celles
« que lui imposerait l'épuisement de ses moyens d'ac-
« tion. Quant à lui, il s'est montré impossible à con-
« tenir par des traités. Il a mis à néant tous les liens
« ordinaires ; et, si je puis le dire, en adoptant comme
« sienne une conduite qui n'est en rien conforme à la
« loi morale, il s'est placé sur le piédestal du pouvoir,
« et a fièrement avoué ses actes : il s'appelle lui-
« même Empereur de France par la grâce de Dieu, dit-
« il, avec une hardiesse impie; et il ne se croit à aucun

---

[1] *The parliamentary debats*, v. XXX, p. 422.

« degré gêné dans l'exercice de son autorité, par au-
« cun de ces actes publics, auxquels, pour le moment
« et pour tromper le monde, il avait adhéré. Plutôt
« que de répandre encore une goutte de sang fran-
« çais, avait-il déclaré, il voulait abandonner la France
« et sa famille ; et, en dépit de cette promesse solennelle,
« il rentre dans ce même pays, non d'après aucun appel
« nouveau, non par suite d'aucune violation des enga-
« gements contractés avec lui, mais au mépris absolu
« des stipulations les plus expresses que pouvait com-
« biner la prévoyance humaine. »

Poursuivant cette attaque assez habilement appuyée sur les Proclamations mêmes de Napoléon, Castlereagh, dans un discours long et détaillé, concluait à la nécessité de veiller sans relâche, de se mettre en parfait accord avec l'esprit du Continent, et sûrs de ne pouvoir éviter la guerre, de la commencer au plus vite. Des hommes de talent, Francis Burdett, Ponsonby, Whitebread, répondirent. Un d'eux vanta le glorieux décret que Buonaparte venait de rendre pour l'abolition de la *Traite des Noirs;* un autre s'indigna de nouveau de la clause meurtrière insérée dans la Déclaration du 13 mars ; puis insista vivement sur l'offre publique réitérée par Napoléon, de se renfermer dans le traité de Paris. Toute cette véhémence était faible ; et deux cent vingt voix contre trente-sept adoptèrent, en réponse au Message, une Adresse de confiance au Pouvoir et d'adhésion prochaine à la guerre.

Le débat devait renaître bien des fois, s'attacher aux pièces communiquées, revenir sur des incidents, se compliquer de l'énormité des charges financières ; mais la cause était gagnée ; et dans chacune des épreuves qui se renouvelaient, sur une pétition pour la paix, sur une demande de renseignements, sur un reproche au ministère de sa négligence à garder l'île d'Elbe, le langage énergique, les protestations anti-despotiques, les récriminations morales dirigées contre Napoléon ne pouvaient qu'aggraver chaque jour la passion de l'Europe, et faire ressortir l'irrémédiable fatalité d'une grande faute qui ne devait pas réussir, et qui ne jetait un nouveau prestige sur la destinée de Napoléon, que pour la montrer plus incompatible avec le repos du monde.

CHAPITRE VII

PROMPTE PACIFICATION DU MIDI. — IMPOSSIBILITÉ DE LA GUERRE CIVILE. — PUISSANCE NOMINALE DES BOURBONS. — SITUATION DU ROI LOUIS XVIII A GAND. — TROUBLES DANS L'OUEST SOUS L'INSTIGATION ÉTRANGÈRE. — PRÉPARATION DE L'ACTE ADDITIONNEL ; ET ANECDOTE QUI S'Y RAPPORTE.

Le milieu du mois d'avril voyait entièrement finir l'agitation du Midi. Le 1ᵉʳ avril, la duchesse d'Angoulême seule, au milieu d'une garnison insurgée, se faisait respecter encore par son courage ; mais ne trouvant de bras que pour protéger sa retraite, elle avait quitté Bordeaux et s'était embarquée dans un petit port de la Guyenne, sur un sloop anglais. Huit jours après, le duc d'Angoulême, malgré la fidélité que lui gardait un régiment, le 10ᵐᵉ de ligne, et la bravoure que lui-même avait montrée sur le pont de la Drôme, pressé de tous côtés par des forces supérieures, par l'activité du général de brigade Gilly, l'abandon du peuple et les alarmes de quelques affidés, avait signé une Capitulation ; et, après quelques jours de doute et de captivité, sur un ordre de l'Empereur, exécuté avec une généreuse hâte, par Grouchy, il était conduit à Cette, et montait à bord d'un navire étranger, laissant derrière lui le Midi encore ému, mais subjugué.

Ainsi se résolvait le problème que nous lisons à cette époque, dans une lettre d'un homme d'État étranger : « Toute la question, écrivait lord Liverpool, est de « savoir si les Bourbons peuvent trouver des Français « qui veuillent se battre pour eux contre d'autres « Français. »

Un homme d'un noble cœur, capable d'enthousiasme pour la loi, autant que de fidélité pour le malheur, M. Laîné, avait agrandi cette question, en invoquant, à l'appui de la Monarchie qu'il aimait, les libertés qu'il avait servies, l'inviolabilité de la Représentation élective qu'il avait présidée, et jusqu'au droit de refuser l'impôt, quand la Constitution était brisée par la force. Mais cette protestation et cet appel qu'il venait rapporter aux mêmes lieux, où s'était perdue dans l'air la voix des Girondins proscrits, y restait également, sinon sans écho, du moins sans puissance. L'ascendant militaire avait tout dominé.

L'ancienne Dynastie, si longtemps oubliée, et de nouveau déchue, n'était donc plus qu'un nom sans autorité, un droit cherchant asile à l'étranger, et trop faible pour lutter par lui-même contre le Drapeau de l'Empire et l'entraînement de la foule.

C'était pour cela, sans doute, et dans la prévoyance de cet abandon que le roi Louis XVIII avait repris si vite la route de l'exil, et qu'arrivé le 22 mars à Lille, devant le menaçant silence dont l'accueillit la garnison, il s'était hâté de passer la frontière et avait touché, dès le 24 mars, la ville d'Ostende comme un port d'où il était à portée de fuir plus loin le terrible adversaire auquel il avait cédé les Tuileries.

A cette même date et dans les jours suivants, l'escorte

du roi Louis XVIII, ces Compagnies de braves officiers cassés par l'âge et de jeunes fils de famille pleins de valeur et d'inexpérience, comptant quelques noms plus tard illustrés ailleurs, étaient licenciées à la frontière, dispersées, poursuivies, et comme submergées bientôt dans le torrent de la soumission générale. Et toutefois, cette nouvelle Émigration ainsi réduite aux Princes eux-mêmes et à quelques partisans dévoués ou compromis, ce départ si prompt, ce délaissement si grand, tout cela politiquement avait un autre caractère que la première Émigration, et entraînait avec soi bien d'autres conséquences.

Elles parurent, dès que la cour peu nombreuse du Roi fugitif se fut arrêtée, et eut pris séjour à Gand, si proche de l'ancienne France, dans une ville qui, naguère encore, était le chef-lieu d'un département français, presque sur nos limites naturelles, et bien en deçà des gigantesques accroissements que nous n'avions pu défendre. Louis XVIII, à Gand, attestait que le 20 mars avait reconquis les Tuileries, mais non l'Empire.

On connaît les inconvénients et, pour dire le mot, les petitesses inévitables d'une Souveraineté nominale et d'une Royauté *in partibus*. Rien de plus facilement sujet au ridicule qu'une Cour où manquent les affaires et le pouvoir, et où survivent les prétentions et l'étiquette. C'est le pays des songes et des chimères, de l'orgueil ennuyé, et de l'intrigue oisive. La fin du dix-septième siècle en avait eu chez nous l'image accomplie dans la Cour de Jacques II réfugié à Saint-Germain : et, plus tard, un célèbre Anglais, homme d'État plus spirituel et plus remuant que généreux et sage, Bolingbroke, dans l'histoire de son association passagère à la fortune d'un *Prétendant*, a tracé, aux dépens de son propre honneur, une bien piquante peinture de ces Conseils spéculatifs et de ces Ministères anticipés, au service d'une Couronne en expectative.

De nos jours mêmes, et nous le regrettons, un illustre écrivain, trop oublieux de ce double respect qu'on doit au malheur et à l'objet de son propre dévouement, a jeté, par une fantasque rancune, mille traits de moqueuse lumière sur l'intérieur d'un exil royal, et sur ce sanctuaire de tristesse, dont a plaisir il détruisait l'illusion, qu'il avait jadis tant célébrée. Tous ces exemples sont fâcheux, sans doute; mais ni la brièveté, ni la violence de la crise de 1815 ne permettaient de prêter semblable caractère à la seconde émigration de Louis XVIII. Elle n'avait pas le temps d'encourir les blâmes, ou de contracter les défauts attachés parfois à la longueur des infortunes, même injustes, et à l'attente sur le sol étranger. Elle fut, de la part du roi surtout, et grâce à son bon sens, ce qu'elle pouvait être de mieux, une inaction[1] constante et assez fière.

Se regardant comme uni aux sentiments français par une année de règne et par la promulgation de la Charte, Louis XVIII ne permit pas que personne des siens prît part à la guerre, dans les rangs de la Coalition. Il attendit la fin du duel inévitable entre Napoléon et l'Europe. Cela même laissait peu de mouvement à la petite Cour de Gand, et abrége fort la chronique qu'on essayerait d'en écrire. Il y eut ce résultat remarquable cependant, qu'auprès du Prince titulaire exclu

---

[1] Gnarus temporum, quibus inertia pro sapientiâ fuit.
  Tacit. *In Agric.*, § vii.

ainsi du pouvoir par force majeure, on vit se former cette fois une Émigration d'espèce nouvelle, qui regrettait la Charte autant que la Royauté, avait servi la Révolution ou l'Empire dans leurs meilleurs temps, et ressemblait de vœux et d'opinions à la France qu'elle venait de quitter, et qu'elle comptait bientôt revoir.

Là se trouvaient, avec le sage de Jaucourt, de Lally, Chateaubriand, le baron Louis, des hommes beaucoup plus jeunes, que leurs études et leurs talents destinaient aux affaires publiques, dans un État libre. L'esprit et le langage d'une forme de gouvernement entrevue et regrettée marquaient les publications, qui partaient de ce petit coin de l'Europe assez paisible dans le retentissement des apprêts d'une guerre immense. Là donc, il faut le dire, quoique bien près, hélas! du champ de bataille où tant de Français devaient périr, il se conserva dans quelques émigrés nouveaux un principe d'attachement à la loi, un désir de gouvernement constitutionnel et modéré qui ne devaient pas être sans utilité pour l'avenir. Mais pour cela même, il importait que leur personne fût ailleurs, et que leur voix fût entendue sur un autre théâtre. Le génie même de M. de Chateaubriand ne pouvait agrandir ce rôle d'expectative, aux portes de la patrie; et le *Rapport* sur l'état intérieur de la France qu'il lut alors dans le Conseil du roi Louis XVIII ne fut pas, comme d'autres écrits de sa plume éloquente, une arme puissante de polémique, et ne sera pas un document précieux pour l'histoire.

Tandis que de toutes parts, au dehors, se formaient et se resserraient les mailles d'acier qui devaient enlacer Napoléon dans son triomphe de surprise, lui-même se fatiguait en efforts stériles et souvent contraires, pour lutter contre l'impossible. Par moments, il essayait de la vérité ; ou plutôt, il la laissait échapper d'impatience, par dépit contre sa fortune ou par mépris des fausses louanges qui pesaient sur lui. Plus souvent, il revenait à la tromperie, même avec les siens ; et soit en exagérant les forces qu'il retrouvait en France, celles qu'il suscitait par sa présence, celles qu'il imaginait en espoir, soit en s'attribuant avec l'étranger des affinités secrètes et des intelligences possibles, il cherchait à compliquer l'énigme du 20 mars et le dénoûment de sa destinée. Mais les paroles étaient démenties par les faits ; et de sa part même, les vengeances reparaissaient à côté des promesses d'amnistie, les actes arbitraires à la suite des professions de foi constitutionnelles.

Ce n'était plus cette marche hardie et sage du Premier Consul de 1800. On sentait la force vaciller, et le génie douter de lui-même. Et comme la volonté du chef n'était plus entière et une, ainsi près de lui, dans son parti, dans sa cour, dans son cabinet même, la foi n'était plus implicite, et l'obéissance également habile et zélée. Jadis, après la Campagne d'Italie, au retour d'Égypte, au lendemain du coup d'État de Brumaire, avoir suivi Napoléon était un engagement à le suivre plus loin, les services rendus à sa cause n'étaient que des arrhes d'obéissance ; et on lui appartenait d'autant plus, de tout ce qu'on avait déjà osé ou sacrifié pour lui. Mais aujourd'hui, dans ce recommencement de fortune plein de merveille et d'instabilité, souvent la plainte exigeante accompagnait le service, l'hésitation succédait au dévouement ; et, pendant que le maître tâtait lui-même les esprits par des côtés divers, il rencontrait et sentait naître, sous sa main, le blâme et la résistance.

Quelques-uns des hommes qui, pour le servir, avaient le plus oublié leur devoir et leurs serments, semblaient vouloir l'entraver, comme pour se justifier eux-mêmes. Ce n'étaient encore là que des contrariétés honnêtes et de bonne foi, au prix de bien plus grands périls, que préparait chaque jour une trahison impudente ou raffinée. L'irritation, la plaie d'orgueil et d'humeur qu'en ressentait Napoléon, le poussaient elles-mêmes à de nouveaux excès de pouvoir, à de nouveaux démentis du rôle invraisemblable qu'il avait adopté. Vingt jours après sa reprise du trône dans Paris, à ses décrets de Lyon, premières armes de guerre, incidents du combat mêlés même d'assurances d'amnistie, il ajoutait tout à coup un décret de proscription, où désignant treize personnes, depuis le prince de Bénévent jusqu'au vicomte Sosthène de La Rochefoucauld, et depuis le marquis de Jaucourt jusqu'à M. de La Rochejaquelein, il les déclarait *traîtres*, punissables en cette qualité, et frappés dans leurs biens de confiscations immédiates.

Mais lorsque, voulant reporter cet acte dictatorial à la même date que les décrets de Lyon déjà publiés, il demanda, d'urgence d'abord, puis impérieusement, puis avec prière la signature du compagnon de ses derniers périls, de son grand-maréchal du palais Bertrand, le refus de ce général fut inflexible, fondé sur le respect des lois, sur l'interdiction au Souverain de prononcer lui-même, par simple décret, des sentences de spoliation et de mort, enfin, sur les promesses déjà faites, et l'amnistie proclamée. Le Grand-Maréchal, et il le racontait, bien des années après son retour de

Sainte-Hélène, ne céda devant aucune instance ; et le décret modifié, mais toujours tyrannique, ne parut au *Bulletin des Lois* et dans le *Moniteur* qu'avec *le contreseing* de simple expédition donné par le Ministre secrétaire d'État.

Sous cette forme, et malgré l'amendement subi, le caractère de cet acte choqua vivement l'opinion publique et fut blâmé jusque dans l'*État-Major* de l'Empereur. Ce n'est que justice envers une mémoire infortunée, et c'est aussi peinture fidèle du temps, de rappeler que, le jour même de ce décret promulgué, au moment où passait l'Empereur, dans son propre palais, une voix disait près de lui, assez haut pour être entendue : « Si le régime des proscriptions et des sé-« questres recommence, tout cela n'ira pas loin ! » Et cette voix était celle du jeune colonel de Labédoyère, depuis peu Général, Aide de camp, comblé de récompenses acceptées avec pudeur et par contrainte, comme s'il eût préféré de beaucoup le droit de parler librement, et l'illusion de se dire à lui-même qu'il avait voulu et qu'il avait pu, dans sa défection injustifiable, revendiquer et servir la liberté publique, autant même que l'indépendance nationale.

L'âme altière de l'Empereur eut à souffrir plusieurs de ces contradictions inusitées, là même où il devait attendre le plus de dévouement solidaire dans sa cause. Mais d'autres épreuves du même ordre lui étaient réservées : et les habitudes absolues de son esprit n'avaient pas moins de sacrifices à faire que la fierté de son âme. Il s'agissait, en effet, de tirer sérieusement les conséquences de quelques paroles jetées par Napoléon sur sa route de Grenoble à Lyon, et arrachées, pour ainsi dire, par l'état général des esprits, par le mouvement même d'indiscipline mêlé à la défection militaire, et enfin par cette habitude commencée et ce contre-coup d'une année entière de Constitution et de liberté.

Quelle que soit la facilité des hommes à changer de rôle et parfois même de conviction, il reste d'ordinaire un souvenir et comme un remords du langage qu'on a tenu d'abord; et on ne peut, à l'instant de la victoire, dépouiller l'opinion qui nous a fait vaincre. De là ces déclarations de principes, ces reconnaissances de la Souveraineté du peuple demandées, ou prodiguées dès le lendemain du 20 mars : de là cette dette d'une Constitution, contractée devant les ouvriers de Lyon, et qu'il fallait acquitter à Paris, non-seulement pour achever la défaite de la Restauration vaincue, mais pour donner satisfaction aux adversaires de bonne ou de mauvaise foi, qu'elle avait eus. L'Empereur se voyait donc contraint d'admettre, au moins à discussion, ce qu'il avait si longtemps nommé des *utopies d'idéologues ;* et il lui fallait supporter un déploiement de garanties légales, un dénombrement de précautions contre l'arbitraire, à peu près comme il souffrait, et même encourageait des réunions de *fédérés*.

Au fond, ce réveil populaire, cette effervescence de la rue déplaisaient mortellement. Rien de cela n'aurait été permis sous le premier Empire, même dans le péril croissant de la première invasion : et lorsque Napoléon avait quitté Paris, en mars 1814, pour livrer ses derniers combats à des ennemis si nombreux, ce qu'il avait laissé en armes derrière lui, ce qu'il avait donné pour défense à sa femme et son fils, c'était une garde nationale choisie, une élite bourgeoise, sous des chefs titrés de l'ancienne Monarchie ou de l'Empire. La passion de l'ordre égalait chez Napoléon celle du Pouvoir, et ne s'en séparait pas. Soit réminiscence des anciens *Clubs* jacobins, et du soulèvement des sections en Vendémiaire, soit habitude prise de la dignité du Trône, il avait dégoût et crainte de tout ce qui était émotion tumultuaire ou même apparence démocratique.

Mais l'inimitié, chaque jour plus manifeste, des Souverains de l'Europe, le poussait vers cette force dernière, qu'il s'est vanté parfois d'avoir pu seul comprimer, à leur profit, comme au sien. Mis au ban des Monarques, il lui restait à soulever le peuple. Évidemment l'Empereur, malgré sa répugnance innée pour ce qu'il appelait la populace, sentait que, dans sa lutte à mort contre l'Europe, l'esprit de révolution lui venait plus en aide, pendant le combat, que cet esprit ne pouvait le gêner, après la victoire. Il s'y résignait donc. De nouvelles alliances d'ailleurs, de nouveaux secours acceptés par lui, quoique à contre-cœur, luttaient contre ses instincts d'aversion. Tout en ayant imposé bien vite à Carnot le titre de Comte, il recevait, à son tour, de la main de l'ancien membre des Comités de guerre et de salut public à la Convention, le plan d'une fédération parisienne, garde nationale de prolétaires, qu'il ajourna cependant jusqu'au dernier moment d'urgence et de péril.

Il se résigna, de même et plus vite, à tolérer, dans un Acte additionnel aux Constitutions de l'Empire, tout un cadre régulier de Monarchie représentative et toute une série de garanties légales, dont l'énumération pourrait étonner, même de nos jours. C'était l'exécution, trop incomplète encore, des engagements pris à Lyon, alors qu'en annonçant, dès le 13 mars, la tenue prochaine d'un Champ-de-Mai, où, devant les colléges électoraux de l'Empire réunis à Paris, serait couronnée sa bien-aimée épouse, l'Impératrice, Napoléon réservait, en même temps, à cette assemblée extraordinaire « le « soin de corriger et de modifier nos Constitutions, « selon l'intérêt et la volonté de la nation. »

Par ces dernières expressions, sans doute, le vainqueur sous-entendait la Souveraineté du peuple, cette autre espèce de droit divin qui n'a pas de raisons à donner, ni de compte à rendre et qui peut devenir le plus démesuré, comme le plus irresponsable instrument de bien des choses que la justice réprouve et que la discussion condamnerait. Du même coup, en outre, il avait brisé les deux Chambres, prescrit aux membres de la Chambre élective le retour immédiat dans leurs départements et fait d'autres actes d'absolue dictature.

Mais, malgré ces tristes préludes, en fait de droit et de liberté, il est certain que si l'Empereur ne réalisa point son fallacieux programme du Champ-de-Mai, s'il ne donna pas à cette assemblée une Constitution à faire et une Impératrice à couronner, s'il ne put lui montrer sa femme et son fils, dont la seule présence, en effet, eût annoncé la paix du monde, il n'en publia pas moins, comme offert à l'acceptation du peuple, un modèle très-spécieux de *Gouvernement Représentatif* et de pondération des pouvoirs.

Tout le monde sait que le principal architecte de l'*Acte additionnel*, de cette façade d'un goût moderne, surajoutée aux Constitutions de l'Empire, fut Benjamin de Constant, le rédacteur de l'éloquente invective lancée contre Napoléon, le 19 mars. Ce rapprochement seul suffit peut-être pour donner l'idée du peu d'importance que Napoléon attachait à ces toiles d'araignées filées sur son armure au repos.

Aurait-il, en effet, s'il eût voulu chercher là quelque gage sérieux pour la France et quelque obligation pour lui-même, accepté cette œuvre de la main du publiciste qui naguère l'insultait si cruellement, aux yeux du monde civilisé? A le voir aujourd'hui prendre pour confident de son *Acte additionnel* le signataire tout récent de la protestation publique contre son despotisme, il semble qu'il affectait de montrer, par un sarcasme en action, son altier mépris des entraves légales, autant que des injures politiques, et sa conviction que les prétendus Constitutionnels ne tiendraient pas beaucoup plus à leurs doctrines de liberté qu'à leurs serments de haine.

Tout obscur que j'étais, j'avais pu suivre de près quelque chose de ce travail destiné à enlacer le Géant jeté sur la plage par un coup de la tempête. Souvent, un des soirs du mois d'avril, dans le salon toujours ouvert du vénérable et spirituel M. Suard, j'avais revu M. Benjamin de Constant et M. de Sismondi, ces deux adversaires du débarquement de Napoléon ralliés à son Empire, l'un Conseiller d'État, l'autre Maître des requêtes, tous deux semblant d'abord un peu gênés et confus, dans la proportion inverse de leurs élévations respectives, mais se rassurant et s'absolvant du mieux qu'ils pouvaient par quelques déclarations de principes, ou quelques confidences libérales placées à propos. Le maître de la maison prêtait asile à leur embarras. D'une indépendance d'esprit très-ferme pour son compte, et incorrigible dans son antipathie contre l'Empire, M. Suard avait, pour les faiblesses et les variations d'autrui, l'indulgence que donnent et la vieillesse et l'expérience de beaucoup de changements autour de soi. Sans se fâcher, sans s'étonner de rien, il accueillait bien les deux nouveaux fonctionnaires du 20 mars, et les écoutait volontiers parlant des utiles garanties qu'ils avaient fait adopter le matin par le Comité de Constitution, ou même suggérées à l'oreille de l'Empereur.

L'un d'eux, nous l'avons dit, était l'âme ou plutôt l'instrument principal du Comité qui rédigeait l'*Acte additionnel;* l'autre était écrivain à la suite du premier, appuyant avec candeur une œuvre impossible. Mainte fois, dans ces conversations du soir chez M. Suard, il échappait à M. Benjamin de Constant de s'extasier sur la résignation constitutionnelle de l'Empereur, sur sa disposition à comprendre tous les scrupules de légalité. Il n'osait dire que ce fut une conversion de cœur; mais le changement lui semblait explicable par la profonde discussion qui avait eu lieu devant Sa Majesté, et par une sorte de nécessité logique, à laquelle un si grand esprit ne pouvait se dérober. « Le passé, « disait-il, est la faute de tout le monde : le Sénat, les « Ministres, le Corps législatif nous avaient gâté l'Em- « pereur. Nous le reconquérons, chaque jour, aux vrais « principes. » Il disait cela sérieusement; puis, habitué à se tirer par une plaisanterie d'un embarras de conscience, et à se moquer parfois un peu de lui-même, pour prévenir les autres, il lui arrivait d'ajouter : « Après « tout, je ne garantis pas que ces excellents symptômes

« constitutionnels tiennent contre une grande bataille
« gagnée. Mais que voulez-vous? il faut se féliciter de
« ce qui est acquis, et bien présumer du reste. La recon-
« naissance spéculative des principes est toujours un
« grand point d'obtenu. Un jour nous emportons le
« Jury; un autre jour, la responsabilité des Ministres;
« un autre jour, la liberté définitive de la presse, et la
« preuve légale contre les fonctionnaires : c'est toujours
« beaucoup, en attendant la paix générale. » Et il se
levait, pour remonter dans sa voiture de Conseiller
d'État, et aller au Cercle des étrangers finir sa soirée.

Dès le 24 avril 1815, quand les faibles, mais coura-
geuses résistances du drapeau blanc avaient, depuis
quelques jours, disparu de tous les points du Midi, et
depuis que les déclarations réitérées des Puissances ne
permettaient plus aucun doute sur le duel imminent
de l'Europe contre Napoléon, l'*Acte additionnel* aux
Constitutions de l'Empire était soumis, comme il fut
dit officiellement, à l'acceptation libre et solennelle de
tous les citoyens.

Le préambule, rédigé dans les termes que nous confiait la veille M. Benjamin de Constant, annonçait
l'intention « d'entourer les droits des citoyens de toutes
« les garanties, de donner au système représentatif
« toute son extension, d'investir les Corps intermé-
« diaires de la considération et du pouvoir désirables,
« en un mot, de combiner le plus haut point de liberté
« politique et de sûreté individuelle avec la force et la
« centralisation nécessaires pour faire respecter, par
« l'étranger, l'indépendance du peuple français et la
« dignité de la Couronne. »

Ce langage, cette forme, cette promulgation directe,

sans les délibérations promises du Champ de Mai, étaient le dernier effort de l'Empereur, pour ne pas dépouiller tout à fait la peau du vieux lion. Pressé, supplié de présenter à la France une Constitution entière et nouvelle, il n'avait voulu donner qu'un supplément aux Constitutions de l'Empire. Il était inflexible, même en cédant; il se continuait même, en affectant une transformation si étrange. Dans la vérité cependant, au milieu de ce recours astucieux aux anciennes Constitutions du Pouvoir absolu, aux Sénatus-Consultes des 14 et 16 thermidor an X, et 28 floréal an XII, malgré surtout la réticence qui sous-entendait et renouvelait le principe odieux de la confiscation, que la Charte de 1814 avait loyalement aboli, l'*Acte additionnel*, dans son ensemble, était un mémorable monument des idées du temps, et de tout ce que pourrait oublier l'avenir.

Chambre des Pairs inamovible et héréditaire, Chambre des Représentants nombreuse, jeune, privilégiée seulement au profit de la liberté, saisie la première de toute proposition d'impôts, de levées d'hommes, d'emprunts et de dépenses, pouvant appeler à sa barre et accuser les ministres; inamovibilité viagère des juges, suppression des tribunaux d'exception, juridiction militaire sévèrement restreinte, institution du jury étendue et affermie, liberté individuelle garantie, liberté pour tout citoyen d'imprimer et de publier ses pensées, sauf la responsabilité légale, après la publication, par jugement par jurés, quand même il n'y aurait lieu qu'à l'application d'une peine correctionnelle, liberté des cultes pour tous, conditions définies de la mise en état de siége, et, en cas de troubles civils, obligation de régler l'état de siége par une loi; il n'était pas un point d'orthodoxie constitutionnelle, pas une précaution, pas une sauvegarde civile qui ne fût stipulée dans cet Acte.

A la première vue, cela nous expliqua comment, au sujet de quelques arrestations ordonnées par divers préfets et de beaucoup d'autres tyrannies locales, nous avions entendu M. Benjamin de Constant dire d'un air de triomphe : « Affaires de détail ; exagérations de partis ;
« propos d'anciens émigrés ; nous n'en avons pas moins,
« ce matin, voté dans la Commission deux articles fon-
« damentaux, qui rendent de pareils abus radicalement
« impossibles. »

Enfin, pour compléter tous les mérites de l'*Acte additionnel*, bien que présenté à l'adoption de tous les Français, il ne consacrait pas, il n'appliquait pas à la formation de la Chambre élective le procédé du suffrage universel, cette oppression de la propriété par le prolétariat, ce vote de tous qui annule réellement le vote des plus intéressés et des plus éclairés, simulacre de liberté introduit jadis par César, maintenu par Auguste, et qui n'avait abouti dans la pratique qu'à la muette adoption, par les tribus romaines, du candidat désigné par l'Empereur, selon la formule : *Cæsar, huic tribui*. L'*Acte additionnel* conservait des colléges électoraux composés de notables et recrutés par un premier degré d'élection.

Et cependant telle était la défiance du public, ou, si vous voulez, son instinct de vérité, que cette nouvelle loi fondamentale, généralement équitable et modérée dans ses principes, trouva fort peu de faveur, ou plutôt fut accueillie d'un blâme presque universel. On ne se doutait pas alors de tout ce qui pourrait un jour être retranché des principes les plus reconnus, des libertés les plus vulgaires. On savait peu de gré du maintien de ces principes et de la reconnaissance de ces libertés, sans doute à force de les croire inattaquables; mais, à côté de ces droits acquis, on blâmait avec amertume cet arriéré du premier Empire conservé plus encore, en expectative qu'en souvenir, et qui sans doute, si l'épreuve eût duré quelque temps, se serait étendu, et aurait assez vite dévoré tout le reste.

Quoi qu'il en soit, l'*Acte additionnel*, suspect d'origine, fort critiqué pour la forme, terminé par la déclaration que le Peuple, en déléguant tous ses pouvoirs, ne pourrait jamais déléguer la faculté de lui proposer le rétablissement de tel ancien prince sur le trône, même en cas d'extinction de la dynastie impériale, l'*Acte additionnel* soumis en bloc à l'adoption du peuple votant, non pas dans ses Comices, comme on a dit quelquefois avec pompe, mais dans tous les secrétariats d'administration, dans tous les greffes des tribunaux, chez tous les juges de paix et chez tous les notaires, n'obtint, pour soixante-quatre départements qu'on eut seuls le temps de recenser, et pour l'armée et la flotte, qu'un million cinq cent trente-deux mille quatre cent cinquante votes approbatifs, plus quatre mille huit cent deux votes négatifs cités pour mémoire.

C'était numériquement un succès médiocre ; et en vérité, cependant, n'était l'article 67, contradictoire avec le caractère même de la Souveraineté populaire fondement de l'*Acte additionnel*, il n'y avait pas motif de refuser tant de libertés offertes. Mais pouvait-on y croire, en voyant le gantelet de fer qui nous jetait *ce don nouveau de joyeux avènement ?*

L'*Acte additionnel* ainsi publié et partiellement exécuté même avant le cérémonial d'acceptation, à laquelle il semblait soumis, était daté du 24 avril, au Palais de l'Élysée; et un décret du même jour, en même temps promulgué, fixait au 26 mai l'Assemblée extraordinaire, qui, dans l'esprit de cette réminiscence de Charlemagne, et selon la promesse des décrets de Lyon, avait dû primitivement corriger et modifier les Constitutions de l'Empire. Un autre décret enfin convoquait, par anticipation sur le nouveau Droit public offert à la France, les colléges électoraux destinés à former la future Chambre des Représentants, pour qu'elle se réunît le 1er juin.

Ainsi, dans la précipitation des événements, sous l'urgence de guerre qui dominait tout, le lendemain démentait la veille; la plus récente promesse n'avait pas le temps d'arriver à terme; et le nouvel Empire, changeant de forme à vue, bouleversait tout à coup les conditions qu'il s'était données à lui-même, et dévorait le temps, pour compléter, avant sa terrible épreuve du champ de bataille, l'appareil légal de sa ruine intérieure.

Ce n'était plus, comme Napoléon l'avait annoncé deux mois auparavant, l'Assemblée du Champ de Mai qui délibérerait une réforme et un supplément aux Constitutions de l'Empire. Tout cela serait fait, sans elle et avant elle, sur une initiative unique et par une muette acceptation populaire, qu'il ne resterait plus qu'à promulguer.

Sauf la contradiction des termes cependant, il faut en convenir, cette infraction aux formes était peu de chose, comparée à tant de précédents dictatoriaux du premier Empire. Mais le tour des esprits était changé; le vent soufflait ailleurs: et, dans tous les partis, dans tous les rangs, le mécompte fut amer, et la réclamation bruyante. Révolutionnaires et Royalistes; Démocrates extrêmes et Monarchistes constitutionnels se plaignirent également du fond et de la forme de l'*Acte additionnel* : et en particulier ce reste d'hommes ardents, ces vétérans de nos vieux troubles qu'avait ranimés le 20 mars, apparurent irrités, en même temps que les esprits plus jeunes et plus impartiaux se montraient déçus et mécontents.

Le soin de Napoléon de rattacher par le titre même sa nouvelle Loi fondamentale à son ancien Empire, semblait presque une contre-partie de cette *dix-neuvième année de notre règne*, tant reprochée à Louis XVIII ; et d'âpres chicanes attaquaient de toutes parts l'intention et les moindres détails du nouveau Pacte social élaboré par Benjamin de Constant, sous l'impatiente révision de l'Empereur. Ces concessions si mal reçues devaient accroître les doutes et la colère de l'ancien maître qui venait de tant accorder en vain : il sentait le contre-coup de pareils scrupules sur le pouvoir qu'il se réservait ; et plus d'un insidieux rapport, publié par Fouché, en dénonçant le mal, le faisait ressortir, et partant, l'aggravait. Les remèdes pour le combattre étaient faibles, en tout ce qui ne touchait pas le matériel des apprêts de guerre poussés avec la plus habile ardeur. Hors de là, c'était l'envoi de Commissaires extraordinaires souvent honorables et modérés, depuis Boissy d'Anglas et Pontécoulant jusqu'au philanthrope de Gerando; la création de Commissaires généraux de police, et d'autres agents sous la main de Fouché plus encore que de l'Empereur, l'établissement de *fédérations*, officielles à demi, stériles en effet, où de graves Magistrats siégeaient et haranguaient dans des banquets civiques, à côté de quelques bruyants prolétaires.

A tout cela manquait la flamme de 1789, et Dieu merci, la terreur de 1793. Le décret même provoqué par le ministre de l'intérieur Carnot, pour ériger une moitié de la population française en garde nationale comprenant, de vingt à soixante ans, un chiffre de deux millions cinq cent mille hommes, ce décret était pour tout le monde illusoire, à force d'être gigantesque; et on savait d'ailleurs à quel point les fusils manquaient, pour armer la moindre partie de ce nombre.

Sous l'ensemble de ces causes diverses, surchargé de l'*Acte additionnel*, l'Empire semblait fléchir, au moment même où il avait le plus besoin d'un nouvel essor. Et c'est par là sans doute qu'on doit expliquer en partie le péril, dont il fut assailli tout à coup à l'intérieur, et qu'il sut contenir encore avec vigueur. Le premier moment de la révolution du 20 mars avait trouvé les anciens districts de l'Ouest dans un état d'organisation secrète et en même temps de désunion jalouse peu favorable à la défense. Le duc de Bourbon, ce prince d'émigration et de guerre civile, brave de lui-même et recommandé au respect et à une pitié vengeresse par son courage et par la solitude actuelle de sa maison, avait inutilement parcouru la Vendée, conféré avec les chefs, et voulu ameuter les villages. L'hésitation, la défiance mutuelle, l'influence même du duc d'Otrante étaient partout dans l'Ouest; et, après quelques troubles excités, il avait fallu fuir. Tout avait semblé plus ou moins assoupi. Ce ne fut que vers le commencement de mai, et comme par un contre-coup plus fort de l'anxiété générale, et du mécontentement accru partout, que le soulèvement éclata dans la Vendée.

Selon le précédent de nos premiers troubles civils, les armes et les munitions étrangères aidaient à cette insurrection. Elles étaient fournies par l'Angleterre, avec une prudence moins machiavélique, ou une maladresse moins meurtrière qu'à cette journée de Quiberon qui, selon l'énergique reproche de Fox, avait vu sinon le sang anglais, du moins l'honneur anglais couler par tous les pores; mais le succès n'en était guère moins funeste. Un Français, d'un cœur généreux et d'un nom justement honoré, même dans la guerre civile, Larochejaquelein[1], appelé d'Angleterre à cette expédition, y venait à regret comme à une œuvre déplorable et inutile cette fois.-Il y venait pour y mourir, avec la douleur d'être abandonné en partie des siens, avant d'être abattu par le feu de ses adversaires.

Les pratiques du duc d'Otrante (n'importe dans quel but) avaient préparé cet abandon. L'activité du général Lamarque, l'armée qu'il réunit promptement assurèrent les suites de ce premier échec causé par l'incertitude et la division des chefs vendéens. Mais cependant la résistance une fois scellée du noble sang de Larochejaquelein, et comme entretenue par le remords de sa perte, se ranima sur plusieurs points, à plusieurs reprises, et s'obstina, de manière à retenir sur ce coin de la France, et dans ce fatal emploi de la guerre civile, vingt mille hommes qui auraient ailleurs couvert puissamment la frontière, et ajouté à la défense du territoire.

---

[1] *Letters and despatches of viscount Castlereagh*. Th. ser., v. II, p. 367.

A travers les vicissitudes de troubles intérieurs et d'armistices, une pacification trompeuse et un ferment de guerre, il restait donc à Napoléon une plaie saignante dans ces départements de l'Ouest que, douze ans auparavant, il avait si habilement calmés : et au moment où ce péril renaissait pour lui, le détrônement et le désastre de son seul allié dans le monde le frappaient encore d'une indirecte défaillance, et d'un augure fatal.

Le 20 mai, Murat, fugitif de son palais, sous un déguisement obscur, jeté par une barque de pêcheur dans l'île d'Ischia, se rembarquait pour la France; et, après quatre jours de traversée, il touchait, le 25 mai, le rivage de Cannes, à deux mois du jour où Napoléon y avait mis le pied pour conquérir la France, et la veille même de cet autre jour d'abord fixé pour l'inauguration de ce Champ de Mai qu'avait promis Napoléon, et que Murat avait rêvé de simuler aussi, sous même date et même nom, dans sa fantastique résurrection d'une Italie romaine.

A peine débarqué sur le sol français, dont il avait été, dont il pouvait être encore un si vaillant soldat, l'ex-roi fit partir pour Paris un courrier chargé du récit de ses malheurs, de ses regrets réitérés du passé et de ses offres de dévouement, dans la crise présente. Il n'avait plus que son épée et quelques officiers fidèles, quelques serviteurs, compagnons de sa ruine. La réponse de l'Empereur fut prompte et sévère. Il n'interdisait pas à Murat le sol de France et l'hospitalité du rivage; mais il lui défendait de venir apporter à Paris le spectacle, et comme la contagion de son infortune. Le malheureux général, trompé tant de fois dans ses calculs et dans son ardeur, puni de son ancienne faute, au moment où il espérait l'effacer noblement, et réservé par le sort à une expiation plus cruelle encore, se retira dans une campagne près de Toulon. Il devait y languir quelques semaines encore, et manquer à Waterloo.

CHAPITRE VIII

SOLENNITÉ DU CHAMP DE MAI. — IMPRESSIONS DE CETTE CÉRÉMONIE. — CONTINUATION DU MOUVEMENT EUROPÉEN. — GRAVES DÉBATS DU PARLEMENT BRITANNIQUE. — CASTLEREAGH; GRALTAN.

Cependant il n'y avait guère, à Paris ni aux Tuileries, loisir de songer au malencontreux naufrage d'une ambition lointaine; et la crise imminente pour nous-mêmes allait tout absorber. Après un nouveau retard de quelques jours, rendu nécessaire par les détails mêmes et les soins matériels de la solennité que Napoléon avait annoncée pour le 26 mai, et qu'il ne pouvait désormais différer plus longtemps, devant la sommation de la guerre l'appelant à la frontière, il allait, le 1er juin 1815, inaugurer dans le Champ de Mars cette réunion du Champ de Mai, où il continuait, sous une forme nouvelle, sa prétention d'ailleurs marquée tant de fois d'imiter en pleine civilisation le Conquérant législateur d'une époque barbare.

Là, sur ce théâtre de tant de scènes de nos Révolutions, entre des constructions de bois et de carton improvisées comme le nouveau règne, la Cour impériale et le peuple, c'est-à-dire les délégués des colléges électoraux de départements et d'arrondissements, les députés de l'armée et de la flotte venaient assister à la proclamation des votes sur l'*Acte additionnel* aux Constitutions de l'Empire, et solenniser l'installation légale de ce pouvoir de fait, dont Napoléon avait hâte, disait-il quelques semaines auparavant, d'abréger la durée dictatoriale. C'était une représentation bien affaiblie de la fédération du 14 juillet, célébrée au même lieu, sous le même soleil, en 1790. Il y avait sans doute une bien autre force dans la personne du Souverain; mais il n'y en avait pas davantage dans le prestige du trône : et surtout il n'y avait plus dans la foule ni enthousiasme pour les principes, ni croyance à l'avenir.

Évidemment le grand homme de guerre, le grand dominateur était hors de son naturel et de sa destinée. Il n'agissait plus de lui-même, pour faire, à sa guise et à son heure, des choses hardiment nouvelles : il copiait; il tâchait d'imiter ce passé populaire et chimérique, contre lequel il avait autrefois réagi de toute sa puissance et de toute sa logique de despote vainqueur. Mais, dans son personnage nouveau et imposé, la foi lui manquait, comme l'illusion manquait autour de lui.

Vainement, il avait mêlé tous les contraires, accumulé toutes les anomalies, comme pour concentrer en lui l'ensemble de la vie nationale. Le faux de sa situation éclatait de toutes parts. Vainement, il avait repris la majesté extérieure de l'Empire, grands officiers de Cour mêlés aux chefs de l'armée, chambellans, magnifique cortége, tout ce faste paisible qui décore la force, mais ne la supplée pas. Sur les marches du trône se tenait, non plus comme soumise et comme grâciée, mais comme ranimée et traitant pour son compte, la vieille Révolution, sous la physionomie de Carnot inflexible et probe, vraiment démocrate avec une âpreté despotique, et aussi dans la personne insaisissable de Fouché, le révolutionnaire corrompu, le jacobin roué, mais, malgré sa souplesse, instrument plus incommode que Carnot, cachant sa trahison, à force de l'afficher, la rendant invraisemblable, à force de la dire ; tant elle paraissait un de ses mensonges d'habitude ! et travaillant ainsi, à ciel découvert, à la mine qu'il poussait incessamment, sous le terrain friable et trop remué du nouvel Empire.

Dans la vaste Assemblée, sur les côtés de cet amphithéâtre, dont le milieu était rempli par des soldats, parmi les rangs pressés des délégués électoraux entremêlés déjà de membres nommés à la Chambre élective, on apercevait, comme une autre résurrection des temps révolutionnaires, plus d'un nom marqué de sanglants souvenirs, puis quelques noms d'anciens et invariables défenseurs de la liberté, et enfin tout un essaim de la génération récente froissée des désastres de 1812 et de 1813, et animée de cet esprit légal, que douze ans de pouvoir absolu avaient engourdi, sans le détruire, et que la Charte de 1814 avait réveillé, en le touchant.

Devant cet auditoire de tant d'époques, réuni le 1ᵉʳ juin 1815, une messe solennelle, comme vingt-cinq ans auparavant, le 14 juillet 1790, fut d'abord célébrée ; puis, de cette foule immense, une députation de cinq cents électeurs s'était avancée jusqu'au pied du trône, où l'Empereur était seul, sans épouse et sans fils ; un d'eux, voix obscure et retentissante de cette fête singulière, harangua l'Empereur sur le Contrat nouveau formé entre le Peuple français et Sa Majesté, sur la ligue des rois, sur l'invasion imminente du territoire, sur le dévouement de la Nation, sur la paix souhaitée, sur la victoire espérée.

L'Empereur ensuite prit la parole ; et ses expressions ne parurent pas trop au-dessous de lui-même, alors que, s'adressant à MM. les électeurs de départements et d'arrondissements et à MM. les députés des armées de terre et de mer au Champ de Mai, il dit avec un accent ému et presque troublé :

« Empereur, consul, soldat, je tiens tout du peuple.
« Dans la prospérité, dans l'adversité, sur le champ de
« bataille, au conseil, sur le trône, dans l'exil, la
« France a été l'objet unique et constant de mes pen-
« sées et de mes actions. Comme ce roi d'Athènes, je
« me suis sacrifié pour mon peuple, dans l'espérance
« de voir se réaliser la promesse donnée de conserver à
« la France son intégrité naturelle, ses honneurs et ses
« droits.

« L'indignation de voir ces droits sacrés, fruit de
« vingt-cinq ans de victoires, méprisés ou anéantis, le
« cri de l'honneur français flétri m'ont ramené sur ce
« trône qui m'est cher, parce qu'il est le palladium de
« l'indépendance, de l'honneur et des droits du peuple.

« Français, en traversant au milieu de l'allégresse pu-
« blique les diverses provinces de l'Empire, pour arriver
« dans ma capitale, j'ai dû compter sur une longue
« paix ; les nations sont liées par les traités conclus par
« leurs gouvernements, quels qu'ils soient.

« Ma pensée se portait alors tout entière sur les
« moyens de fonder notre liberté par une Constitution
« conforme à la volonté et à l'intérêt du peuple. J'ai
« convoqué le Champ de Mai.

« Je ne tardai pas à apprendre que les princes qui ont

« méconnu tous les principes, froissé l'opinion et les
« plus chers intérêts de tant de peuples, veulent nous
« faire la guerre. Ils méditent d'accroître le royaume
« des Pays-Bas, de lui donner pour barrières toutes
« les places fortes du Nord, et de concilier tous les dif-
« férends qui les divisent encore, en se partageant la
« Lorraine et l'Alsace. Il a fallu se préparer à la guerre.
« Cependant, devant courir personnellement les ha-
« sards des combats, ma première sollicitude a dû être
« de consulter sans retard la nation. Le peuple a ac-
« cepté l'acte que je lui ai présenté. »

Ce langage était noble, à travers l'aveu forcé de tant de mécomptes. L'Empereur y joignait encore, au moment où il allait proclamer l'Acte additionnel, la promesse d'une loi solennelle, d'une constitution définitive à donner, après la victoire. Mais, grand Dieu! que de fautes n'avait-il pas fallu pour être tombé des triomphes de 1804 et de 1809 à cette extrémité de péril et de complaisance populaire! La grandeur de l'homme cependant reparaissait dans ces dernières paroles :
« Français, vous allez retourner dans vos départe-
« ments. Dites aux citoyens que les circonstances sont
« grandes, qu'avec de l'union, de l'énergie et de la
« persévérance nous sortirons victorieux de cette lutte
« d'un grand peuple contre ses oppresseurs; que les
« générations à venir scruteront sévèrement notre
« conduite; qu'une nation a tout perdu, quand elle a
« perdu l'indépendance. Dites-leur que les rois étran-
« gers que j'ai élevés sur le trône ou qui me doivent
« la conservation de leur couronne, qui tous, au temps
« de ma prospérité, ont brigué mon alliance et la pro-
« tection du peuple français, dirigent aujourd'hui tous

« leurs coups contre ma personne. Si je ne voyais que
« c'est à la patrie qu'ils en veulent, je mettrais à leur
« merci cette existence contre laquelle ils se montrent
« si acharnés. »

Un long et tumultueux frémissement, coupé d'acclamations, interrompit ces paroles. C'était la protestation de quelques centaines d'auditeurs plus rapprochés du trône, et au delà desquels se pressaient sur plusieurs rangs deux cent mille spectateurs, formant comme le cercle extérieur de cette assemblée, et paraissant par moment tressaillir, sous la même chaîne électrique. L'Empereur, visiblement ému, reprit par quelques mots sur les sentiments d'amour des Français, et sur sa volonté, qui était celle du peuple; puis, s'étant rassis, il fit proclamer le résultat des votes déjà recueillis qui adoptaient l'*Acte additionnel*; et il jura sur l'Évangile d'observer et de faire observer les Constitutions de l'Empire. Ensuite, l'ancien Archi-chancelier, on ne sait d'après quel cérémonial, proclama le serment de fidélité du peuple français.

Napoléon reçut les serments des grands de l'Empire, et enfin distribua les Aigles aux délégués de chaque régiment appelé à son tour, d'après son chiffre. Entre chacun de ces appels, lui-même, debout, grave, le visage altier, commandait d'une voix impatiente un ban à la musique militaire qui l'entourait. Cette première installation, pour ainsi dire, de la Constitution même était le préambule d'une autre inauguration, celle des Chambres et en particulier de cette nouvelle assemblée de Représentants, si peu semblable de nombre et de prérogatives à ce Corps législatif muet, que l'Empereur cependant n'avait pu supporter.

Mais, au moment où cet appareil de délibération nationale allait si tard et si vainement se déployer sous l'Empire, il importe de considérer encore ce que la même forme sociale, ce que le même principe de puissance et de volonté publique inspirait et produisait ailleurs. C'est l'aspect, le langage, l'impulsion croissante des Chambres anglaises, que nous pouvons interroger avec le plus de certitude sur les événements qui se préparent contre l'Empire, sur le motif implacable des hostilités, et sur leur persévérance.

La coïncidence même des *débats publics*, dans les deux pays, sera comme l'accompagnement du drame et comme le chœur aux cent voix de cette Tragédie sanglante; elle en donnera la moralité pour l'avenir.

Depuis les discussions du commencement d'avril et l'engagement hardi du Ministère britannique dans les premiers actes de Vienne, la pensée d'une guerre imminente et terrible n'avait cessé de planer sur le Parlement. Mais, ce ne fut que le 23 mai et les jours suivants que la discussion d'un nouveau Message du Prince régent provoqua l'examen public et complet de la décision à prendre, et amena les grands efforts nationaux, les subsides à l'étranger, la guerre enfin voulue et supportée par un peuple. De même que le 7 avril, le ministère avait demandé un armement de défense et de préservation, ainsi le 23 mai, il proposait aux deux Chambres d'assurer « leur cordial appui à
« toutes les mesures qu'il serait nécessaire à Son Altesse
« Royale d'adopter, de concert avec les alliés de Sa Ma-
« jesté, contre l'ennemi commun. »

Le langage de lord Liverpool, à ce moment solennel, était la suite inflexible et calme de ses paroles du mois précédent, la question de droit, la question de fait, la violation du traité de Paris, le péril de cette violation, l'épreuve du passé attestant ce péril, l'unanimité de l'Europe naissant de cette juste crainte, et la plus grande chance de succès possible naissant de cette unanimité.

« Jamais, disait-il, nous ne pourrions trouver une
« confédération plus forte, plus animée et plus unie
« que celle dont nous sommes maintenant une par-
« tie ; et si cette confédération était rompue, il n'y a
« pas apparence qu'une telle alliance pût jamais se
« reformer. » Il ajoutait, quant à la guerre même,
« qu'ayant consulté les hommes les plus éminents pour
« la science militaire, chez les Puissances alliées, le
« résultat était que, bien que l'événement de toute
« guerre soit incertain et dans les mains de la Provi-
« dence, cependant aussi loin que peuvent aller les
« forces et les prévoyances humaines, on devait ici
« compter sur le succès. Quelle alternative serait offerte
« d'ailleurs, si on ne voulait pas de la guerre? Nulle
« autre qu'une paix armée, un état fiévreux d'incerti-
« tude, sans rapport avec ce repos et ce calme regardés
« autrefois comme synonymes de la paix. On n'avait
« à envisager qu'une paix avec un établissement de
« guerre, situation qui n'est pas moins calamiteuse,
« pour avoir été déjà éprouvée par ce pays.

« Il n'est pas douteux qu'il y a eu des occur-
« rences où une paix armée pouvait être préférable à
« la guerre. Cela s'est vu ; et moi-même, dans l'occasion
« présente, j'aurais préféré ce parti, si les Puissances
« alliées eussent été non préparées à la guerre, ou peu
« disposées à y entrer. Dans ce cas, malgré les grands
« inconvénients d'un état de paix armée, je l'aurais

« mieux aimé que la guerre, et j'aurais attendu des
« temps plus favorables. Mais la question nous est arri-
« vée, non pas avec des alliés pris au dépourvu, sans
« résolution mûrie, sans union, mais, au contraire,
« sous le coup d'un sentiment unanime en faveur de la
« guerre. La disposition étant telle, c'était le moment
« de frapper : nous avons aujourd'hui les moyens de re-
« pousser le péril. Mais si nous différions de frapper, le
« danger persisterait, et nos moyens de défense cesse-
« raient d'exister. »

Ce n'est point là, sans doute, l'ardeur de Démosthène contre Philippe ; c'est le bon sens et la modération attestant à regret et d'une voix ferme la nécessité de la guerre L'orateur honnête homme ne craint pas d'ajouter à ces considérations d'utilité dans l'attaque, l'affirmation que l'empressement à ce conflit terrible ne part point d'une autre idée, d'un autre intérêt, que la paix générale et la sécurité de l'Europe. « Il n'y avait, dit-il, dans aucun des confé-
« dérés désir de voir les forces de la France diminuées,
« d'écourter son domaine, d'affaiblir ses ressources.
« Leur seul vœu était de voir établi un gouvernement
« qui donnât à l'Europe et au monde la possibilité de
« demeurer en paix. » Quant au rétablissement des Bourbons, le Ministre tory reconnaissait que c'était un but cher à son cœur, non pas seulement par l'impression de sentiments, qu'il ne rougissait point d'avouer, mais parce qu'il y considérait la meilleure chance de repos pour l'Europe :

« Durant les négociations[1] de l'année dernière, à

---

[1] *The parliamentary debates*, etc., vol. XXXI, p. 450.

« Châtillon, ajoutait-il, on n'avait pas eu en France de
« manifestations publiques contre le chef qui la domi-
« nait, et en faveur des Bourbons ; mais à présent, il
« avait les meilleures raisons de croire qu'une grande
« majorité, les trois quarts de la France désiraient le
« retour du Roi. Autant qu'on pouvait le conclure
« du témoignage des mieux informés, le Midi, l'Ouest
« et le Nord de la France étaient complétement favo-
« rables à la famille des Bourbons. Avec la connais-
« sance de ce fait et la conviction que la sécurité gé-
« nérale de l'Europe serait le mieux assurée par le
« rétablissement de Louis XVIII, il rougirait de n'oser
« avouer qu'il avait sincère désir de cet événement.
« Mais, en même temps, il reconnaissait qu'aucune
« Puissance n'avait le droit de dicter à un autre pays
« le choix du gouvernement qu'il devrait adopter.
« C'était à l'opinion éclairée d'un peuple de rejeter tel
« ou tel gouvernement particulier ; et alors il n'y avait
« pouvoir qui pût intervenir pour amener ce peuple à
« sujétion. Mais les nations de l'Europe avaient droit
« d'intervenir pour renverser un gouvernement dont
« l'établissement serait incompatible avec leur paix et
« leur sécurité. Les nations de l'Europe pouvaient dire
« à la France, non pas quel gouvernement elle devrait
« avoir, mais quel gouvernement elle ne devait pas
« avoir. La distinction est claire et évidente de soi. »

Non, certes, la distinction est au contraire assez confuse. Dans bien des cas, le droit d'interdiction pourrait avoir même effet et même portée que le droit de désignation ; et l'un et l'autre répugnent également à l'indépendance d'un peuple ; mais il y avait ici deux raisons suprèmes, un traité violé, et l'effroi de l'Europe.

Le Ministre résumait tout, en affirmant « que la
« Chambre des lords ne voudrait pas que l'Angleterre,
« par une politique égoïste, attirât sur elle toute la
« haine et toute la responsabilité qu'elle encourrait, en
« refusant de s'associer au grand œuvre d'écraser le plus
« funeste fléau qui ait existé de mémoire d'homme ;
« car ce n'est pas seulement, disait-il, sur les calculs
« qui ont gouverné d'ordinaire la politique humaine,
« que le présent conflit est fondé ; c'est sur un instinct
« de sens commun, par lequel chaque homme doit
« se dire : Tant que cet état de chose dure, je ne puis
« pas être sain et sauf. »

Cette exagération d'un homme d'État si calme ne resta pas sans réponse. Lord Grey se leva, pour réfuter ces violences de haine et ces promesses de succès ; il fut logicien, savant, patriote ; il cita les exemples de l'histoire, les raisonnements des publicistes ; il discuta le traité de Fontainebleau et le traité de Paris. Il affirma que l'exclusion réitérée de Bonaparte serait de nouveau le rappel des Bourbons ; et il contesta d'une manière piquante l'utilité d'un tel but, la dignité morale d'un tel effort. Tout cela était sans effet contre l'inquiétude publique. Il alla plus loin ; il essaya de justifier, non sans doute le despotisme de Napoléon, mais son ascendant sur la France, et par là, de faire paraître formidable et imprudente la lutte contre lui.

« On a allégué[1], dit-il, que l'armée a fait la dernière ré-
« volution et placé Buonaparte sur le trône, nonobstant
« le vœu du peuple. Je soutiens que rien n'autorise cette
« assertion. Si nous regardons au récit des faits, nous

---

[1] *The parliamentary debates*, etc., etc., v. XXXI, p. 349.

« la trouverons complétement démentie. » Poursuivant alors, et rappelant les acclamations qui avaient accompagné la marche de Napoléon, l'orateur concluait que ce n'était pas l'armée seule, mais une grande partie du peuple qui avait accueilli son retour; et il ajoutait que l'armée en France, loin de former une classe à part, pouvait être considérée, en général, comme offrant une exacte représentation des sentiments du peuple.

« L'ensemble de la population du pays, dit-il, est
« à un haut degré militaire : elle se compose, dans
« une grande proportion, d'anciens soldats licenciés,
« d'hommes qui conservent un souvenir passionné des
« exploits auxquels ils ont prit part, et portent, au lieu
« de haine, un vif attachement à Napoléon, malgré cette
« grande déperdition de vie humaine, dont il a été l'oc-
« casion. L'esprit de l'armée donc existe jusqu'à un cer-
« tain point dans tout le pays : et en effet, depuis
« l'événement même, n'est-il rien survenu pour con-
« firmer l'opinion que j'avais exprimée? Quelles sont
« les mesures prises par le Gouvernement français?
« Montrent-elles quelque défiance de la population?
« N'ont-elles pas pour objet, au contraire, d'armer
« toute la population mâle de vingt à soixante ans?
« c'est une circonstance qui peut sans doute être con-
« sidérée comme menaçant la France et l'Europe des
« plus sérieux malheurs. Mais, à part toute manière
« de juger ce fait, j'ai le droit d'en tirer cette conclu-
« sion, que Buonaparte et le reste de son gouvernement
« ne croient pas dangereux de mettre aux mains du
« peuple des armes que ce peuple pourrait tourner
« contre eux, s'il y avait en effet désaffection dans le pays.
« Le noble comte ferait donc bien de considérer, avant

« de s'embarquer dans une guerre contre la France, que
« l'effet de cette entreprise serait inévitablement de
« mettre à découvert toutes les énergies guerrières de
« ce peuple, et que c'est une chose contraire à l'es-
« sence même de notre nature, de surmonter par la
« force ce que M. Pitt appelait *une nation armée.* »

L'orateur, en parlant ainsi, ne faisait qu'accroître la
terreur du fantôme qui agitait l'Europe. Il donnait
de nouveaux motifs pour la guerre; et en même temps
une réflexion, bien fondée assurément, faisait croire
que les pertes des Français, depuis quelques années,
diminuaient la difficulté d'un nouvel effort contre la
France, sans en diminuer la gloire, s'il était aussi décisif que prompt.

Lord Grey, dans son discours, qui n'était qu'une
tradition de la politique de Fox, touchait ingénieuse-
ment d'autres points, le changement possible, non du
caractère, mais des calculs de Napoléon, le changement
du pays, qui pouvait vouloir en effet Bonaparte et la
paix, et forcer l'un à conserver l'autre, l'influence
d'une Constitution nouvelle, hâtivement compilée, on
devait en convenir, mais que la paix pouvait affermir
et développer. Puis, en insistant sur le conseil de s'arrêter et d'attendre, avant de commencer une guerre
irrévocable, il finissait par une citation poétique :
Pour aujourd'hui, disait-il, je voudrais mettre tous
nos efforts à nous assurer sécurité, « à part, ajou-
« tait-il, en beaux vers empruntés de Milton, telle es-
« pérance que peut apporter l'incessante rapidité des
« jours à venir, telle chance, telle mutation valant
« bien la peine d'être attendue, puisqu'enfin notre état
« présent peut sembler assez heureux, quoique mau-

« vais, mauvais, et non pas le pire possible, si nous
« n'appelons pas nous-mêmes sur nous calamité plus
« grande[1]. »

Mais l'assimilation choisie par lord Grey n'était pas
très-rassurante : cette résignation provisoire à l'enfer,
cette longanimité d'ange déchu répondait mal aux inquiétudes ardentes des politiques anglais ; et l'orateur
avouait lui même, en finissant, qu'il avait aujourd'hui
la douleur de différer d'opinion avec un noble ami,
placé près de lui, et dont la haute intelligence, les
opinions généreuses avaient droit au plus grand respect.
C'était annoncer un nouveau divorce dans l'opinion
libérale, une reprise de ce schisme politique de Burke,
qui avait donné tant de crédit à M. Pitt et d'ascendant
au parti de la guerre contre la France, en 1793.

Lord Grenville, le contradicteur désigné par le regret amical de lord Grey, répondit dans un discours
habile, où respirait le sentiment profond d'aversion et
de défiance que l'esprit de liberté légale devait naturellement opposer au triomphe de la force doublée
d'astuce et de génie. Le résultat ne pouvait être incertain dans cette assemblée, où siégeaient ceux que Napoléon nomma plus tard les *oligarques*, qui causaient sa
mort. La Chambre des Pairs rejeta la contre-adresse
expectante et pacifique qu'avait rédigée lord Grey, et
consacra la pleine adhésion au Message par une majorité de plus de cent voix contre une minorité de qua-

---

[1] Besides what hope the never ending flight
Of future days may bring, what chance, what change,
Worth waiting, since our present lot appears
For happy, though but ill ; for ill, not worst,
If we procure not to ourselves more woe.

rante-quatre, où parmi d'autres noms, soit héréditairement, soit personnellement historiques, figurait, par un vote silencieux, le poëte Byron, au début de sa gloire.

Dans la Chambre des communes, le débat, sans être plus douteux, allait être plus opiniâtre. Il fut précédé par l'incident d'une pétition qu'avait déposée Francis Burdett, et où les habitants, propriétaires domiciliés *de la Cité et des franchises* de *Westminster*, réclamaient énergiquement la paix avec la France, et la réforme électorale. Il était dit, dans ce papier, « que « le rejet prémédité de la paix, le refus de négocier, « l'insulte au Souverain actuellement sur le trône de « France, la guerre enfin, et l'accroissement prolongé « des taxes qu'avait supportées la Nation, au delà de « toute patience humaine, paraîtraient d'une politi- « que semblable à la folie même, n'était qu'on se sou- « vient que les ennemis domestiques qui ont privé la « nation de sa représentation légitime dans la Législa- « ture ont un perpétuel intérêt à susciter la guerre « étrangère, par où ils peuvent, de plus en plus, dé- « pouiller le peuple de sa propriété, et, à certain mo- « ment, détruire tout à fait la Constitution. »

Sur quoi les pétitionnaires, incriminant, avec les méchants conseillers de la Couronne, leurs soutiens et fauteurs corrompus, et menaçant d'une accusation directe les ministres qui rendraient inévitable une guerre injuste, inutile et désastreuse, concluaient à la nécessité d'une réforme radicale et d'un Parlement annuel.

La pétition lue, lord Castlereagh, sur les termes seuls du premier paragraphe, en demanda le rejet.

Francis Burdett saisit cette occasion d'insister pour la réforme électorale et contre les vices du système de Représentation actuel. «En 1793, dit-il, on ne refusa pas
« de recevoir une pétition qui disséquait la Chambre
« des communes, et disait nettement qui et quels nobles
« lords avaient la présentation des siéges, dans son
« sein. A cette pétition était jointe une liste prouvant
« que dix-sept individus envoyaient pour leur compte
« soixante-quatorze membres, et que d'une manière
« ou de l'autre, environ cent cinquante personnes
« nommaient absolument la majorité de ce qu'on ap-
« pelait avec impropriété la Chambre des communes. »

La citation était fort piquante; mais l'orateur whig n'ajoutait pas, ce qu'au reste savait le monde entier, que l'objection n'avait rien fait, et que cette Chambre des communes, si peu démocratique dans son origine, mais pénétrée politiquement de l'esprit anglais, avait conduit et mis à fin la plus rude guerre contre le plus formidable ennemi.

Fallait-il s'étonner, quand cet ennemi reparaissait, que la même passion se retrouvât pour le combattre, et que de nouveau la théorie fît place à l'action, et les plans de réforme à l'ascendant de l'esprit aristocratique et national, qui avait formé tant de Coalitions contre un homme, et blessé dangereusement cet homme en Espagne, avant ses désastres de Moscou et de Leipsick?

Le facile rejet de la *Pétition* des bourgeois de Westminster prouva seulement que le même esprit durait, que la même crainte publique était prête à seconder, dans une guerre plus courte, le Ministère anglais.

Après cette première épreuve, lord Castlereagh posa

lui-même la question, en réclamant une adresse d'adhésion complète au Message royal. L'esprit traditionnel de la politique de M. Pitt animait toutes ses paroles. L'autorité à laquelle il remontait d'abord, c'était la dépêche de ce Ministre à la cour de Russie en 1805, document mémorable où, dans la confiance anticipée du succès, étaient proposés les arrangements territoriaux à décider, après la victoire, pour prévenir le retour des mêmes périls. Le pronostic de M. Pitt avait été trompé. Cette fois encore, la Coalition avait sauté en éclats, sous la hache de guerre d'Austerlitz. Tout avait cédé, hormis l'Angleterre, restant debout, dans le désastre et la reddition de ses alliés, et s'enveloppant avec orgueil des dépouilles et du pavillon de Trafalgar.

C'était dans la fierté d'un tel souvenir, que Castlereagh, au moment de pousser son pays à une Coalition nouvelle, ne craignait pas d'invoquer comme un encouragement à la guerre, même l'effort stérile, le sanglant mécompte que Pitt avait scellé de ses regrets et de sa mort. Inférieur à cet homme d'État par le génie, sans l'être par la volonté, et ayant la tâche plus facile, non de lutter contre une fortune ascendante, mais de précipiter une ruine, lord Castlereagh mettait ici toute sa logique à démontrer le péril de la paix, et l'infaillibilité du succès, si l'agression était soudaine. Violent, sans être déclamateur, il résumait ainsi le caractère de Bonaparte. « Évidem-
« ment, nul changement de fortune ne peut donner
« espoir qu'il veuille se tenir en repos. Personne
« moins que moi n'aime à qualifier durement ceux avec
« qui nous sommes en guerre; mais il est impossible
« de ne pas le faire, quand on apprécie cet homme

« extraordinaire, dans toutes les vicissitudes de sa vie.
« Dans la bonne ou la mauvaise fortune, il a gardé
« la même inflexible nature. Le succès ou le revers
« n'était qu'un point transitoire dans son existence,
« d'où il s'élançait à de nouvelles entreprises. Il sem-
« blait prédestiné à une incessante activité contre le
« repos et le bonheur du monde. Prenez-le au sommet
« de sa fortune, après la paix de Tilsitt, quand il avait
« à peine un ennemi en Europe, quand il s'était uni
« à une des plus anciennes et des plus respectables
« Maisons du Continent, quand il n'avait qu'à s'asseoir
« et à jouir de sa prospérité; eh bien, là on le trouvera
« tout aussi impatient de sa situation, tout aussi résolu
« à ne laisser aucun peuple en possession de sa propre
« indépendance, qu'à l'époque où il avait besoin d'at-
« teindre tous ses buts précédents. Pour montrer com-
« bien son esprit était incapable de dévier jamais de
« cette tendance innée, le moment où il avait les
« mains toutes pleines des efforts nécessaires à son
« usurpation de l'Espagne, ce moment même il le
« choisit de préférence pour le gigantesque dessein
« qui tourna plus tard à sa ruine, l'entreprise contre
« la seule nation restante du Continent qui eût les
« moyens de résister à son pouvoir, et que, tenté par
« la modération pacifique du Souverain, il allait fol-
« lement assaillir, au milieu de toutes les difficultés de
« sa propre situation. Et, quand le délire de son ambi-
« tion l'eût ainsi précipité dans ce nouveau conflit,
« quand la tempête éclata sur sa tête, quand il fut ba-
« layé de la Russie, chassé de l'Allemagne, vaincu en
« France, quand il se vit cerné par d'insurmontables
« difficultés, comment se manifestait encore son carac-

« tère? Concevait-il réellement un plan sérieux de
« pacification générale, un plan qui, en donnant la
« tranquillité au monde, l'aurait dégagé lui-même du
« labyrinthe où ses propres principes et sa politique
« l'avaient empêtré? Nullement; tout ce qu'il fit, ce fut
« de paraître disposé à sacrifier quelque chose de ces
« principes et de cette politique, afin de gagner le
« temps de reprendre haleine, et pour se mettre à même
« de renouveler la lutte [1]. »

Ainsi parlait lord Castlereagh, hâtant par la colère la pesanteur habituelle de son langage. Il citait à l'appui une lettre en chiffres au duc de Vicence, du 19 mars 1814, où l'Empereur, à cette époque extrême de la négociation, recommandait de ne céder, s'il fallait céder, que d'une manière ambiguë sur Anvers, Mayence et Alexandrie, voulant s'y réserver encore des chances de guerre, et le profit d'un mouvement militaire, qu'il tentait au moment même. Lord Castlereagh voyait dans cette lettre, avec la duplicité du Conquérant, son incurable ambition et l'idée fixe, alors comme aujourd'hui, disait-il, de reprendre l'Allemagne et l'Italie. Mais en vérité, dans ce dépouillement graduel de tant de prospérités, dans cette proie si riche que la Coalition de 1813 arrachait à Napoléon, ce regret et bien d'autres étaient naturels; et les alliés, depuis le Congrès de Prague, dans la lenteur de leurs préliminaires et l'enchère croissante de leurs demandes, n'avaient pas été de meilleure foi que Napoléon.

Quoi qu'il en soit, ces arguments de défiance absolue contre le nouvel Empire, assez fondés en fait, suf-

---

[1] *The parliamentary debates*, etc., etc., vol. XXXI, p. 400.

fisaient au sentiment public. Il ne restait plus qu'à établir la chance de succès de la guerre. Et le ministre le fit sans peine, en montrant les forces actuelles de l'Europe, plus grandes qu'elles n'avaient jamais été, plus unies, plus prêtes, plus irrésistibles qu'elles ne le seraient jamais dans l'avenir. Cette suite d'assertions se terminait par un court projet d'adresse qui, répondant au Message de la Couronne, promettait avec ardeur tout concours et tout appui contre l'ennemi commun.

C'était le 25 mai 1815, la Chambre, nombreuse et animée, comptait quatre cent vingt-trois membres présents. A part les reproches de corruption et d'influence attachés au mode électoral tel qu'il existait alors, cette Chambre, à tout prendre, était forte, éclairée, libre dans son langage. L'ascendant de Castlereagh et de l'esprit tory en général était assuré d'y prévaloir, mais avec d'autant plus de force et d'impulsion qu'il serait aidé, sur quelques points, par l'esprit de liberté. C'était encore la suite du mouvement donné par M. Pitt, alors que, pour attaquer en face la Révolution française, il avait commencé par détacher la moitié de l'opposition britannique.

L'ancien rôle de Burke à cette première époque fut rempli, en 1815, par un orateur irlandais aussi, le célèbre Grattan, esprit impétueux et brillant, fait pour les plus nobles luttes de la parole. Anglican de religion, mais Irlandais de cœur, voué longtemps à la défense de ses concitoyens dans leur parlement local, et y commençant l'œuvre d'*O'Connel*, puis, après une nouvelle crise d'oppression et la réunion législative de l'Irlande, porté à la Chambre des Communes d'Angleterre, en 1800, il y avait siégé toujours à côté des

Whigs, au nom des mêmes principes, et du souvenir toujours présent de sa patrie et de sa cause. Mais cette fois, à peine l'opposition, qu'il avait illustrée jusque-là, et dont il ne devait se séparer que sur un point, eut-elle présenté son amendement pacifique et improbateur de toute guerre dirigée contre un homme, l'orateur irlandais se lève, à l'appui du Ministère.

Malgré sa douleur d'avoir à contredire ses plus anciens amis politiques, il attaque avec feu lord Cavendish, auteur de l'amendement : « Je suis d'accord,
« dit-il [1], avec mes honorables amis, dans la pensée
« que nous ne devons pas imposer un gouvernement à
« la France. Je suis d'accord avec eux, pour détourner
« de tous mes vœux le fléau de la guerre; mais je
« rejette encore plus le double fléau d'une paix sans
« garantie, et d'une guerre sans alliances. Je désire-
« rais que la question fût en effet celle de l'alterna-
« tive entre la paix et la guerre; mais malheureuse-
« ment pour le pays, très-péniblement pour nous, et
« au grand dommage de tout le monde, la paix n'est
« pas à notre choix ; et la véritable question est de sa-
« voir si nous irons à la guerre, quand tous nos alliés
« sont réunis, ou si nous livrerons bataille, quand ces
« mêmes alliés seront dispersés.

« Le Gouvernement français, c'est la guerre; c'est
« une stratocratie élective, querelleuse, envahissante;
« ses armées vivent pour combattre, et combattent
« pour vivre. Leur constitution a pour essence la
« guerre ; et l'objet de cette guerre, c'est la conquête
« de l'Europe. Ce qu'une personne telle que Bonaparte,

[1] *The parliamentary debates*, etc., vol. XXXI, p. 420.

« présidant à une telle Constitution, doit faire, vous
« pouvez en juger par ce qu'il a fait. D'abord il a pris
« possession de la plus grande partie de l'Europe : il a
« fait son fils roi de Rome ; son beau-fils, vice-roi
« d'Italie ; son frère, roi de Hollande ; son beau-frère,
« roi de Naples. Il a emprisonné le roi d'Espagne ; il a
« banni le roi de Portugal et formé son plan pour con-
« quérir la couronne d'Angleterre. L'Angleterre a fait
« échec à ses desseins. D'un coup de trident, elle a bou-
« leversé son empire. Il s'est plaint de la tyrannie qu'elle
« exerçait sur les mers ; mais c'était ce pouvoir sur mer
« qui mettait obstacle à sa tyrannie sur terre. Les flottes
« de l'Angleterre ont sauvé l'Europe.

« Le sachant, il s'est dit que la conquête de l'An-
« gleterre était nécessaire à l'achèvement de la conquête
« de l'Europe, et la destruction de la marine anglaise
« nécessaire à la conquête de l'Angleterre. Dès lors,
« outre une armée de soixante mille hommes préparée
« pour envahir l'Angleterre, il s'est appliqué à ruiner
« notre commerce, fondement de notre puissance na-
« vale. Dans la poursuite de ce but, et d'après son projet
« d'un empire d'Occident, il a conçu et partiellement
« exécuté le dessein de livrer au pillage et à la ruine
« les vastes contrées de la Russie. Tout à coup il aban-
« donne l'heureux climat des régions tempérées ; il
« s'élance, comme à l'étroit dans les limites de son
« immense empire. Il jette là bien-être et sécurité, et
« se précipite vers le pôle, hasardant tout, les com-
« pagnons de ses triomphes, la gloire et les produits de
« son crime et de son génie, pour cette idée de ne point
« laisser, dans toute l'étendue de l'Europe, une seule
« nation libre ou indépendante. »

Ce tableau, dont tous les traits semblent faciles à réunir, saisissait alors les âmes par la passion, comme par la vérité présente; et la haine politique s'en accroissait contre le puissant despote ainsi renaissant, après avoir succombé sous les armes de trois Monarques coalisés, qu'avait soutenus et inspirés l'Angleterre. Il nous en coûte de suivre l'orateur anglais dans sa joie triomphale, dans sa passion, dans ses amers sarcasmes; mais il faut cependant retrouver l'effet présumé de cette parole puissante, pour juger comment l'Empire britannique, si récemment las et appauvri de sa part dans la Coalition, se remit en campagne avec tant de hâte et d'ardeur.

Ce n'est plus la question de droit public et d'indépendance européenne que traite l'orateur; c'est celle du succès probable, la revue comparée des deux camps, la force de l'Angleterre, le nombre des alliés : « Ces messieurs, s'écrie-t-il[1], soutiennent que nous ne
« sommes pas au niveau de la lutte, c'est-à-dire que
« l'Europe confédérée ne peut pas combattre la France
« isolée. Si c'est là votre croyance, vous êtes vaincus dès
« ce moment; vous êtes vaincus dans le cœur. Mais ce
« n'est pas votre croyance; et ce n'était pas la croyance de
« vos ancêtres; ils pensaient, et, je l'espère, ils vous ont
« transmis ce sentiment comme un droit de naissance,
« ils pensaient que les armées de ces îles pouvaient
« toujours combattre, et combattre victorieusement,
« à égalité de nombre. Voyez maintenant les forces
« numériques dont vous avez à disposer. Par le traité,
« vous devez avoir en campagne ce qui ne saurait être

---

[1] *The parliamentary debates*, etc., v. XXXI, p. 422.

« évalué à guère moins de six cent mille hommes, outre
« la force stipulée pour venir sur un ordre exprès, et
« dont le nombre peut être estimé encore plus haut ; vous
« l'avez, dis-je, vous et vos alliés. L'empereur d'Au-
« triche seul a une armée de cinq cent mille hommes,
« dont cent vingt mille étaient envoyés en Italie, pour
« faire face à Murat, qui est maintenant battu. L'Au-
« triche n'est donc plus gênée par Murat ; la Prusse n'a
« plus ses forces occupées par les Saxons, ni la Russie
« les siennes par la Pologne ; ou du moins, elle ne les a
« pas tellement retenues, qu'il ne lui reste des forces
« surabondantes pour cette guerre.

« Vous avez un général incomparable[1], et des alliés
« attachés à vous de confiance et de cœur. Passez mainte-
« nant la revue de Buonaparte ; il a perdu ses domaines
« extérieurs ; il est réduit, d'une population de cent
« millions d'hommes, à une population de vingt-cinq
« millions. En outre, il a perdu sa puissance de fasci-
« nation ; car, s'il a été le destructeur des droits, il
« ne s'est pas montré le redresseur des griefs et des
« souffrances populaires. La Suisse n'a pas oublié, et
« toute l'Europe garde en souvenance, sa manière de
« réformer les abus, et comment sa meilleure réforme
« était pire que le plus mauvais gouvernement qu'il
« ait renversé. L'Espagne ou la Prusse aussi ne peuvent
« oublier, ce qui était pire que ses réformes, la marche
« de ses armées. Ce n'était pas une armée, c'était un
« gouvernement militaire qui était en marche, sem-
« blable à ces légions romaines des plus mauvais temps
« de Rome, l'*Italique*, la *Rapace*, troupes sans loi, sans

---

[1] *The parliamentary debates*, etc., v. XXXI, p. 422-423.

« frein, sans responsabilité devant Dieu ni devant
« l'homme.

« C'est ainsi qu'il a guéri ses partisans de l'enthou-
« siasme qui pouvait s'attacher à son nom, et qu'il est
« tout à fait réduit à ses ressources intérieures. C'est
« chez lui qu'il doit nourrir ses armées et puiser sa
« force; et chez lui, il manque d'artillerie, il manque
« de cavalerie, il n'a pas d'argent, il n'a pas de crédit, il
« n'a pas de titre légal. Quant au chiffre actuel de ses
« troupes, on ne saurait le déterminer positivement ;
« mais on peut conclure qu'il n'est pas en proportion
« avec celui des alliés.

« Mais, » ajoutait l'orateur avec le même souffle de
haine et d'éloquence, « ces messieurs présument que
« les Français se lèveront pour lui, aussitôt que nous
« allons toucher leur territoire. Nous sommes une fois
« déjà entrés dans leur pays ; et ils ne se sont pas levés
« pour défendre Napoléon ; au contraire, ils l'ont dé-
« posé : l'article de la déchéance existe écrit tout au long.
« Mais on dit que nous prétendons imposer un gouver-
« nement à la France. Les armées françaises élisent
« un Conquérant à l'Europe : et notre résistance à ce
« Conquérant s'appelle imposer un gouvernement à la
« France ! Si nous mettons à bas ce chef, dans la réalité
« nous délivrons la France, aussi bien que l'Europe,
« d'un joug étranger : et cette délivrance est ce qu'on
« appelle l'imposition d'un gouvernement à la France !

« Ah ! c'est lui qui a imposé à la France un joug
« étranger : il a pris aux Français leurs propriétés par
« la rigueur des taxes ; il leur a pris leurs enfants, par
« la Conscription ; il leur a perdu leur empire ; et,
« chose presque inimaginable ! il a conduit leurs enne-

« mis jusqu'aux portes de Paris! Nous, au contraire,
« nous avions arrêté un projet, comme l'atteste un
« document de 1809, qui maintenait l'intégrité de
« l'Empire français. »

L'orateur whig continuait avec plus d'avantage encore à montrer Bonaparte partout ennemi de la liberté, après la conquête comme durant la guerre, en Hollande, en Espagne, en Suisse. Et quant à ses apparences actuelles d'esprit constitutionnel, comme à ses offres de paix, il n'y voyait, disait-il, qu'une préparation à la guerre. « Ces
« messieurs[1], » s'écriait-il, faisant allusion à la confiance trop facile de quelques-uns des whigs, dont il se séparait, « disent que Buonaparte a donné la liberté de
« la presse ; c'est-à-dire il a donné liberté de publica-
« tion, sauf poursuites et punition, selon le bon plaisir
« d'un chef militaire, etc., c'est-à-dire qu'il a donné
« la liberté aux Français de se pendre eux-mêmes.

« Ces messieurs disent encore qu'il a aboli dans ses
« États le commerce des esclaves. — Je ne veux pas lui
« refuser la louange due pour un tel acte. Mais si nous
« le louons d'avoir donné la liberté aux Africains,
« ne lui prêtons pas assistance pour réduire en ser-
« vitude les Européens. Ces messieurs disent que vous
« allez faire la guerre pour une personne ; mais la ques-
« tion est de savoir si vous vous confierez à un gouver-
« nement, abstraction faite de la personne. Ces mes-
« sieurs disent : Que ferez-vous, si vous êtes vaincus ? Je
« réponds: La chose même qu'il vous faudra faire, si vous
« traitez, l'abandon des Pays-Bas. Mais la vraie question
« est celle-ci : Dans quel cas avez-vous chance plus

---

[1] *The parliamentary debates*, etc., v. XXXI, p. 426.

« vraisemblable d'être vaincus? Sachez-le bien : ou il
« vous faut abandonner les Pays-Bas, ou il vous faut les
« préserver par la guerre; car Buonaparte ne sera pas
« retenu par l'entrave d'un traité. Si vous abandonnez
« les Pays-Bas, vous perdez votre situation sur le
« globe; et, au lieu d'être un centre de communication
« et de commerce entre le nouveau monde et l'ancien,
« vous deviendrez une station compromise entre deux
« feux, entre le Continent de l'Amérique rendu hostile
« par les intrigues de la France et le Continent de
« l'Europe possédé par ses armes. Il vous reste donc à
« déterminer, si vous n'abandonnez pas les Pays-Bas,
« de quelle manière vous entendez les défendre, par
« vous seuls, ou avec vos alliés.

« Ces messieurs, » poursuivait-il par une rapide liaison d'idées, comme parfois la donne la passion, « se
« plaignent des Alliés, et disent qu'ils ont partagé tel
« pays, transféré la possession de tel autre, séquestré
« celui-là! qu'est-ce à dire? chercheront-ils querelle
« à leur confédéré, qui a pris une portion de la
« Saxe, et donneront-ils une poignée de main à Buo-
« naparte, qui ne voulait rien moins que prendre
« l'Angleterre? Si un Prince occupe Venise, nous
« sommes indignés; mais, s'il envahit une grande
« partie de l'Europe, s'il est couvert du sang de plu-
« sieurs millions d'hommes et des dépouilles d'une
« moitié du monde, notre indignation cesse. L'abus
« de la force, en devenant gigantesque, subjugue l'en-
« tendement; et le monde, qui avait commencé par la
« surprise, finit par l'adoration. Le caractère de Buona-

[1] *The parliamentary debates*, etc., v. XXXI, p. 427.

« parte est admirablement calculé pour cet effet ; il se
« revêt lui-même d'une grandeur théâtrale : il est un
« grand acteur dans la tragédie de son propre gou-
« vernement ; son ardent génie se rue, tête baissée, à la
« domination universelle, certain de détruire ses voisins
« ou lui-même ; plus fait pour enlever l'empire que
« pour le conserver, il est un héros et une calamité, des-
« tiné à punir la France et à tourmenter l'Europe. »

Ici l'orateur whig, sur son terrain nouveau, dans son nouveau rôle saisi avec tant d'ardeur, semblait avoir à désavouer et à combattre les plus illustres traditions de son ancien parti, le nom même de Fox, toujours si contraire à la guerre contre la France, de Fox, l'ami, le défenseur de l'Irlande, comme de toutes les causes opprimées, l'invocateur constant de tous les sentiments généreux, le patriote de l'Angleterre et du monde. Loin de s'embarrasser de cet obstacle, ou de le repousser par une apostasie, soit d'opinion, soit d'amitié, comme on l'a vu tant de fois, l'orateur s'en prévaut avec un rare bonheur de talent ou plutôt de conscience :

« On a fait allusion, dit-il [1], à l'autorité de M. Fox ;
« grande autorité, grand personnage ! son nom excite
« la sympathie et l'admiration. Pour rendre justice
« à cet homme immortel, vous ne devez pas limiter
« vos regards à l'Angleterre. L'action de son génie
« n'était pas confinée à son propre pays ; elle s'éten-
« dait trois cents milles au delà, pour briser les
« chaînes de l'Irlande ; elle se montrait à deux mille
« lieues plus loin, communiquant la liberté aux Amé-
« ricains ; elle était visible, je ne sais jusqu'à quelle

---

[1] *The parliamentary debates*, etc., v. XXXI, p. 428.

« distance, dans l'amélioration du sort des Indiens;
« elle se faisait reconnaître sur les côtes de l'Afrique,
« dans l'abolition de la *Traite des esclaves.* Vous pou-
« vez mesurer l'étendue de son esprit par les paral-
« lèles des latitudes qu'il a parcourues. Son cœur était
« tendre comme celui d'une femme ; son intelligence
« ferme comme l'acier ; ses faiblesses étaient des vertus :
« elles le protégeaient contre l'endurcissement gra-
« duel de la politique, et aidaient la nature à le conser-
« ver aimable et affectueux ; mais la question discutée
« par M. Fox, en 1792, était de savoir si vous vouliez
« traiter avec un gouvernement révolutionnaire ; la
« question actuelle est celle-ci : Voudrez-vous affermir
« un gouvernement militaire et ennemi ?

« Vous remarquerez qu'à l'époque où M. Fox vou-
« lait traiter, les Français, cela était bien compris,
« étaient prêts à sortir des Pays-Bas ; vous, au con-
« traire, vous devez vous attendre à perdre les Pays-
« Bas, si vous affermissez le gouvernement actuel de
« la France. Contre l'idée de pousser la France à l'em-
« ploi de toutes ses forces, M. Fox objectait le péril
« de la contraindre à devenir un gouvernement mili-
« taire. La question aujourd'hui est de savoir si vous
« voudrez faire que ce gouvernement militaire soit per-
« pétuel ? Je ne pense donc pas que la doctrine de
« M. Fox puisse être citée contre nous ; et la pratique
« de M. Fox vient à l'appui de notre proposition. M. Fox
« tenait aux droits de l'Angleterre, et n'aurait jamais
« cédé un iota de sa prééminence : la pierre d'achoppe-
« ment des négociations tentées alors devait se trouver
« non dans M. Fox, mais dans Buonaparte. »

L'orateur avait plus beau jeu encore à invoquer le

nom de l'illustre Burke se séparant de M. Fox, et proposant contre la Révolution ce que le torysme anglais continuait de proposer contre Napoléon. Aussi termina-t-il par cet exemple, en le ramenant à sa déclaration actuelle de guerre immédiate. Puis, dans un appel éclatant, il résumait ainsi la dernière objection et la suprême réponse :

« On parle de la famille des Bourbons; j'ai déjà dit
« qu'on ne devait pas imposer les Bourbons à la France;
« mais nous devons à une grandeur déchue, ou pour
« mieux dire, momentanément suspendue, nous lui de-
« vons de remarquer ici que la maison de Bourbon n'était
« pas tyrannique. Sous elle, toutes choses, excepté l'ad-
« ministration du pays, étaient accessibles à l'examen,
« tout sujet ouvert à la discussion, sujet philosophique,
« religieux et même politique, de sorte que l'érudition,
« les arts et les sciences furent en progrès. Même l'An-
« gleterre emprunta quelque chose du méridien tem-
« péré de ce gouvernement. La Cour y était contrôlée
« par l'opinion, limitée par les principes de l'honneur,
« adoucie par l'influence des mœurs; et en tout, il y avait
« dans la condition sociale de la France, une aménité
« qui faisait des Français une race aimable, éclairée,
« vaillante, accomplie. Sur cette race généreuse, vous
« voyez aujourd'hui s'imposer un despotisme oriental.
« La cour actuelle a pris quelque chose du langage
« comme du régime de l'Asie, une expression fantas-
« tique et fastueuse, un dégoût de la réalité qui jette
« dans l'ombre le vrai comme trop simple et trop
« humble, et ne montre aucune chose telle qu'elle est,

¹ *The parliamentary debates*, etc., v. XXXI, p. 428-429.

« mais toute chose comme elle n'est pas ; l'attitude des
« personnes est affectée ; le goût est corrompu ; l'enten-
« dement perverti.

« Désirez-vous affermir cette tyrannie militaire au
« cœur de l'Europe, cette tyrannie fondée sur l'op-
« pression des principes du gouvernement civil par le
« triomphe de l'armée, cette tentative d'affaiblir les in-
« fluences morales et religieuses, et de mettre de nou-
« veau en opposition le ciel et la terre, cette espérance
« insurrectionnelle offerte dans la cité à tout homme
« hardi et pervers, et cet effrayant exemple du profit et
« du pouvoir transportés à des brocanteurs de serments,
« qui ont vendu leur allégeance du Roi à l'Empereur !

« Que si vous deviez faire chose aussi monstrueuse
« que d'abandonner vos alliés, pour fortifier un tel sys-
« tème, que d'oublier votre nom, d'oublier vos an-
« cêtres et l'héritage de gloire qu'ils vous ont laissé, les
« nations ne s'écrieraient-elles pas : — « Eh quoi ! vous
« aviez avec une haute prévoyance veillé sur nos inté-
« rêts ; vous aviez généreusement contribué à notre dé-
« fense ; et vous nous faites défaut aujourd'hui ! — En
« vain vous aviez arrêté en vous la fortune fuyante de
« l'Europe ; en vain vous aviez fait captif l'aigle de Na-
« poléon et arraché à son étendard le privilége d'invin-
« cible, si maintenant, lorsque l'Europe confédérée est
« prête à marcher, vous donnez l'exemple de la déser-
« tion, et alléguez pour cela le repentir de Napoléon et
« la pauvreté de l'Angleterre.

« Sur cette question de pauvreté, considérez non
« l'argent que vous dépensez pour vous défendre, mais
« tout ce que vous auriez à perdre, si vous n'étiez pas
« défendus.

« Et en outre, réfléchissez que vous payerez moins,
« pour une guerre immédiate, que pour la paix, avec
« un établissement de guerre et une guerre à la suite.
« Réfléchissez encore que vos ressources, telles qu'elles
« soient, sont nécessairement de plus longue durée
« que celles de vos ennemis, et que de plus votre
« Empire ne saurait être sauvé par un calcul d'a-
« rithmétique.' Votre richesse, d'ailleurs, n'est qu'une
« partie de votre existence. Le nom que vous avez
« fondé, les œuvres que vous avez accomplies, le rôle
« que vous avez soutenu, vous interdisent le second
« rang parmi les nations; et quand vous cessez d'être
« la première entre elles, vous n'êtes rien. »

L'effet de cette parole brillante et démosthénique fut grand sur la Chambre et au dehors; toutes les feuilles anglaises en retentirent. Les publicistes allemands commentèrent ce formidable appel; et je me rappelle encore l'impression repoussée avec effort, mais vivement sentie, que cette éloquence ennemie faisait en France sur de nobles esprits, sur le loyal et spirituel Arnault, sur Manuel, à son début, sur le brillant colonel Brack, lorsqu'un soir, chez la mère de cet officier, un de nous traduisait à haute voix cette terrible harangue. Leurs cœurs étaient engagés au 20 Mars par la Révolution ou par l'Empire; mais ce souffle d'outre-mer, ce cri d'indépendance pour les peuples et de liberté pour les citoyens les troublait comme un reproche; et ils n'y trouvaient de réponse que dans l'espoir des institutions à fonder sous l'Empire.

Quoi qu'il en soit, à Londres et dans la Chambre des communes, l'orateur irlandais n'avait pas tout entraîné. Ponsonby, en déplorant ce divorce d'un ami, dont il avait partagé, disait-il, tous les sentiments et tous les actes, dans le cours de toute une longue vie politique, avait encore habilement renouvelé l'apologie atténuée du 20 Mars, l'accusation contre le Congrès ; et il insistait sur le conseil d'une neutralité prolongée.

Tierney, non moins opiniâtre dans les principes, ou plutôt dans l'ancienne tactique des whigs, avait énergiquement reproduit le même avis ; mais d'autres membres, amis de la liberté, Plunkett, lord Milton, suivaient l'exemple de Grattan et votaient la guerre, contre la tradition de Fox et la persévérance pacifique de ses derniers amis.

La Chambre[1], à la majorité de 331 voix contre 92, rejeta tout amendement et adopta l'adresse, qui dénonçait la guerre et armait le Ministère.

[1] *The parliamentary debates*, etc., vol. XXXI, p. 447.

CHAPITRE IX

PRÉLIMINAIRES DE L'ASSEMBLÉE DES REPRÉSENTANTS. — QUELQUES DÉTAILS SUR SA FORMATION. — ANECDOTES DE PARIS ET DE VIENNE.

Cependant, convoquée à Paris pour le 7 juin, présente sans réunion officielle, avant même cette date, l'Assemblée législative se montra, dès le premier jour, indocile et peu maniable. L'Empereur souhaitait à la Présidence son frère Lucien revenu près de lui, pour la première fois depuis dix ans, dans cette nouvelle crise d'une élévation qu'il avait longtemps contredite et blâmée. Il le voulait comme un appui personnel; il le présentait comme un nom populaire. L'Assemblée répondit par le choix de Lanjuinais, un des rares opposants de l'ancien Sénat, un des honnêtes gens courageux de 1793, et aussi pur défenseur de la liberté que ferme adversaire du pouvoir absolu.

L'Empereur, qui était loin d'aimer et de saisir son rôle nouveau de Prince constitutionnel, déguisa mal son humeur d'une telle désignation; et il lui échappa de dire, quand elle lui fut présentée : « Je ferai con-« naître ma réponse par un de mes chambellans. »

Reporté à la Chambre par le bureau provisoire, ce langage y fut accueilli par une tempête de murmures;

et la Chambre acheva de montrer sa persistance de volonté par le choix de ses quatre vice-présidents, Flaugergues, La Fayette, Dupont de l'Eure, Grenier, tous animés du même esprit et capables du même courage que Lanjuinais. Carnot, en même temps, comme ministre de l'intérieur, chargé des communications avec la Chambre des représentants, se plaignait de la forme et de l'intention de la réponse impériale, dont s'indignait la Chambre.

L'Empereur céda ; il patientait ; il attendait la guerre qui ne venait que trop vite ; et son extrême péril était son seul refuge.

Une anecdote particulière que je tiens du témoin le plus immédiat fera mieux concevoir encore cette hostilité civile, ce formalisme difficultueux et défiant qui de toute part entourait l'Empereur, et ne lui laissait d'issue que le champ de bataille. Plusieurs semaines avant l'époque où nous sommes parvenus, dans ce drame pressé des Cent Jours, un homme d'un esprit rare, et d'une modération toujours habile, un important fonctionnaire de 1810 et des années suivantes, attaché d'origine et de goût à l'ancienne dynastie, mais trop zélateur de l'ordre pour n'avoir point pardonné à l'usurpation, quand elle semblait aussi durable que ferme et éclairée, la voyant aujourd'hui reparaître dans d'autres conditions si différentes, était venu demander un passe-port à M. le duc d'Otrante, afin de quitter promptement Paris, et d'aller attendre en paix dans une terre, à quelques lieues du Mans : « Bah ! lui dit « Fouché, pourquoi vous en allez-vous ? Il faut toujours « rester sur le terrain. Est-ce que ceci n'est pas curieux « et instructif à voir ? Dites-moi donc un peu, entre

« nous, ce que vous en pensez. — Mais, répondit le
« noble interlocuteur, qui était déshabitué depuis long-
« temps de cette familiarité un peu jacobine, je vous
« demanderais plutôt à vous-même, monsieur le Mi-
« nistre, ce que vous pensez, ou plutôt ce qu'il faut
« penser de la situation présente. Il y a de grandes
« difficultés : cela est certain. Vous devez connaître
« l'étendue des ressources. — Bah ! dit Fouché, en ou-
« vrant la porte de son cabinet sur le jardin, et en fai-
« sant un pas, pour y descendre avec son interlocuteur,
« et profiter un peu de la douceur du printemps et des
« premières feuilles d'avril. — Puisque vous ne voulez
« pas me dire votre pensée, je m'en vais vous dire la
« mienne : cela est tout simple. Cet homme-ci est revenu
« plus fou qu'il n'était parti. Il s'agite beaucoup ; mais
« il n'en a pas pour trois mois. Voyez-vous, cela est
« clair comme le jour : c'est un calcul d'arithmétique
« morale : il a choisi pour son expédition le moment le
« plus malencontreux. Toute l'Europe était toujours
« en armes ; il n'y avait pas un soldat licencié ; et les
« Rois et les Ministres siégeaient encore en séance de
« Congrès.

« On a changé le mot d'ordre ; on a refait les feuilles
« de route ; et il y a maintenant sept cent cinquante
« mille hommes qui sont, de premier enjeu, en marche
« pour la France, outre la Vendée que j'ai priée d'at-
« tendre, en lui faisant dire bien discrètement que cela
« ne serait pas long. Vous voyez, mon cher Baron, que
« c'est une affaire réglée sur l'échiquier. Après cela,
« cet homme fera comme il l'entend, et de son mieux.
« Il recevra l'ennemi à la frontière, ou bien il ira le
« chercher en Belgique, dans nos faubourgs. Il peut

« gagner une ou deux batailles, écraser quelque divi-
« sion des alliés. Finalement, il ne peut pas vaincre.

« Il aura, outre les défections, les retards, les dé-
« fauts de zèle qui ne manquent jamais, quand le
« maître faiblit, quatre ou cinq grandes armées sur le
« dos; et il éprouvera que le Dieu des armées est tou-
« jours pour les gros bataillons, quand ils ne sont pas
« trop follement menés. En attendant, nous le surveil-
« lons ici nationalement, vous le voyez bien, sans
« doute. Pendant qu'il fouille les arsenaux appauvris,
« qu'il bat le rappel, et qu'il change les numéros des
« régiments, on lui prépare une chambre des représen-
« tants où il y aura de tout, ma foi ! Je ne lui épar-
« gnerai pas même Barrère et Cambon, ni comme vous
« le jugez bien, La Fayette : cela forme le caractère. Le
« temps des exclusions est passé; et aujourd'hui de
« pareils hommes sont une garantie pour nous autres,
« hommes avancés de la première révolution.

« Soyez donc en sécurité, mon cher Baron; allez ou
« demeurez : usez de votre passe-port, ou gardez-le dans
« votre poche; le sort de cet homme est fixé, et sa
« trame aux neuf dixièmes filée : maintenant reste l'a-
« venir : cela est toujours un peu obscur, mais n'arrête
« pas les gens de cœur. Il faut se débarrasser de ce qui
« gêne; et puis, on voit après. Vous pourriez bien m'ou-
« vrir là-dessus quelque bon avis ; mais je parie que
« vous ne le voudrez pas, et que vous serez discret, et
« impénétrable pour la fin comme pour le commence-
« ment. Il n'importe : à chaque jour suffit sa peine.
« Veillons au salut de l'Empire et au nôtre.

« Je me fais aider en cela par ce bon Carnot, qui ne
« voit pas très-distinctement où je le mène, et qui

« s'occupe à toute force d'organiser la garde nationale
« et d'activer l'instruction primaire, pour le plus grand
« bien des générations futures. Il ne veut plus même
« qu'on décachète les lettres à la poste, l'excellent
« homme! Tant mieux, ma foi! Il est bien temps de
« revenir aux principes; et nous sommes assez bas
« percés pour cela. Carnot est dans notre Conseil des
« ministre un embarras, un rémora constitutionnel
« pour Napoléon, qui est toujours prêt à s'émanciper :
« Carnot entend la guerre aussi : et puis son intégrité,
« sa probité, son ancienne renommée au Comité de
« Salut public, sa proscription par le Directoire, sa
« longue disgrâce sous le premier Empire, sa défense
« d'Anvers, son je ne sais quoi de grand citoyen opi-
« niâtre! il faut se servir de tout, en révolution, mon
« cher Baron; et, c'est comme cela qu'avant peu nous
« amènerons à bien cette affaire, qui semble encore si
« embrouillée. »

Devant cette effronterie de parlage, cette imprudence mi-partie de calcul, dont le texte principal revenait trop souvent dans les entretiens du duc d'Otrante, pour n'être pas ici, à coup sûr, fidèlement reproduit, le noble interlocuteur resta dans la réserve, et comme un peu étonné de tant de confiance. Il emportait de là cependant, et c'était le but de l'entretien, la conviction chaque jour plus accréditée dans Paris, que le rétablissement de l'Empire était un simulacre, une revue guerrière à passer, bien plus qu'un gouvernement fondé pour l'avenir, que ce colosse avait des pieds d'argile et des étais pourris, et que sa chute inévitable, sous les coups de ses ennemis assemblés de tous les points de l'Europe et ligués par une haine incorruptible, était préparée à l'intérieur par ses soutiens apparents et par les instruments mêmes dont il croyait avoir besoin, ou qui s'imposaient à lui.

Du reste, à ces indiscrétions, vraies ou feintes du duc d'Otrante, à ces ostentations de manœuvres secrètes, l'histoire impartiale est obligée de joindre d'autres manœuvres, d'autres intrigues, dont le fil, non moins frêle, remontait parfois jusqu'à la main même de Napoléon, et ne s'en brisait pas moins misérablement. Un témoignage confidentiel et admiratif, parti d'auprès du maître, prouve cet obscur détail par des récits tout personnels de contre-ruses opposées aux ruses de Fouché, de faux messages substitués aux siens et envoyés, sous son nom, à Francfort, pour intercepter les réponses qu'il attendait d'Allemagne.

De ces misères qui coûtent à décrire, rapprochées du grand nom de Napoléon et de la tragique agonie d'une fortune si longtemps glorieuse, il nous suffira de rapporter une seule anecdote, sur laquelle ne peut s'élever aucun doute, et où la vérité fut prise naïvement sur le fait, bien que tout le monde peut-être voulût tromper. Cette anecdote qui, pour la date, est très-voisine de la conversation que nous venons de rappeler, c'est l'envoi confidentiel des Tuileries à Vienne d'un homme du monde plus connu que considéré, fort avancé, de tout temps, dans l'intimité de M. de Talleyrand, fort assidu à son lever et à son whist, et par là et par d'autres causes assez déplaisant à Napoléon qui, deux ou trois fois, l'avait exilé de Paris.

Cet homme, qu'on a vu alors, et bien des années après,

---

[1] Fleury de Chaboulon, v. II, p. 60 et suivantes.

sans fortune ni place, avoir un assez grand luxe, causeur spirituel et gros joueur, gardant à Londres et à Paris des amitiés ou du moins des familiarités dans les plus hauts rangs, n'avait jamais aimé l'Empire, et était trop serviteur de M. de Talleyrand, pour n'avoir pas été de son avis, en 1814. Émigré d'origine, Anglais d'inclination, indépendant par le tour ironique et sérieux de son esprit, personne, la veille et le lendemain du 20 mars, n'était plus amer contre Napoléon et plus sceptique sur la durée de son triomphe.

Tout à coup, cependant, il est choisi pour une mission, que l'Empereur même lui confie verbalement, et que le duc d'Otrante surcharge de quelques recommandations personnelles, probablement fort distinctes du reste. Il part pour Vienne, où, depuis le 20 mars, ne pénétraient ni courriers ni notes du Cabinet des Tuileries : et il ne s'agissait de rien moins pour lui que de regagner M. de Talleyrand, de pacifier M. de Metternich et de travailler à ce retour de l'impératrice Marie-Louise, que Napoléon avait annoncé, sans y croire, et dont il devait maintenant désespérer tout à fait. Le messager était peu grave pour une telle entreprise; et on reconnaît bien, dans le recours à un tel instrument, cette extrémité qui faisait dire à Napoléon : « Quel pays ! « Tout est soumis, et tout me manque. Je n'apprends « plus la vérité que par des traîtres. »

Il est certain cependant que le nouveau négociateur français eut le succès, presque unique alors, de passer sans obstacle les avant-postes ennemis, et d'arriver jusqu'à Vienne. Que fit-il ? Et que voulait-il ? Comme il le dit lui-même, en abordant M. de Talleyrand, « il était « sans illusion ; mais il avait trouvé piquant d'être en-

« voyé par l'Empereur, pour porter à Vienne des nou-
« velles de France. » Puis cependant, afin d'acquitter
sa dette de voyage, il commença sur ce ton de mo-
querie de soi-même et de froid bon sens qui fixe l'attention, à défaut de la confiance; et il décrivit le succès
prodigieux de Napoléon, l'abdication de la France, au
retour du maître, et ce second Empire refait en vingt
jours, ce second Empire qu'on aurait pu si facilement
arrêter sur la route, et qu'on ne pourrait plus renverser
maintenant qu'au prix d'immenses efforts d'argent et
d'hommes. Enfin, il affecta de répéter, avec un air de
conviction, ce que, dans sa modération actuelle, disait
souvent Napoléon de ses regrets sur M. de Talleyrand :
« L'homme qui, après tout, connaît le mieux ce siècle
« et le monde, les cabinets et les peuples [1]. » L'émissaire parla longtemps sur ce ton, pour tâcher de se
persuader lui-même, racontait-il un soir, en 1830.
Mais un mot, accompagné d'un froid sourire, l'avait

---

[1] *Mémoires d'un ministre du trésor public*, t. IV, p. 200. Le véridique auteur de ces Mémoires, témoin à la fois officiel et candide de
cette dernière époque impériale, qu'il servit, sans l'approuver, a cité ce
jugement, mot d'ordre alors fréquemment donné par Napoléon; il y ajoute
cette réflexion qui fait sourire, et ne s'explique guère, chez M. Mollien,
que par une sorte d'honnêteté naïve mêlée à l'habileté spéciale du Ministre et à l'esprit délicat de l'homme du monde : « Parmi tous les per-
« sonnages avec qui Napoléon avait eu des rapports suivis, M. de Tal-
« leyrand était celui dont il aurait le plus désiré la présence pendant
« les Cent Jours, celui dont le nom revenait le plus souvent dans ses
« entretiens, je dirais même dans ses regrets. » Je le crois bien; la présence de M. de Talleyrand à Paris, dans les Cent Jours, eût été ce que
Napoléon avait un moment rêvé, le désespoir ou l'impossibilité de la
Coalition. M. Mollien ajoute encore : « Quelques tentatives furent faites
« auprès de M. de Talleyrand, qui était alors à Vienne, pour l'engager à
« revenir à Paris. »

enfin arrêté : « Mon cher Montrond, lui avait dit le
« Prince, prenez garde de vous tromper de porte,
« comme Bonaparte s'est trompé d'heure. Il n'y a ici
« qu'une indomptable et facile volonté d'attendre un
« dénoûment infaillible, qui ne tardera pas trois
« mois. »

Dès lors, on peut le croire, il n'y eut plus, dans la
conversation, tentative même apparente, pour faire
écouter ce qui n'était pas proposable; et l'émissaire
obtint seulement, sur la recommandation du Prince,
d'être reçu dans le cabinet du premier Ministre autrichien, dont il n'eut guère que ce mot : « Nous ne trai-
« terons jamais avec Napoléon; mais sans lui, et contre
« lui. » Puis force éloges du sens profond et de l'expérience de M. le duc d'Otrante.

Toutefois, par cet avantage que l'esprit et l'effronterie savent parfois se donner dans les situations les plus
fausses, M. de Montrond prolongea quelques jours sa
furtive ambassade à Vienne, vit de près quelques chefs
de la future campagne, respira l'air de la Coalition,
et en même temps hasarda, par acquit de conscience,
une dernière épreuve non moins vaine que celle qui lui
avait si peu réussi.

Trompant la surveillance, ou peut-être trompé lui-
même par une inattention volontaire de la police autrichienne, il parvint à s'introduire dans les jardins de
Schœnbrunn, près du pavillon où la jeune Impératrice
de France était retenue et souvent visitée par l'Empereur, son auguste père. Il eut même l'honneur d'être
présenté, ou du moins admis à une promenade de la
Princesse, comme un voyageur passionné pour la bo-
tanique, un savant amateur des plantes rares et des

belles fleurs, que renfermaient les serres et le jardin réservé de la retraite impériale. Espérait-il, sous cet innocent prétexte, faire arriver quelque avis, ou quelque vœu à l'auguste Princesse? Croyait-il pouvoir surprendre dans son attitude même quelque augure de l'avenir, et quelque révélation des facilités ou des répugnances que son cœur y pouvait apporter? ou seulement tenait-il à remplir, au moins en apparence, une part de sa difficile mission, en réussissant à pénétrer soit dans le refuge, soit dans la captivité, d'où Napoléon avait un moment espéré qu'une main hardie lui ramènerait le meilleur otage de la paix.

Peu nous importe; mais il est certain que, sous sa perruque blonde et sous le grave extérieur qu'il avait pris, le lovelace de salon, transformé en agent politique et déguisé en botaniste, s'il eut l'honneur d'entendre d'une noble bouche quelques insignifiantes paroles, ne put de son côté rien dire ni rien laisser deviner.

Seulement, avec son malicieux coup d'œil, attentif à suivre la promenade de la Princesse, veuve d'un époux vivant, d'un triomphateur mort civilement, selon le Droit public d'alors, en la voyant s'arrêter près d'une plante, en relever une autre, arroser même quelques fleurs choisies, il remporta cette impression, qu'une Impératrice si facilement amusée par quelques plates-bandes était bien détachée de son belliqueux Empereur, et qu'il ne fallait pas compter sur elle, pour aider à son retour aux Tuileries. « Arroser des tulipes
« à pareille heure, disait-il, sous mes yeux, c'était un
« symptôme bien plus décisif que les laitues de Dio-
« clétien à Salone. Je m'en retournai bien vite, avec

« mon carnet de botaniste sous le bras ; et je repartis, le
« soir même, pour Paris, où je ne confiai mon obser-
« vation qu'au duc d'Otrante, voulant épargner cette
« amertume à l'Empereur, qui avait tant d'autres af-
« faires. »

CHAPITRE X

OUVERTURE DES DEUX CHAMBRES. — DÉTAILS RELATIFS A LA FORMATION DE LA CHAMBRE DES PAIRS. — DISCOURS DE L'EMPEREUR. — SUITE DU CÉRÉMONIAL CONSTITUTIONNEL. — ADRESSES SIMULTANÉES DES PAIRS ET DES REPRÉSENTANTS. — RÉPONSES DE L'EMPEREUR. — SON DÉPART POUR L'ARMÉE. — SÉANCE DE LA CHAMBRE DES REPRÉSENTANTS. — LE PARLEMENT BRITANNIQUE.

L'Empereur, malgré les éclairs de passion qui, par moments, éblouissaient sa vue, était trop pénétrant, pour n'avoir pas mesuré dès le premier jour ses périls extérieurs et internes. Au dehors, après quelques accès d'espérance passagère, quelques fausses lueurs vivement saisies et bientôt disparues, il avait compris l'indissoluble solidarité de la Coalition et la promptitude calculée de ses attaques. Au dedans, il avait soupçonné, et quelquefois pris sur le fait le travail souterrain, la colonne, pour ainsi dire, lumineuse et sombre, que dirigeait contre lui son Ministre de la police. Mais, tout entier à une seule pensée, celle de réorganiser et de grossir son armée, il laissait aller le reste, bien assuré que vainqueur sur le champ de bataille, il regagnerait vite ce qu'il aurait perdu ailleurs, et qu'au contraire, s'il était battu, nulle manœuvre de cabinet, nulle majorité législative, nulle précaution prise, nulle vengeance exercée ne le sauverait de la ruine. Il temporisait donc, ménageait même les traîtres, détournait volontairement la vue, faisait sourde oreille et attendait le canon.

Toutefois, l'effet manqué de la cérémonie pompeuse et vide du Champ de Mai, les plaintes répétées des délégués électoraux venus de loin, pour entendre deux Discours, et la proclamation d'un recensement de votes incomplet, surtout l'esprit d'opposition marqué dans beaucoup de députés arrivants, tous ces symptômes tirèrent Napoléon de son exclusive préoccupation militaire ; et il voulut se plier à quelques efforts de plus, pour affermir ce masque de Prince constitutionnel, si peu fait à son air.

Il saisit le prétexte d'une réunion de fête à offrir aux délégués électoraux qui retournaient dans leurs départements, après l'Assemblée du 1er juin, et aux Représentants du peuple déjà présents à Paris. Il les reçut tous, dans les galeries du Louvre brillamment ornées ; et là, doux, affectueux, populaire, il parut presque un candidat se promenant à travers la foule, parlant paix et commerce aux négociants, gloire et promotions aux militaires, prérogatives des Chambres aux électeurs et aux Représentants, et liberté à tous, faisant d'ailleurs bon marché de l'Acte additionnel, dont il promettait la complète et prochaine révision, avec le concours des Chambres, et la plus entière indépendance d'examen et de vote.

Puis, dans le court intervalle, à partir de cette soirée politique, d'un caractère si nouveau pour l'Empire, jusqu'au 7 juin, date de l'ouverture des deux Chambres, il arrêtait et publiait la liste de sa nouvelle Pairie. Attentif à l'étiquette, comme aux jours de sa toute-puissance, il avait soin de marquer par un décret la place de cette Pairie, à la droite du trône, en laissant la gauche à la Chambre des Représentants.

Le 7 juin, devant les deux Chambres réunies au palais du Corps législatif, l'Empereur, ouvrant la première session de 1815, prononça son dernier discours public.

« Depuis trois mois, dit-il en commençant, les cir-
« constances et la confiance du peuple m'ont revêtu
« d'un pouvoir illimité; aujourd'hui s'accomplit le
« désir le plus pressant de mon cœur. Je viens com-
« mencer la Monarchie constitutionnelle. Les hommes
« sont trop impuissants pour assurer l'avenir; les In-
« stitutions seules fixent les destinées des nations. La
« Monarchie est nécessaire en France, pour garantir la
« liberté, l'indépendance et les droits du peuple.

« Nos Constitutions sont éparses : une de nos plus
« importantes occupations sera de les réunir dans un
« seul cadre, et de les coordonner dans une seule pen-
« sée. Ce travail recommandera l'époque actuelle aux
« générations futures.

« J'ambitionne de voir la France jouir de toute la
« liberté possible : je dis possible, parce que l'anarchie
« ramène toujours au Gouvernement absolu. »

Paroles curieuses pour l'avenir, vœu tardif et peu sincère, dont les dernières expressions cependant devaient sembler un jour si prophétiques ! mais qu'importaient alors ces fictions de langage et cette vaine promesse de coordonner des Constitutions, lorsqu'il fallait ajouter aussitôt :

« Une coalition formidable de Rois en veut à notre
« indépendance. Ses armées arrivent sur nos fron-

« tières. La frégate *la Melpomène* a été attaquée et prise
« dans la Méditerranée, après un combat sanglant,
« contre un vaisseau anglais de 74. Le sang a coulé
« pendant la paix.

« Nos ennemis comptent sur nos divisions inté-
« rieures. Ils excitent et fomentent la guerre civile.
« Des rassemblements ont lieu : on communique avec
« Gand, comme en 1792 avec Coblentz. Des mesures
« législatives sont indispensables : c'est à votre pa-
« triotisme, à vos lumières, à votre attachement à ma
« personne que je me confie sans réserve. La liberté de
« la presse est inhérente à la Constitution actuelle : on
« n'y peut rien changer, sans altérer tout notre système
« politique, etc., etc.

« Il est possible que le premier devoir du Prince
« m'appelle à la tête des enfants de la Nation, pour com-
« battre pour la patrie; l'armée et moi, nous ferons
« notre devoir. »

Quelle que fût la modération forcée de ce discours
et la transformation apparente du Dictateur en Prince
constitutionnel, c'était donc le tocsin de la guerre; et
il était manifeste, en même temps, que par la proximité de l'ennemi, et le cercle désormais si restreint du
champ d'attaque et de défense, cette Puissance, qui avait
tant de fois débordé au loin, n'avait aujourd'hui que
quelques marches à faire pour rencontrer sa dernière
épreuve, un dénoûment fixé à quelques semaines de
distance, et qui serait décidé peut-être en quelques
heures.

Ainsi le 7 juin, ces Pairs de la veille, nommés héréditaires, ces six cents Représentants de la Chambre élective prêtaient serment d'obéissance à la Constitution et

de fidélité à l'Empereur ; et, avant la fin du même mois de juin, Empire et Constitution, Pairs et Représentants allaient disparaître ; et les arrêts de la justice et tous les actes publics ne seraient plus rendus qu'au nom du Peuple français qui, le 7 juillet suivant, serait replacé par une ordonnance royale sous le gouvernement du roi Louis XVIII et de la Charte de 1814 proclamée de nouveau inviolable dans ses principes, en même temps qu'elle serait étendue dans quelques détails.

Sans doute, des changements si prodigieux, accumulés dans un si court espace, ne se déterminent que par l'action de la force. Mais, pour que la force ait cette rapide puissance de destruction et de création, pour qu'une victoire ôte ainsi et transfère la Couronne, il faut dans la condition morale d'un pays, dans l'instabilité des lois et le scepticisme des âmes, certains accidents plus instructifs et plus curieux à étudier que tous les faits de guerre. Ligny et Waterloo sont des dates mémorables et de sanglants souvenirs. Les causes de la prompte caducité du second Empire sont ailleurs : elles apparaissent jusque dans cette draperie constitutionnelle, qui recouvrait les violences du coup de main militaire.

Que le 20 mars fût une surprise et un malentendu, cela sortait visiblement de la forme que le vainqueur était contraint de donner à sa victoire. Les grenadiers du 18 brumaire avaient fait sauter par les fenêtres commodes et basses de l'orangerie de Saint-Cloud le Conseil des Cinq-Cents, qui s'était déclaré en permanence ; les grenadiers du 20 mars venaient, l'arme au bras, installer respectueusement une assemblée plus nombreuse, et déjà non moins hostile à leur Général.

Napoléon, aux jours de son premier coup d'État et de son avénement consulaire, n'avait, à la satisfaction du public français, donné pour garantie que sa propre force. Maintenant, il était obligé de promettre et de laisser prendre partout des garanties contre cette même force si affaiblie. Mille impatiences lui échappaient, sous son déguisement.

Benjamin de Constant, demeuré Conseiller d'État et devenu Député, nous est un témoin de cette lutte intérieure. — « Vous en faites tant, lui disait Napoléon, « que mes soldats ne reconnaîtront plus le bras de leur « vieil empereur; » et ailleurs, avec un dépit plus profond encore : « On m'attache, murmurait-il, depuis « que je suis blessé. »

Les symptômes du dehors venaient aggraver cette impression pénible de ses luttes intérieures avec les Conseillers nouveaux, ou changés d'attitude, qu'il voyait autour de lui. Le lendemain même de sa morne et solennelle séance d'ouverture, la Chambre des Représentants s'occupant de la rédaction d'une adresse en réponse au discours du Trône, un zélé maladroit, héritier d'un nom malheureux dans la Révolution, Félix Le Pelletier, après avoir rappelé ironiquement cette épithète de *Désiré*, dont la flatterie, disait-il, avait récemment décoré Louis XVIII, proposa de décerner d'enthousiasme le titre de *Sauveur* à Napoléon le Grand, qui était venu sauver la France de l'esclavage royal.

A ce vœu d'une récompense au moins anticipée, à cette proposition déclamatoire qui, parmi les anxiétés du péril public, apparaissait comme une énorme et vaine flagornerie, de tous les points de la salle éclatèrent des rires, des huées et des sarcasmes, où le nom même de Napoléon et le respect de sa gloire passée semblaient compromis dans le ridicule de son intempestif admirateur. Le calme se rétablit à grande peine; et la proposition fut rejetée presque unanimement.

A côté de cette improbation bruyante et insolite de la Chambre élective, l'Assemblée même que Napoléon avait créée de sa main, et dont il empruntait le titre aux Institutions anglaises et à la Charte de Louis XVIII, la Pairie lui échappait par le privilége même d'hérédité que, souverain éphémère, il venait de conférer autour de lui. Aussi n'avait-il pas subi sans répugnance cette condition imposée au nom des principes. Il tâcha de la corriger par l'admission dans ce corps des hommes les plus dévoués à sa cause, et le plus récemment compromis pour elle : mais une nécessité plus forte lui prescrivait aussi des choix ennemis ou neutres, pris dans les rangs les plus élevés de l'armée, ou dans les plus grandes fortunes du pays.

S'il appelait le jeune général de Labédoyère, Bertrand, Drouot, Cambronne et d'autres partisans dévoués de sa grandeur ou de sa personne, il était obligé d'admettre les Maréchaux mêmes, dont il accusait depuis longtemps la tiédeur, et d'abord Masséna, disgracié durant les campagnes de 1812 et de 1813, et suspect par son ancienne gloire, comme par ses amitiés avec Bernadotte et le duc d'Otrante; et pour le reste, il avait eu peu de choix, disait-il lui-même, entre les « anciennes fortunes, toutes ennemies, et les nouvelles « souvent réputées avides et honteuses. »

Quelques refus même l'avertirent de l'incertitude, ou de la défaveur attachée à son nouvel établissement. Le plus contrariant, comme le plus noble de ces refus en petit nombre, se trouva celui de l'homme de guerre illustre, dont l'Empereur avait eu le plus à se louer, dans sa première infortune, du généreux Macdonald, qui lui était resté fidèle et respectueusement secourable, pendant les crises de l'Abdication de Fontainebleau, et malgré l'injurieux et menaçant abandon de quelques autres. Mais depuis, lié par de nouveaux engagements, ayant accepté la Monarchie constitutionnelle des Bourbons, et essayé de la défendre, à Lyon, le maréchal Macdonald se tint opiniâtrement à l'écart devant le triomphe de Napoléon, et refusa de servir dans son armée et de siéger dans sa Pairie.

Hormis cette abstention volontaire et quelques exclusions inévitables, comme celles du duc de Raguse et d'Augereau, les premiers noms militaires et civils de l'ancien Empire, et les noms aussi de quelques grands propriétaires, trop riches pour être fort décidés dans leurs opinions, composaient cette Assemblée, qui n'eut à se réunir que sept ou huit fois seulement, jusqu'à la fin du mois et du nouvel Empire.

L'aspect en était imposant et noble, comparé surtout au tumulte et à la déclamation de la Chambre des Représentants. Évidemment, si cette dernière Chambre offrait en vétérans de 1793, en constitutionnels éprouvés, et en candidats nouveaux de la Tribune, ce qu'il y avait de plus opposé au Pouvoir absolu de l'Empire, dans la Chambre des Pairs se trouvaient, en revanche, ses plus fidèles adhérents de toutes les époques; et, si le dévouement opiniâtre était encore d'usage dans les jours de grandes mutations politiques, c'était de là que Napoléon aurait dû l'attendre.

Cela parut se marquer d'abord dans les réponses

officielles au Discours du Trône : l'Adresse de la nouvelle Chambre des Pairs se terminait par une réminiscence d'anciennes flatteries sénatoriales : « Nos insti-
« tutions, disait la Chambre, après de nouvelles assu-
« rances de courage et de fermeté constitutionnelle,
« garantissent à l'Europe que jamais le Gouvernement
« français ne peut être entraîné par les séductions de
« la victoire. »

Une sorte d'impatience ironique saisit l'Empereur, à ces paroles; et il débuta par là, dans sa réponse à la première des deux Députations présentes à la fois : « L'en-
« traînement de la prospérité, dit-il amèrement, n'est
« pas le danger qui nous menace aujourd'hui. C'est
« sous les Fourches-Caudines que les étrangers veulent
« nous faire passer. » Puis, après cet avis, il exprimait en peu de mots sa confiance dans la Chambre des Pairs, qui lui montrait, en se pressant autour de lui, les plus zélés serviteurs de son règne. S'il devait y trouver peu d'appui, c'était d'un autre côté du moins qu'il était directement menacé, et qu'il avait à réprimer autre chose que la fadeur d'une adulation trop démentie par les faits.

C'était Lanjuinais, c'est-à-dire l'héritier de l'esprit de 1789, le héros du courage civil sous la Convention, c'était Lanjuinais qui venait présenter l'Adresse de la Chambre élective, dont il avait la Présidence, en dépit de l'Empereur. Les membres du bureau rappelaient de non moins déplaisants souvenirs; et, dans la foule réunie à leur suite, on comptait plus d'un ardent révolutionnaire, et bien des ennemis présumés de l'Empire. Enfin le langage de l'Adresse, quelque mêlé qu'il fût d'éloges pour le génie du héros investi de nouveau du gouverment de l'État, respirait un désir de paix et un zèle de perfectionnement constitutionnel, peu fait pour exciter l'ardeur belliqueuse du pays, et pour ranimer la confiance de l'Empereur. En faisant écho à cette phrase, où l'Empereur avait exprimé sa vive satisfaction de venir commencer la Monarchie constitutionnelle, la Chambre s'attachait surtout à l'idée d'affermir les bases de cette Monarchie protectrice de la liberté, de l'égalité et du bonheur du peuple ; et elle demandait que la délibération nationale rectifiât le plus tôt possible ce que l'urgence de la situation avait laissé de défectueux ou d'imparfait dans l'ensemble de nos Constitutions.

A ce langage succédait une protestation de défendre l'indépendance nationale, « sans concevoir d'ailleurs « aucun projet ambitieux, affectait de dire la Chambre, « et sans que la volonté du Prince, même vainqueur, « pût entraîner la nation hors de ses propres limites. » La réponse de Napoléon fut qu'il partait cette nuit pour se rendre à la tête de ses armées, « le mouve- « ment des différents Corps ennemis y rendant sa pré- « sence indispensable. » Il crut cependant avoir encore besoin de ces redites de libéralisme, si peu vraisemblables dans sa bouche et à cette heure : « La Constitu- « tion est notre point de ralliement ; elle doit être notre « étoile polaire, dans ces moments d'orage. » Mais il se hâtait d'ajouter ce qui frappait tous les esprits : « La « crise où nous sommes engagés est forte. N'imitons « pas l'exemple du Bas-Empire qui, pressé de tous côtés « par les barbares, se rendit la risée de la postérité, en « s'occupant de discussions abstraites, au moment où le « bélier brisait les portes de la ville. »

Le siége de Paris était devant ses yeux ; et des témoins attentifs ont affirmé qu'en prononçant ces paroles, l'Empereur promenait sur quelques physionomies de la nombreuse Députation un regard sévère, qui semblait mêler la menace à l'avertissement. Mais tout cela, défiances réciproques, rêves de liberté ou projets de despotisme, défection méditée ou tyrannie en espérance, tout cela était désormais renvoyé à la loterie de la guerre, et dépendait de l'issue d'une prochaine et terrible bataille !

C'est par là que ce drame extraordinaire des Cent Jours, cette parodie condensée du Consulat et du premier Empire, cette comédie de liberté soufferte, ou même en partie jouée par un si grand dominateur, cette fièvre révolutionnaire reprise comme un moyen de défense, sans ardeur de sang, avec du vaccin éventé dans des veines vieillies, cette contre-révolution royale enfin, favorisée sous main, dans le Midi et dans l'Ouest, par un régicide, ministre actuel de l'Empereur et correspondant secret de M. de Metternich, tout ce chaos de vains simulacres, de faux serments, de transformations hypocrites prend un caractère néfaste et à jamais lamentable.

La journée de Waterloo a été un des plus grands malheurs de la France, et par la perte de tant de braves Français et par la cause de cette perte, et par les douloureux souvenirs et les solidarités d'erreurs et de haines qu'elle devait laisser après elle. Cette journée fatale a été pour beaucoup dans les difficultés qu'a trouvées la France à transformer l'ancienne Royauté et à fonder la liberté. Il n'est donc pas de nom que tout homme attaché de cœur à cette patrie longtemps si glorieuse doive détester davantage, sans en être moins sévère pour l'ambition désespérée qui attira sur la France cette épreuve funeste.

L'Empereur, enfin résolu et forcé de jouer ce dernier dé du champ de bataille, partit dans la nuit du 12 juin. Bien peu de jours le séparaient encore de la crise suprême. Il laissait derrière lui, avec cet appareil douteux et inquiet de deux Chambres si nouvellement constituées, un Conseil de Gouvernement formé de ses deux frères, l'ancien roi si docile, et l'ancien opposant intérieur, Joseph et Lucien, de ses huit ministres, y compris le prince Cambacérès, et des quatre ministres d'État, Defermon, Regnauld, Boulay de la Meurthe et Merlin.

C'était le fond même de son ancienne administration avec ce ferment révolutionnaire, dont il l'avait aigri et qu'il redoutait. Chose singulière et caractéristique du temps! on fit des objections à l'Empereur sur cette organisation mixte et anormale. On allégua qu'elle avait quelque chose de gênant et de trompeur, pour l'application du principe de la responsabilité ministérielle. L'Empereur discuta, donnant comme motif à cette combinaison l'inexpérience de tribune de quelques-uns de ses anciens ministres, et la nécessité de les préparer à la polémique constitutionnelle, en les aidant par des auxiliaires sans portefeuilles, moins compromettants et plus libres devant les Chambres.

Dans la réalité, il avait un autre souci; il voulait serrer de près le duc d'Otrante, dont il se défiait chaque jour davantage, qu'il avait même plus d'une fois insulté de ses reproches, sans le convaincre jusqu'au bout, et sans l'abattre. C'était surtout contre lui qu'il appelait de nouveaux membres affidés dans ce Conseil, dont il donnait la Présidence à son frère. Mais cette disposition même le laissait plein de doute et de sollicitude. Des uns, il redoutait la faiblesse, et, comme il le disait lui-même, l'incapacité de faire autre chose que d'obéir; des autres, il craignait encore les préjugés révolutionnaires; de tous peut-être, les tentations d'infidélité, que peut faire naître l'imminence d'une grande catastrophe. Un mot échappé marqua bien cette anxiété de son esprit. Le duc de Vicence que, dans l'excommunication politique de l'Europe, son département des affaires étrangères ne retenait nullement, et que sa loyauté pressait de s'associer aux périls qu'il avait tant prédits, sollicitait de l'Empereur la faveur de le suivre à la Campagne qui allait s'ouvrir. « Non, « non, Caulaincourt, lui dit Napoléon; si je ne vous « laissais pas à Paris, sur qui pourrais-je compter? »

Quoi qu'il en soit, ce Conseil de gouvernement établi par Napoléon ne négligea rien pour occuper, pendant cette courte et terrible attente, l'intérêt des Chambres et du public. Le 13 mai, Carnot et le duc de Vicence venaient exposer devant la nouvelle Pairie la situation intérieure et extérieure de l'Empire. Le rapport de Carnot était remarquable par un accent de sincérité, au milieu de l'altération prestigieuse des faits. En célébrant le retour de ceux qu'il appelait les républicains, et leur attachement actuel à la cause de l'Empereur, le Ministre de l'intérieur, par un empiétement naturel, à pareil moment, sur les attributions du Ministre de la guerre, décrivait le prodigieux effort d'armement effectué depuis le 20 mars. Mais il exagérait beaucoup, quand il portait à trois cent soixante-quinze mille hommes nos forces disponibles, et la garde impériale à près de quarante mille. Tout en restant loin de là, le prodige véritable, c'était d'avoir muni en trois mois beaucoup de places de guerre, doublé les rangs de l'armée, accru le matériel et refait une cavalerie formidable.

Carnot, en traçant ce rapport, où semblait respirer quelque chose de son ancienne pensée militaire, le terminait par le vœu « de lois organiques nécessaires au « nouvel Empire, pour que la licence n'y prît point la « place de la liberté, et l'anarchie la place de l'ordre. » Et ce langage, dans sa bouche, attestait combien l'ancien Conventionnel et l'ancien Tribun, averti par ses propres périls, adhérait désormais à l'Empire et à l'Empereur. A ce tableau des périls de l'un et de l'autre, assez marqués par le dénombrement des moyens de defense, succéda le Rapport du Ministre des affaires étrangères sur la nullité des tentatives diplomatiques, les liens nouveaux et publics de la Coalition, les préparatifs, ou plutôt les marches commencées des quatre principales Puissances, et la nécessité d'un suprême effort. « Croire à la possibilité du maintien de la paix, » disait le Ministre, qui lui-même n'avait jamais eu cette espérance, « serait aujourd'hui le plus dangereux « aveuglement. La guerre nous entoure de toutes parts ; « et ce n'est plus que sur les champs de bataille que la « France peut reconquérir la paix. »

Avant ces aveux officiels, tardivement publiés pour la France, un nouvel écho des débats britanniques avait porté près de nous et parmi nous, avec les *Manifestes* passionnés de la Coalition, la revue presque minutieuse des forces amassées contre la France. Le 2 juin, la Chambre des Communes, *réunie en Comité général d'armement de guerre*, avait entendu le rapport sur les dépenses de l'armée pour la campagne actuelle. C'était la voix de lord Palmerston, sa vaste et précise intelligence, sa résolution énergique aussi marquée dans ses exposés d'affaires que dans sa conduite. Il était alors, dans une partie de l'*administration* de la guerre, à la première époque de cette vie ministérielle si laborieuse, où nous le voyons aujourd'hui, toujours actif et toujours décidé, pouvant changer de parti, non de passion, Tory d'origine, mais d'une politique hardie et remuante plus faite pour agiter que pour affermir, habile dans le cabinet, prompt à la discussion, et par sa capacité toujours prête, indispensable à ceux mêmes auxquels il pèse le plus. Tel était déjà lord Palmerston; tel il devait se retrouver en 1854, après quarante années de Parlement et de Ministères rarement interrompus.

En ce moment, docile auxiliaire de la pensée de lord Liverpool et de lord Castlereagh, il exposait l'état récent des forces de terre britanniques, la réduction commencée, à la paix de 1814, les nouveaux accroissements repris depuis le 20 mars 1815, l'inégalité encore subsistante entre les chiffres de deux époques si voisines, et la nécessité actuelle [1] « de maintenir pour le service
« du Royaume-Uni les forces de terre à un total n'excé-
« dant pas 199,787 hommes, non compris les hommes
« appartenant aux régiments employés dans les pos-
« sessions territoriales de la Compagnie des Indes, les
« corps étrangers soldés par l'Angleterre, et la milice
« enrégimentée. »

C'est à ce nombre de troupes, relativement si considérable, que le Chancelier de l'Échiquier [2] proposait de

---

[1] *The parliamentary debates*, etc., vol. XXXI, p. 475.
[2] *Idem*, p. 482.

pourvoir par un vote complémentaire qui porterait à douze millions de livres sterling (300,000,000) tout l'extraordinaire des dépenses militaires de l'Angleterre pour l'année courante.

Aujourd'hui même, nous simples rapporteurs ou lecteurs de ces détails techniques, nous pouvons juger, à ce simple énoncé, quel devait apparaître aux yeux de l'Europe ce dernier effort de l'Angleterre, si nous considérons qu'après de si longues et si récentes guerres, elle apportait alors dans la lutte reprise un Contingent d'hommes et d'argent de beaucoup supérieur à celui qu'elle engage maintenant, au début d'une autre lutte non moins importante pour elle peut-être, et contre une Domination à la fois plus croissante et plus enracinée que celle de Napoléon lui-même.

Et cependant alors, la part virile de l'Angleterre, l'effort de ses bras et de ses baïonnettes ne formait qu'un vingtième au plus de l'armement immense que sa politique provoquait et soldait en partie. Quant à cet armement européen, dans sa force actuelle ou bientôt disponible, lord Castlereagh affecta d'en déployer devant la Chambre, nation par nation, le menaçant programme, comme pour ôter à la guerre ses chances d'incertitude, au génie ses espérances, et montrer la France mathématiquement accablée sous des nombres insurmontables. C'est ainsi qu'à l'occasion d'un subside de cinq millions de livres sterling à concéder à l'empereur d'Autriche, au czar de Russie et au roi de Prusse, et d'une pareille subvention de guerre à distribuer entre les petits États de l'Allemagne, il établit l'état militaire des Alliés pour la prochaine entrée en campagne sur le pied d'un million onze mille hommes. La Russie, remarquait-il encore, ne figurait, dans ce chiffre exorbitant, que pour deux cent vingt-cinq mille hommes, son autre grande armée étant tenue en réserve, sur ses frontières de Pologne, pour agir en cas de nécessité.

Tel était le matérialisme asiatique, et pour ainsi dire le retour à la barbarie dans l'art militaire, où l'exemple de Napoléon, ses abus de la Conscription et de la Conquête avaient poussé l'Europe opprimée sous des masses de soldats, et réagissant à son tour par des masses de peuples. Il ne s'agissait plus, dans cette terrible enchère de carnage, que d'assembler tant d'hommes et d'amener avec eux, sur un point donné, tant de pièces d'artillerie, qu'il y eut pour l'armée d'une seule nation impuissance radicale à épuiser les feux et à soutenir les charges des autres nations; en telle sorte que la victoire, achetée à force de morts, n'était plus que la solution d'un problème, donnant pour résultante quelques reliquats d'unités contre néant.

La même certitude algébrique, la même réalité semblait sortir, le 14 juin encore, de l'*exposé* général du Budget britannique, où les dépenses intérieures et les subsides de l'Angleterre étaient considérées comme devant concourir au ralliement et à l'entretien de forces telles, que non-seulement l'armée d'un seul peuple, mais ce peuple soulevé tout entier ne pouvait y opposer de résistance proportionnée et d'obstacle durable. En même temps, mille bruits avant-coureurs, les conjectures de la presse libre à l'étranger, l'existence d'une *Émigration* royaliste si faible qu'elle fût, les germes de guerre civile fomentés en France, tout annonçait que cette Coalition du dehors, si opiniâtre et si vaste, ne susciterait pas parmi nous l'unanimité d'un mouvement national, et que, si elle triomphait sur quelque grand champ de bataille, elle ne rencontrerait plus qu'un peuple trop incertain et trop désuni, pour être invincible.

Le contre-coup de ces dernières menaces de la tribune anglaise, et, pour ainsi dire, ce protocole de la guerre déjà commencée ne retentit en France qu'avec la nouvelle même des désastres militaires qui devaient tout entraîner. Mais la force dissolvante qui, de l'intérieur, répondait à cette action hostile du dehors, n'avait pas un moment cessé, et se multipliait sous toutes les formes, depuis l'immobilité passive et le découragement du grand nombre jusqu'à l'inertie calculée et à la trahison fréquente des instruments du Pouvoir lui-même.

Tel fut dans ces jours de crise, non-seulement l'effet direct, mais en quelque sorte l'explication mystérieuse pour le public d'un nouveau *Rapport* communiqué aux deux Chambres par le duc d'Otrante, à la suite des aveux si accablants échappés au zèle sincère du comte Carnot et du duc de Vicence. Partis de points si opposés de l'horizon social, l'un, malgré ses goûts d'esprit et d'art, logicien durement inflexible et révolutionnaire longtemps intraitable, l'autre, gentilhomme de l'ancienne Monarchie, n'ayant jamais rien adopté de la Révolution que la guerre et l'Empire, et ne gardant de la Cour que la noblesse des manières, avec le cœur d'un citoyen et la franchise d'un ami, ces deux ministres, Carnot et Caulaincourt, se trouvaient aujourd'hui, par une rencontre étrange, les deux derniers appuis zélés de Napoléon; et leurs deux Rapports aux Chambres, quel qu'en dût être l'effet public, étaient un témoignage sans équivoque de leur zèle désintéressé pour sa cause.

Mais il était plus difficile de pénétrer l'intention et de deviner les avantages de l'*exposé* sur notre situation morale, que le Ministre de la police générale apportait à la tribune, comme un supplément aux détails sur l'organisation défensive et l'état diplomatique de la France.

Sous une phraséologie empruntée souvent à la Convention, mais dans un but ostensible fort différent, le duc d'Otrante déployait, comme un immense réseau de mécontentements et de conspirations, étendu des bords de la Manche à ceux de la Méditerranée, de la rive gauche de la Loire jusqu'aux Cévennes; il désignait de grandes villes, Marseille, Toulouse, Bordeaux, comme des centres tout préparés d'insurrection; il montrait Dieppe et le Havre agités par des séditions; il exagérait la force des bandes armées, qui avaient reparu dans quelques districts de la Bretagne et de la Vendée. La conclusion de ce travail était une proposition de demander aux Chambres des lois plus sévères, pour réprimer la licence de la presse, et, comme disait le Ministre, pour *circonscrire* la liberté individuelle. Mais pareille publication, à pareil moment, ne semblait qu'un cri d'alarme de plus dans le trouble général, un encouragement à l'ennemi, un signal pour ses approches, un point de mire pour ses coups.

Le duc d'Otrante, provoquant, le 16 juin, une discussion spéculative sur le degré de restriction légale que pouvait recevoir la *Presse*, formait un des intermèdes bizarres de ce drame guerrier des Cent Jours.

A la même date, l'Empereur, déjà, depuis deux jours, à la tête de sa plus forte armée, avait dépassé Avesne, où elle était réunie; et il lui laissait un ordre du jour encore tout plein de ces grands sou-

venirs qu'il avait invoqués tant de fois, au moment de les accroître encore, mais qui n'étaient plus qu'un écho de gloire s'affaiblissant, à mesure qu'on s'en éloignait :
« Soldats ! c'est aujourd'hui l'anniversaire de Marengo
« et de Friedland, qui décidèrent deux fois du destin de
« l'Europe. Alors, comme après Austerlitz, comme
« après Wagram, nous fûmes trop généreux ; nous
« crûmes aux protestations et aux serments des Princes
« que nous laissâmes sur le trône ! Aujourd'hui ce-
« pendant, coalisés contre nous, ils en veulent à l'in-
« dépendance et aux droits les plus sacrés de la France.
« Ils ont commencé la plus injuste des agressions ;
« marchons donc à leur rencontre : eux et nous, ne
« sommes-nous plus les mêmes hommes ?

« Soldats, à Iéna, contre ces mêmes Prussiens aujour-
« d'hui si arrogants, vous étiez un contre trois, et à
« Montmirail un contre six. Que ceux d'entre vous qui
« ont été les prisonniers des Anglais, vous fassent le
« récit de leurs pontons et des maux affreux qu'ils ont
« soufferts !

« Les Saxons, les Belges, les Hanovriens, les soldats
« de la Confédération du Rhin gémissent d'être obligés
« de prêter leurs bras à la cause des Princes ennemis
« de la justice et des droits de tous les peuples. Ils
« savent que cette Coalition est insatiable. Après avoir
« dévoré douze millions de Polonais, douze millions
« d'Italiens, un million de Saxons et six millions de
« Belges, elle devra dévorer les États de deuxième ordre
« de l'Allemagne. »

Quelque véhément que fût ce langage, il n'avait plus, dans la bouche de Napoléon, cette puissance qui enlevait l'Italie. La vérité manquait aux paroles du grand général, comme la confiance à son courage. Ces peuples qu'il dénombrait, comme des auxiliaires prêts à se rallier à lui, étaient les mêmes qui, trois années auparavant, entraînaient leurs princes à le combattre, et tout à l'heure encore allaient lui faire face sur son dernier champ de bataille. De tous ces millions d'hommes dévorés, selon sa forte expression, il ne restait encore pour lui que quelques bras et quelques cœurs polonais ; et sa faute irréparable avait été de ne pas affranchir leur nation, aux jours de sa puissance, comme son malheur était de ne point la retrouver, au jour de son suprême effort. Quant aux griefs qu'il alléguait, quant aux passions qu'il invoquait, le retentissement devait en être bien faible sur la foule militaire. Et peu importait la destruction future des *États du deuxième ordre* de l'Allemagne à ces survivants de tant de batailles, qu'il avait pu ramasser encore, et qu'il allait jeter sur la Belgique. Là, sans doute (et quelques précautions de Wellington le prouvaient), une victoire pouvait rendre à Napoléon d'anciens auxiliaires. Les Anglais écrasés, Bruxelles enlevée de vive force pouvaient lui rouvrir la route vers de grandes choses inconnues. Mais pour cela il ne suffisait pas des succès d'avant-garde de Ligny et de Fleurus : il fallait une immense victoire, comme n'en remportent plus les destinées en décadence.

Au lieu de cette immense victoire, il n'y eut d'obtenu d'abord que la défaite partielle de Blücher et la séparation momentanée des Prussiens d'avec leur ligne de communication aboutissant à l'armée anglaise et mixte de Wellington.

Ce succès même ne fut que trop compensé par l'énergie du général prussien, raffermissant à la hâte le désarroi de son armée, y remettant l'ordre en deux jours, et retiré lui-même tout froissé du combat, tenant cette armée aussitôt alerte pour une nouvelle attaque. La vitesse d'action naturelle à Napoléon, comme à César, n'en faillit pas moins cette fois encore surprendre un grand succès, et frapper à l'improviste son plus redoutable ennemi. Le retentissement de ses premiers coups de canon victorieux arriva jusqu'à Bruxelles, durant une soirée de fête et la frivolité d'un bal, où l'élite des officiers anglais entourait le jeune héritier de Brunswick et le duc de Wellington, deux jours avant les combats où l'un devait laisser la vie, et l'autre mettre le comble à sa renommée.

Quoi qu'il en soit, cette négligence ou cette confiance des *Coalisés*, plus digne de l'ancienne légèreté héroïque du courage français, que de la circonspection britannique, se répara promptement; et de la salle de bal, où il s'était trop arrêté, Wellington, à l'instant même, gagnait, avec son état-major, la tête de son armée, et les fortes positions remarquées d'avance par lui : il y arrivait à temps, pour arrêter et combattre ceux dont il semblait avoir un moment oublié la prestesse guerrière et la marche rapide.

C'est ainsi que le 18 juin, avant le lever du jour, la forêt de Soigne, les flancs inclinés et tous les points défensifs du mont Saint-Jean se trouvaient munis d'une artillerie redoutable, et graduellement couverts des masses de l'armée anglaise, tandis qu'à travers les brouillards d'une matinée humide d'été, apparaissaient sur les hauteurs en face et dans la plaine les corps nombreux et la brillante cavalerie de Napoléon.

Mais ce n'est pas à ces Mémoires politiques des *Cent Jours*, à ce journal des incidents moraux de cette époque singulière, qu'il appartient de retracer la lutte savante et terrible sur laquelle la science militaire a discuté et protesté diversement. On sait comment Napoléon, par une manœuvre préméditée, s'était privé d'une Division considérable, qu'il chargeait de contenir à distance les Prussiens, afin de le laisser lui-même en face des seules forces britanniques.

On sait aussi comment cette combinaison lui ôta un secours, sans le délivrer d'un ennemi, et quel fut, en l'absence du maréchal Grouchy, le puissant surcroît d'hostilités qu'apportèrent à la fin du combat l'armée de Bulow et la présence de Blücher, avec tout le reste de la sienne. On a lu, sous le nom d'un officier général, et à la date de Sainte-Hélène, la réfutation, pour ainsi dire, de cette victoire anglo-prussienne, et l'admirable écrit où le Conquérant déchu démontre, avec une incroyable précision d'arguments et de détails, qu'il avait tout combiné pour le succès de la journée, et que, n'était la puissance du hasard et la faute des hommes, il avait dû vaincre, il avait vaincu. L'avenir lira ce tableau stratégique plein de grandeur, et ne se souciera d'aucun autre.

Mais, sur ce grand événement de guerre, il nous reste quelques témoignages contemporains et tragiquement mémorables, à faire entendre, en leur lieu. Et, en dehors de la tactique même de cette malheureuse journée, il y a tout un contre-coup politique, dont les détails plus accessibles au jugement de chacun sont aussi plus instructifs pour tout le monde.

C'était à Paris, à Paris où se donne la Souveraineté,

que ce contre-coup devait promptement retentir, avec une puissance irrésistible. Il était vrai, et il sera longtemps vrai de la Capitale de la France le mot du grand historien romain : « On n'avait pas encore divulgué ce « secret de l'Empire, qu'un Empereur pouvait se faire « ailleurs qu'à Rome[1]. » C'était donc de Paris que partait et à Paris qu'aboutissait, en ce moment, toute la force et tout le péril de Napoléon ; et cette influence doit d'autant plus être notée, qu'elle seule détermina peut-être la faute qui rendit irréparable pour lui le désastre de Waterloo.

Entre le jour où les Chambres avaient porté à Napoléon leurs Adresses de dernier adieu et celui où nous arrivaient les bruits précurseurs de la dernière bataille, durant ce court intervalle traversé déjà de succès glorieux, on put dire qu'il y eut à Paris comme une suspension de la vie ordinaire. Tant les âmes incertaines, lorsqu'elles n'étaient pas décidées avec passion, restaient attachées à cette obscure attente d'une défaite odieuse, ou d'une victoire oppressive, sans terme dans les sacrifices, dont elle aurait besoin pour se soutenir, avec l'impuissance de durer ! On ne respirait pas. Les esprits étaient tendus vers une seule idée. Paris sans soldats, avec sa garde nationale peu nombreuse, ses fédérés inscrits et félicités, mais non régulièrement armés, Paris était dans cette torpeur inquiète, « dans ce silence des grandes craintes et des grandes colères, » comme dit le peintre immortel qui avait vu plus d'un renversement d'Empereur : *Quale magni metûs, aut magnæ iræ silentium est.*

---

[1] Nondum evulgato imperii arcano, alibi quam Romæ principem fieri posse.

Une seule espèce d'hommes, pour marquer la différence et non le progrès de nos temps modernes, semblait remuante et animée, sous le poids de l'anxiété publique : c'était l'espèce d'hommes qu'un moraliste du dix-septième siècle avait devinée et définie d'avance, lorsqu'il écrivait : « Il y a des gens qui ne sont ni pères, « ni frères, ni parents, ni chrétiens, ni Français, ni « hommes : ils ont de l'argent. » Ajoutons : « et ils « veulent en gagner à tout prix. » C'étaient, en un mot, les spéculateurs à la Bourse, travaillant avec une infatigable ardeur, dans la perspective d'un revers, qui produirait infailliblement la hausse ; tant l'hypothèse d'une victoire de l'Empereur aurait paru le redoublement et la perpétuité de la guerre ! Tant lui-même paraissait radicalement incapable d'obtenir ou de garder la paix ! et enfin, tant la notion incessamment répandue des efforts démesurés de l'Europe avait détruit toute probabilité en sens divers, et établi, pour ainsi dire, la fatalité mathématique d'une défaite !

Tout à coup les bruits avant-coureurs de grands désastres circulent ; et le vent de mort de Waterloo a soufflé sur Paris. Quelques heures encore, et on apprend que l'Empereur, vaincu, est de nouveau, et pour la dernière fois sans doute, le courrier de sa propre défaite ; qu'il est descendu, vers la fin de la nuit, à l'Élysée, harassé d'efforts, privé d'espérance, mais survivant ; que ses Ministres, ses grands sont près de lui ; et qu'on délibère.

A son arrivée dans la cour de l'Élysée, l'Empereur avait trouvé, pour le recevoir, l'ami de sa personne, bien plus que de son ancienne fortune, le libre contradicteur de l'expédition de Moscou, le fidèle compagnon, le vigilant gardien de la fuite impériale sur le traîneau échappé de Russie, à travers la Pologne inondée d'ennemis et l'Allemagne soulevée déjà, le conseiller persévérant de la paix après Lutzen et Bautzen, et dans les éclairs de victoire de 1814, son dernier Ministre des affaires étrangères enfin, et son seul confident véridique autant qu'éclairé, le duc de Vicence.

Ce fut cette main si courageuse et si sûre, qui aida le Conquérant vaincu et épuisé à descendre de voiture, et qui le soutint. Ce fut ce cœur si dévoué qui recueillit les premiers soupirs d'oppression maladive, que traversaient ces paroles entrecoupées : « L'armée avait fait « des prodiges ; une terreur panique l'a saisie : tout a « été perdu. Ney s'est conduit comme un insensé ; il « m'a fait massacrer toute ma cavalerie ; je n'en puis « plus. Il me faut deux heures de repos, pour être « capable de quelque chose. » Et la main sur sa poitrine haletante : « J'étouffe là ! un bain ; qu'on m'ap-« prête un bain. »

C'était le 21 juin, à trois mois et un jour du triomphe et de la rentrée nocturne de Napoléon aux Tuileries.

CHAPITRE XI

ANXIÉTÉ CROISSANTE DE PARIS. — DÉTAILS INTÉRIEURS DE L'ÉLYSÉE. — SITUATION DE LA CHAMBRE DES REPRÉSENTANTS.

Cependant, au premier bruit, vague d'abord, des malheurs de l'armée, puis à la nouvelle de la désertion du Chef et de son retour désespéré vers Paris, cette pulsation de la vie politique, suspendue par l'incertitude dans les Chambres, comme ailleurs, reparut tout entière. L'anxiété fait place à la haine ; la sollicitude publique aux calculs d'intérêt personnel et de vengeance.

Le duc de Vicence avait pressenti cette disposition des esprits; et, dans son austère empressement près de son Prince, il laissa voir d'abord autant d'étonnement que de tristesse. Aux premières paroles plus calmes de l'Empereur, à l'annonce qu'il vient pour réunir les deux Chambres en séance impériale, leur exposer lui-même les pertes et les besoins de l'armée, demander de nouvelles forces, de nouveaux moyens de salut, et repartir aussitôt, le fidèle Ministre répond par l'impression présumée du public, et par celle qu'il connaît déjà : « L'agitation des esprits est grande; l'indépen-
« dance de la Chambre plus hostile que jamais. Il est à

« craindre qu'elle ne s'unisse pas à la pensée de l'Em-
« pereur, et ne soit plus enhardie que touchée par ses
« malheurs. Je regrette de vous voir à Paris, ose dire
« enfin Caulaincourt; il valait mieux pour vous ne pas
« vous séparer de votre armée. — Mais je n'ai plus
« d'armée, répond amèrement l'Empereur; je n'ai plus
« que des fuyards. Je retrouverais des hommes; mais
« je n'ai plus de fusils. » Et il insiste encore sur son
espérance de ramener les Députés à sa cause, au nom
des malheurs publics, de retrouver appui dans la majorité, et de contenir les dissidents par sa présence.

Évidemment, cette tactique toujours la même de fuir
vite son malheur, d'abandonner les restes de sa défaite,
pour courir à la ressource et sommer immédiatement
la France de nouveaux sacrifices, n'était plus de saison.
La force manquait dans la Nation pour suffire à ces sacrifices; et l'ascendant aussi dans le Chef pour les imposer. Le cri d'honneur et l'instinct de prévoyance de
Caulaincourt étaient vrais. Même, après l'affreux mécompte de Waterloo, Napoléon, s'arrêtant à quelque
distance, pour rassembler lui-même ses débris, puis
s'écartant pour rejoindre le maréchal Grouchy qui, de
Namur, occupé sans effort, rentrait en France par
Bovines et Rocroy, Napoléon, retrouvant ainsi une
armée encore intacte, et qu'auraient grossie les débris
arrêtés par sa présence, eût été bien autrement redoutable et respecté que Napoléon arrivant seul à Paris en
toute hâte, comme Varron à Rome, après la défaite de
Cannes, ou, pour être plus juste envers le génie de la
guerre, comme Annibal rentrant à Carthage, après
Zama.

Le témoignage des frères mêmes de l'Empereur, de

l'ancien roi Joseph et du prince Lucien, accourus à l'Élysée, vint sinon exprimer le même regret mêlé de blâme qui échappait à Caulaincourt, confirmer du moins avec de nouveaux détails, ses inquiétudes sur la disposition de la Chambre des représentants, et sur l'impuissance, ou même le danger du retour actuel de Napoléon. La tenue immédiate d'une Séance impériale était repoussée par les deux Princes, comme pleine de hasards, et stérile ou funeste. Ils insistaient, pour qu'avant tout le terrain fût reconnu, et de premières ouvertures essayées par les ministres de l'Empereur.

Pendant que Napoléon, harassé de fatigue nerveuse et comme épuisé d'esprit vital, prenait quelque repos dans un bain d'une heure, son Conseil se rassemblait à l'Élysée; et, par le langage sincère jusqu'au désespoir des aides-de-camp et des officiers d'ordonnance arrivés avec l'Empereur ou à sa suite, chacun, même des plus fidèles, sentait croître son découragement et son anxiété sur le mécontentement probable des Représentants, et la résistance à leur opposer.

Tout est déjà connu en effet; tout est deviné; tout est exagéré par la crainte et la haine, si l'exagération est possible dans un tel désastre. De parti à parti, entre les soutiens du 20 *mars*, d'homme à homme, entre les Conseillers qui approchent l'Empereur, on se soupçonne, on se redoute, on se hâte de se prévenir mutuellement, et de frapper le premier coup.

La fermeté triste et peu active de Carnot, l'insouciance effrontée du duc d'Otrante, le zèle respectueux, mais découragé du comte Regnauld, sont de faibles appuis pour la loyauté et le jugement intrépide de Caulaincourt, l'homme du conseil qui connaît le mieux les mobiles divers de la Coalition, et le seul dont la parole puisse encore y trouver quelque accès. Pour le moment, d'ailleurs, le plus grave péril, l'attaque imminente n'est pas sur la route du mont Saint-Jean vers Paris, mais à Paris même, sur l'autre côté de la Seine, à quelques centaines de pas.

Du palais des Représentants à l'Élysée, dont les abords restent peu gardés, on se voit à nu; et tout est mis à jour par de fréquents transfuges. La colère et la peur sont indiscrètes; et la trahison intime avait pénétré près de la baignoire et du bureau de Napoléon, épiant ses moindres paroles, et tâtant, pour ainsi dire, le pouls intermittent de sa volonté défaillante, comme ce médecin de Tibère[1], qui le soir d'un jour fiévreux, au moment de quitter l'Empereur malade, mais debout encore, et affectant la force, lui baisait lentement la main, pour juger, au battement de l'artère, le temps qui lui restait encore à régner et à vivre.

Napoléon semble aller lui-même au devant de cette épreuve. Après les détails entrecoupés, les aveux ou les réticences de la première entrevue avec chacun de ses conseillers survenants, il a ouvert la délibération, en faisant lire par le duc de Bassano, devant le Ministère réuni, le bulletin de la fatale journée; puis il ajoute, en insistant sur la gravité du désastre, « qu'il

---

[1] Erat medicus arte insignis, nomine Charicles... Is velut ad propria negotia digrediens, et per speciem officii, manum amplexus, pulsum venarum attigit; neque fefellit: nam Tiberius, incertum an offensus, tantoque magis iram premens, instaurari epulas jubet, discumbitque ultrà solitum, quasi honori abeuntis amici tribueret. Charicles tamen labi spiritum, nec ultra biduum duraturum Macroni firmavit.

(TAC. *Annal.*, lib. VI, § 50.)

« est venu pour le réparer par un grand mouvement
« donné à la nation et à l'armée. Si la nation se lève,
« l'ennemi sera écrasé; si, au lieu de levées en masse et
« de mesures extraordinaires, on dispute, tout est perdu.
« L'ennemi est en France. J'ai besoin, pour sauver la
« patrie, d'être revêtu d'un grand pouvoir, d'une Dic-
« tature temporaire. Dans l'intérêt de la patrie, je
« pourrais la saisir; mais il serait utile, et plus national
« qu'elle me fût déférée par les Chambres. »

A ces paroles, nous dit un témoin fidèle, les Ministres baissèrent les yeux et ne répondirent pas. Ce silence n'était pas moins expressif que la question. L'Empereur avait lui-même autant d'hésitation que d'impuissance à tenter un nouveau 18 brumaire. Tout était changé, au dehors et au dedans. L'intérieur du palais, peu fréquenté à ce moment, ne rappelait en rien cette maison et cette cour de la rue Chantereine, toutes remplies de généraux et d'officiers en grand uniforme, et gardées par un régiment de dragons d'élite, le matin du coup d'État de Saint-Cloud. Les hommes, l'opinion, l'audace étaient maintenant ailleurs; et ce n'était que par une illusion singulière, ou seulement apparente, que Napoléon pouvait encore supposer le concours actif d'une partie des Chambres, pour lui déférer ce qu'il appelait une *Dictature* temporaire. En pareille occurrence, la force se prend et ne se donne pas. Sur le silence unanime que rencontre sa demande, Napoléon interpelle chacun de ses Ministres.

Interrogé le premier, Carnot, avec des idées de diverses époques, croyant à l'énergie durable des temps révolutionnaires qu'il a vus, y mêlant un respect pour le Pouvoir légal des Chambres, opine : « qu'il faut dé-

« clarer par une loi la Patrie en danger, appeler aux
« armes les fédérés et toutes les gardes nationales de
« l'Empire, mettre, également par une loi, Paris en état
« de siége, en défendre les abords ; puis, à la dernière
« extrémité, se retirer au delà de la Loire, s'y retrancher,
« en rappelant les troupes de la Vendée et les Corps d'ob-
« servation qui occupent encore quelques points du Midi,
« et tenir, par une défensive vigoureuse, l'ennemi en
« arrêt, jusqu'à ce que le soulèvement de la France en-
« tière donne des forces suffisantes pour attaquer de
« toute part ce même ennemi, le poursuivre et le chas-
« ser du territoire. »

Le duc de Vicence, comme Ministre des affaires étrangères, se montre surtout frappé de l'exemple si récent de 1814, et de la conviction que la prise de Paris entraînerait une seconde fois la chute du Trône impérial. Évidemment, il n'admet pas l'idée de cette guerre de partisans, de cette translation du siége de l'Empire, et de cet armement universel, que conçoit le vieux patriotisme de Carnot, en ce moment plus adhérent à l'Empereur que dans le premier feu des succès du 20 mars. Le duc de Vicence, sorti d'une autre origine, éclairé par d'autres vues, et donnant une autre forme au même sentiment d'honneur et de loyauté fidèle, n'insiste pour aucune mesure extraordinaire en particulier. Mais, pour obtenir le grand effort national qui seul peut sauver l'indépendance du pays, il croit à la nécessité de ménager désormais à tout prix l'union des Chambres avec l'Empereur.

C'était aussi le langage du Ministre de la police générale, quelles que fussent d'ailleurs et ses intentions secrètes et ses menées diverses, pour hâter un dénoûment, qu'il acheminait sans cesse depuis trois mois, mais sur lequel il avait plusieurs derniers mots.

Membre de la Chambre des Représentants (car il avait décliné la Pairie, comme trop aristocratique ou trop dépendante), ayant, du reste, ainsi qu'il s'en vantait, réussi à ramener près de lui, dans la Chambre élective, plusieurs membres célèbres des plus mauvais temps de la Révolution, le duc d'Otrante avait là sa force et son camp principal. Mêlant, sous son bizarre patronage, jusqu'à des noms légitimistes et vendéens, et aussi quelques talents encore inconnus, surtout le jeune avocat d'Aix, dont il inspirait la politique et employait la parole, il devait, dans toutes les hypothèses qu'il acceptait par feinte ou par mobilité, avoir besoin de la conservation et du pouvoir actif de cette Assemblée : et probablement, il se croyait sûr de sa permanence hostile, au moment où il délibérait à l'Élysée sur la conduite à tenir avec elle, dans l'intérêt de l'Empire. Il se borna donc à répéter, sans y croire, qu'il suffisait « de montrer aux Chambres confiance et « bonne foi, et qu'on leur ferait sentir leur intérêt et « la nécessité publique de se rallier à l'Empereur, pour « sauver ensemble, par des mesures énergiques, l'hon- « neur et l'indépendance de la nation. »

Cet avis d'un homme qui n'inspirait confiance à personne fut cependant partagé par la plupart des membres du conseil, comme est souvent adoptée toute opinion qui semble reculer une crise extrême, et prolonger une espérance. Le Ministre de la marine seul, Decrès, homme d'esprit, tout ensemble flatteur et misanthrope, d'une rudesse un peu familière, déclara qu'à ses yeux, il n'y avait rien de bon à espérer de la Chambre des Représentants; qu'en majorité, elle était mécontente, hostile et prête à se porter à tout. Il n'osa cependant conseiller de la prévenir, et de la dissoudre.

Le comte Regnauld, membre actuel du Conseil des ministres, où il avait ambitionné vainement une place, sous le premier Empire, alla plus loin, malgré son dévouement non douteux à la fortune de l'Empereur. Homme d'affaires et de tribune, plus initié qu'un autre aux mouvements de la Chambre des Représentants, dont il faisait partie, il indiqua, dans les formes élégantes de son langage, mais avec une conviction attestée par sa tristesse, « que le concours des Représentants aux « vues de l'Empereur n'était plus probable; qu'ils sem- « blaient ne plus croire que ce fût sa main qui dût « sauver la patrie, et que, dans cet état des esprits, « il craignait qu'un grand sacrifice ne fût nécessaire. « Parlez net, lui dit alors l'Empereur; c'est mon ab- « dication qu'ils veulent, n'est-il pas vrai? — Je le « crains, sire, reprit le comte Regnauld. Quelque pé- « nible qu'un tel aveu soit pour moi, c'est mon devoir « d'éclairer Votre Majesté sur sa véritable situation. « J'ajouterai même qu'il serait possible, si Votre Ma- « jesté ne se déterminait pas à offrir son *Abdication*, « que la Chambre osât la demander. »

Ces paroles, notées[1] par le témoin le plus exact et le plus zélé pour l'Empire, s'accordaient trop avec la situation, pour qu'il soit permis de les révoquer en doute. Seulement le Conseil impérial n'était pas encore résigné à les entendre. Le prince Lucien, retrouvant sa

---

[1] *Mémoires pour servir à l'histoire de Napoléon en* 1815, par Fleury de Chaboulon, t. II, p. 200.

fermeté du 18 brumaire, nia le péril et la hardiesse
présumée de la Chambre. « Il avait vu, disait-il, d'au-
« tres circonstances difficiles; et seulement, plus la
« crise était grande, plus il croyait l'énergie nécessaire.
« Si la Chambre ne veut pas seconder l'Empereur, il
« se passera de son assistance; si les Représentants
« ne veulent pas s'unir à lui, pour sauver la France,
« il la sauvera seul. Il faut qu'il se déclare Dictateur,
« mette la France en état de siége, et appelle à sa dé-
« fense tous les patriotes et tous les bons Français. »

Ainsi, le premier cri d'instinct despotique, échappé
à Napoléon, quelques heures auparavant, était le conseil
réfléchi de son frère, et du frère le plus opposé jadis à
son exorbitant pouvoir. Carnot se ralliait à cette pensée;
et, sans s'accoutumer à prendre dans son langage les
formes d'étiquette respectueuse, dont Regnauld avait
enveloppé son décourageant avis d'Abdication, l'ancien
Tribun signataire du vote contre l'Empire demandait
maintenant la Dictature. L'Empereur se ranimait à ce
secours, fût-ce en paroles, venu d'où peut-être il l'attendait le moins. Son ardente imagination, que le poids
du désastre, l'épuisement du corps, le découragement
autour de lui avaient comme accablée d'abord, se ranima
et parut jeter de grands traits de lumière sur l'étendue
vraie de ses périls, ses ressources extrêmes et ses derniers projets. « En vérité, disait le soir le duc d'Otrante
« à un intelligent homme d'État[1] du parti royaliste, ce
« diable d'homme m'a fait peur ce matin. En l'écoutant,
« je croyais qu'il allait recommencer; mais, heureu-
« sement, on ne recommence pas. »

---

[1] M. de Saint-Cricq. Notes sur 1815.

Napoléon, en effet, avait eu, dans ce Conseil trop stérilement prolongé, une reprise de cet ascendant de génie et de cette abondance d'idées et d'images, dont il éblouissait souvent les hommes, aux jours de ses victoires. « La présence de l'ennemi sur le sol français, « dit-il, rendra, je l'espère, aux Députés le sentiment « de leur devoir. La Nation les a délégués, non pour « me renverser, mais pour me soutenir. » Puis, oubliant, ou tâchant d'effacer ses premières paroles à Caulaincourt, et comme s'il avait encore à ses côtés cette armée, dont son absence aggravait la défaite et hâtait la dispersion : « Je ne crains pas les Députés, « répétait-il. Quelque chose qu'ils essayent, je serai « toujours l'idole du peuple et de l'armée. Si je disais « un mot, ils seraient tous assommés. »

Mais ce mot, il ne le disait pas ; et, en voyant l'état de Paris à cette époque, le désarmement prolongé des *fédérés* et l'aversion qu'ils inspiraient à toutes les classes propriétaires ou marchandes, l'hésitation des troupes en si petit nombre, la froideur des généraux, la disposition de la garde nationale enfin, pleine de royalistes dans ses premiers grades, et voulant surtout l'ordre et la paix, on pouvait affirmer qu'à moins du plus imprudent appel à la plus anarchique populace, rien ne pouvait se tenter contre la Chambre, ou du moins réussir, au delà d'un coup de main odieux et sans force.

Sous la pression invincible de cette vérité, l'Empereur n'agit donc pas : et même, dans la secousse violente donnée à ses esprits, il exhala surtout son dépit en paroles éloquentes, en vives peintures des maux dont la France était menacée, et tour à tour en calculs spécieusement techniques et en gigantesques rêveries sur la grandeur et l'emploi des ressources qu'il s'attribuait encore.

Mais, durant cette lutte oisive de la passion et du génie contre l'impossible, dans le cercle étroit d'un Conseil, où la trahison seule était agissante, où le zèle le plus engagé même et le plus sincère doutait et ne pouvait être convaincu, un travail bien autrement décisif se poursuivait à la Chambre des Représentants; et cette Chambre allait montrer, à son tour, par un coup d'État législatif, combien, depuis le 18 brumaire, les temps étaient changés, et le même homme impuissant à faire la même chose.

CHAPITRE XII

SÉANCE MATINALE DE LA CHAMBRE DES REPRÉSENTANTS. — ASPECT DE L'ASSEMBLÉE. — PREMIERS INCIDENTS DE LA SÉANCE. — M. DE LA FAYETTE. — RÉSISTANCE OUVERTEMENT MANIFESTÉE, ET ATTAQUE A L'EMPIRE.

Réunie le 21 juin, à neuf heures du matin, sur le bruit encore vague des nouvelles de la nuit, et comme par la soudaine alerte de l'arrivée de l'Empereur, la Chambre des Représentants siégeait moins consternée que tumultueuse, moins inquiète de l'étranger que soulevée et irritée contre le maître vaincu. Dès le point du jour, et avant même l'entrée des députés, une foule nombreuse avait obsédé tous les abords du Palais; et quelques-uns des plus zélés spectateurs s'y étaient glissés d'avance : j'étais du nombre. Je n'avais pas oublié la mission que m'avait donnée M. de Fontanes à son départ, et la curiosité plus aristocratique qu'il m'avait recommandée; mais la Chambre populaire nous attirait davantage, jeunes gens d'alors; et mon[1] excellent parent, M. Villemain de Lorient, bon et loyal Breton,

---

[1] M. Villemain, successivement député, maire et sous-préfet de Lorient, où son administration n'a laissé que d'honorables souvenirs, siégea, depuis 1815, dans plusieurs législatures, et prit part, en 1829, au vote célèbre alors des 221. Il jouit aujourd'hui, dans la retraite, d'une modeste fortune héréditaire et de l'estime de ses concitoyens.

élu député par les patriotes de la ville, comme il le fut plusieurs fois encore, sous les règnes suivants, m'était venu chercher, pour me faire assister à cette journée mémorable.

Nous étions errants dans les couloirs et sous les portiques, en attendant que la scène s'ouvrît. Les groupes de députés se formaient. Des gardes nationaux, des journalistes et quelques curieux s'y mêlaient. On redisait de douloureux détails, des mots amers, des calomnies. Le malheur n'est pas toujours compatissant. Ceux mêmes qui ressentaient avec le plus de force le désastre annoncé, ou qui, dans la calamité publique, avaient quelque surcroît d'affliction particulière, se montraient les plus hostiles à l'homme qui était la plus grande victime, mais aussi la première cause du désastre.

Une chose nous étonnait, entre autres, et formait pour moi surtout le plus étrange contraste avec un passé bien récent, avec ce que j'avais entrevu de l'austère et mystérieuse gravité du premier Empire. Le Palais impérial nous semblait forcé cette fois, comme l'armée était en déroute.

Apparet domus intus et atria longa patescunt.

Tout ce qu'on pouvait croire caché dans les murs de l'Élysée, les premières paroles de désespoir échappées aux aides-de-camp, quelque chose même des discussions du Conseil, telle menace de colère, ou tel aveu de découragement à peine sorti de la bouche de l'Empereur, était su, communiqué d'abord dans les rangs privilégiés de la Chambre, puis descendait et se colportait avec une maligne rapidité, s'accroissant d'heure en heure, comme si tous les incidents, même les plus secrets, de cette agonie politique, eussent été fatalement devinés d'avance, ou trahis, à mesure qu'ils se produisaient.

Sous l'influence d'une animosité si bien avertie et des craintes personnelles qui s'y mêlaient, grâce surtout à la fermeté calme d'un homme éprouvé par les révolutions et introduit, ce semble, dans celle-ci, pour oser plus qu'un autre, une Assemblée, ce qui est difficile et rare, gagna de vitesse l'adversaire unique qu'elle avait en tête, prit la première un parti décisif, et sans précautions défensives, sans forces réelles, prévalut par le seul ascendant moral. Avec quel profit et quel avenir pour la France, ce n'était pas encore l'heure de le juger? Mais il semble incontestable, du moins, qu'à ce moment l'impulsion hardie qui sépara la Chambre de l'Empereur n'était que l'expression trop vraie du découragement et de l'impatience publique. C'était une de ces épreuves dont tout pouvoir sensé doit, à tout prix, éviter l'approche, une de ces crises où le poids des maux soufferts fait croire tout changement désirable et libérateur.

Cependant, la séance régulière s'ouvrit enfin vers dix heures. Pendant les inutilités ordinaires du procès-verbal, un bourdonnement, un trouble, un effarement, tel que je n'en vis jamais, continuait de remplir la salle. Sur la banquette du couloir, à gauche, où m'avait déposé mon parent, comme un tuteur politique, j'entendais, sans le vouloir, à travers un frémissement perpétuel d'entrées et de sorties, prononcer les mots d'Élysée, de duc d'Otrante, de coup d'État, de Dictature, et aussi d'*Abdication ;* car, par un récent et inséparable souvenir, cette dernière idée revenait d'elle-même à la suite du nouveau désastre de Napoléon, comme le dénoûment naturel des situations trop désespérées.

Rien, depuis le matin, n'était encore sorti officiellement de l'Élysée pour le palais du Corps législatif; rien n'en venait que d'intimes détails, promis sans doute et attendus, de petits ou importants indices bassement épiés et trahis. Mais, à part le secret dernier, qui n'était encore connu que de peu de personnes, ou qui semblait une invention de parti, on sentait généralement dans la Chambre, que les délibérations de l'Élysée étaient longues, incertaines et par conséquent faibles; que l'Empereur hésitait, qu'autour de lui dans sa confiance, ou du moins dans son Conseil, on était divisé, non pas seulement d'opinions sur les moyens, mais de volontés sur le but, que dans cet état de crise, par un retour de colère, un réveil de génie, tout serait possible sans doute au désespoir s'acharnant à ressaisir ce qui lui échappait, mais qu'aussi, en osant les premiers, on pourrait facilement tout arracher au découragement de la défaite, au spleen du malheur et à cet excès de lassitude et de dégoût, qui parfois émousse les esprits les plus acérés, et abat les âmes les plus fortes.

Tout à coup, après quelque colloque dans un groupe de l'hémicycle où figuraient des hommes de dates et de régions politiques bien diverses, M. Flaugergues et le général Sébastiani, M. Roy et M. Manuel le jeune avocat d'Aix, un homme de taille élevée et d'une physionomie particulièrement digne et calme, est monté à la tribune; et, à ses premières paroles, ou plutôt à son aspect, un silence vraiment extraordinaire s'est communiqué à cette tumultueuse assemblée. J'entendais près de moi nommer tout bas La Fayette; et bien vite, je le reconnus, aux premiers tons de cette voix que j'avais écoutée, trois mois auparavant, avec tant de surprise et de respect, voix de salon bien plus que d'assemblée, ne se forçant pas, pour s'animer, grave et polie, pour ainsi dire, et, dans la brièveté simple de son langage, ne paraissant imposer que par la raison sans effort, et la dignité sans hauteur.

Après quelques phrases marquées de ce caractère et prononcées de cet accent qui lui était particulier, le général La Fayette lit la résolution, qu'il propose à la Chambre d'adopter immédiatement, arme de défense, gage de sûreté qui renfermait une vive attaque :

« La Chambre des Représentants déclare que l'indé-
« pendance de la Nation est menacée.

« La Chambre se déclare en permanence. Toute tenta-
« tive pour la dissoudre est un crime de haute trahison.
« Quiconque se rendrait coupable de cette tentative
« sera déclaré traître à la Patrie, et sur-le-champ jugé
« comme tel.

« L'armée de ligne et la garde nationale, qui ont com-
« battu et qui combattent encore, pour défendre la li-
« berté, l'indépendance et le territoire de la France, ont
« bien mérité de la Patrie.

« Les Ministres de la guerre, des relations extérieures
« et de l'intérieur sont invités à se rendre sur-le-champ
« dans le sein de l'Assemblée. »

Cette initiative hardie, cette déclaration de permanence, et d'indissolubilité du Corps des Représentants, jointe à la déclaration même du danger de la Nation, était certainement une infraction directe à la Constitution récemment décrétée. Celui-là même, que cette Constitution avait investi du droit de dissoudre les Chambres, la Chambre des Représentants le déclarait traître à la patrie, s'il tentait d'user de ce droit; et elle le renvoyait à être jugé comme tel, sur-le-champ. C'était presque, dans le cas de conflit entre les Pouvoirs, annoncer à l'ancien héros, à l'ancien maître de la France, le sort bien ignoré alors, que subirait l'ancien roi de Naples, Murat, quatre mois après.

Dans le paragraphe qui suivait, et ne mentionnait que l'armée de ligne et la garde nationale, l'une et l'autre étaient félicitées de leurs efforts pour défendre la liberté, l'indépendance et le territoire de la France : gradation nouvelle de devoirs qui, en mettant au premier rang la liberté, excluait, pour ainsi dire, Napoléon du service de la patrie. Enfin, par le dernier paragraphe, la Chambre invitant les Ministres de la guerre, des relations extérieures et de l'intérieur à se rendre immédiatement dans son sein, prenait l'action et la responsabilité du Pouvoir exécutif.

Un silence d'étonnement et de réflexion suivit la lecture de cette résolution; et puis, sans débats, sans vives répugnances marquées d'aucun côté, elle fut adoptée presque immédiatement, chaque paragraphe étant relu, et l'adhésion donnée au premier paraissant de fait entraîner l'adoption de tous les autres.

Quand on considérait, sur la liste même de cette Chambre, combien d'hommes compromis dans la Révolution et couverts par l'Empire, combien d'hommes attachés personnellement à l'Empereur en étaient membres, on devait s'étonner qu'une proposition si fatale pour lui eût prévalu si vite, sans examen et sans obstacle.

Mais il y a dans les assemblées délibérantes, comme dans les armées, comme dans toutes les foules, des courants d'opinion qui prennent par moment et entraînent tout le monde. Et puis, il ne faut pas oublier, ce qui s'efface avec le temps, ce qui disparaît avec les générations mortes, que l'épuisement et le mécontentement du Pays étaient extrêmes, que ces impressions avaient pu céder en apparence à une surprise de merveilleuse audace, à un réveil de glorieux souvenirs, mais cela, sous la condition de la paix et du repos, dont la France harassée avait soif, avant tout.

L'Empereur, au milieu même de sa facile conquête, avait eu besoin de mettre sans cesse en avant, et de prendre pour drapeau cette idée de la paix. Il en avait rempli ses fabuleuses annonces du retour prochain de l'Impératrice et de son fils. Il en avait marqué toutes ses tentatives diplomatiques, qui n'obtenaient pas cependant de passer les avant-postes ennemis. Il l'avait insérée dans ses proclamations mêmes de *recrutement*, alors que rappelant sous le drapeau par un décret[1] tous les sous-officiers et soldats qui avaient quitté l'armée, pour quelque raison que ce soit, il leur donnait garantie spéciale d'être renvoyés les premiers dans leurs foyers, aussitôt que la paix *actuelle* serait *consolidée*. Et, lorsqu'après cette vaine espérance tant répétée, arrivait la guerre plus accablante que jamais, et que cette guerre s'ouvrait par un affreux désastre, où périssait l'élite de

---

[1] *Collection générale des lois et décrets*, etc., t. XV, p. 240.

l'armée, doit-on s'étonner que la défiance, la lassitude, la torpeur maladive de la nation reparussent tout entières, et qu'il n'y eût plus d'énergie que pour abandonner et rejeter le Prince qu'on accusait de tant de maux ?

A peine adoptée, la proposition est transmise par un Message direct à l'Empereur, et en même temps adressée à la Chambre des Pairs. Cet envoi trouve l'Empereur, au Conseil, dans la chaleur même de ces allocutions animées, par lesquelles il occupait, et peut-être se dissimulait à lui-même son doute et son inaction. L'initiative prise, la formule, la notification le frappèrent également ; et laissant voir, dans sa colère, l'impression qu'il avait contenue jusque-là : « J'avais bien pensé, dit-il, « que j'aurais dû congédier ces gens-là, avant mon dé- « part ; c'est fini ; ils vont perdre la France. » Puis, selon l'habitude de son génie moins résistant au malheur que gigantesque dans la prospérité, il ajouta, en levant la séance : « Je vois que Regnauld ne m'avait pas « trompé ; j'abdiquerai, s'il le faut. »

Cette parole était une dernière faute, s'il y avait faute possible encore. Car, à l'instant, par une sympathie de haine vigilante et d'intérêts menacés en commun, affinité plus rapide que nos messages électriques d'aujourd'hui, cette parole était portée ou ressentie à la Chambre des Représentants, et avertissait ceux qui avaient frappé le premier coup de redoubler d'efforts, et d'abattre la colonne, pendant qu'elle vacillait.

L'Empereur, après cet aveu d'impuissance qu'avait aussitôt saisi près de lui l'oreille de Fouché, reprit cependant la parole, pour ranimer, au profit de sa cause, ceux qu'il y croyait fidèles encore. Il annonça qu'il attendrait quelque temps avant de prendre un parti ; qu'il fallait voir *ce que tout cela deviendrait.* Et en même temps il chargea le comte Regnauld, membre à la fois de son Conseil et de la Chambre élective, de se rendre à cette Chambre pour la calmer, pour sonder le terrain. Ne pouvant réparer les heures perdues, ni prévenir l'heure trop imminente du dénoûment, il donnait pour mission au comte Regnauld d'annoncer, ce qui n'était que trop su, le retour de l'Empereur, et la convocation immédiate du Conseil des Ministres. Il le chargeait encore de faire connaître les événements récents de la guerre, la victoire remportée à Ligny, la grande bataille livrée à la suite, les succès du commencement de la journée, les pertes des Anglais, l'enlèvement de six drapeaux du milieu de leurs rangs, jusqu'au moment où des malveillants auraient causé dans notre armée une terreur panique. «Ajoutez, disait « l'Empereur, que l'armée se rallie ; que j'ai donné « des ordres pour arrêter les fuyards ; que je suis « venu pour me concerter avec les ministres et avec « les Chambres, et que je m'occupe en ce moment « des mesures de salut public qu'exigent les circon-« stances. »

Ces paroles mêmes étaient malheureuses, autant que tardives. Elles n'auraient probablement rien prévenu ; elles ne pouvaient rien réparer.

Cette allégation si insuffisante d'une terreur panique excitée par des malveillants, ces termes fâcheux de fuyards, cette absence avouée de l'Empereur, au moment qui avait consommé la défaite, étaient mal calculés, pour ranimer l'enthousiasme. Cette annonce de délibérations encore sans résultat, touchant les mesures à prendre pour le salut public, ne répondait pas à la Déclaration des Représentants, et n'ôtait rien cependant à leur menace, tout en ayant l'air de ne pas la comprendre.

Une mission semblable, mais plus facile, est donnée au Ministre de l'intérieur Carnot auprès de la Chambre des Pairs.

Maintenant cette faible démarche de légalité officielle, après qu'on s'est laissé hostilement prévenir, ces explications qui ne pouvaient ni intimider ni convaincre paraîtront une bien impuissante réplique à la déclaration si ferme et si prompte des Représentants; et de telles défenses contre une telle levée d'armes semblaient confirmer plutôt qu'affaiblir l'idée du déclin moral de Napoléon.

Ce serait à tort, nous le croyons, bien que le reproche ait été conçu et articulé près de lui et qu'il l'ait entendu lui-même, de la bouche de son plus naturel et de son dernier ami. On a répété, et il n'est pas douteux que le prince Lucien revint plusieurs fois à la charge, pressant Napoléon d'agir et de frapper un grand coup :
« Je ne vous reconnais plus, lui disait-il[1]; ne savez-vous
« donc pas ce qu'il en coûte, pour ne pas oser à propos?
« — Je n'ai que trop osé, répondit Napoléon ; et vous
« aujourd'hui, vous vous trompez de date. Nous ne
« sommes plus au 18 brumaire. — Il ne s'agit pas de
« cela, reprenait Lucien; point de coup d'État, mais
« un Décret constitutionnel qui dissolve une des deux
« Chambres et ajourne l'autre, comme vous en avez le

---

[1] *Mémoires pour servir à l'histoire de Napoléon en* 1815, par Fleury de Chaboulon, v. II, p. 300.

« droit. — Mais, reprenait l'Empereur, la Chambre
« des Représentants résistera; il faudra recourir à la
« force; et ce sera toujours un 18 brumaire. Et pour
« cela où est la force ? Il n'y a plus même de soldats
« à Paris. Il faut au moins que Davoust, qui en a l'or-
« dre, ait fait filer jusqu'ici quelques troupes des dépôts
« de la Somme. Nous voilà, dans tous les cas, forcés
« d'attendre; et dans l'intervalle, ils n'oseront. — Ils
« oseront tout, reprit Lucien ; vous avez une fois donné
« l'exemple de l'*Abdication;* ils donneront contre vous
« celui de la déchéance. » Et s'éloignant un moment
de l'Empereur, il redit, dans son impatience, à deux
membres du Conseil, les paroles mêmes de l'entretien;
et ajouta tristement : « Il hésite, il temporise; c'est un
« homme perdu : la fumée des batteries du mont Saint-
« Jean lui a porté à la tête. »

Non; mais ce puissant génie, que la prospérité et la
passion enivrèrent parfois jusqu'au délire, était doué
aussi d'un sévère bon sens, qui lui montrait nettement
dans l'adversité le vrai et le possible. Cette fois donc,
avec ce coup d'œil dégagé d'illusions, il vit d'abord que,
devant une armée battue et dispersée, un parti jacobin
nécessaire et hostile à sa cause, des généraux décou-
ragés et d'une foi douteuse, des ennemis dans son Conseil privé, une nation indifférente ou divisée, il ne pouvait pas raisonnablement, fût-ce même à bon droit,
briser la Chambre élective, encore moins chasser ou
emprisonner les Représentants réfractaires, au moment
même où il avait le plus besoin de recrues et d'argent,
et, en un mot, reprendre le despotisme, quand la force
lui manquait.

Il n'avait pas confiance dans la temporisation, qu'il

affectait; mais il l'aimait mieux qu'un coup d'État manqué : et il ne voulait pas risquer un dernier combat, dans l'ordre civil, contre ces Représentants, dont il avait bien senti d'abord qu'il ne pourrait se délivrer que par un succès de champ de bataille, contre l'étranger.

« J'ai été un conquérant, dit-il au duc de Vicence;
« je pouvais l'être encore; j'ai joué ce dé à Waterloo :
« je ne veux pas me rapetisser à être un tyran. »

Ainsi donc, quand la nécessité lui apparut, il se résigna vite et se soumit, non par une défaillance de génie, mais par une vue claire et complète de son accablante destinée.

Il subit, en un moment, l'idée d'*Abdication*. Et les formes de prérogatives impériales qu'il prétendit garder avec les Chambres, les délégations qu'il donna à son frère et à ses Ministres, la condition d'hérédité pour son fils, qu'il joignait à son *Abdication*, ne furent que les derniers efforts sans illusion, et comme les dernières bienséances du Pouvoir qui tombe et de la volonté qui cède devant une force qu'elle sait insurmontable.

Le grand acteur donc se retirait de la scène, parce que le rôle était fini, et la tragédie épuisée. Il ne cédait pas, comme on l'a misérablement supposé, à quelque crainte de périls personnels et de mort, mais à la conviction que, dans l'état présent, nul péril bravé, nul sacrifice de sa vie ne soulèverait le poids qui écrasait la France et lui. Il succombait, au milieu de son désastre militaire, sous des haines intérieures et sous des abandons, qu'il aurait méprisés dans un autre temps, mais que sa défaite rendait irrésistibles. Il succombait comme

Annibal, devant l'inimitié du sénat de Carthage, parce qu'il avait été vaincu; et il n'avait pas, comme Annibal, la ressource d'aller dans le monde entier, cherchant des ennemis à ses vainqueurs; car c'était le monde civilisé qu'il avait combattu, et par lequel il se sentait accablé.

CHAPITRE XIII

SÉANCE DE LA CHAMBRE DES PAIRS. — ASPECT DE LA CHAMBRE. — EXTRAITS INÉDITS DE SES DÉLIBÉRATIONS DU 21 JUIN 1815.

A côté des derniers moments de cette grandeur impériale, ressuscitée par un merveilleux prestige, vaincue par une nécessité plus puissante, il reste à étudier la part d'action, la force réelle, ou le mécanisme apparent de ces Institutions représentatives, de ces Assemblées tantôt si dominantes, tantôt si faibles dans notre mobile pays, acceptées naguère par Napoléon comme une tente posée pour une nuit, et qui tout à coup, déployée sur sa tête, allait l'envelopper pour l'ensevelir.

Cette forme de gouvernement toutefois, que nous avions vue si agrandie et si populaire, dans l'année de la Restauration, et qui, le lendemain du 20 mars, avait été promise comme une sauvegarde, était encore pleine d'attraits pour les jeunes esprits du temps. Il n'en était pas tout à fait de même pour les hommes d'âge mûr et d'expérience. Une sorte d'effroi leur demeurait des anciens jours de la Révolution; et quelques noms néfastes de cette époque, relevés de leur première disgrâce sous l'Empire, et ramenés dans l'arène politique, donnaient prétexte à cet effroi. A tout prendre cependant, on avait repris goût aux garanties de liberté, aux ressouvenirs modérés de 1789. On se ressentait encore des plaies récentes du despotisme, des maux qu'il inflige et de ceux qu'il attire sur lui-même. La fin honorable du Corps législatif en 1813, les désastres qui avaient suivi sa dispersion, le caractère de ses débats rouverts et affranchis sous le régime de la Charte avait ranimé l'esprit de liberté légale : et cet esprit, quoique tout à coup forcé dans son principe, et emporté d'un cours nouveau par un affluent révolutionnaire, n'avait pas perdu sa puissance, dans le tremblement de terre du 20 mars : les uns l'invoquaient comme une arme, les autres comme un asile.

Cambon, Barrère, Garnier de Saintes, etc., d'autres conventionnels plus obscurs appelés à l'Assemblée nationale, ne semblaient qu'un épouvantail suranné, fait pour dégoûter encore plus de l'anarchie terroriste, et non pour y ramener. La Fayette, Théodore de Lameth, Ramond-Flaugergues, et même bien des hommes plutôt du gouvernement que du parti de l'Empereur, des généraux, des magistrats attachés autrefois à la stabilité d'un Pouvoir éclatant, mais en défiance d'un régime aventureux, où ils ne se reconnaissaient plus, semblaient devenir aussi des otages publics de bon sens et d'ordre, auxquels on pourrait s'adresser.

La même confiance ne s'attachait pas, dans les esprits, à cette Chambre des pairs si récemment constituée, et dont l'hérédité théoriquement déclarée avait un peu surpris tout le monde. Seulement, avec ce qui lui restait du Sénat et des illustrations guerrières du premier

Empire, elle était imposante par quelques noms, sans être ni forte dans l'opinion, ni populaire.

L'erreur de notre pays, dès 1789 et depuis, a été de ne pas admettre l'utilité d'une seconde forme de Pouvoir délibérant, et de flotter entre la prédominance absolue et la nullité de la Chambre élective. A ce moment, comme plus tard en juillet 1830, on ne voyait, on n'attendait que cette Chambre. Qu'allait et que pouvait essayer la nouvelle Pairie, dans la crise du 21 juin? Tenait-elle aussi séance ce jour-là? aurait-elle aussi son La Fayette? ou ferait-elle obstacle à la motion de la Chambre des Représentants? On ne s'en informait guère; et la présomption contraire semblait résulter de cela seul que, par une curiosité fort peu patricienne, bien des membres de l'Assemblée du Luxembourg se pressaient, le matin même du 21 juin, dans les couloirs ou dans la tribune réservée de la Chambre des Représentants.

Je songeais à cela, dans un coin, au milieu du bruit, lorsqu'une main me frappant légèrement sur l'épaule, on me dit : «Venez ailleurs voir la suite.» Je me lève, et je sors avec M. de Pontécoulant qui m'appelait ainsi, homme aimable et bon, que j'avais vu dans le monde, et de qui j'avais reçu cet accueil cordial, ces marques empressées d'estime et de faveur, que le moindre succès littéraire, la moindre apparence de talent et d'étude rencontrait sous le premier Empire, et parmi les hommes qui en occupaient les principaux rangs.

A travers quelques mots d'entretien bien précieux pour moi, tels que devait, à ce moment, les laisser échapper un homme de si ferme courage, et qui avait déjà vu tant de révolutions, nous arrivons vite au

Luxembourg; et, placé dans une tribune peu remplie, je suis frappé d'abord de l'aspect non pas paisible, mais désolé de la Chambre, du grand nombre de fauteuils vides, et du murmure à demi étouffé qui s'élevait de quelques groupes.

Ce murmure a cessé tout à coup, S. A. S. le prince Archi-chancelier étant monté au fauteuil. Le procès-verbal de la séance de la veille est lu, au milieu de la distraction générale. Ce procès-verbal relatait le seul incident curieux de cette séance. Un Pair, le général de Latour-Maubourg, s'était plaint avec force de l'ajournement de la Monarchie constitutionnelle, après que l'Empereur l'avait promise et inaugurée. L'orateur avait cité en exemples, à l'appui de sa plainte, des exils, des séquestres de biens, des arrestations ordonnées par les préfets dans plusieurs départements. Un autre Pair, ancien conventionnel, dès longtemps serviteur de l'Empire, avait répondu par les lieux communs d'usage sur la gravité des circonstances, la nécessité politique, et les difficultés d'un Pouvoir qui se constitue.

Le préopinant avait insisté et produit des faits nouveaux, de nouveaux développements de principes; et la suite de la discussion, qui n'intéressait personne, avait été remise au surlendemain jeudi.

Dans l'intervalle, le foudroyant retour de Napoléon avait hâté la Convocation et donné un bien autre texte aux débats. Sous la présidence, en effet, de l'Archi-chancelier qui représentait la portion servile et timide de l'ancienne Convention, cette portion d'abord neutre entre les victimes et les bourreaux, puis soumise à ces derniers, et passée plus tard du service de la Terreur à celui de la Dictature militaire, un autre membre de la Convention, mais plus honorablement et plus récemment attaché à l'Empire, Carnot, ministre de l'Intérieur, monte à la tribune, pour la communication qui a motivé l'appel extraordinaire de la Chambre.

« Messieurs, dit-il, l'Empereur est arrivé ce matin,
« à onze heures. Il a convoqué le Conseil des ministres
« et a annoncé que l'armée, après une victoire signalée
« dans les plaines de Fleurus, où l'élite de l'armée
« prussienne a été écrasée, a livré une grande bataille
« deux jours après, à quatre lieues de Bruxelles.
« L'armée anglaise a été battue toute la journée, et
« obligée de céder son champ de bataille.

« Six drapeaux ont été enlevés sur eux ; et la journée
« était décidée, lorsque, la nuit, des malveillants ont
« répandu l'alarme et occasionné un désordre que la
« présence de Sa Majesté n'a pu rétablir, à cause de la
« nuit ; la suite a été des désastres qu'on n'a pu arrêter.
« L'armée se rallie sous les murs d'Anvers et de Phi-
« lippeville. Sa Majesté a passé à Laon ; elle y a donné
« des ordres pour que la levée en masse des gardes
« nationales du département arrête les fuyards ; elle est
« venue à Paris pour conférer avec ses ministres sur les
« moyens de rétablir le matériel de l'armée.

« L'intention de Sa Majesté est aussi de se concerter
« avec les Chambres sur les mesures législatives
« qu'exigent les circonstances. Sa Majesté s'occupe en
« ce moment des propositions à présenter aux Cham-
« bres. »

Cet étrange rapport, si dépourvu de détails et si négligemment invraisemblable, lu avec peu d'assurance par le Ministre de l'intérieur, laisse la Chambre dans un trouble indicible. On se lève ; on se parle, on a l'air de se demander l'un à l'autre si cela est sérieux, si c'est bien le probe et austère Carnot, l'ancien rapporteur du Comité militaire ; l'ancien organisateur de la victoire, l'ancien tribun éliminé qui prête aujourd'hui sa voix et son autorité à ces récits informes jusqu'à l'insulte pour la raison publique, pour le bon sens de ce pays, auquel il va falloir imposer tant de nouveaux sacrifices.

Toutefois, selon l'usage en toute occasion, une commission est réclamée. Pourquoi faire? Pour prendre connaissance du présent rapport. Sera-t-elle de cinq membres ou de sept? Pendant qu'on raisonne sur ce point important, une question d'une bien autre gravité vient saisir la Chambre. Un message des Représentants est apporté au Président ; c'est la transmission de la mémorable résolution adoptée ce matin même, à la voix et au nom de La Fayette, de cette résolution qui constitue permanente la Chambre élective, la déclare inviolable, incrimine de haute trahison quiconque tenterait de la dissoudre ; et, à l'appui de ces déclarations, félicite l'armée et la garde nationale de leur zèle pour la liberté, comme pour l'indépendance de la patrie, provoque ainsi un armement plus vaste, une organisation complète de cette garde nationale, symbole apparent de 1789 ; et en attendant, comme pour prendre possession du pouvoir exécutif, invite les Ministres de l'intérieur, des affaires étrangères et de la guerre à se rendre immédiatement dans le sein de l'Assemblée.

L'Archi-chancelier, encore assis au fauteuil de la Présidence, qu'il allait quitter, pour se rendre à l'Élysée, fait donner lecture à la Chambre de cet important

Message ; et quoique sa gravité et son calme extérieur n'en paraissent pas un moment altérés, un frémissement de trouble circule dans l'Assemblée. L'Archichancelier cependant se retire, de son pas et avec son cérémonial accoutumé, laissant la Présidence au comte de Lacépède, ce célèbre naturaliste, dont la douceur bénigne et la politesse étaient connues de tout le monde, et n'avaient eu d'autre tort que de se tourner en adulation un peu fade devant la rudesse du premier Empire.

A peine a-t-il pris place, avec une salutation gracieuse, qu'un Pair, ancien sénateur, se lève. Nul homme, certes, ne pouvait mieux mériter semblable titre par son aspect imposant, la gravité simple de son attitude, la majesté (toute autre expression serait faible) de son visage, également animé de candeur et de fierté, et que surmontaient de magnifiques cheveux blancs : c'était Boissy-d'Anglas, le héros du courage civique devant la reprise de la Terreur ; l'homme qui, à la Tribune, où il se cramponnait, vit, sans pâlir et sans se détourner, la tête du député Féraud, que la pique des assassins approchait de sa propre tête.

La proposition qu'il fait aujourd'hui n'est autre que de redire et d'approprier à la Chambre des Pairs la Déclaration de la Chambre des Représentants sur sa permanence, son inviolabilité et le crime de trahison imputé à quiconque tenterait de la dissoudre.

Ces premiers paragraphes ne semblent pas d'abord exciter d'objection. Le scrupule ne vient aux Pairs que pour l'espèce d'injonction faite aux Ministres, et qui paraît un empiétement sur le Pouvoir exécutif. Mais la négation du droit de dissoudre ou de proroger les Chambres était une infraction bien autrement grave à la récente Constitution de l'Empire et à la puissance de l'Empereur.

Il peut sembler étrange que la Pairie ne corrigeât rien à une pareille disposition, et que cette Assemblée dite inamovible et héréditaire se mît seulement à la suite de la Chambre élective, dans une précaution de défense devenue réellement une agression contre l'Empire.

Mais l'inamovibilité et l'hérédité, dans la hiérarchie politique, étaient choses si incertaines et si insolites en France, que l'objection, en ce qui concernait le droit théoriquement immuable de la Pairie, ne se présenta pas généralement aux esprits, ou du moins ne fut pas alléguée tout haut.

L'Assemblée, d'ailleurs, était peu nombreuse ; et, à part les généraux retenus encore par la courte et funeste campagne de Belgique, dans ce premier moment de déroute et de secrets conciliabules, beaucoup d'hommes considérables étaient absents de la Chambre, ou ne faisaient que la traverser, pour prendre l'air du bureau et aller chercher ailleurs des nouvelles plus décisives.

La discussion commence cependant aussitôt, sans rapport préalable cette fois sur la Déclaration de la Chambre des Représentants. Le premier article, qui déclare l'*Indépendance nationale* menacée, est immédiatement voté.

Au second article, sur la permanence de la Chambre, M. de Pontécoulant prend la parole, non, dit-il, pour combattre, mais pour expliquer cette déclaration. « Je « regarde, dit-il, en ce moment la permanence des « Chambres comme l'ancre de salut de l'État. Elles sont

« pour moi l'image du Droit et de la Force légale. Plus
« la crise actuelle est violente, illimitée dans ses consé-
« quences prochaines, plus nous avons besoin au de-
« dans et au dehors qu'il apparaisse constamment une
« Représentation des intérêts et de la nationalité du
« pays. Je ne discute pas, je ne conteste pas la déroga-
« tion textuelle aux Constitutions spéciales de l'Empire.
« Mais la durée du Régime constitutionnel pour la
« France, l'intégrité de ses lois et de son territoire ré-
« clament impérieusement, dans la crise actuelle, la
« présence continue, la responsabilité active et perma-
« nente de ses Représentants électifs et de nous, qu'on
« a nommés ses Représentants héréditaires. »

Ces nobles paroles entraînent la Chambre ; et l'article est voté dans les termes du Message.

Il en est de même de l'article 3 et de la formule d'hommage décernée à l'armée de ligne et aux gardes nationales. Mais un scrupule, bien naturel d'ailleurs, s'est réveillé dans l'esprit de quelques Pairs touchant la conséquence attachée à la déclaration de permanence, c'est-à-dire l'injonction de poursuivre comme traître à la patrie et de juger sur-le-champ quiconque attenterait à cette permanence. Deux fois, le général de Valence et M. de Montesquiou insistent sur la nécessité de renvoyer la Déclaration entière à une Commission qui en coordonne toutes les parties : tous deux insistent vivement sur la gravité d'une disposition pénale, votée par voie de déclaration d'urgence, sans le concours des trois Pouvoirs et les formes ordinaires de délibération et de sanction.

C'était là un dernier combat livré pour le droit de l'Empire. La réponse fut d'abord de simple forme :

« l'article était voté, et on voulait, par un détour, revenir sur ce vote. » Ce fut l'argument de M. Thibaudeau, trop habitué sans doute aux irrégularités rapides et absolues de la législation conventionnelle. Mais M. de Pontécoulant lui-même, un des rares défenseurs du Droit et de l'équité dans l'ancienne Convention, soutint le même avis et l'injonction pénale adoptée avec l'article 2. Sa pensée, comme il le dit plus tard, était une pensée de tactique défensive, plutôt que de législation. Il le fit pressentir, en quelques paroles expressives. « Les choses ne sont plus entières,
« dit-il; non-seulement la Chambre a voté l'article sans
« distinction, sans réserve; mais la publicité du Message
« des Représentants est acquise à la France. Désavouer
« ce Message sur quelque point, le rectifier même,
« ce serait scinder notre système législatif, au moment
« où il a le plus besoin d'être un contre les tentatives
« possibles de la force et de la violence. La Chambre
« des Pairs ne doit refuser ni sa part de périls, ni sa
« part de sauvegarde. Que la France trouve parmi
« nous aussi ses Représentants! et, pour cela, mon-
« trons, à tout risque, notre ferme intention de lui
« conserver le bienfait du Gouvernement représen-
« tatif. »

Ce raisonnement n'était pas à l'abri de toute objection; et le comte de Valence renouvela les siennes avec zèle. Mais tout était entraîné par un seul mouvement; et la Chambre vota la reproduction du Message des Représentants, avec cette même clause, que le texte en serait transmis à S. M. l'Empereur; elle eut soin seulement de retrancher, comme trop impérative, l'invitation aux Ministres de se rendre dans le sein de la Chambre; et avec ces adoucissements, elle vota la Déclaration contre l'Empire dictée par M. de La Fayette.

La séance fut ensuite suspendue, et ne se rouvrit qu'à huit heures et demie, pour se former en Comité secret, et recevoir une communication impériale.

Jusqu'au soir, et pendant la séance et le repos de la Chambre des Pairs, ailleurs de grands coups étaient portés; car, un instinct de défense avertissait les Députés d'abattre précipitamment ce qu'ils avaient si fort ébranlé.

Napoléon, malgré le mot d'Abdication échappé, dès le matin, à son impatience, voulait garder encore les formes du Pouvoir. Il ne s'était pas borné à charger d'un Message, pour la Chambre des Représentants, ses Ministres, appelés devant elle; il leur avait associé, sous le titre de Commissaire général, son frère Lucien, plus indocile, mais plus sûr pour lui que tous ses Ministres. Longtemps privé des affaires et du Pouvoir, s'étant abstenu des prospérités de l'Empire, au temps de leur plus grand éclat, Lucien semblait, dans le revirement précaire qui le ramenait sur la scène, s'acharner à l'espérance et lutter contre la fortune, avec bien plus de passion que l'Empereur lui-même. Il avait, pour ainsi dire, à se refaire d'un long jeûne d'ambition arriérée.

Tout, dans sa conduite actuelle, n'était pas regret du passé, et retour de dévouement fraternel. Quelque sincères que fussent les premiers conseils de hardiesse, dont il fatigua Napoléon sans le persuader, nul doute qu'après cette occasion perdue pour un autre, il n'ait songé, pour lui-même, à la chance d'une transaction avec les ennemis, et d'une Régence de famille. C'était se faire une étrange illusion sur les événements et sur les hommes. Certainement, si ce qui avait manqué, le 31 mars 1814, eût paru possible, après le 20 mars 1815; si, dans la chute effroyable du père, le droit du fils tout enfant eût dû prévaloir, la Régence fût restée autrichienne; et ce n'est pas le prince Lucien qui eût gouverné, dans la minorité de l'ex-roi de Rome proclamé à l'Empire, par droit d'hérédité monarchique. Quelque consistance qu'ait pu prendre cette idée dans l'imagination de Lucien, le moment d'en faire l'essai et d'en éprouver le néant arriva bien vite.

A peine le Commissaire général assistant des Ministres eut-il pris séance, fait connaître ses pouvoirs, et indiqué dans quelques paroles les périls et les ressources dernières de la France, un député, reprenant avec plus de hardiesse la question personnelle, qui dominait tout, s'écria « que Napoléon seul était la cause « de la guerre; qu'il n'y avait qu'un homme entre la « Paix et la France. »

C'était la réponse, pour ainsi dire, vulgaire, qui, du milieu de la Chambre et avec l'assentiment de sa grande majorité, était faite au discours par lequel Lucien venait d'annoncer, avec quelques inutiles atténuations, le désastre de Waterloo.

Le prince Lucien saisit avec ardeur l'occasion que lui offrait cette attaque personnelle dirigée contre l'Empereur. S'élançant à la tribune, il s'indigna qu'une telle pensée eût pu se produire dans une Assemblée française, à l'aspect de l'envahissement commencé de la patrie, et quand l'union de tous les efforts pouvait

seule la sauver. Il invoqua les Institutions, les Serments, l'Honneur national, « tous ces droits sacrés inti« mement liés, disait-il, à la cause de Napoléon, et qu'on
« trahissait, en prétendant isoler la nation de son défen« seur. Il parut même accuser déjà le succès d'un tel
« effort, et voir une atteinte au caractère français dans
« cette instabilité d'opinions et de vœux qui déserterait
« le chef illustré jadis par tant de triomphes, et accueilli
« naguère avec tant d'hommages. »

La parole du Commissaire général était vive et mesurée : elle n'excitait pas de murmures; mais elle ne mordait pas sur l'Assemblée; elle n'ébranlait pas les convictions déjà faites. L'influence, d'ailleurs, en fut tout à fait détruite, quand se leva de nouveau M. de La Fayette, et que, prenant à partie le représentant de l'Empire, il lui dit, avec des paroles affaiblies dans le *Moniteur* du temps : « Quoi! vous nous accusez
« d'oubli et d'ingratitude envers Napoléon? Avez-vous
« donc oublié vous-même tout ce que nous avons fait,
« tout ce que nous avons souffert pour lui, et souvent
« abandonnés par lui? Avez-vous oublié que les osse« ments de nos frères, de nos fils, témoignent, en tout
« lieu, de notre entraînement et de notre fidélité trop
« longue? Sur les sables de l'Égypte, sur les bords de
« l'Èbre, du Tage et de la Vistule, comme dans les
« déserts glacés de la Russie, durant plus de dix an« nées, trois millions de Français ont péri, pour l'or« gueil et la puissance d'un homme qui veut encore,
« avec les derniers débris du dépôt vivant, que nous lui
« avions confié, avec les restes de notre sang à demi
« épuisé, lutter contre l'amas des forces de l'Europe.
« Citoyens, vous ne le souffrirez pas. Nous avons assez

« fait pour lui ; nous n'avons plus de devoirs qu'envers
« la patrie ; nous avons à la sauver. »

Ces paroles de Tribune, les plus tragiques, les plus accentuées que M. de La Fayette ait proférées dans sa vie, excitèrent les acclamations de la Chambre ; et quoique renfermées dans un Comité secret, que le prince Lucien avait demandé, elles retentirent au dehors ; elles se redirent dans les salles où attendait le public momentanément exclu des tribunes.

Le débat avait continué, cependant ; ou plutôt l'impulsion si vive, donnée par M. de La Fayette, avait été suivie, sans contradicteur, par de jeunes talents. M. Dupin, M. Manuel s'étaient élancés à la brèche ouverte ; et, en déplorant les maux de la France, ils insistaient avec force sur la nécessité de ne pas confondre la patrie avec un homme, et de se séparer de celui qui, après l'avoir opprimée, l'avait compromise, et ne pouvait plus utilement la défendre.

La parole sensée et vigoureuse de M. Dupin semblait la protestation du bon sens public fatigué de tant de sacrifices stériles, s'élevant au-dessus des intérêts de parti, et aspirant à l'ordre légal et à la paix. La parole du jeune avocat d'Aix, moins nerveuse et plus mêlée d'adroits tempéraments, portait non-seulement avec elle l'ascendant d'une habile argumentation, mais celui d'une politique effective et d'une main agissante au dedans et au dehors, qu'on croyait reconnaître, motif accessoire de persuasion, toujours puissant sur le nombre d'hommes indécis, intéressés et faibles, que renferme toute grande assemblée. La parole de Manuel était pour beaucoup de députés la pensée du duc d'Otrante, assis immobile au banc des Ministres, et par sa présence montrant tout ce qu'on pouvait oser contre le Souverain qu'il trahissait impunément, et, pour ainsi dire, officiellement.

Dans cette disposition des esprits, un jeune avocat, bientôt après jurisconsulte éminent et philanthrope, attaché aux idées de liberté, quoique alors inclinant vers l'Empire, M. Béranger, représentant de la Drôme, fit lui-même la proposition de nommer une Commission, pour aviser à des mesures de salut public. C'était presser la catastrophe, prévenir la dictature, ou, s'il était possible, s'en saisir pour l'assemblée. Le choix de cette Commission d'ailleurs allait déterminer le caractère de la *Résolution* qui la décrétait. Le prince Lucien et les Ministres s'étant alors retirés, la Chambre vote à l'unanimité le principe de la Commission, puis elle décide, sous les yeux du public, que son président Lanjuinais et les vice-présidents, le général Grenier, La Fayette, Flaugergues et Dupont de l'Eure, formeront cette Commission qui devra, dans la nuit même, se concerter avec celle qu'aura, dans le même but, nommée la Chambre des Pairs.

Cependant, le prince Lucien s'était rendu à la Chambre des Pairs, où il avait renouvelé le même Message et provoqué lui-même la nomination d'une Commission consultative, qui fut aussitôt formée de trois lieutenants généraux, Drouot, Dejean, Andréossy, et de deux anciens conventionnels, Boissy-d'Anglas et Thibaudeau.

Au retour de sa mission près des deux Chambres, Lucien, frappé de la vive résistance et de l'opposition déjà presque haineuse qu'il avait rencontrée dans la Chambre des Représentants, pressa de nouveau l'Empereur de la dissoudre, disant qu'il fallait ou frapper ce coup sur-le-champ, ou abdiquer. Deux Ministres, ceux dont la fidélité était le plus opiniâtre, s'opposèrent eux-mêmes à ce premier parti, crurent la Dissolution impossible et conseillèrent l'Abdication, soit que l'inutilité de tout effort contraire leur apparût avec une évidence irrésistible, soit que la raison sévère de l'un et la fidélité trop éblouie de l'autre eussent également reconnu que l'Empereur lui-même inclinait à ce parti. Leur zèle y voyait surtout la chance pour Napoléon, s'il abdiquait librement, de pouvoir abdiquer en faveur de son fils; et on peut le croire, cette idée et la conséquence qu'il y ajoutait pour son compte, agissait aussi sur Lucien, dans l'alternative qu'il commençait à poser.

Napoléon, ainsi pressé de toutes parts, poussé, pour ainsi dire, hors de l'Empire, par le concert de toutes les forces matérielles et morales, la guerre, l'opinion, l'intérêt, les manœuvres de la ruse, les prières du dévouement, la perspective d'un dernier espoir, ne recueillant guère qu'un seul vote pour la durée de son Pouvoir, celui de Carnot, qui s'obstinait maintenant à voir et à défendre dans l'Empereur la Révolution même, Napoléon ne s'expliquait pas cependant. Mais il ne refusait pas absolument; il attendait.

Dans la nuit donc, se réunirent à l'Élysée les Commissions des deux Chambres, les Ministres d'État et le prince Lucien. Vingt et une voix composaient ce Conseil, où se trouvaient en face les plus zélés soutiens de l'Empire et ses plus consciencieux adversaires. Il y fut décidé, à une grande majorité, que l'Empereur devait consentir à la nomination, par les deux Chambres, d'une Commission qui serait chargée de négocier directement avec les Puissances coalisées. Ce droit

direct, reconnu aux Chambres, était l'abandon de l'Empire. Il fut bien ajouté que la négociation serait appuyée par le complet développement des forces nationales, que les Ministres proposeraient toute mesure pour hâter les moyens de défense en hommes, argent, munitions, et pour contenir et réprimer les ennemis intérieurs; mais évidemment, le premier principe admis, la Paix proposée et stipulée par les Chambres, sans l'Empereur, était la paix contre l'Empereur. Cela seul était décisif; le reste, vain protocole. La Fayette cependant ne s'en tint pas pour satisfait; et attaquant la *Résolution* comme insuffisante, il répéta « que la crise
« terrible où se trouvait la France n'avait qu'une
« issue possible, l'Abdication immédiate de Napoléon;
« que c'était sur lui l'attente et le vœu général; et
« qu'il fallait l'inviter, au nom de la patrie, à se dé-
« mettre de la Couronne. »

Cette instance si ferme, soutenue par les autres Commissaires de la Chambre élective et par le seul Boissy d'Anglas de la Chambre des Pairs, ne prévalut pas. Toutefois elle obtint du prince Lucien lui-même la déclaration «que l'Empereur était prêt à tous les sacri-
« fices que pourrait exiger le salut de la France; mais
« qu'il n'était pas temps de recourir à cette ressource
« désespérée, et qu'on devait, dans l'intérêt de la France
« elle-même, attendre le résultat des ouvertures qui
« seraient faites aux alliés. »

Par cela seul, La Fayette avait déjà vaincu; et ce Conseil, en se séparant, à trois heures du matin, emportait la fin prochaine de l'Empire. Au jour venu, après cette nuit de laborieuse anxiété, quand la Chambre des Représentants fut réunie de bonne heure et dans l'attente de l'abdication si hardiment réclamée dès la veille, le général Grenier parut à la tribune pour rendre compte de la conférence des deux Commissions parlementaires avec les délégués de l'Empereur. Après un court exposé de ce qui s'était dit, il ajouta que la Chambre allait recevoir un Message, par lequel l'Empereur, consentant à la nomination par l'Assemblée d'Ambassadeurs à envoyer aux Alliés, annoncerait que, s'il était un obstacle invincible à ce que la Nation fût admise à traiter de son indépendance, il serait toujours prêt à faire le sacrifice qui lui serait demandé.

Cette révélation était comme un supplément aux résultats de la Conférence : c'était la concession hypothétique de Lucien transformée en promesse de l'Empereur. C'était un assentiment conditionnel au vœu positif de La Fayette. L'ardeur de la grande majorité de la Chambre n'en fut que plus excitée ; et les instances n'en devinrent que plus vives, pour presser un dénoûment à la fois si combattu et si prochain. Le comte Regnauld qui, dans son attachement à l'Empereur, n'échappait pas tout à fait cependant aux habiles insinuations du duc d'Otrante, à la vue de ce mouvement de la Chambre, revint à l'Élysée avec de nouvelles instances. Il supplia l'Empereur d'abdiquer, à l'instant même, pour éviter l'affront et les conséquences d'un décret de déchéance.

Un moment alors se réveilla l'orgueil du Trône et du génie. La fougue de cette âme altière, plus haute que grande, qui pouvait lentement plier sous la conviction de la nécessité, se révolta contre la hâte de sa chute. « Puisque c'est ainsi, dit-il, je n'abdique « point. La Chambre est aux trois quarts composée de

« jacobins, de cerveaux brûlés et d'ambitieux qui
« veulent le trouble, pour y pêcher des places. J'aurais
« dû les dénoncer au pays et les chasser par les épaules :
« je suis encore à temps. » Et il se promenait à pas
précipités, jetant des mots confus et injurieux. Quelque
temps muet d'affliction et de respect devant cette colère,
le comte Regnauld reprit avec une nouvelle instance,
suppliant l'Empereur de ne pas lutter contre la force
des choses. « Le temps se perd, dit-il ; l'ennemi s'a-
« vance ; ne laissez pas à la Chambre, à la Nation, un
« prétexte de vous accuser d'avoir empêché la paix.
« En 1814, vous vous êtes immolé au salut de tous ;
« renouvelez aujourd'hui ce grand, ce généreux sacri-
« fice. »

L'Empereur, plus irrité qu'inflexible, laissa échapper
ces mots : « Je verrai. Mon intention n'a jamais été de
« refuser d'abdiquer. J'ai été soldat ; je le redeviendrai.
« Mais qu'on me laisse y songer en paix, dans l'intérêt
« de la France et de mon fils ! Dites à ces messieurs
« d'attendre. »

Ce reste de hauteur dans le langage cachait mal
l'affaiblissement de la volonté. Le comte Regnauld ne
s'y méprit pas ; et, revenant à la Chambre qui frémis-
sait dans une agitation oisive, il avertit le Président
qu'un Message de l'Empereur satisferait bientôt tous
les vœux. Cette annonce, répétée à haute voix par
Lanjuinais, ne calma pas une impatience qui, pour
beaucoup, était mêlée de crainte.

Un député obscur, M. Duchêne, montant à la tribune,
après la communication du Président, demanda « que
« l'Empereur Napoléon fût invité, au nom du salut de
« la patrie, à déclarer immédiatement son Abdication. »

Le général Solignac proposa l'envoi d'une Députation à l'Élysée « pour presser la décision déjà trop « attendue, » dit-il. M. de La Fayette gardant, jusqu'à la fin de la crise, l'ascendant de tranquille hardiesse qu'il avait pris dès le commencement, monta un moment à la tribune, et dit avec autorité : « Qu'on le « sache bien ; si Napoléon ne se décide pas de lui-« même, je proposerai sa déchéance. »

Cette parole est applaudie ; nul vœu contraire, nul témoignage de regret et de résistance en faveur de Napoléon ne se montrait plus dans cette Assemblée, où étaient entrés tant d'hommes autrefois attachés à la Révolution, puis à l'Empire. Un nouveau courant d'opinions entraînait tout ; et, indépendamment de cette foule qui suit la fortune et change avec elle, le cri de l'intérêt public, la nécessité de séparer l'avenir de la France de l'avenir de Napoléon, qui ne pouvait plus la défendre, parlait fortement aux esprits les plus élevés et les plus politiques de la Chambre, quelles que fussent d'ailleurs leurs affections privées. Ainsi sentait, ainsi agissait alors le général Sébastiani, convaincu que désormais tout retard, toute prorogation nominale de Napoléon au Pouvoir était funeste à la France, autant qu'inutile et peu digne pour lui-même.

Sous l'impression de ce mouvement, qui semblait général, il fut enfin déclaré, d'après la demande de Lucien revenu près de l'Assemblée, qu'une heure d'attente était encore donnée au Chef de l'État, pour fixer sa résolution, et faire connaître son Abdication spontanée : et dans l'intervalle, la séance demeura suspendue. Il n'y avait pas eu de Députation nommée, pour porter au

Monarque vaincu le vœu impératif de la Chambre : cet affront avait été épargné. Mais ceux mêmes qui en avaient eu l'idée ne craignirent pas de se présenter à l'Élysée et de faire pour leur compte cette instance, au nom de tous. Le général Solignac y parut, et fit entendre à Napoléon lui-même ce qu'il avait dit devant la Chambre.

Cependant, autour de Napoléon, les sollicitations intérieures n'étaient pas moins vives. Amis et ennemis, tous s'accordaient enfin pour terminer cette agonie, et arracher l'Abdication promise. Le prince Lucien, dont nous avons rappelé les premiers et hardis conseils, et qui, tout à travers les illusions et les calculs de grandeur personnelle, n'avait pas cessé de conseiller à son frère la résistance ou plutôt l'initiative de l'attaque, déclara que le moment lui en paraissait passé, et qu'il n'y avait plus désormais qu'à se soumettre.

Un autre frère de l'Empereur, l'ex-roi d'Espagne, instrument si docile et si résigné sous la main de Napoléon, le prince Joseph fut du même avis et joignit ses prières aux instances de l'impérieux Lucien, qui avait pris la plume pour écrire l'acte définitif, qu'il suggérait maintenant.

Enfin donc Napoléon céda, de lassitude avouée par lui-même, et sous le coup de l'abandon universel. En l'annonçant d'abord à ses Ministres, il dit au duc d'Otrante, avec un amer sourire : « Écrivez à ces mes-
« sieurs de se tenir tranquilles ; ils vont être satisfaits. »
Et à ces mots, l'impassible Fouché, sans paraître en remarquer l'accent, et comme ayant l'air d'obéir, au moment où il triomphait, prit un morceau de papier sur la table du Conseil et écrivit une lettre au Député

Manuel. Le prince Lucien cependant se hâtait de tracer, en partie sous la dictée de Napoléon, la Déclaration suivante :

DÉCLARATION AU PEUPLE FRANÇAIS.

« En commençant la guerre pour soutenir l'indé-
« pendance nationale, je comptais sur la réunion de
« tous les efforts, de toutes les volontés et le concours
« de toutes les autorités nationales. J'étais fondé à en
« espérer le succès ; et j'avais bravé toutes les déclara-
« tions de guerre contre moi.

« Les circonstances me paraissent changées ; je
« m'offre en sacrifice à la haine des ennemis de la
« France. Puissent-ils être sincères dans leurs déclara-
« tions, et n'en avoir voulu réellement qu'à ma per-
« sonne ! Ma vie politique est terminée ; et je proclame
« mon fils, sous le titre de Napoléon II, Empereur des
« Français.

« Les Ministres actuels formeront provisoirement le
« Conseil de gouvernement. L'intérêt que je porte à
« mon fils m'engage à inviter les Chambres à organiser
« sans délais la Régence par une loi.

« Unissez-vous pour le salut public, et pour rester
« une nation indépendante.

« *Signé :* NAPOLÉON.

« Au palais de l'Élysée, 22 juin 1815. »

La minute de cet acte, tout entière de la main du prince Lucien, fut, à l'heure même, transcrite en deux copies que devait signer l'Empereur. Lorsqu'elles furent présentées, encore humides de quelques larmes échappées au dévouement du secrétaire fidèle : « Ils « l'ont voulu, » dit Napoléon avec un regard de remercîment pour le copiste attendri ; et il signa.

Un des hommes le plus dévoués à la gloire de Napoléon, et le plus sincèrement ébloui par l'éclat de cette pensée si longtemps dominatrice, osa lui dire alors que, tout grand qu'était son sacrifice, il craignait que les Puissances alliées ne le trouvassent pas assez complet. « Qu'est-ce à dire ? reprit vivement l'Empereur « déchu. Que puis-je abandonner encore ? — Il serait « possible, reprit le Ministre, qu'on exigeât la renon- « ciation expresse des frères de Votre Majesté à toute « chance de succession à la Couronne. — De mes frères ! « s'écria Napoléon... Ah ! Maret, vous voulez donc « nous déshonorer tous ? » Mot amer et profond, où semble se révéler, dans l'âme du Conquérant, un sentiment de doute sur la dignité de sa propre chute consentie par lui-même.

Quoi qu'il en soit, il chargeait à l'instant le duc de Gaëte et les comtes Mollien et Carnot de porter une des copies de la *Déclaration* à la Chambre des Pairs, et il envoyait l'autre à la Chambre des Représentants, par les mains du duc d'Otrante et de deux Pairs, le duc de Vicence et le Ministre de la marine, Decrès. Puis, dans l'épuisement qui devait suivre cette longue lutte avec les autres et avec lui-même, il semble retomber alors dans une entière inaction, à laquelle seulement il donne parfois la forme de l'insouciance et du mépris. A peine, en effet, les deux notifications expédiées, un homme d'esprit, d'un nom très-connu, officier supérieur de la garde nationale, ayant pénétré en grande hâte jusqu'à Napoléon, pour lui annoncer qu'il n'y avait plus un moment à perdre, et qu'on allait mettre aux voix la Déchéance : « Allez, lui dit le Monarque démissionnaire, « en lui frappant sur l'épaule; ces bonnes gens-là sont « bien pressées. Dites-leur de se tranquilliser; il y « a un quart d'heure que je leur ai envoyé mon abdi- « cation. » Le dédain se conçoit de la part de l'ancien maître de tant d'États, de l'ancien triomphateur, à tant de journées glorieuses; mais il y aurait eu plus de grandeur historique à n'être pas venu si vite chercher à Paris un affront inévitable, et à tenter soi-même le ralliement des débris de sa défaite, et une dernière résistance à l'ennemi, au lieu de succomber, sans lutte véritable, sous le cri des citoyens.

CHAPITRE XIV

LA JOURNÉE DU 22 JUIN 1815, A LA CHAMBRE DES PAIRS
DE NAPOLÉON.

Évidemment, ce jeudi 22 juin, lendemain de l'arrivée de Napoléon et de son séjour inactif à l'Élysée, devait voir la fin des incertitudes qui prolongeaient son Pouvoir nominal, sans lui en rendre l'exercice. La marche des armées étrangères sur Paris était imminente; elles avaient dépassé Valenciennes et Landrecies. Nulle force suffisante n'était disponible sur leur passage. Napoléon, qui, vous avez pu le remarquer, dans les premières plaintes sorties de sa bouche, n'avait encore accusé que l'impétueux courage et les pertes d'hommes du maréchal Ney, sans nommer le maréchal Grouchy et le retard fatal qu'il a tant incriminé depuis, Napoléon, en ne ralliant pas lui-même aux troupes intactes de ce dernier général les nombreux survivants de sa propre défaite, s'était privé de la chance de mettre immédiatement une armée en ligne, entre Paris et les Coalisés. Et cependant, si on songe à la résistance qu'aux derniers moments, Marmont, presque indécis, avait faite en 1814, et aux sept mille ennemis qu'il avait abattus, en défendant les hauteurs de Paris, peut-on calculer ce qu'eût été une bataille de l'Empereur se repliant en armes jusque-là, et à la tête des forces de Grouchy, des garnisons de la Somme et des restes héroïques de Waterloo, recevant, avec les feux désespérés de ses dernières batteries, l'avant-garde déjà décimée de l'Europe?

L'effort ne fut pas tenté! Le drame s'arrêta de lui-même, avant ce terrible cinquième acte. Mais par quelle illusion alors Napoléon, traitant désarmé et déchu, prétendait-il et espérait-il transmettre à sa race ce Trône impérial qu'il cessait de défendre? Comment croyait-il faire de son Abdication un degré sûr et prochain pour sa dynastie, et couronner lui-même son fils de la main dont il rendait son épée? C'était tellement méconnaître les dispositions naturelles des hommes et le cours impétueux des événements, qu'on a peine à croire que ce grand esprit ait pu s'y méprendre. On soupçonnerait plutôt, dans cette espérance affectée, un subterfuge de son orgueil, et comme un prétexte sous lequel il croyait cacher à l'avenir et à lui-même ce que son Abdication avait de faiblesse, à ses propres yeux. Comment pouvait-il espérer, en effet, et de l'Autriche ce qu'elle n'avait pas voulu en 1814, et de l'Europe ce qu'elle ne pouvait vouloir jamais? Et comment pourrait-il y prétendre avec quelque succès probable, quand il aurait perdu toute force et abdiqué tout droit, avant d'exercer le plus grand de tous, celui de transmettre à un enfant un Empire en héritage?

La vanité de ce calcul et de cette espérance parut bientôt dans l'accueil que firent les deux Chambres au dernier Message de Napoléon, et au sacrifice tant réclamé de lui. Certes, s'il était un lieu où cet acte suprême dût avoir autorité et exciter un mouvement d'admiration et de regret, c'était la Chambre des Pairs, créée si récemment héréditaire, et toute composée des restes de la Révolution le plus identifiés au Pouvoir de Napoléon, ou des généraux formés dans ses guerres. Là, cependant, tout allait échouer. La magnanimité prétendue, les conséquences légales et dynastiques de l'*Abdication* allaient être démenties dans leurs effets par le désaveu d'un homme, bientôt victime lui-même de la cause à laquelle il porterait un si grand coup.

A l'ouverture tardive de la séance, en effet, introduit avec les deux Ministres du Trésor et des finances, paisibles acteurs de ce drame si pressé, le Ministre de l'intérieur, Carnot, monte à la tribune et lit d'une voix faible l'*Abdication* qui vient d'être impérieusement arrachée à son Prince par les instances de l'autre Chambre. Quoique l'événement fût attendu, un grand trouble, mais à demi comprimé, une sorte de murmure étouffé règne dans cette Assemblée, où figuraient des d'hommes qui avaient joué tant de rôles, et en prévoyaient de nouveaux. On se demandait cependant, parmi les spectateurs assez rares de cette scène, si rien ne sortirait de la sourde plainte qu'on croyait entendre dans l'Assemblée, si nulle protestation ne s'élèverait, si nul regret, nul hommage ne serait exprimé, si enfin l'abandon de l'Empire serait subi, comme l'avait été le joug de l'Empereur.

Après quelques minutes, le vice-président, M. de Lacépède, annonce le renvoi de l'acte d'*Abdication* à une Commission, sans doute pour quelque adresse à rédiger. Le Ministre de l'intérieur cependant remonte à la Tribune; et apparemment, pour corriger un peu le malheureux effet de sa communication militaire de la veille, ou pour contre-peser l'*Abdication* même qu'il vient d'apporter, malgré lui, il lit un *Rapport* du Ministre de la guerre, présent alors à la Chambre des Représentants, où il avait tenu deux heures auparavant le même langage, sans contradiction, mais sans ascendant sur la passion de la Chambre.

Ce Rapport, mêlé des citations de quelques lettres d'officiers français, exposait les pertes énormes de l'ennemi, les ressources qui nous restaient encore, le résultat du ralliement commencé, la rentrée sur le sol de la Division du maréchal Grouchy, la présence de plus de cinquante mille hommes près de Rocroy, sous les ordres du maréchal Soult. Pourquoi ce compte rendu venait-il après l'*Abdication?* Et s'il était vrai, pourquoi l'*Abdication?* L'un et l'autre réunis semblaient-ils un moyen de ranimer des espérances, en dissipant des haines, et de refaire ainsi, au profit d'une Minorité et d'une Régence bien douteuses, le culte de l'Empire, autant qu'il était possible, sans l'Empereur? Mais tout à coup les paroles lentes et graves qui tombaient de la bouche de Carnot près de terminer sa lecture, sont interrompues par ces mots fortement accentués : « Tout cela est faux; tout cela est chimé-« rique; on vous trompe de tous les côtés. »

A ce moment, les yeux de l'Assemblée et l'attention stupéfaite des tribunes se fixent sur l'interrupteur, debout au milieu du silence général. C'était un homme de taille moyenne, mais dont tout le corps, tendu d'un mouvement violent, semblait doué d'une indestructible énergie. Ses cheveux et sa barbe rousse entouraient une physionomie mâle et rude, que la tristesse, qui donne plus de dignité à la force, avait empreinte d'une sorte de grandeur. Sa voix, d'abord sourde, se précipitait en intonations et en paroles expressives brusquement coupées : « On vous trompe [1], en tout, « et partout. L'ennemi est victorieux sur tous les « points. J'ai vu le mal, puisque je commandais, sous « l'Empereur. Cela marchait bien d'abord : avec les « cuirassiers du brave général Milhaud, avec une sec- « tion de la cavalerie de la Garde, nous avions emporté « les premières positions du mont Saint-Jean, et sabré « bien des canonniers anglais sur leurs pièces. Il fallait « redoubler sans retard, et nourrir la charge ; car le « feu des Anglais était effroyable ; et il se fait bien des « vides, pendant qu'on avance ainsi sur les morts et « qu'on arrache pied à pied la victoire. Aussi, quand « nos forces furent diminuées, comme on ne venait pas « les soutenir, et que nous avions devant nous des « montagnes d'infanterie anglaise, il y eut un ébranle- « ment dans les premiers rangs lancés des grenadiers « de la Garde. J'y courus à droite, à gauche, partout, « en souhaitant, de toute mon âme, qu'un boulet me « pût entrer dans le corps.

« Nous nous repliâmes de quelques pas ; et, sous « la charge impétueuse de l'ennemi, quelques rangs « furent un moment mêlés. Mais le combat reprit ; et si « j'avais eu un renfort de la Garde, je vous en rendrais « bon compte ; mais dix mille hommes d'élite furent « tenus immobiles, par précaution contre la défaite, au

---

[1] Le *Moniteur*, au compte rendu de cette séance, est manifestement tronqué et altéré, ne renfermant que quelques phrases sans suite, qui ne conservent presque rien des vraies paroles du Maréchal.

« lieu d'aider tout de suite à vaincre. Puis, au moment
« où on venait de nous annoncer Grouchy et tout son
« Corps, tandis qu'un jeune Aide de camp courait sur
« toute la ligne avec cette nouvelle, ce furent les têtes
« des colonnes prussiennes qui parurent et qui nous
« prirent en flanc.

« Il fallut se concentrer et se retirer, mouvement
« toujours difficile aux plus braves. Nous tînmes bon
« cependant, sous des charges réitérées; et si le maré-
« chal Grouchy était arrivé même tard, même par un
« autre point, et qu'il y ait eu diversion quelque part,
« comme on devait y compter, dans une bataille bien
« manœuvrée, tout mon côté tenait ferme, et eut à la
« longue balayé le terrain. Mais il ne nous venait que
« des ennemis toujours accrus en nombre et renouvelés ;
« des rangs entiers des nôtres tombaient; et la confusion
« augmentait les pertes. Cela fut affreux! et la déroute
« commença, avec la nuit, quand on en eut moins honte;
« elle ne s'arrêta pas : vous pouvez m'en croire; j'ai vu
« d'autres désastres : je faisais l'arrière-garde de la re-
« traite de Russie; j'ai tiré le dernier coup de mous-
« quet sur les Russes, chez eux; et je suis rentré à Vilna
« seul de ma bande. Eh bien! aujourd'hui, nous ne
« sommes pas aussi détruits, grâce à Dieu; mais nous
« sommes aussi dispersés. C'est une fable de prétendre
« que cinquante à soixante mille hommes sont ou vont
« être réunis à Rocroy, ou ailleurs. C'est beaucoup, si
« le maréchal Grouchy a pu conserver douze ou quinze
« mille hommes.

« Avec cela et quelques débris, avec des gardes na-
« tionaux chargés, vous a-t-on dit, d'arrêter les fuyards,
« peut-on, après une telle dispersion, l'Empereur ab-

« sent, l'artillerie prise, opposer sur la route de Paris
« une résistance sérieuse à l'ennemi?

« Nous sommes trop complétement défaits, pour livrer
« aujourd'hui bataille. Voilà l'état des choses, au vrai.
« Je suis désespéré de le dire. Wellington était tout ré-
« cemment à Nivelles, en avant de Bruxelles sur nous,
« avec quatre-vingt mille hommes, une nombreuse ar-
« tillerie, des régiments intacts de cavalerie, et la con-
« fiance d'un succès, comme il n'en avait jamais connu.
« Les Prussiens, moins maltraités d'abord qu'on ne
« l'avait dit et raffermis par leur dernier avantage,
« s'avancent avec deux grands Corps d'expédition, sans
« attendre d'autres armées qui les suivent ou qui dé-
« bouchent par d'autres côtés. Un premier flot sera
« aux portes de Paris, avant sept ou huit jours.

« Vous ne pouvez, dans l'état présent, songer à rien
« qu'à la paix. On vous a laissé prendre au dépourvu
« par deux armées considérables. Vous n'avez pas le
« temps de vous recruter, de refaire votre matériel
« et de vous remettre en ligne. Ce n'est pas seule-
« ment un Champ de bataille, c'est un Empire perdu;
« je dis les choses comme elles sont, afin qu'elles pro-
« fitent, et que dans le malheur du moins, on ne soit
« pas trompé. Il n'y a plus que le temps de négocier.
« Il faut faire la paix : nous sommes à bout de tout le
« reste. »

En achevant ces paroles, arrachées avec torture du
fond de l'âme et visiblement sincères, quoique excessives et erronées sur quelques points, le Maréchal,
comme fatigué d'un tel effort, se rassit, et promena sur
tous les côtés de la salle des regards tristes et fiers.

Il y eut d'abord un assez long silence de stupéfaction

douloureuse; on était troublé des faits en eux-mêmes, de la voix qui les dénonçait, de ce découragement du *brave des braves*, et de cet acharnement de divisions intérieures, dans la calamité de l'invasion étrangère.

Le silence se rompit cependant. Le général Latour de Maubourg dit que le Rapport communiqué, au nom du Ministre de la guerre, n'avait «rien d'assez authentique; « qu'on y citait des pièces dont l'exactitude n'était pas « suffisamment attestée, des lettres d'officiers qui n'a-« vaient pu voir tout le mouvement de la journée, ni la « grandeur des pertes. »

Carnot, sans rien répondre à la terrible déclaration du maréchal Ney, affirme la régularité des pièces jointes au Rapport dont il a donné lecture. Latour-Maubourg, avec cette ardeur minutieuse des petits détails, intermède parfois singulier des grandes scènes historiques, s'engage à demander l'accusation du Ministre de la guerre, s'il a déçu les Chambres par un faux exposé.

Un jeune Pair, aide de camp de l'Empereur, le comte de Flahaut, s'écrie vivement qu'il a fourni un des rapports, sur lequel est rédigée la communication du Ministre, et qu'il en affirme la véracité. Le maréchal Ney, déjà plus calme, comme après la convulsion d'un grand effort, répond simplement « qu'il ne se répétera « pas; qu'il maintient tout ce qu'il a dit, et qu'il n'a dit « que ce qu'il avait vu. »

A ce moment, M. de Pontécoulant monte avec précipitation à la tribune. Son émotion très-marquée attire toute l'attention de la Chambre, dont il était écouté généralement avec faveur. « Je pourrais, dit-il, réclamer la « parole pour un fait personnel, s'il y avait encore des « choses personnelles et des intérêts particuliers à défen-

« dre, dans l'immensité du malheur public. Je suis parent
« et ami du maréchal Grouchy ; je réclame pour lui, ou
« plutôt, je réclame pour la dernière espérance du pays,
« pour l'honneur des généraux qui nous restent. M. le
« prince de la Moskowa, dans les lamentables détails
« où il est entré, a paru blâmer indirectement les mou-
« vements militaires du maréchal Grouchy, aux mains
« duquel était remis un Corps considérable. Ni la jus-
« tice, ni l'amitié, ni l'intérêt présent du pays ne me
« permettent de laisser sans réponse des reproches si
« graves tombés de si haut.

« La maréchal Grouchy avait des ordres de marche
« à exécuter ; il a eu à soutenir des combats, et s'est
« trouvé dans des conditions de guerre, qui ont sans
« doute déterminé ses mouvements. Il est étonnant
« qu'on vienne dans cette enceinte jeter un blâme sur
« lui, sans une connaissance exacte de tous les faits
« extérieurs à la bataille, et des incidents auxquels il a
« dû pourvoir. Le maréchal Grouchy s'est battu en
« bon soldat, en bon Français et en bon général ! »

A cette réclamation noble sans doute, mais d'un intérêt secondaire, dans une telle question de péril public,
le maréchal Ney répondit encore avec calme : « J'ai
« déclaré un fait, un funeste mécompte dans la ba-
« taille du 18 juin. J'ai dit le secours, l'instrument de
« victoire qui nous a manqué, soit pour avoir été éloigné
« hors de propos, soit pour n'avoir pas été rappelé à
« temps, et ce qui est venu à sa place. Je n'ai pas pré-
« tendu inculper le maréchal Grouchy ; je le crois aussi
« malheureux que nous : s'il nous a fait défaut, appa-
« remment, il n'était pas en pouvoir de faire autrement ;
« il ne pouvait prendre l'initiative des manœuvres qui

« devaient intervenir aux divers moments de la ba-
« taille, dont il n'avait pas vu le commencement. Il n'y
« a donc pas à s'émouvoir pour le maréchal Grouchy,
« que nous n'avons pas accusé, dans le malheur com-
« mun. »

L'incident de polémique personnelle étant ainsi écarté par ces graves paroles, et la Chambre restant sous l'impression profonde de tout le discours du maréchal Ney, après un insignifiant scrutin pour compléter une commission, on suspendit la séance, dans l'attente de ce qui pourrait, à la Chambre des Représentants, suivre la déclaration de l'Empereur. Il y avait comme une muette impatience du dénoûment, que la protestation trop faiblement démentie du Maréchal semblait précipiter, sous un poids nouveau de découragement public et de reproches accusateurs.

On sortit des tribunes, pendant la remise de la séance. Je courus au jardin du Luxembourg, dans le coin le plus reculé, méditer avec moi-même ce que je venais d'entendre; et le cœur tout ému, j'enfonçais dans les sillons de ma jeune mémoire ces paroles de deuil héroïque et de colère injuste peut-être, que j'avais senties amères comme la mort. Puis j'errai, quelque temps, comme étonné du repos et de la beauté de ce jour d'été, sous ces arbres qui avaient vu déjà passer tant de révolutions. La tête toute remplie de ces chutes d'Empereurs romains, vaincus par la défection d'un Général, et condamnés alors par un décret du Sénat, je contemplais maintenant de mes yeux, et je comprenais, pour la première fois, ce que si souvent j'avais lu dans l'histoire.

La Chambre des Pairs, quelque temps après sa séance

reprise, vers quatre heures, recevait un Message des Représentants ainsi conçu : «La Chambre des Représen-
« tants, considérant que le premier intérêt du peuple
« français est le maintien des lois qui assurent l'organisa-
« tion et l'action de tous les pouvoirs, passe à l'ordre du
« jour sur les propositions qui ont été faites de la for-
« mer en Assemblée nationale ou en Assemblée con-
« stituante.

«La Chambre arrête : que son Président et son bureau
« se retireront devers Napoléon Buonaparte, pour lui
« exprimer, au nom de la nation, la reconnaissance et le
« respect avec lesquels elle accepte le noble sacrifice
« qu'il a fait à l'indépendance et au bonheur du peuple
« français.

« La Chambre arrête qu'il sera nommé sans délai
« une commission de cinq membres, dont trois choisis
« dans la Chambre des Représentants et deux dans la
« Chambre des Pairs, pour exercer provisoirement les
« fonctions du gouvernement, et que les ministres con-
« tinueront leurs fonctions sous l'autorité de cette com-
« mission. Les membres des deux Chambres qui feront
« partie de la commission du gouvernement ne pou-
« vant, pendant la durée de leurs fonctions dans
« cette commission, exercer aucunes fonctions législa-
« tives. »

Le texte même de cette *Résolution* supposait que toute la conduite des affaires était déléguée à ce Gouvernement provisoire. Un membre de la Commission, précédemment désignée pour connaître de l'*Abdication* impériale, le comte Thibaudeau le comprit ainsi. Formé jadis au feu de la Convention, zélateur de l'Empire, capable tour à tour de violence et de modé-

ration, mais trop exercé à la tactique des troubles civils, pour ne pas savoir céder à propos, il se lève et dit brièvement que le Message des Représentants vient de rendre inutile la Commission dont il fait partie. « Il
« s'agit, dit-il, dans ce Message, non de propositions
« à discuter, mais de mesures déjà prises. La Chambre
« des Représentants nous devance et nous entraîne, ou
« nous laisse en route. Nous n'avons plus, à propre-
« ment parler, de résolutions à prendre ; nous avons
« seulement une adhésion à déclarer. »

Ce moyen terme, cette simple forme d'acquiescement, proposée par un esprit ardent et ferme, dont la préférence pour l'Empire était notoire, convenait au tempérament de la Chambre.

Une objection, ou plutôt une légère variante fut présentée cependant. Un Pair proposa de prendre une Résolution à part, comme l'autre Chambre, et, en rendant également hommage au sacrifice accompli par Napoléon, de décréter aussi la formation de ce gouvernement provisoire, où l'autre Chambre se donnait en principe la majorité.

Le comte de Pontécoulant combattit cette intention d'indépendance dans la forme, quand on cédait pour le fond et qu'on acceptait la proportion inégale fixée par la Chambre des Représentants. Il conclut à la rédaction suivante, aussi courte qu'elle était explicite :

« La Chambre des Pairs adhère à la délibération de
« la Chambre des Représentants, et en même temps
« arrête qu'elle est pleine d'admiration pour la ma-
« nière généreuse dont l'Empereur a terminé sa vie
« politique. »

C'était, tout en répétant les paroles de Napoléon,

dans le passage le plus expressif de son Acte d'*Abdication*, y déroger, ou plutôt les éluder et les démentir par une grave et volontaire réticence. La profession d'un sentiment admiratif pour la manière généreuse dont l'Empereur terminait sa vie politique, sans un mot d'assentiment sur la condition de successibilité qu'il voulait y attacher et sur l'héritier qu'il proclamait après lui, n'était-ce pas la condamnation même de ce droit, que Napoléon avait omis d'invoquer dans son *Abdication* de Fontainebleau, quinze mois auparavant, et qu'une nouvelle catastrophe ne rendait pas certainement plus acceptable à l'Europe?

Aussi, dans le silence des autres membres de la Chambre pliés à tant de changements divers, quand cette déclaration qui semblait aggraver celle des *Représentants* fut proposée, un jeune pair, un jeune général, que ses périls avertissaient, ne put se contenir :

« L'Empereur, dit-il, vient d'abdiquer; mais en fa-
« veur de son fils. En se retirant par un sacrifice, qu'on
« entoure d'hommages et qu'on méconnaît, il déclare
« par le fait une *Minorité*, ce qui appelle une Régence.

« Qu'est-ce donc que cet autre gouvernement, ce
« gouvernement provisoire qu'on veut directement
« instituer, sans mention aucune des droits du Prince
« impérial, et en dehors de la condition expresse écrite
« par l'Empereur?

« Souvenons-nous du passé et d'un passé tout récent.
« N'est-ce pas, il y a quinze mois, un gouvernement
« provisoire, ainsi jeté comme un pont sur l'abîme, qui
« servit de passage à la rentrée des Bourbons? Aurions-
« nous cette fois encore inutilement versé le sang
« français, et faudra-t-il revenir par la même voie sous

« le même joug? Qu'on s'explique; qu'on nous dise si
« c'est Napoléon II qu'on reconnaît, ou si c'est un nou-
« veau gouvernement qu'il s'agit d'établir. »

La vive parole du jeune militaire agissait peu, et semblait se perdre contre les murs sans écho de cette salle, qui avait entendu et devait entendre tant de protestations opposées et de serments divers, sortis souvent des mêmes bouches. Il fut répondu, avec cette impartialité insignifiante, cette froide politesse, qui semble faire la solitude autour des convictions passionnées, et des intérêts trop ardents ou trop personnels. « La Cham-
« bre des Pairs, dit un grave orateur, n'a présentement
« à délibérer que sur le Message de l'autre Chambre.

« Il s'agit seulement de réserver les principes con-
« servateurs de notre liberté, de témoigner notre
« reconnaissance à Napoléon et de ne pas laisser la
« France sans gouvernement. Les autres propositions
« viendront après, et seront ultérieurement appréciées. »

« L'acte suprême de Napoléon ne saurait être scindé,
« reprenait vivement le jeune général; si on ne recon-
« naît pas son fils, pour lequel il abdique, il n'a pas
« abdiqué; » et comme affaibli par le froid silence de l'Assemblée, il ajoutait : « Telle est du moins mon
« opinion. »

Boissy-d'Anglas se lève alors, et dans quelques mots graves et tristes il supplie la Chambre « de ne point
« s'arrêter à une proposition, qu'il nomme impolitique
« et intempestive ; de ne point accroître les divisions de
« la France, devant l'ennemi qui s'approche. La vie
« politique de l'empereur Napoléon, dit-il, est ter-
« minée; son fils n'est pas au milieu de nous; il est
« dans le camp des envahisseurs de la patrie : nous ne

« pouvons ni le chercher là, ni le proclamer ici. C'est
« à ceux qui le gardent de nous le rendre, si cet enfant
« porte avec soi le gage de la paix. Jusque-là, Mes-
« sieurs, la dignité nationale nous interdit d'offrir la
« Couronne à un enfant captif. Nous ne devons connaître
« d'autre pouvoir actuel que celui de nos Assemblées
« nationales. »

Ces paroles d'un homme de bien toujours pur dans sa carrière législative, où il fut un moment héroïque, paraissent agir fortement sur la Chambre.

Une contradiction se fait entendre cependant, mais avec une grande modération. Le comte de Ségur admet que la proposition du général de Labédoyère paraisse intempestive ; mais « la repousser par l'*ordre du jour*
« indiquerait qu'on ne veut plus s'en occuper. Il ne
« faut rien préjuger et surtout rien exclure, dans
« une question qui veut un examen si attentivement
« mûri, et qui comprend de si hauts intérêts d'indépen-
« dance, de liberté publique et de gloire nationale. »

Ce langage de patriotisme et de cour ne suffit pas à la vivacité d'un autre membre de la Chambre qui, plus passionné pour la Révolution et l'Empire, est cependant pressé d'en finir par une adhésion au Message de la Chambre élective, seule puissante dans l'esprit du temps. « Je demande, dit le comte Thibaudeau, sur
« toute proposition accessoire, l'*ordre du jour* motivé
« de manière à laisser toute latitude à la Nation.

« Je ne crains pas que ni la Chambre, ni le Gouver-
« nement provisoire, ni personne, veuille ramener
« l'état de choses oppressif et avilissant sous lequel
« nous avons gémi pendant une année. L'article 67 de
« l'Acte additionnel est en pleine vigueur et fait loi

« pour les Chambres. Réservons ce grand débat : l'ordre
« du jour doit laisser les choses entières, tout en faisant
« pressentir que nous sommes invariablement résolus
« à repousser un gouvernement dont la nation ne veut
« pas. »

Cette protestation, identique à celle du jeune général, dans un langage différent, cette seconde déclaration de haine empruntée aux souvenirs d'un plus ancien temps, et non moins persévérante que la première était impétueuse, excite peu d'émotion dans la salle; mais elle termine le débat. L'ordre du jour est la rédaction proposée par M. de Pontécoulant. Cet ordre du jour est repris, la rédaction adoptée; et la Chambre suspend de nouveau sa séance jusqu'au soir, huit heures.

CHAPITRE XV

ENTRETIEN DE M. DE PONTÉCOULANT. — SÉANCE DE NUIT A LA CHAMBRE DES PAIRS. — LE PRINCE LUCIEN. — DOULOUREUX INCIDENT DU GÉNÉRAL DE LABÉDOYÈRE. — DÉCLARATION FINALE.

Insatiable auditeur de tout ce drame politique, je ne pouvais consentir à en perdre aucun détail. Je restai, après la séance levée, dans les salles du Luxembourg, sans me douter que j'y siégerais un jour, et que j'aurais, dans cette même enceinte, ma part d'inamovibilité transitoire.

A ce moment, j'étais tout occupé de l'idée prochaine d'une séance de nuit, où il me semblait qu'on allait disposer de l'Empire : c'était pour moi comme l'image et la résurrection des luttes regrettées dans ce *Dialogue des orateurs* où, devant le forum silencieux de Rome asservie, *Maternus* rappelle les combats des anciens tribuns *pernoctantium in rostris*.

Je songeais aussi à ces discussions opiniâtres prolongées jusqu'au point du jour, dans l'aristocratique Parlement d'Angleterre; et je voyais en souvenir cette séance semblable à la veille d'*Hamlet*, où un orateur de la Chambre des Communes, prenant la parole, à la lueur affaiblie des lampes d'une nuit avancée, avait troublé les imaginations britanniques, en évoquant pour elles le spectre de l'esclavage, qui s'approchait dans les ténèbres, et n'avertissait qu'à demi, par le bruit des chaînes, les insouciants qui ne le voyaient pas. Jamais jeune homme du grand monde n'attendit une soirée de bal de cour avec la curieuse impatience que me donnait cette nuit promise de discussion publique.

Tout à coup, au détour d'un corridor, je me retrouvai en face de M. de Pontécoulant, qui m'avait si obligeamment amené le jour précédent. «Fort bien, dit-il, « j'aime, à votre âge, cette assiduité politique : l'homme « ne vit pas seulement de pain, mais de tout ce que nous « croyons parole de vérité, ici-bas. Comme je reste éga- « lement, jusqu'à la reprise de la Délibération qui sera « grave, je veux vous donner l'hospitalité; » et me conduisant à une pièce voisine, il prit avec moi quelques aliments, tout en me parlant sur un ton de pleine confiance, qui m'interprétait clairement la séance décisive à laquelle j'allais bientôt assister.

M. de Pontécoulant, dont quinze ans plus tard, dans le flot d'une troisième révolution, j'ai eu l'honneur d'être, quelques années, le Collègue à vie, vient récemment de terminer, loin des Assemblées politiques et du monde, sa vigoureuse vieillesse, à l'âge de quatre-vingt-huit ans. Il a disparu, sans qu'on en fît mention, dans un de ces intervalles d'oubli, dans une de ces brusques ruptures avec le passé, qui, de notre temps, se rencontrent tous les deux ou trois lustres; il n'en était pas moins un des hommes rares qu'on ait pu connaître.

D'une ancienne et noble famille de Normandie, destiné de naissance et élevé pour la guerre, capitaine dans un régiment, à quinze ans, colonel avant 1789, comme M. de Narbonne et M. de Tracy, ayant gardé toujours de cette vocation première une remarquable hardiesse d'esprit, autant que de démarche et d'allure, il avait traversé avec honneur les plus mauvais temps de l'anarchie révolutionnaire.

Membre de la Convention, et envoyé par elle en mission, il s'était signalé, dès 1792, par la modération et l'esprit d'équité civile, non moins que par le courage contre l'ennemi; et il avait pacifié à l'intérieur le département du Nord, en même temps qu'il forçait les Autrichiens à lever le siége de Lille. Ami des Girondins, mais noblement séparé d'eux, dans le procès de Louis XVI, ayant voté contre la légalité du jugement, contre la peine de mort et pour le sursis, avec la même énergie qu'il avait dénoncé les *assassins* de septembre, il fut du nombre des vingt-deux premiers représentants accusés comme traîtres, le 16 avril 1793, par la sanguinaire commune de Paris.

Enhardi par ce péril heureusement surmonté, il avait bientôt après attaqué la formation même du tribunal révolutionnaire, puis les Sociétés des Jacobins, leur correspondance anarchique et les attentats qu'ils provoquaient. Il avait réclamé souvent la liberté des journaux, incessamment opprimée par le patriotisme hypocrite et la tyrannie des Comités. Il avait protesté contre l'envahissement intérieur de la Convention, au 31 mai, et contre l'inique Proscription des députés de la Gironde.

Mis enfin lui-même hors la loi, quelques mois après eux, il n'avait échappé à l'échafaud que par une fuite pleine de hasards, jusqu'à la délivrance nationale du 9 thermidor.

Rentré alors, avec d'autres *Proscrits*, dans cette Assemblée qui ne s'épurait que par la mort, comme elle s'était souillée, personne ne s'y montra plus habile et plus ferme contre les restes ou les retours menaçants de la *Terreur ;* personne n'y fut plus secourable aux familles des victimes. Il s'attaqua surtout à cet odieux principe de la Confiscation, qui avait élevé les échafauds, et qui leur survivait. Zélé défenseur du projet de loi pour la *Restitution des biens des Condamnés*, il avait ramené à cette grande question tous les intérêts d'humanité, de justice et de liberté, montrant dans la société publique, entre le Pouvoir et les citoyens, la Confiscation provocatrice du meurtre et de l'oppression, comme la cupidité privée peut l'être souvent de l'assassinat individuel. Il prouvait qu'inhumaine et barbare, la Confiscation est en même temps impolitique; car elle favorise la tyrannie. « Les hommes qui veulent usurper le Pouvoir,
« avait-il dit dans ce débat mémorable, n'établissent
« pas de nouveaux impôts. Ils comprennent que ce
« début serait impopulaire, et que le premier acte de
« leur autorité pourrait anéantir les espérances de leur
« ambition. Ils ne grèvent pas la pauvreté du peuple;
« ils excitent ses passions, ses défiances, ses haines; ils
« lui offrent des ennemis à punir, des suspects à dé-
« pouiller. Le peuple une fois trompé, le sang des ri-
« ches, celui des hommes de bien couvre les places
« publiques.

« On proscrit pour confisquer ; et les mains des
« confiscateurs teintes de sang, pleines d'or, rivent les
« fers de la nation. Je n'en chercherai pas les preuves
« au loin : il suffit de rappeler les paroles que vous
« avez entendues, et qu'il faut transmettre à la posté-

« rité, pour qu'elle se garantisse d'en subir de nouveau
« l'application, ces paroles atroces et trop vérifiées :
« Nous battrons monnaie sur les échafauds. »

Je rappelais ce souvenir d'honneur et d'éloquence
à M. de Pontécoulant ; et lui, à son tour, me racontait
des choses de sa vie moins connues, moins extérieures,
comment, vers cette époque, membre actif des Comités
de gouvernement et de guerre, « il avait connu et ac-
« cueilli le général Bonaparte ; comment il s'était servi
« de lui pour défendre la Convention, le 13 vendé-
« miaire. »

De la Convention, à laquelle il se dévouait contre les
Insurgés, mais dont il ne voulait pas la permanence
illégale, M. de Pontécoulant avait été porté par le vœu
public au Conseil des Cinq-Cents, avec Lanjuinais,
Boissy-d'Anglas et d'autres hommes de bien courageux. Il y avait parlé pour la liberté de la presse
contre Chénier, condamné par ses fautes à craindre la
publicité et à défendre le Directoire ; il y avait flétri de
sa censure d'honnête homme tout ce que cette administration odieuse renfermait de violences et d'illégalités ;
et plus qu'un autre, il avait semblé prévoir, tout en le
bravant, le coup d'État qui frappa dans les assemblées
nos meilleurs citoyens, Barbé-Marbois, Lafond-Ladebat,
Camille Jordan, etc., et jusque dans le Directoire, Bar-
thélemy et Carnot lui-même.

Échappé cependant, par le crédit de la députation
du Calvados, à la proscription du 18 fructidor, il
renouvela contre ce guet-apens dictatorial la Protestation qu'il avait faite contre le 31 mai ; et déclarant qu'il ne voulait plus siéger dans une Assemblée mutilée par la violence, il se retira pauvre et

libre dans un canton de son département, chez ce peuple de Normandie, laborieux, tenace et sensé, où il était respecté de tous, pour ses aïeux et pour lui-même, pour le souvenir de son père le maréchal de camp marquis de Pontécoulant, et pour son courage à lui, devant l'ennemi, et devant les proscripteurs de toutes les époques.

Le Directoire parut l'oublier dans cet asile ; et le 18 brumaire l'y trouva. C'est de là que M. de Pontécoulant, appelé par Napoléon, et comme il le disait, aimant mieux le servir de loin que de près, accepta la préfecture du département réuni de la Dyle, où, pendant cinq années, il fit succéder au gouvernement de la Conquête l'ordre, la justice, le respect du culte, et, à défaut de liberté, la vigilance intègre et la modération dans l'arbitraire. Promu au Sénat en 1805, par une reconnaissance quelque peu tardive de l'Empereur Napoléon, il avait aussitôt préféré à l'inertie parlementaire d'alors une mission sans titre, mais non sans péril ; et il avait obtenu l'autorisation d'accompagner le général Sébastiani dans son ambassade de diplomatie guerrière à Constantinople.

Ancien et habile officier, il avait concouru à l'essai de renaissance militaire tenté par la Turquie contre les flottes anglaises ; et quand l'escadre de l'amiral Duckworth, en 1807, força les Dardanelles, il avait dirigé, de concert avec le général Sébastiani, la défense du port, et les feux qui, de la pointe du Sérail, repoussèrent victorieusement l'invasion anglaise. Ainsi rentré, par un succès accidentel, dans le métier des armes, quoique sans grade militaire, Pontécoulant, comme envoyé de l'Empereur, résida au camp du Grand-Visir, sur le

Danube, jusqu'à la paix de Tilsitt; puis il était revenu, me disait-il, sommeiller au Sénat.

Ce fut là, parmi les goûts d'étude qui distrayaient son oisiveté politique et sa prévoyance souvent attristée, que l'Empereur le prit en 1813, voulant à ce moment recueillir quelques fruits de la bonne et libérale administration de son ancien préfet. Il le délégua Commissaire extraordinaire en Belgique, pour y seconder la défense locale, y susciter le patriotisme français, et couvrir par ce côté la France menacée de toute part à la fois.

C'était là le dernier et le plus cher souvenir politique de M. de Pontécoulant. Ce soir même du 22 juin, il se rappelait avec complaisance que ces quatre départements de la Belgique réunis à la France avaient tenu des derniers pour l'Empire, n'avaient cédé qu'à la force étrangère, sans s'unir à elle, pour inquiéter la retraite de notre armée réduite à bien peu de baïonnettes, sous le commandement habile du général Maison, que secondait la popularité de l'ex-préfet de la Dyle.

Revenu ainsi de Belgique en France, seulement un mois avant la première chute de l'Empire, M. de Pontécoulant s'était abstenu de prendre part aux délibérations et aux actes du Sénat, en avril 1814. «L'Em- « pereur, avait-il dit, mérite peut-être la déchéance; « mais nous, méritons-nous de la prononcer?»

Quelques mois après, cependant, il fut appelé dans la Pairie constitutionnelle de Louis XVIII, où son nom, ses principes et sa conduite, à toutes les époques de la Révolution, lui donnaient juste droit. Acteur ou témoin de tant de scènes diverses depuis 1789, les fautes inévitables de la Restauration ne l'avaient ni surpris ni trop irrité : la foudre du 20 mars ne l'éblouit pas un moment. Il n'avait cru ni à la rupture de la Coalition, ni au changement de la politique autrichienne, ni à la transformation miraculeuse de Napoléon.

« Les Bourbons, disait-il, par allusion à la Charte et
« à l'Acte additionnel, n'aimaient pas ce qu'ils nous ont
« donné ; mais ils en avaient besoin, et n'étaient pas de
« force à le reprendre. Napoléon nous a donné, depuis
« trois mois, ce qu'il déteste et ce qui lui est incompa-
« tible. Il nous a donné ce qui ne peut le sauver de la
« ruine, et ce que, vainqueur, il ne nous aurait pas
« laissé deux jours. Triste destinée qu'il nous a faite, à
« nous amis des lois et de la liberté ! Nous ne pouvions
« souhaiter ni ses succès, ni ses revers. Toutes les
« chances étaient contre nous, dans la guerre qu'il ra-
« menait à sa suite. Nous ne pouvions en attendre que le
« désastre de la France. Il était apparent partout dans
« l'épuisement des forces, l'abattement des esprits, et
« ce courant de la nécessité qui se rencontre à certaines
« époques, et que nul effort de génie ne saurait sur-
« monter. »

Cette impression, M. de Pontécoulant la rapportait surtout d'une mission toute récente qu'il venait de remplir dans le Midi, où il avait mesuré, disait-il encore, le terrain d'une guerre civile, qui n'aurait pas le temps d'éclater. Ce n'est pas qu'en cela, ni sur aucun autre point, M. de Pontécoulant eût consenti à se faire l'instrument ou l'écho de la politique alors si accréditée du duc d'Otrante. Il avait retrouvé çà et là, dans son voyage, les manœuvres et les influences du Titulaire de la *Sénatorerie d'Aix* ; mais il gardait à l'ancien montagnard la défiance et la haine d'un proscrit de 1793, et le mépris d'un vrai gentilhomme français. « Quant à « moi, disait-il, j'ai défendu, dans les mauvais temps, « les émigrés, les enfants des condamnés, les héritiers « des confisqués ; mais je ne suis pas assez aristocrate, « pour me ranger aujourd'hui sous le drapeau de « Fouché de Nantes. » En même temps, son esprit ferme et droit, que ne troublait aucun fâcheux souvenir, lui faisait prévoir, après l'Acte additionnel et Waterloo, le retour des Bourbons comme l'issue de beaucoup la plus probable, et relativement la meilleure.

« Voilà, me dit-il, jeune homme, ce que vous allez « nous voir tacitement reconnaître, et en partie pré- « parer aujourd'hui. Je ne m'exagère pas, vous le « croyez bien, l'action de la Chambre des Pairs. Ce « qu'elle dira, ce qu'elle fera, ou plutôt ce qu'elle ne « fera pas cette nuit n'a pour moi que la puissance « d'un aveu : ce sera le symptôme de ce qui va se « passer en France. Que les Bourbons reviennent donc, « disait-il, et qu'ils durent, s'ils le peuvent ! Mais pour « cela, qu'ils exécutent la Charte plus franchement « qu'ils ne l'ont donnée ! » J'écoutais avec ardeur ce vétéran de nos anciennes assemblées, qui me paraissait jeune encore par la vigueur d'esprit, la toute présence des souvenirs, et ce vif intérêt aux nobles idées de droit et de liberté, dont j'ai vu depuis tant de jeunes gens se désabuser si vite par une précoce caducité du cœur, qu'ils appellent raison.

Tel n'était point M. de Pontécoulant. Fidèle aux principes, sans être inflexible aux événements, résistant avec honneur, sans être tout à fait martyr, il suivait le flot des révolutions, quand ce flot semblait insurmontable, et cherchait dans chaque naufrage à sauver ce qui restait de plus précieux, l'indépendance nationale, les lois, la liberté civile. Sans préférence systématique pour les Bourbons, il les croyait, à ce moment, inévitables, dans l'intérêt de la France ; et il était bien résolu de faire ce qu'il pourrait, pour un dénoûment « qui, disait-il, ne serait pas une fin, mais « un repos. »

Aujourd'hui cependant, il y prévoyait des obstacles, plutôt dans quelques ambitions opiniâtres et dans des illusions de parti, que dans les faits ; et pour cela même, il voulait nettement combattre cet égoïsme et ces chimères. Dans son opinion, l'Empereur déchu emportait avec lui tout l'Empire ; et, à part même le peu de goût qu'il avait eu pour les formes absolues de cet Empire, il sentait que la passion excitée de l'Europe et le péril, dont elle était à peine délivrée de nouveau, ne permettaient la durée paisible de rien qui en rappelât le souvenir. C'est, après m'avoir montré cette pensée, qu'il me dit : « Laissez-moi, pendant une heure, rêver seul à « tout cela ; car il faut battre le fer pendant qu'il est « chaud ; et je vais avoir des coups à parer et à porter « ce soir, quand on rouvrira la séance. »

Je me le tins pour dit ; et avant neuf heures, j'avais repris mon poste d'obscur auditeur. Je vis aussitôt paraître à la Tribune le prince Lucien, que deux mois et demi auparavant j'avais entendu, dans une séance publique de l'Institut, déclamer une ode de sa composition sur l'amour de la gloire. Cette séance singulière, au moins pour le choix du moment, avait été, pour ainsi dire, la première rentrée du prince Lucien dans le monde politique, et en même temps le signe de l'esprit libéral et ami des lettres, qu'il affectait d'y apporter. L'*ode* était faible cependant, et produisit peu d'effet sur les esprits étonnés de tant d'autres nouveautés plus graves.

Aujourd'hui ce n'était pas une palme poétique, c'était un Empire que venait disputer le prince Lucien ; et, si on considère la disproportion de cette espérance aux forces du Prince, et à la grande chute qu'il avait devant les yeux, on sera surpris, sans doute, d'une telle hardiesse. L'expression n'en parut pas d'ailleurs sans art et sans dignité. « Messieurs, dit le Prince, il s'agit en
« ce moment de prévenir la guerre civile et de conser-
« ver à la patrie son indépendance et sa liberté. L'Em-
« pereur est mort ; *vive l'Empereur !* Ce sont les deux
« cris publics, les deux acclamations populaires des
« Monarchies fondées sur une loi constante et pour un
« avenir durable. Il ne peut y avoir d'intervalle entre
« l'Empereur qui meurt ou qui abdique et son succes-
« seur ; toute interruption serait anarchie. C'est ce
« Principe et cette vérité de fait que méconnaît la *Réso-*
« *lution* de la Chambre des Représentants, en voulant
« établir un gouvernement intermédiaire et provisoire,
« comme si la place était vide, et le successeur douteux.
« Au lieu de ce rouage inutile, ou envahisseur, qu'on
« prétend introduire, je demande, en invoquant la
« *Constitution* et les serments solennels du Champ-de-
« Mai, que la Chambre des Pairs, qui a juré fidélité à
« l'Empereur, déclare, sans délibération et par un
« mouvement spontané, qu'elle reconnaît Napoléon II
« comme Empereur des Français. J'en donne le premier
« l'exemple ; et ici, devant vous, à ce moment, je lui
« jure fidélité.

« Dès lors, la proposition de former un Conseil de
« régence devra seule vous occuper; car, seule, elle est
« conciliable avec la transmission non interrompue du
« Pouvoir. Est-il besoin d'ajouter que ce qui est la
« règle essentielle, la condition vitale de la Monarchie
« était la pensée de l'Empereur pendant son règne,
« et la condition absolue de sa renonciation?..... —
« Si quelque part une minorité coupable voulait
« nous faire descendre, aux yeux des nations étran-
« gères, et réduire les Français à paraître le dernier
« des peuples, en leur faisant violer leurs serments,
« ce n'est pas dans la Chambre des Pairs que cette
« minorité factieuse trouverait appui. Je vous ad-
« jure donc, Messieurs, comme gardiens héréditaires
« de la foi publique et des lois fondamentales, je vous
« adjure, au nom de notre Droit constitutif et des liber-
« tés qu'il consacre, de repousser une entreprise anti-
« constitutionnelle, et d'être fidèles à vous-mêmes et à
« la France, en proclamant aujourd'hui Napoléon II. »

Le mouvement du Prince était sincère, comme l'ardeur même de l'ambition. Sa voix, son accent, son discours semblaient faits pour entraîner. Malheureusement toutes ces grandes choses qu'il invoquait, l'hérédité monarchique dans une famille, la transmission paisible du trône étroitement unie à la stabilité des libertés légales, la religion du serment liée à l'honneur public de la Nation, toutes ces grandes choses, le temps ne les avait pas assez vieillies, au profit d'une race nouvelle, pour qu'elles eussent alors pouvoir sur les esprits.

La parole animée du prince Lucien, ses vives interpellations furent écoutées froidement; et l'orateur alors le plus en crédit dans la Chambre, parce qu'avec la modération de langage, il avait la hardiesse d'esprit, M. de Pontécoulant se leva pour répondre : « Il m'est « pénible, dit-il en commençant, d'avoir à proposer un « avis contraire à celui du préopinant. J'ai reçu des « bienfaits de Napoléon ; je lui suis resté fidèle jusqu'au « moment où il m'a délié de mes serments ; et ma re- « connaissance le suivra jusqu'au dernier soupir.

« Dans un autre temps, déjà bien éloigné de nous, « j'avais pressenti son génie ; et j'eus l'honneur d'aider « quelque peu au début de sa glorieuse carrière. Je ne « trahirais pas aujourd'hui son adversité ; mais les « sentiments privés ne prévalent pas sur les devoirs « publics ; et pour les Pouvoirs de l'État, pour les « grandes Assemblées, il y a des règles, des obligations « que rien ne fait fléchir. On veut vous imposer ce qu'il « ne convient jamais d'accepter, une Proposition non « délibérée.

« J'ai vu ailleurs, Messieurs, et je sais le péril des « votes d'enthousiasme, des acclamations sans examen ; « c'est ainsi qu'on intronise, et qu'on proscrit. En ce « moment, celui même qui prend l'initiative de cet « exorbitant pouvoir a-t-il le droit de réclamer ici « même une part de pouvoir légal ? A-t-il l'indigénat « dans cette Assemblée ? M. le prince de Canino est-il « Français ? »

Un léger murmure sur une partie des siéges de la Pairie ayant suivi cette parole, l'orateur reprend aussitôt : « Ses sentiments, ses vœux sont français, sans « doute, je le crois ; je n'y contredis pas. Mais enfin, « lui, qui nous rappelle à la Constitution, n'a pas ici de « titre constitutionnel, de présence autorisée et de vote « légal. Il est naturalisé ailleurs par une de ces adop-

« tions qui ôtent la qualité de Français. Il est Prince et
« sujet romain; et Rome ne fait plus partie du territoire
« de France. »

A ces mots, le Prince interrompt vivement l'orateur:
« Je suis aussi Français que vous. Je demande la pa-
« role. Je dis que vous insultez la Constitution, que
« vous méconnaissez.... »

« Vous répondrez après, Prince, reprend avec
« calme l'orateur, du haut de la Tribune. Portez ici ce
« respect de l'égalité, dont ailleurs, et dans d'autres
« temps, vous avez plusieurs fois donné l'exemple. Je
« continue... Et quant à ceux qui, sans s'inquiéter peut-
« être s'ils n'ajouteront pas la guerre civile à la guerre
« étrangère, demandent la proclamation instantanée
« d'un Pouvoir nouveau, ne voient dans l'*Abdication*
« qu'un héritage, et montrent plus de zèle pour la
« succession à l'Empire que pour l'Empereur et pour la
« France, je ne m'arrête pas à leurs calculs actuels
« d'intérêts particuliers, au milieu de la crise nationale;
« je ne me prononce pas même d'une manière absolue
« contre le vœu exprimé par ce parti; mais je proteste
« contre la forme et le moment inopportun de ce vœu.

« On nous demande de proclamer, sur l'heure et
« sans réflexion, Napoléon II. Je déclare fermement
« que rien ne me fera reconnaître immédiatement pour
« mon Souverain un enfant qui réside à l'étranger,
« ni proclamer une Régente qui n'est pas en France.
« On irait bientôt retrouver dans les précédents de
« l'Acte additionnel je ne sais quel sénatus-consulte,
« qu'on appellerait fondamental. On nous dirait que
« l'Empereur de nom doit être considéré comme étran-
« ger ou captif, la Régente comme étrangère ou cap-

« tive; et on tiendrait en réserve, on nous donnerait
« provisoirement, avec assez de logique, une autre
« Régence de famille, dont la conséquence infaillible
« serait la guerre civile, la suprême calamité qui
« manque seule à nos malheurs. Je demande, par tous
« ces motifs, l'ordre du jour sur la proposition, un
« ordre du jour qui ne préjuge rien. »

Le prince Lucien reprit la parole avec véhémence, et comme sentant au cœur l'allusion directe à cette seconde Régence qu'avait dénoncée l'orateur. Il ne fit cependant que répéter sa première défense personnelle : « Si je ne suis pas Français à vos yeux, je le suis aux « yeux de la nation entière, » et son premier argument : « Dès que Napoléon abdique, son fils lui suc-
« cède de droit; il n'y a point là de délibération à
« prendre; il n'y a qu'une simple déclaration à faire. »
Mais cette déclaration était par elle-même la plus difficile, comme la plus importante des décisions. L'orateur oubliait ce que d'autres exemples ont confirmé tant de fois, que l'Abdication est la mort civile des Souverains, et que surtout qui abdique par contrainte n'abdique pas au profit du successeur qu'il désigne, ou qu'il espère.

Ce second effort de Lucien échoua, comme le premier, sur la Chambre impassible ou distraite. Après lui, Boissy-d'Anglas, dans quelques mots empreints de gravité, supplia la Chambre de ne pas admettre une proposition qu'il nommait impolitique et dangereuse, parce qu'elle augmenterait les divisions de la France devant l'ennemi : « La vie politique de l'empereur
« Napoléon, dit-il, est terminée. Son fils n'est pas au
« milieu de nous; il est dans le camp des envahisseurs

« de la France. Ce n'est pas à nous de le proclamer.
« C'est à ceux qui le gardent de nous le rendre, si cet
« enfant porte avec lui le gage de la paix. Jusque-là,
« Messieurs, la dignité nationale nous défend de mettre
« la Couronne de France en dépôt chez l'ennemi. Ne
« nous divisons pas; il ne nous reste que cette force :
« et ne reconnaissons, quant à présent, d'autre Pouvoir
« que celui de nos Assemblées nationales. »

Ces paroles d'un homme de bien, honoré de tous les partis, mais indifférent au moins à la cause des Bourbons, paraissaient d'autant mieux accueillies de la Chambre, que sous l'apparence d'une préoccupation toute patriotique, elles conseillaient cette espèce de neutralité qui plaît au plus grand nombre, dans les crises obscures et douteuses. Tout à coup, la Chambre est retirée de cet acquiescement paisible, où elle inclinait; et elle se sent prise à partie et vivement interpellée par la voix d'un de ses plus jeunes membres qui s'élançait à la Tribune. Déjà, elle l'avait, le matin du même jour, entendu dans la défense du même intérêt, mais sous une émotion bien moins forte, avec une instance bien moins désespérée.

Rarement on a vu les traits d'une physionomie plus régulière et plus noble altérés, bouleversés par une passion plus véhémente que celle qui agitait, en ce moment, le jeune général de Labédoyère. A peine âgé de trente ans, sa taille élégante, ses mouvements faciles avaient toute la vivacité de la première jeunesse. Son front très-découvert, presque dégarni de cheveux, était haut et poli, mais chargé d'une sombre irritation; et ses yeux bleus étincelaient de colère. On sentait une nature généreuse et douce emportée par la douleur, et

troublée de la violence qu'elle se faisait à elle-même :
« Laissez-moi redire d'abord, s'écrie-t-il impétueuse-
« ment, ce que j'ai dit ce matin, et ce qui est plus vrai
« et plus indignement démenti à chaque heure, à
« chaque minute de cette fatale journée. Napoléon a
« abdiqué pour son fils; son abdication est une et indi-
« visible. Si son fils n'est pas reconnu, n'est pas cou-
« ronné, je dis que Napoléon n'a pas abdiqué : sa
« déclaration est nulle, de toute nullité, comme la
« condition qu'il y a mise. Je le sais, je le vois; les
« hommes qui rampaient à ses pieds, durant sa prospé-
« rité, les mêmes vont s'élever contre son fils, enfant,
« captif, privé d'un si grand défenseur. Mais il en est
« d'autres qui resteront fidèles à tous les deux.

« Il y a des hommes, dans les Chambres françaises,
« impatients de voir ici les ennemis, qu'ils nommeront
« bientôt les *alliés*. Si ces hommes-là, et ils en sont
« bien dignes, rejettent Napoléon II, l'Empereur n'a
« plus qu'à tirer de nouveau l'épée, et à s'entourer de
« ces braves qui, tout couverts de blessures, l'attendent
« encore, avec le cri de vive l'Empereur ! — Et quand
« vous verrez cela, n'accusez pas la guerre civile : c'est
« vous qui l'aurez faite par vos parjures lenteurs !
« Faudrait-il donc que le sang français n'ait de nou-
« veau coulé, que pour nous faire passer une seconde
« fois sous le joug étranger, que pour nous faire cour-
« ber la tête sous un Gouvernement avili par sa défaite
« et par sa victoire, et pour montrer à tous les yeux
« nos braves guerriers abreuvés d'amertumes et d'hu-
« miliations, punis de leurs sacrifices, de leurs bles-
« sures et de leur gloire ? »

Puis, avec un mouvement indicible, lançant ses

regards, son geste et toute sa colère sur un des côtés de la Chambre : « L'Empereur, dit-il, sera peut-être en-
« core trahi ; il y a peut-être de vils généraux qui, à ce
« moment même, projettent de l'abandonner. Qu'im-
« porte ? l'Empereur se doit à la Nation et peut tout avec
« elle. Il retrouvera, pour le défendre, des cœurs plus
« jeunes et qui ne s'engagent qu'une fois.

« Portez des lois qui déshonorent la trahison. Si le
« nom du traître est maudit, sa maison rasée, sa
« famille proscrite, alors plus de traîtres; plus de ces
« lâches manœuvres qui ont amené la catastrophe der-
« nière, et dont peut-être les complices, ou même les
« auteurs siégent ici. »

A ces paroles incroyables, arrachées par le désespoir, un orage de murmures et de cris d'indignation éclate de toutes parts : « Écoutez-moi ! » s'écrie plus impérieusement le malheureux jeune homme; puis, proférant un blasphème militaire : « Est-il donc décrété,
« ose-t-il dire, qu'on ne supportera jamais dans cette
« enceinte que des voix serviles et basses ? » Mais la colère de l'Assemblée croissait, comme le délire de l'imprudent orateur.

« Vous écouter, c'est ce que je ne veux pas, » dit d'une voix forte un vieux général. « Vous croyez être
« dans un corps de garde, » s'écrie M. de Lameth. Puis, du milieu d'un tonnerre de bruits improbateurs, une voix grave s'élève; et le maréchal Masséna, debout, dit avec l'autorité d'un grand homme de guerre :
« Jeune homme, vous vous oubliez. »

Devant cette parole sévère et calme, devant l'indignation bruyante de la Pairie et la censure du Président, qui s'est levé et s'est couvert, M. de Labédoyère, lassé et non vaincu, cède enfin et descend de la Tribune.

Un douloureux murmure se prolonge dans l'Assemblée. Il semble qu'on a deux fois entendu, dans le même jour, des adieux funèbres, inutiles démentis, sinistres accusations échangées entre d'aveugles victimes d'une même cause et d'un même malheur. Puis, par un effort sur la souffrance de tous, la discussion est reprise. Un des esprits les plus modérés de l'Assemblée, M. Cornudet, au milieu du frémissement qui dure encore, rappelle que le Procès-verbal constatera la réclamation du prince Lucien en faveur des droits de la Régente et du Prince son fils.

« Par là même, dit-il, ces droits seront conservés
« dans leur intégrité; mais en ce moment, Napoléon II
« et sa mère sont captifs. Nous ne pouvons rien pour
« eux. Que réclament aujourd'hui la liberté et le bon-
« heur de la France? Avant tout, un Gouvernement.
« Je demande qu'il soit procédé à l'élection des deux
« membres qui doivent compléter le Gouvernement
« provisoire, tel qu'il est organisé par la résolution
« des Représentants. »

Dans le bruit en sens divers qui suit cette proposition technique, le prince Lucien reprend la parole et demande que les deux membres à élire soient nommés au nom de Napoléon II.

Un esprit élégant, dont j'ai souvent ailleurs écouté la parole toute polie et toute littéraire, M. de Ségur appuie, avec un léger détour, la proposition désespérée du prince Lucien. « Il s'inquiète de la discussion qui
« éclate dans la Chambre; il ne peut admettre, à la vé-
« rité, l'idée qu'une partie du Gouvernement soit dési-
« gnée au nom de Napoléon II; il craindrait aussitôt la

« concurrence d'un autre nom et la guerre civile
« allumée : il ne conçoit, dans cette difficulté, que le
« ferme et absolu recours aux principes du Gouverne-
« ment représentatif.

« La Monarchie constitutionnelle se compose de trois
« Pouvoirs. Un d'eux meurt politiquement; il faut y
« suppléer. L'objection puisée dans l'éloignement du
« Prince impérial est grave sans doute; mais la diffi-
« culté ne détruit pas le principe. Le Gouvernement ne
« peut parler qu'au nom de quelqu'un. Ne donnons pas
« aux étrangers le droit de nous dire : «Vous n'êtes plus
« rien ; » réponse inévitable, si la future Commission
« de gouvernement provisoire agissait en son propre
« nom. Qui sait si les ennemis ont été de bonne foi,
« quand ils disaient que Napoléon était le seul obstacle
« à la paix? Éprouvons-le, en les sommant de traiter
« avec son fils.

« Combattons d'abord sur cette première ligne, sauf
« à nous replier ensuite sur une seconde, sur une troi-
« sième. Je propose que le Gouvernement provisoire à
« compléter par nous soit appelé le Gouvernement de
« la Régence. »

Cette parole, si mesurée pour la forme, suscitait dans l'état présent une insoluble difficulté, celle de changer ce qu'avait fait l'impérieuse initiative des Représentants. Et d'autre part, elle ne suffisait pas au zèle des plus ardents soutiens de l'Empire.

On répondit, dans les deux sens, à l'orateur. M. le duc de Bassano, M. Rœderer dissertèrent sur la perpétuité des Dynasties, et le principe fondamental de l'hérédité. Ils réclament avec force une Déclaration expresse, que la Chambre décline avec langueur. « Quand

« on proclamera, dit l'un d'eux, le gouvernement pro-
« visoire dans nos armées, nos soldats crieront-ils :
« Vive Carnot! vive le duc d'Otrante? Non. Ils crieront :
« *Vive Napoléon II.*

« Si vous leur enlevez ce symbole de ralliement,
« autour de qui se réuniront-ils? Nous vous proposons
« de reconnaître des droits constitutionnels consacrés
« par un million cinq cent mille votes. Hors de là, au
« nom de qui agirait le gouvernement provisoire? Au
« nom de qui participerait-il à la confection des lois? Si
« c'est en son propre nom, la Monarchie constitution-
« nelle est détruite. »

M. Rœderer en même temps, et en insistant aussi
sur la puissance du nom auquel la France avait offert
tant de sacrifices, ajoutait dans une vue toute de diplomatie pacifique. « A l'extérieur, quand vous pré-
« senterez à l'Autriche des propositions au nom d'un
« enfant formé de son sang, pourra-t-elle les rejeter?
« Rien donc de politiquement plus utile que la pro-
« clamation immédiate de Napoléon II.

« Je demande que le Gouvernement provisoire le re-
« présente, et agisse en son nom. »

Mais le bon sens, la force des choses qui détermine
si souvent la volonté des hommes parlaient plus haut
que tous ces raisonnements. « Comment nommer,
« disait M. de Lameth, deux membres du Gouverne-
« ment provisoire sous une investiture, tandis que
« les trois autres agiraient sous une autre? Comment
« changer le principe même du Message des Représen-
« tants, au lieu d'y correspondre? Comment reconnaître
« législativement un Pouvoir, sur la proclamation du-
« quel les deux Chambres seraient divisées? »

M. Thibaudeau, malgré son zèle pour l'Empire, finit par résumer sur ce point le débat, comme M. de Pontécoulant avait proposé de le résoudre. La Chambre des Pairs, à la grande majorité de ses membres présents, déclara donc seulement son adhésion à l'hommage que la Chambre des Représentants voulait adresser à Napoléon, comme un remerciement pour son noble sacrifice, et, dans la réalité, comme une date certaine de sa déchéance.

Puis on passa, sans intervalle et sans délibération nouvelle, au choix des deux membres, que la Chambre des Pairs devait fournir à la composition du Gouvernement provisoire. Le duc de Vicence et M. Quinette sont nommés; la Chambre se sépare à une heure avancée de la nuit; et le second Empire a cessé d'être. Les funérailles seront encore plus ou moins débattues, et tarderont quelques jours; mais le décès a été déclaré.

CHAPITRE XVI

SÉANCE DE LA CHAMBRE DES REPRÉSENTANTS. — PROPOSITIONS TENDANTES A CONFIRMER L'ABDICATION DE NAPOLÉON. — TERME MOYEN ADOPTÉ. — HOMMAGE DE REMERCIEMENT DÉCRÉTÉ A NAPOLÉON. — COMMENT FUT ÉVITÉE LA DÉCLARATION DE RÉGENCE.

Telle avait été pour moi cette séance, ou plutôt cette journée de la Chambre des Pairs, où j'avais entendu de si importants associés et de si malheureuses victimes des vicissitudes de Napoléon, et où l'agonie de son gouvernement avait paru de toutes parts, dans l'abandon des uns et les vains efforts des autres. Mais le même jour, presque aux mêmes heures, sur un autre théâtre se produisaient des mouvements plus décisifs encore, et dont la Chambre des Pairs, si agitée à mes yeux, n'avait offert que le contre-coup.

Ce n'est pas que cette idée de la Souveraineté du peuple qui résidait et vivait, pour ainsi dire, dans la Chambre élective, et que nous avons vu employer plusieurs fois, comme un si grand levier, fût alors très-puissante sur les esprits. On n'avait pas de nouveau, depuis 1791, imaginé de la joindre au suffrage universel, qui la rend à la fois si spécieuse et si vaine. Longtemps morte et ensevelie dans la spéculation, nominalement invoquée au 20 mars, très-restreinte dans son application au vote de l'Acte additionnel, tout à fait nulle et oubliée de fait dans la forme de nomination récente des Représentants sortis de Colléges électoraux peu nombreux et arbitrairement modifiés, cette idée de la Souveraineté du peuple n'avait ni la force ni le droit apparent qui peut s'attacher à l'hypothèse d'une volonté nationale manifestée par le suffrage de tous.

Formée par un souffle populaire du jour, d'autant plus puissant parmi nous qu'il y a moins de corps permanents et de barrières fixes, que tout, pour ainsi dire, est individu isolé, sujet dépendant par quelque côté, ou fonctionnaire asservi et payé, la Chambre des Représentants du 20 mars offrait une image très-mêlée du pays d'alors, et était, à quelques égards, indécise et confuse comme lui.

L'influence administrative et personnelle de Fouché, duc d'Otrante, Ministre de la police générale, avait introduit dans cette assemblée bien des choix fort divers d'origine et de but, de vieux Jacobins, dont ce Jacobin corrompu se servait pour abriter sa renommée révolutionnaire, des Royalistes qu'il avait aidés dans le passé, et qu'il ménageait pour un prochain avenir, des Bonapartistes, qu'il trompait et par lesquels il trompait Napoléon, enfin quelques hommes nouveaux, quelques jeunes talents, qu'il comptait produire et diriger.

Sous l'ascendant presque unique de Fouché (car le Ministre de l'intérieur, Carnot, écrivait des circulaires et n'agissait pas), le mot d'ordre du jour avait aussi porté à la Chambre des fonctionnaires mobiles dans leur zèle, des écrivains mêlés à la polémique de 1814, des généraux vétérans, et quelques jeunes officiers. Enfin le bon sens local, la grande fortune territoriale, la propriété industrielle, la capacité notoire avaient amené beaucoup d'hommes amis des lois et indépendants ou ennemis de l'Empire, depuis les La Fayette et les Lanjuinais jusqu'à M. Roy, M. Benjamin Delessert, M. Flaugergues, M. Dupin, jeune avocat alors, mais déjà tout armé en guerre et fort de son érudition piquante et de son incisive logique, avec ce surcroît de liberté hardie que donne le feu de l'âge.

A part donc le souvenir de la Souveraineté populaire, peu appliquée, sous le rapport numérique, dans la composition des Colléges électoraux de 1815, à part ce jeu du suffrage universel non pratiqué cette fois, la Chambre des Représentants, par elle-même, par l'ancienne célébrité, par les souvenirs, par le talent de beaucoup de ses membres, par la hardiesse anonyme de beaucoup d'autres, devait prendre, au milieu du tremblement de terre universel où s'écroulait l'Empire, une action prépondérante.

Toute Assemblée de six cents membres est facilement démocratique; et cette confusion de doctrines et d'invocations diverses, ces hommes, ces choses de la Révolution, à côté des restes ranimés de l'Empire, cet amalgame de clubs et de dictature, de *Fédérés* et de garde impériale, que Napoléon semblait accueillir, avait, malgré les flatteries et les acclamations, suscité dès les premiers jours, dans une partie de la Chambre, un esprit réfractaire qui devait bientôt s'étendre et prédominer.

Rien de plus simple que cette disposition ait éclaté,

dès le premier signal que lui donna le malheur de Waterloo, et qu'elle se soit montrée inflexible, inexorable, dès qu'elle eut commencé d'agir. Le génie de l'Empereur, ces douze années de premier règne, son absence de la Chambre, la majesté de gloire et même d'étiquette dont il restait entouré, ne permettaient pas qu'il fût abordé de près et saisi pour ainsi dire, au corps, comme l'a été tel dictateur démagogue, abhorré de la Convention. C'était aux hommes de cette affreuse époque seulement qu'il appartenait de s'écrier, dans le trépignement d'une lutte digne d'un tel langage : « Grand Dieu ! qu'un tyran est dur à abattre ! »

Mais loin, bien loin de ces débats sanglants de Thermidor, de cette levée d'armes des complices, désignés victimes, contre le maître chancelant qui les menace encore, loin, bien loin de cette révolte d'une partie des aides-bourreaux contre le Proscripteur, on peut dire que, sur le sol refroidi de nos Révolutions, il ne s'est rien vu de plus hardi et de plus moralement instructif que cette Chambre des Représentants du 22 juin 1815, donnant une heure, pas plus d'une heure, à Napoléon, pour abdiquer le Pouvoir, et lâcher avec une apparence de liberté ce que la volonté publique lui arrachait des mains.

Tout était dérisoire après cela, dans les derniers efforts de résistance, comme dans les hommages mêlés à la contrainte si hautement exercée. Tout était insurmontable, et comme entraîné machinalement dans ce qu'avait à subir encore le génie un moment abandonné de lui-même, témoin passif de sa chute, et ne se retrouvant désormais tout entier qu'au fond de l'abîme, pour y faire éclater encore, du milieu de l'isolement et de la captivité par une œuvre immortelle de la pensée écrite, la grande puissance que Dieu avait mise en lui, et qu'il avait usée à l'oppression des hommes.

Le 22 juin, en effet, comme nous en avions vu le contre-coup à la Chambre des Pairs, durant une longue séance des Représentants, souvent suspendue, sans être calmée, les conversations étant plus libres et plus hardies que la tribune, après un discours de M. Leyraud de la Creuse, interrompu par des murmures, et le discours d'un député obscur, M. Duchêne, qui demandait l'éloignement immédiat de l'homme actuellement à la tête du Gouvernement, tout à coup la Chambre des Représentants avait décidé qu'elle attendrait une heure, séance tenante, la réponse, c'est-à-dire l'*Abdication de l'Empereur*.

Le pouvoir des assemblées est très-variable dans sa forme. Parfois il se personnifie dans quelques hommes; et il domine, il impose par l'élévation du patriotisme et du talent; parfois il agit plus matériellement par le poids du nombre et de la passion, même de la passion servile et d'autant plus aveugle : il n'a pas alors de voix distincte. C'est le bruissement de la mer débordée sur le rivage, ou heurtant contre le rocher. Ainsi s'était passé le délai d'attente accordé par la Chambre.

Un moment toutefois l'Assemblée s'était laissée distraire de sa tumultueuse impatience par un *Rapport* du prince d'Eckmühl, Ministre de la guerre, rendant compte de l'état de l'armée, parlant de nouvelles levées à faire, de mesures coërcitives à prendre contre les soldats conscrits et les gardes nationaux mobilisés qui n'auraient pas, dans un délai fixé, rejoint leurs drapeaux.

Le Maréchal ayant affirmé, ce qui était vrai, la présence d'un Corps français considérable, en avant de la ville de Laon, la Chambre écoutait avec ardeur ces détails, comme si elle eût voulu et espéré prolonger le combat. Dans la réalité, il lui plaisait de voir à sa tribune, et d'entendre lui rendant compte à elle-même des moyens et des chances de la guerre, le Maréchal dont Napoléon avait tout récemment tenté le zèle et réclamé le bras, pour suspendre la Constitution et donner force à une Dictature. La présence et la déférence officielle du prince d'Eckmühl, en ce moment même, semblaient le commencement de l'Abdication.

L'Abdication elle-même arriva : il avait été satisfait à l'assignation de la Chambre des Représentants; et Fouché, apparaissant aux yeux des provinciaux comme le moteur enfin dévoilé de toutes choses, entra dans la salle, réuni au Ministre de la guerre, qui venait de quitter la Tribune, et aux deux Ministres de la marine et des affaires étrangères, qui étaient là comme ses témoins.

Il monta près du Président, et balbutia d'une voix très-faible un petit discours qu'on n'entendit pas, et où Napoléon était en quelque sorte recommandé aux sentiments généreux de la Chambre. Cela fait, il remit d'un air très-calme au Président, qui en donna lecture immédiate, la déclaration de Napoléon, telle qu'à la même heure la recevait la Chambre des Pairs. Seulement ici l'impression de l'Assemblée était bien plus retentissante; et les partis politiques bien autrement prêts à user aussitôt de cet avantage, qu'ils attendaient impatiemment.

A peine, en effet, la lecture achevée, du milieu de

l'agitation qui suivait, M. Dupin, avec une promptitude de résolution que ne donne pas le talent seul d'improvisateur, s'élance à la tribune, et sous l'influence d'une sorte de trêve à l'anxiété bruyante qui naguère tourmentait l'Assemblée, il tient tous les esprits attentifs à ce peu de mots fermes et réfléchis, qu'il prononce d'une voix accentuée : « Messieurs,
« l'abdication de Napoléon, pour être nécessaire, n'en est
« pas moins grande. A ce titre, il est digne de nous de
« lui témoigner notre reconnaissance. Et lorsqu'il nous
« rend tout le Pouvoir, dont il fut longtemps dépositaire,
« le plus bel usage que nous en puissions faire, c'est
« de l'employer à protéger celui qui, par une résolu-
« tion aussi généreuse, fait luire à nos yeux l'espoir
« prochain du bonheur et de la liberté. Mais l'abdica-
« tion de Napoléon (et nous en sommes trop convaincus
« par un exemple trop récent) n'est pas à soi seule
« suffisante. Pour devenir irrévocable, il faut encore
« qu'elle soit sanctionnée par l'acceptation du Peuple
« et de ses Représentants. C'est dans cette vue que j'ai
« l'honneur de vous proposer le projet d'arrêté sui-
« vant :

« ART. 1. Au nom du Peuple français, la Chambre
« des Représentants accepte purement et simplement,
« et sans condition, l'abdication de Napoléon Bona-
« parte.

« ART. 2. La Chambre des Représentants se déclare
« Assemblée nationale.

« ART. 3. Il sera envoyé des députés aux Puissances
« étrangères, pour traiter de la paix, au nom de la Na-
« tion.

« Les bases de cette négociation seront l'indépen-

« dance nationale, l'intégrité du territoire et la garantie
« de nos Institutions.

« On y stipulera l'inviolabilité personnelle de Napo-
« léon. »

Tout était médité, tout était expressif dans cette courte allocution et dans ces premiers articles ; et, soit que le jeune et habile orateur les eût fortement conçus en lui-même, d'après l'instinct public, soit qu'il en eût conféré d'avance avec les plus experts et les plus hardis en révolution, il n'était pas un mot de sa Proposition qui ne portât coup ; pas une précaution négligée, pour resserrer et croiser les nœuds sur le corps du géant abattu, et prévenir de sa part toute secousse nouvelle et toute évasion.

L'orateur, en marquant d'abord avec une malicieuse franchise que l'*Abdication* de Napoléon, pour être nécessaire, n'en était pas moins grande, avait bien soin surtout de la supposer complète, autant qu'irrévocable, par cet éloge donné au Dictateur d'avoir rendu *tout* le pouvoir dont il était dépositaire, et par l'attention à dater de ce fait seulement un avenir de bonheur et de liberté pour la France.

Bien plus, après cette protestation si nette contre toute réserve de pouvoir en la personne de Napoléon, M. Dupin, ne lui épargnant pas même alors le reproche d'un récent manque de foi, voulait pourvoir à ce que l'*Abdication* ne fût pas seulement l'acte absolu d'un homme, mais un contrat inviolable, où la France serait partie par acceptation en bonne forme et dûment enregistrée.

A ces intentions si marquées, à ces *Considérants* si nets, M. Dupin joignait un dispositif non moins rigoureux par ces mots d'*acceptation pure et simple* et *sans condition :* évidemment, c'était là le contraire, et par conséquent l'exclusion du droit et du fait de Transmission héréditaire formellement inscrits dans le texte même de l'Acte d'Abdication.

L'article 2, par lequel la Chambre des Représentants se déclarait Assemblée nationale, confirme encore la négation précédente et la rupture absolue avec l'ordre dynastique de l'Empire.

Il en était de même du troisième article qui, par l'annonce de négociations directes à ouvrir avec les Puissances étrangères, au nom de la Nation, supprimait réellement toute idée de succession immédiate et de Régence. Et la réserve du petit paragraphe qui promettait de stipuler l'inviolabilité de Napoléon, loin de guérir tant de graves atteintes, y mettait le dernier stigmate, en ne paraissant presque vouloir garantir que la sûreté de *la vie et des membres,* comme on faisait parfois, pour les Souverains et même pour les Papes, dans certaines Conventions dictées par la barbarie des mœurs à la rude prévoyance du moyen âge.

D'autres dispositions subsidiaires de l'arrêté proposé par M. Dupin n'entamaient pas moins profondément le tronc déraciné de l'Empire, et préparaient le terrain pour une autre tige. Un article 4, en effet, disait expressément : « Il sera nommé une Commission exé-
« cutive de cinq membres, dont trois seront pris dans
« la Chambre des Représentants et deux dans celle des
« Pairs.

« Cette Commission prendra toutes les mesures de
« défense intérieure et de sûreté publique.

« Elle nommera un généralissime.

« Les ministres actuels ont bien mérité de la patrie;
« ils continueront leurs fonctions. »

Certes, il était impossible de pousser plus loin la précaution, pour anéantir toute idée de Régence impériale, y substituer un Gouvernement provisoire émané de la Chambre, une prise de possession complète par ce Gouvernement, et préparer ainsi la place à un Pouvoir qu'on ne désignait pas, mais qui se devinait facilement. Les derniers articles de la *résolution* proposée pourvoyaient à cet avenir imminent.

« Il sera, décrétait l'article 5, nommé de suite une
« Commission chargée d'arrêter les bases d'une nou-
« velle Constitution.

« Ces bases formeront les conditions auxquelles
« devra se soumettre le Monarque. »

L'article 6 disait enfin :

« Il sera donné communication de la présente dé-
« claration à la Chambre des Pairs, avec invitation de
« joindre ses efforts à ceux de la Chambre des Repré-
« sentants, pour le salut de la Patrie. »

Le nom du Monarque restait en blanc; et la Chambre des Pairs ne semblait guère consultée que pour la forme; mais, vous le voyez, dans cette rédaction qui mérite de demeurer historique, bien qu'elle n'ait prévalu qu'en partie, M. Dupin, peut-être sans un souvenir direct, proposait exactement ce qu'en 1660 avait conseillé à la Chambre des communes le célèbre Mathew Hale, savant jurisconsulte aussi, mais surtout intrépide et vertueux magistrat, royaliste indépendant sous Charles I*er*, conservé dans ses fonctions, mais également indépendant sous Cromwell, défenseur inflexible du Droit Commun dans la législation civile, et voulant, à toutes les époques, la meilleure administration de la justice, et, selon le temps, le plus haut degré possible de liberté politique.

En ce sens, et dans cet invariable esprit de juge et de citoyen, après la mort du Protecteur, auquel sa conscience n'avait jamais cédé, après la chute rapide de l'insignifiant Richard, après la réapparition stérile du long parlement, devant la prédominance de Monck, et le retour irrésistible de Charles II, Mathew Hale, dans la Chambre des Communes, toute prête à l'enthousiasme pour la Restauration, se leva pour proposer, avant tout, un Contrat d'alliance, un nouveau *bill* des droits, à présenter au Monarque légitime rappelé par la Nation. Ce sage conseil ne fut pas accepté; et, si on ne peut assurer que, mis en pratique, il eût préservé les Stuarts, on ne peut douter du moins qu'il ne leur eût épargné bien des fautes, et plus d'une honte peut-être à la nation anglaise.

Quoi qu'il en soit, dans un autre pays, à cent cinquante-cinq ans de distance, le même conseil, donné de nouveau, ne fut pas mieux écouté. *L'arrêté* de M. Dupin parut long et compliqué à l'impatience de la Chambre.

Un second orateur, en l'approuvant pour le fond, proposa de le réduire à l'érection de la Chambre en Assemblée Constituante, et à la nomination directe de deux Généralissimes, le maréchal Macdonald pour les troupes de ligne, et M. de La Fayette pour la garde nationale.

Un autre Représentant, qui n'avait vu sans doute dans le discours et *l'arrêté* de M. Dupin, que l'arrière-pensée principale, le rappel des Bourbons, s'élance à la tribune, l'*Acte additionnel* à la main, pour y donner, à toute force, lecture de l'article 67 et dernier : « Le « peuple français déclare, en outre, que dans la délé- « gation qu'il a faite et qu'il fait de ses pouvoirs, il n'a « pas entendu, et n'entend pas donner le droit de pro- « poser le rétablissement des Bourbons ou d'aucun « Prince de cette famille sur le Trône, même en cas « d'extinction de la Famille impériale, ni le droit de « rétablir, soit l'ancienne noblesse féodale, soit les « droits seigneuriaux et féodaux, soit les dîmes, etc. »

« L'article est bien connu, » dit assez dédaigneusement le président Lanjuinais.

L'article n'en est pas moins relu et même applaudi, sans que la conscience de personne en soit fort gênée pour la suite. Seulement, on se hâte d'en finir du débat; et, tout en acceptant, pour le fond et pour le but prochain, la pensée dont M. Dupin s'est rendu l'interprète, on veut en adoucir les formes, et éloigner la question de Droit public. Un partisan même de l'Empereur, un habile expositeur de ses volontés, aux jours de sa gloire, va servir d'organe à ce désir un peu confus de l'Assemblée. Soit conviction d'une impérieuse nécessité, soit entraînement du talent qui veut plaire à son auditoire, comme naguère il plaisait à son maître, soit calcul zélé pour faire accueillir des vainqueurs l'hommage de regrets, qu'il réserve au vaincu, le comte Regnauld, tout en demandant l'*ordre du jour* sur la proposition de M. Dupin, et sur une rédaction analogue de M. Scipion Mourgues, en adopte le point capital, la nomination directe d'une Commission exécutive de gouvernement, et par conséquent l'interruption de l'Empire; après l'Abdication de l'Empereur, c'est-à-dire la chance ouverte à tout retour d'une autre Dynastie, et à toute formation d'un nouveau contrat monarchique.

Sans doute le comte Regnauld, en demandant *l'ordre du jour* sur des propositions tout à fait destructives de l'ombre même de l'Empire, alléguait le besoin de maintenir l'organisation politique actuelle, sauf les changements qu'exigeait le grand fait de l'Abdication : il insistait sur la nécessité d'employer les instruments du Pouvoir impérial, tels qu'ils étaient encore debout, et prêts d'agir; il signalait, dans les articles de M. Dupin, la contradiction, que la Chambre voulût s'ériger en Assemblée nationale, tout en conservant une Chambre des Pairs; et, si celle-ci devait disparaître, il s'écriait : « Voulez-vous donc qu'il n'existe plus de lois réguliè-
« rement rendues, et que, par une étrange confusion,
« une mesure proposée à midi soit adoptée à une heure,
« et à deux heures, mise à exécution? »

A ce moment même, comme pour s'excuser d'une objection si juste, l'orateur s'arrêtant, jurait de n'agir et de ne parler que pour l'intérêt de la Patrie. Mais bientôt, s'étant laissé aller à dire, dans l'oubli de son nouveau rôle : « Nos constitutions actuelles ne sont-elles pas « suffisantes? » il fut interrompu par de nombreux murmures. Il céda; et, se hâtant d'expliquer, ou plutôt de rétracter son doute à peine énoncé, sans plus rappeler la condition expresse de l'Abdication impériale, il déclara ces mêmes Constitutions susceptibles de perfectionnement : « J'appelle, s'écria-t-il, toutes les lumières
« des Commissions de la Chambre, pour former un Gou-
« vernement national et libre. L'initiative partira de
« cette Tribune; et la Commission exécutrice, que vous

« allez nommer, ne fera que remplir les intentions du
« peuple. »

C'était là ce que la grande majorité de la Chambre écoutait volontiers, fût-ce avec des intentions très-diverses, sur l'usage à faire de cette puissance. Au prix d'un tel langage, le zèle particulier pouvait louer, à son aise, le Dictateur déchu. Le comte Regnauld se plut à s'acquitter ainsi. Après avoir proféré, non plus comme Ministre, remarquait-il, mais comme citoyen et représentant, quelques nobles paroles sur les forces qui demeuraient à la France, et sur la résistance qui pouvait se tenter encore : « Je n'ai plus, avait-il
« ajouté, qu'un mot à dire. Il reste pour l'Assemblée
« un grand devoir à remplir. Vous avez eu à votre
« tête un homme, à qui vous aviez décerné le nom
« de Grand, comme le seul titre égal à la gloire qu'il
« avait répandue sur la France. Il vient de remettre en
« vos mains la puissance dont il était dépositaire. Il a
« fait ce sacrifice au bonheur du peuple français : il lui
« est dû des remercîments ; et vous vous empresserez
« d'acquitter cette dette légitime et sacrée. »

Des acclamations suivirent. Il y a dans le contraste entre les anciennes grandeurs et la chute, il y a dans les catastrophes de la prospérité et plus encore du génie, quelque chose qui, en dépit des intérêts et des haines, frappe et attendrit les hommes assemblés. Mais, au milieu même des bruyants témoignages qu'arrachaient à la Chambre ces paroles du comte Regnauld, le divorce de la France avec le Dictateur malheureux du 20 mars, la réprobation de l'ancien Empire, apparaissait jusque dans le besoin, qu'avait eu l'orateur, d'adopter en partie les termes de la Proposition même qu'il combattait, et de désigner aussi l'*Abdication* comme un sacrifice au bonheur du peuple français.

En ce sens même, et pour le succès du dernier hommage qu'il voulait rendre à Napoléon, il croyait devoir ajouter encore cette précaution : « J'ai le droit « de dire aujourd'hui en public ce que je disais à « Napoléon, dans l'ombre du secret. Le premier de « ses conseillers intimes, je lui ai proposé l'*Abdica-* « *tion*. Si mes devoirs particuliers m'attachaient à lui, « je me croyais, sous un autre rapport, redevable à « la Nation, qui m'a fait l'honneur de me nommer Re- « présentant. En conséquence, j'ai cru devoir émettre « le vœu qui pouvait seul opérer son salut. Quitte de « cette obligation indispensable, je vous engage à en « remplir une de convenance et de gratitude envers « celui qui fut votre monarque. » Ainsi substituée à l'acceptation défiante, au vote d'enregistrement rigoureux de M. Dupin, cette manière flatteuse de répondre à Napoléon, cette reconnaissance gratulatoire de son Abdication fut accueillie d'enthousiasme. L'*ordre du jour* sur la Proposition précédente est admis; et l'Assemblée décrète « qu'un Message de remerciment « est voté à Napoléon, et lui sera porté par le Bureau « tout entier. »

Toutefois, un général qui avait paru, des premiers, très-résolu et très-vif à presser l'Abdication, reproduisit aussitôt et fit adopter deux choses capitales de la Proposition première écartée tout à l'heure par l'ordre du jour : « 1° La déclaration par l'Assemblée, que l'ab- « dication de Napoléon Bonaparte est acceptée; 2° le « principe de la nomination immédiate d'une Commis- « sion exécutive élue par scrutin de liste. »

Tout cela était rapide, un peu confus, et cependant presque unanime. La Chambre, quoique bien divisée d'origine et de but, était réunie par deux craintes communes, celle de la guerre étrangère qui avançait sur nous, sans arrêt, sans obstacle, celle de Napoléon qui pouvait encore se raviser, et ordonner la dispersion de la Chambre, en marchant à l'ennemi. A l'heure même, où ces premiers articles étant admis, le bureau de la Chambre, accru de quelques députés plus affectionnés à l'Empire ou plus curieux, se préparait à se rendre à l'Élysée, un Représentant d'humeur assez hardie saisissait l'Assemblée de la nouvelle que dix mille hommes de troupes étaient, par ordre secret, dirigés sur Paris, et qu'un 18 brumaire allait éclater. Une lettre à l'appui était lue à la Tribune, et invoquait, en dénonçant ce péril, la précaution nécessaire de ne plus laisser la garde nationale aux mains d'un général tout dévoué à Napoléon, et nommé par son choix.

C'était l'esprit inquiet de la motion de M. Dupin, à l'ouverture de la séance, qui reparaissait tout entier. Le maréchal d'Eckmühl, réputé dans sa raison sévère et son intégrité peu favorable au projet plus ou moins agressif qu'avait eu Napoléon, fit tomber cette alarme, en déclarant que, sur aucun point du département de la Seine, il n'y avait de troupes qui ne fussent sous les ordres directs de généraux membres des Chambres, les généraux de Valence, Sébastiani et Grenier, et que, quant à lui qui parlait en ce moment, « tant qu'il gar-
« derait un commandement militaire, il n'y aurait pour
« aucun Français de trahison à craindre. »

Le comte Regnauld, profitant du calme que ramène cette assurance donnée par le Ministre de la guerre, fait lui-même adopter alors la rédaction relative à la future Commission de gouvernement, et qui fixait le nombre des membres à cinq, dans la proportion de trois, pour la Chambre des Représentants, et de deux pour la Pairie.

Ce point admis, on avait discuté et sous-amendé sur les conditions d'aptitude à cette Commission. Quelques rigoristes auraient voulu d'abord en exclure tout membre actuel des deux Chambres, en conséquence du principe de la séparation des *Pouvoirs*. Un débris de l'ancienne Convention, le financier de 1793, Cambon, affirmait que les Représentants ne peuvent être nommés à la Commission de Gouvernement; parce qu'ils ont reçu du Peuple un mandat, dont rien ne peut les distraire.

La Chambre, prenant un moyen terme, décida que ses membres pouvaient être nommés membres du Gouvernement provisoire, mais que par là ils cesseraient aussitôt de faire partie de la Législature; et ce fut la résolution ainsi complétée qui, sur l'heure, et avant même d'arriver à l'Empereur, avait été transmise à la Chambre des Pairs.

On détermina dans la même Séance, encore sur la proposition du comte Regnauld, que les députés à envoyer aux Puissances coalisées pour traiter de la Paix, seraient choisis par le Gouvernement provisoire, mesure qui confirmait la dépossession de l'Empire. Puis, après quelques nouveaux éclaircissements donnés par le Ministre de la guerre, et par l'infortuné général Mouton-Duvernet sur l'état des forces françaises à Lyon, dans le Midi et vers la frontière du Nord, la séance avait été suspendue; et le Bureau se rendant à l'Élysée y présentait à l'ex-Empereur le dernier hommage, par lequel on comptait, en ratifiant son sacrifice, assurer son inaction.

CHAPITRE XVII

Dernière réception officielle a l'Élysée. — Réponse de Napoléon au bureau de la Chambre des Représentants. — Formation élective de la Commission de Gouvernement. — Lendemain de l'abdication. — Séance de la Chambre des Pairs, le 23 juin. — Le général Drouot; son discours en réponse aux attaques du jour précédent.

La présentation du bureau de la Chambre élective, auquel s'étaient réunis beaucoup de Représentants, fut surtout remarquable par l'étiquette rigoureuse qui se maintenait encore en ce moment, autour du Monarque déchu. Introduite dans un salon de l'Élysée, avec les mêmes formes que jadis et que naguère, au palais des Tuileries, la Députation, par l'organe de son président, Lanjuinais, prononça quelques paroles d'hommages, qui n'ont été reproduites nulle part, et qui touchèrent fort peu sans doute celui qu'elles félicitaient de sa chute. Cette impression même fut assez visible dans sa réponse, testament dicté pour l'avenir, et que les incalculables vicissitudes du temps ont rendu moins illusoire qu'il ne le paraissait alors :

« Je vous remercie des sentiments que vous m'expri-
« mez. Je désire que mon *Abdication* puisse faire le

« bonheur de la France ; mais je ne l'espère point : elle
« laisse l'État sans chef, sans existence politique. Le
« temps perdu à renverser la Monarchie aurait pu être
« employé à mettre la France en état d'écraser l'ennemi.

« Je recommande à la Chambre de renforcer prompte-
« ment les armées.

« Qui veut la paix, doit se préparer à la guerre; ne
« mettez pas cette grande Nation à la merci des étran-
« gers. Craignez d'être déçus dans vos espérances : c'est
« là qu'est le danger. Dans quelque position que je me
« trouve, je serai toujours bien, si la France est heu-
« reuse. Je recommande mon fils à la France. J'espère
« qu'elle n'oubliera pas que je n'ai abdiqué que pour
« lui. Je l'ai fait aussi, ce grand sacrifice, pour le bien
« de la Nation : ce n'est qu'avec ma dynastie qu'elle peut
« espérer d'être libre, heureuse et indépendante. »

Un témoin passionné, mais sincère, affirme que ce langage émut jusqu'aux larmes la Députation et son président Lanjuinais. A part toutefois ce pathétique attaché aux grandes mutations de fortune, il est difficile de ne pas reconnaître dans ces paroles de Napoléon plus de dépit que de grandeur, et une sorte de contradiction avec les faits. Si en réalité la guerre était encore utilement possible, dans la fatigue et l'état de division de la France, pourquoi Napoléon avait-il abandonné ses troupes et désespéré d'elles, au lieu d'en rallier lui-même les débris et d'y joindre tout ce qui pouvait combattre encore? N'eut-il pas mieux valu résister du milieu d'un camp, que de discuter stérilement à l'Élysée? Dans le fait, l'abdication du général précéda celle de l'Empereur, et rendit cette dernière inévitable.

Que si au contraire, après Waterloo, Napoléon se sentait lui-même à bout de force et de courage, devait-il tant s'étonner de ne pas trouver dans les autres ce qui venait à défaillir en lui? Pouvait-il croire que la nation ferait en son absence les prodiges qu'il n'avait pu lui inspirer, en combattant à sa tête? Le nom de la France sans doute était grand encore; le prestige de ses frontières redoutable, quoique récemment brisé. Le lendemain de Waterloo, lorsqu'on exaltait devant le duc de Wellington la grandeur et les conséquences de cette journée, et qu'on lui montrait la route ouverte sur Paris, «Que dites-vous là? s'écria-t-il; il y a encore trois « batailles, en travers de cette route; et que Dieu nous « soit en aide ! »

Le découragement précipité de Napoléon, son retour à Paris abrégèrent bien cette campagne, que redoutait le prudent général anglais ; mais la hâte de Napoléon à désespérer, son abandon de ses armes n'était pas un moyen d'aider sa dernière ambition. Rien de cela surtout ne favorisait cet avénement de son fils, qu'il n'avait pas tenté d'obtenir, quinze mois auparavant, à l'issue d'une campagne bien autrement glorieuse et disputée.

En ce moment donc, à l'Élysée, sauf la prophétie fortuite cachée dans ses paroles, tout se borna de sa part à de vains regrets, et à un ressentiment mal contenu, qui n'épargna pas ses amis les plus dévoués. Le comte Regnauld, qui s'était joint à la Députation, s'étant approché avec respect de son ancien maître, pour s'honorer, devant lui, d'avoir provoqué cet hommage de reconnaissance nationale, Napoléon se détourna sévèrement après ce peu de mots échappés : «Si la délibération est

« votre œuvre, vous auriez dû, avant tout, vous sou-
« venir que le titre d'Empereur ne se perd jamais. »

Mais, sans s'arrêter à l'irritation du grand homme qui avait perdu la force, et ne pouvait plus obtenir de ses partisans même le titre dont il avait trop abusé, les Commissaires de la Chambre retournaient aussitôt vers elle; et, dans la séance reprise et redevenue publique, le Président rendait un compte sommaire de la démarche qu'il venait d'accomplir; et il rappelait seulement que Napoléon, dans sa réponse, avait indiqué pour motif déterminant de son Abdication l'intérêt de la France, et celui de son fils, qu'il recommandait à la justice des Chambres et à la générosité du Peuple français.

Un Message de la Chambre des Pairs venait, en même temps, annoncer aux Représentants qu'elle avait reçu leur communication du matin, qu'elle la renvoyait à une Commission, et que d'ailleurs elle adhérait entièrement à toutes les Résolutions qu'ils avaient déjà prises. Ainsi, tout marchait sans obstacle vers un but facile à prévoir. L'honnête et patriotique fermeté de Lanjuinais, comme l'impérialisme aveugle et tardif de Carnot, servaient, à leur insu, les plans astucieux de Fouché. On procéda, pour terminer la séance, à la nomination par scrutin de liste, des trois membres que la Chambre des Représentants devait fournir au Gouvernement provisoire. Au premier tour, la majorité absolue fut acquise au duc d'Otrante et au comte Carnot, au trompeur et à la dupe. Le général Grenier fut ensuite nommé seul, à un second tour de scrutin.

Paris passa cette nuit sans Gouvernement officiel constitué, entre l'abdication définitive du Conquérant vaincu, demeuré presque seul dans son palais de l'Élysée, et la formation encore incomplète, ou du moins non promulguée, de la Commission exécutive élue par les deux Chambres.

Le lendemain, 23 juin, donna une forme nominale à cet état de choses, où tous les hommes, quels qu'ils fussent, fourbes ou dupes, n'étaient que les instruments d'une double nécessité qui pesait sur la France, la force étrangère d'une part, la lassitude nationale de l'autre.

Après le triomphe prestigieux du 20 mars, les démentis et les sacrifices des trois mois qui suivirent, le désastre militaire du dernier jour, la précipitation de désespoir qui aggrava ce désastre, sous l'effort unanime de l'Europe, et dans l'état matériel et moral de la France, il n'y avait plus qu'un seul dénoûment possible, amené par un tel concours d'événements que les calculs particuliers pouvaient y servir, le hâter ou le différer de quelques jours, de quelques heures, mais ne le faisaient pas.

Le point décisif, quant à présent, c'était le Pouvoir conféré par les Chambres à un Comité d'hommes, dont Fouché, assisté par Quinette et par le général Grenier, fut le président tout puissant, et où Carnot et Caulaincourt représentaient des regrets et des vœux en minorité. Ce gouvernement vint immédiatement occuper, aux Tuileries, la place que Napoléon n'avait pas reprise, depuis Waterloo; et l'épée brisée du guerrier, le sceptre du Conquérant et du distributeur de Couronnes furent un moment remplacés non par la hache, mais par la marotte du Proconsul jacobin, par le masque nouveau de l'ancien régicide, intriguant pour la Royauté.

Ce qui se passait dès lors dans les Chambres n'était

plus qu'un spectacle posthume, et la stérile redite d'une question jugée.

La Chambre des Pairs, qui n'avait rien pu ou rien osé pour l'Empire, en écouta, pour ainsi dire, l'oraison funèbre, dans la bouche du lieutenant général Drouot, essayant d'effacer l'impression d'irrésistible découragement qu'avaient laissée les douloureuses paroles du maréchal Ney. Rien ne manquait au noble langage de Drouot, que d'être consacré à une cause plus juste : et, il faut le reconnaître, ce fut encore un privilége et comme une supériorité de Napoléon, dans ses vicissitudes et parmi les fautes de son intraitable égoïsme, d'avoir conquis, d'avoir gardé l'inaltérable admiration et le dévouement de tels hommes.

Le général Drouot, d'après ses commencements, sa conduite à l'armée et à la Cour, sa longue et austère retraite durant près de trente ans, sous la monarchie où il fut jugé et acquitté, et sous celle qui lui décerna la Pairie, le général Drouot fut un homme à part, entre les plus illustres de son temps. Il n'avait l'âme accessible à aucune des séductions que prodiguait l'Empire, à aucune des convoitises de bien-être ou d'orgueil, dont l'Empereur abusait, pour enchaîner les hommes à sa grandeur.

Né d'une pauvre famille de paysans lorrains, s'étant formé lui-même par l'étude de quelques traités de mathématiques et venu, avec son habit de village, à pied jusqu'à Nancy, pour y subir, devant M. de la Place, un examen d'entrée à l'École polytechnique, admis dès lors à l'École, et ne s'étant depuis avancé qu'à force de supériorité savante et de courage, Drouot ne comptait pour rien la richesse, les dotations, les honneurs.

Son dévouement même n'avait commencé que sous l'attrait des adversités de Napoléon, dans les périls et les efforts croissants de 1813, durant les prodiges de la campagne de France. Ce dévouement s'était fortifié par la chute, l'abdication, l'exil de Napoléon, sans rêves ambitieux, sans calculs d'avenir. Drouot avait d'avance, et au jour même de l'exécution, blâmé le départ de l'île d'Elbe : et il ne suivit, qu'en la désapprouvant, l'entreprise, dont il prévoyait l'issue fatale, même après le premier succès. Napoléon, à bord de son *Brick* d'invasion, avait avoué cette dissidence de Drouot, qu'il nommait le Sage. Il n'en sentit pas moins près de soi, dans les trois mois qui suivirent, la garde assidue, le dévouement infatigable et les conseils toujours sincères du général Drouot.

Si l'attachement personnel, même le plus courageux et le plus pur était égal à la noblesse de la vertu civique, nul homme n'aurait mieux mérité d'être comparé à quelques-uns des héros de Plutarque. Il en avait la grandeur d'âme et la simplicité. Peut-être même, sous un nom différent, n'avait-il pas d'autres mobiles que les leurs, l'amour de la patrie, l'orgueil contre l'étranger, l'ardeur au travail, au danger, à la souffrance pour mériter la gloire, ou seulement la satisfaction de son propre cœur.

Quoi qu'il en soit, pieusement chrétienne, sous les dehors du calme le plus stoïque, cette âme, que rien ici-bas n'eut tentée pour elle-même, fit encore après l'Abdication de Napoléon, un dernier effort d'ambition mondaine pour un autre.

Le 23 juin, le général Drouot vint à la Chambre des Pairs, où il n'avait point paru les jours précédents;

et il voulut répondre au maréchal Ney, le réfutant et le blâmant avec respect. Ce n'était pas une attaque, ou une défense passionnée; c'était un témoignage. Le général Drouot, avec une tristesse qui n'avait rien de découragé, dit dans les termes les plus simples « com-
« ment la bataille avait commencé et s'était de notre
« côté longtemps soutenue, quels avaient été les ordres
« précis, nombreux de l'Empereur et les espérances du
« maréchal Ney lui-même. Puis, il montra le redouble-
« ment de valeur française opposé à l'agression surve-
« nante d'un premier Corps prussien, le péril augmenté
« vers le soir, par l'entrée sur le champ de bataille d'un
« autre grand Corps prussien, presque toute l'armée de
« Blücher, le dernier effort tenté alors pour vaincre en
« face, et pour emporter les positions anglaises, le mal-
« heureux succès de cet effort, l'attaque changée en re-
« traite, et bientôt en déroute apparente, l'irruption de
« l'ennemi, après le ravage de ses feux de mousqueterie
« et de mitraille, la cavalerie anglaise lancée tout à coup,
« et dans le désordre qui suit et s'augmente, les douze
« bataillons de la garde, dont le maréchal Ney avait ac-
« cusé l'inaction, entraînés à leur tour, reculant, sans
« être rompus, mais n'offrant pas un point d'arrêt à la
« fuite qui bientôt disperse l'armée, et livre au vain-
« queur des masses d'artillerie dételée. »

La Chambre des Pairs écoutait, dans un douloureux silence, ce récit plus exact du désastre tant raconté à la Tribune, depuis trois jours. Le guerrier qui parlait, comme il avait combattu, passait de ces tristes détails aux espérances laissées encore à la Patrie. Il dénombrait d'abord l'armée, sous les ordres du maréchal Grouchy, formée des troisième et quatrième Corps d'infanterie, et d'une cavalerie nombreuse avec un Matériel intact ; puis, les débris des corps repoussés au mont Saint-Jean, et formant déjà par leur réunion une force imposante que la guerre augmenterait ; puis vingt mille hommes à recueillir dans les dépôts des régiments ; puis trois cents pièces d'artillerie rassemblées à Paris, dont une moitié seulement, réattelée avec les chevaux si nombreux dans cette grande ville, remplacerait, sans retard, pour l'armée le matériel perdu.

A ces faits, à ces calculs le noble général ajoutait, avec l'accent d'une conviction profonde : « Si nous dé-
« ployons dans cette grande crise l'énergie nécessaire,
« ce dernier malheur ne fera que relever notre gloire.
« Et quel est le sacrifice qui coûterait aux vrais amis
« de la Patrie, dans un moment où le Souverain que
« nous avons proclamé naguère, et revêtu de toute la
« confiance nationale, vient de faire le plus généreux
« et le plus grand des sacrifices ? Après la bataille de
« Cannes, le Sénat romain vota des remerciements au
« général vaincu, parce qu'il n'avait pas désespéré du
« salut de la République ; et il s'occupa sans relâche de
« lui donner les moyens de réparer les pertes causées par
« son entêtement et ses fautes. Dans une circonstance
« moins critique, les Représentants de la nation se lais-
« seront-ils abattre, et oublieront-ils les dangers publics
« pour de vains débats intérieurs, au lieu de songer à
« ce qui serait le salut de la patrie ? »

La fierté politique de Rome, en effet, félicita Varron de s'être cru général encore, après son armée détruite, et de s'être maintenu à la tête de quelques débris ; mais elle ne lui confia plus de commandement. La contradiction malheureuse des derniers moments militaires et civils de Napoléon, le mélange alternatif de son premier découragement et de sa dernière espérance, se retrouvaient dans le langage de son loyal défenseur. Si le ralliement des troupes françaises pouvait encore arrêter les forces ennemies, alors le retour désarmé de Napoléon et son Abdication hâtive l'accusaient de faiblesse : si la défaite au contraire était irrémédiable même pour lui, elle l'était pour tout autre; et il n'avait, par orgueil et par raison, que la paix immédiate à conseiller au Pouvoir plus faible, qu'il laissait après lui.

La Chambre des Pairs fit quelque chose de peu significatif : elle ordonna l'impression à six exemplaires du discours qu'elle venait d'entendre; et, rien n'étant plus à l'ordre du jour que la désignation du Souverain futur des Français, elle suspendit, quant à présent, la séance.

Napoléon, du reste, ne vit lui-même dans le discours de Drouot qu'un stérile effort et un pénible aveu : et rejetant, après un coup d'œil, le compte rendu de ce discours qui lui était apporté en hâte, le soir même : « Pauvre et brave Drouot, dit-il à M. de Caulaincourt; « toujours candide ! Parler du consul Varron, quand il « s'agissait de moi ! Quelle maladresse, devant une As- « semblée française ! Ce que je suis, c'est Annibal, mais « Annibal sans armée et sans asile, avec les Carthagi- « nois mêmes pour implacables ennemis. » Et une teinte de rougeur passa, un moment, sur son front pâle et fier.

CHAPITRE XVIII

SÉANCE DE LA CHAMBRE DES REPRÉSENTANTS. — JEU DOUBLE ET MANŒUVRE DERNIÈRE DU DUC D'OTRANTE. — DÉBAT SUR LA SUCCESSION DE NAPOLÉON. — DISCOURS DE M. MANUEL. — MANIÈRE DE RECONNAITRE ET D'ÉLUDER LE DROIT RÉCLAMÉ POUR NAPOLÉON II.

Cette question de Gouvernement et de Dynastie, devant laquelle avait semblé fuir la Chambre des Pairs devait être, le 23 juin, vivement débattue dans l'autre Assemblée. Plusieurs causes y contribuaient, et dans le nombre, l'incertitude volontaire de Fouché, qui, depuis trois mois, ayant lié diverses intrigues, en vue de l'événement actuel, ne savait encore laquelle de ces combinaisons avait la chance la plus infaillible, et la meilleure pour lui-même.

Par un premier calcul, en effet, et non sans doute par préférence, il s'était adressé à Louis XVIII; ou du moins il avait noué des communications secrètes avec Gand, et montré, dès lors, son entrée dans le Conseil de Napoléon, comme un service rendu à la Royauté et une arme préparée pour elle; puis, tout en se ménageant, sous le même prétexte ostensible, une porte secrète près de Wellington et du Cabinet anglais, il avait hasardé quelques vues de déviation dynastique ; en même temps il essayait de réveiller en Autriche un intérêt particulier de famille et de Régence éventuelle. Voulant tout, et croyant tout possible, hormis la durée de Napoléon, le duc d'Otrante, dès l'origine du terrible problème, avait ainsi joué sur trois numéros, Louis XVIII, la Régence autrichienne, le duc d'Orléans.

Ses promesses conditionnelles, ses offres absolues avaient été dirigées vers trois côtés de l'horizon, et plus d'une fois renouvelées. Comme il arrive en pareil cas, c'était à quelques-uns des esprits les plus ardents du Royalisme émigré, ou conspirant à l'intérieur, qu'un pareil secours avait agréé davantage et donné le plus de satisfaction et de confiance.

C'était le comte d'Artois, qui, à la Cour de Gand, avait le plus compté sur le repentir ou le retour calculé de Fouché. Le roi, d'un esprit plus ferme et plus digne, avait grand dégoût et grande incrédulité pour une telle alliance. Ce qui lui arrivait de cette part ne lui semblait qu'un symptôme de l'extrême instabilité du 20 mars.

Près de M. de Metternich, les avances de Fouché, quoique interceptées d'abord par une contre-police secrète du Cabinet de l'Empereur, ne furent pas moins expresses et moins réitérées. L'araignée rajusta ses fils cassés, et continua sa trame.

Mais on accueillit la trahison, sans accepter le conseil qu'elle donnait ; ou du moins, si quelque tentation traversa l'esprit des politiques étrangers, elle fut courte ; et la velléité même d'y céder ne parut pas. La cour d'Autriche, dans son effroi du terrible gendre, dont elle s'était crue délivrée, et qui lui revenait avec la France en révolution, n'eut d'autre pensée fixe que de contribuer bien vite à une seconde et irréparable chute du colosse redressé, mais chancelant. Elle eut peur même de l'héritage. Elle jugeait trop bien qu'il y a des ambitions contradictoires et impossibles. Elle comprit que, pour elle, songer de près ou de loin à gagner autre chose, dans une Abdication de Napoléon, que la sécurité de l'Europe, c'eût été non pas agrandir l'influence de Vienne, mais risquer son salut et le succès de la Coalition. L'idée de la Régence autrichienne, à la suite d'un second détrônement de l'Empereur, n'eut donc pas un moment de probabilité sérieuse au dehors. La nécessité même des choses, et M. de Talleyrand, comme nous l'avons dit ailleurs, y mettaient bon ordre.

Toutefois, on peut le remarquer, la déclaration subsidiaire des Puissances, qu'en reprenant la guerre contre Napoléon, elles n'avaient pas pour but d'imposer tel ou tel gouvernement à la France, cette déclaration toute ostensible, faite même pour ménager, au profit des Bourbons, l'orgueil national, prolongea le doute intéressé et les manœuvres de Fouché, ainsi que les espérances des partis toujours si crédules.

Ces espérances duraient encore, après Waterloo; et un hasard servit à les compliquer et à les accroître[1]. Le dernier confident que Fouché envoyait en Belgique, un grave magistrat, jadis son confrère à l'Oratoire, n'ayant pu, au milieu des embarras de la guerre, ni arriver, ni revenir assez vite, le retard d'une réponse attendue, pour prix des choses déjà faites et des choses promises, redoubla les incertitudes de Fouché sur le dénoûment

---

[1] *The letters and despatches of viscount Castlereagh.* Th. ser., vol. II, p. 340.

le plus souhaitable à ceux qui, en France et à Paris, tenaient en leurs mains un reste de pouvoir, avec l'alternative de passer à quelqu'un cette étincelle, ou de l'éteindre dans le chaos.

Ce fut ainsi que le duc d'Otrante, très-opposé, depuis quelque temps, à la Régence, ayant réussi, le 22 juin, à la faire presque directement repousser dans les deux Chambres, changea de tactique le lendemain, parut appuyer l'hérédité Napoléonienne, la laissa, par un nouveau subterfuge, non pas sanctionner nationalement, mais proclamer, et l'adopta même, un moment, dans une de ses publications menteuses, que rédigeait avec candeur la plume de l'ancien sénateur Garat.

Cette dernière scène, cette péripétie apparente du drame si pressé de la seconde Abdication, mérite un récit détaillé, par l'influence qu'elle eut sur la carrière politique de quelques hommes. La journée du 22 juin avait vu se consommer dans les deux Chambres l'Abdication de l'Empereur, sans que le principe du maintien de l'Empire fût déclaré, ni même clairement admis. Il en avait été ainsi, surtout des débats de la Chambre élective, où l'héritier impérial n'avait pas été nommé, ni la Régence prévue : et ces mêmes questions, volontairement omises, ou du moins différées par les Représentants, semblaient n'avoir été produites devant la Pairie, que pour en sortir affaiblies, et comme à demi rejetées.

Tout à coup, le 23 juin, sous des influences fort diverses, depuis la colère de Napoléon, qui se plaint d'avoir été fraudé du prix de son sacrifice et trahi dans son fils, jusqu'aux mécomptes et à l'inquiète expectative de Fouché, le débat renaît et change de face,

dans la Chambre des Représentants. Cette grande question de la durée et de la transmission de l'Empire est ramenée, par un assez long détour, à l'occasion même des mesures déjà prises, qui semblaient l'avoir indirectement et défavorablement préjugée. Le jeune et savant publiciste M. Béranger, que nous avons rencontré déjà dans le premier débat sur l'Abdication annoncée, la voyant accomplie, et en appréciant la conséquence, au point de vue du droit politique, demande, dans la séance du lendemain, « si la Commission de gouvernement
« provisoire, substituée au Pouvoir impérial, a reçu
« la même nature de privilége et d'inviolabilité, ou si
« plutôt ses membres, magistrats élus et temporaires,
« ne devront pas être considérés comme essentiellement
« responsables de leurs actes, dans la délégation qui
« leur est confiée. »

M. Dupin, avec sa précision judiciaire et sa verve, se presse d'appuyer la conséquence indiquée. Il réclame fortement la responsabilité légale de la Commission de gouvernement, pour tous les actes qu'elle ferait, en cette qualité; et il en démontre la nécessité logique, sans s'inquiéter beaucoup des applications particulières.

Un autre membre s'étonne de cette rigueur constitutionnelle. A ses yeux, la Commission exécutive tient la place de l'Empereur; elle en a provisoirement tous les droits. Les Ministres sont nommés par elle. C'était montrer au grand jour le nœud de la difficulté, et comment, pour ne pas la résoudre, on l'avait compliquée.

Un habile conseiller d'État de l'ancien Empire, le comte Defermon, saisit avec dextérité cette occasion de réparer la réticence de la veille, de nier l'interruption du Pouvoir impérial, et d'enlever, en faveur du nom qui représentait ce Pouvoir, une déclaration de principes, ou une adhésion d'enthousiasme :

« Messieurs, dit-il, cette Commission de gouverne-
« ment, que vous avez instituée hier, et sur laquelle on
« discute aujourd'hui, que les uns veulent inviolable,
« les autres responsable, à qui prêtera-t-elle serment?
« A quel titre, en quel nom agira-t-elle? En un mot,
« pour elle et pour nous, Napoléon II est-il, en ce mo-
« ment, l'Empereur des Français? »

Des cris nombreux de « Oui, » et quelques cris négatifs ayant aussitôt éclaté dans la salle, M. le comte Defermon reprend : « L'abdication de Napoléon appelle,
« en effet, à lui succéder celui qui, dans l'ordre consti-
« tutionnel, est son héritier désigné d'avance. Sur ce
« point fondamental, il ne peut y avoir de doute. S'il
« s'en élevait, nous devons le faire cesser à l'instant.
« Il ne faut pas qu'on puisse aller dire à la garde
« nationale de Paris et à l'armée, que vous attendez
« Louis XVIII. »

Ces paroles qui, dans l'imbroglio commencé, avaient le mérite d'une grande clarté, et qui, se dégageant des circonlocutions et des énigmes, posaient nettement, avec le nom propre, la question de crainte ou d'espérance pour bien des gens, excitent dans une partie de l'Assemblée des cris de Vive Napoléon II! Ces cris sont répétés dans les tribunes et par quelques officiers de la ligne et de la garde nationale, répandus dans les couloirs de la Chambre.

Un autre Représentant, aussi conseiller d'État, croit le moment venu d'insister, et d'obtenir de la Chambre une déclaration authentique, une confirmation législative de l'avénement qui ferait succéder à l'Empereur, son fils,

enfant mineur, et absent. « Avouons-le franchement,
« dit le comte Boulay de la Meurthe, des doutes qui ne
« devraient pas être possibles, on a osé les produire de
« toutes parts. Des journalistes ont écrit que le Trône
« est vacant; qu'il fallait y pourvoir. Si tel était notre
« malheur, l'Assemblée, la liberté seraient perdues.
« Quel titre, en effet, aurions-nous alors? En vertu de
« quel mandat sommes-nous ici? Nous n'existons que
« par la Constitution : et cette même Constitution pro-
« clame Empereur Napoléon II. Le père a abdiqué. Vous
« avez acceptez son Abdication, sans réserve aucune : le
« nouveau contrat est formé. Le fils est Empereur de
« plein droit, sous le nom de Napoléon II. D'ailleurs
« l'Empereur n'a donné son abdication que sous la con-
« dition expresse... »

Ici de nombreux murmures interrompent l'orateur.
« Ces murmures ne m'effraient pas, s'écrie-t-il; de-
« puis longtemps, j'ai fait le sacrifice de ma vie. Je
« dirai la vérité entière, devant la Nation. Il existe une
« faction qui voudrait vous persuader, que nous avons
« déclaré le Trône vacant, parce qu'elle nourrit elle-
« même l'espoir de remplir aussitôt cette vacance par
« un Bourbon. Je veux aller plus loin; je mettrai le
« doigt sur la plaie. Il existe une faction d'Orléans.
« Oui, je sais... On a beau m'interrompre bruyam-
« ment; j'affirme que cette faction se confond avec l'an-
« cien Royalisme.

« Elle entraîne quelques patriotes peu éclairés, qui ne
« voient pas que le duc d'Orléans n'accepterait le trône
« que pour le rendre à Louis XVIII. Il faut que l'Assem-
« blée des Représentants, pour déconcerter toutes ces
« manœuvres, se prononce, en déclarant à l'instant

« même qu'elle reconnaît Napoléon II pour Empereur
« des Français. »

La révélation presque officielle contenue dans ces paroles, en se rapportant à la troisième carte, sur laquelle avait joué le duc d'Otrante, indiquait aussi comment le jeu s'était simplifié pour lui, et n'offrait plus qu'une seule alternative. Du reste, la proposition solennellement présentée par le comte Boulay de la Meurthe sollicitait l'enthousiasme ; elle ne l'obtint pas.

Un homme de talent du même parti, le comte Regnauld, sans haine contre l'ancienne Dynastie qu'il avait défendue en 1789, à l'Assemblée constituante, mais depuis tout engagé à l'Empire, et piqué par un reproche récent de l'Empereur, cherche à soutenir de sa brillante parole la sommation sans effet du comte Boulay de la Meurthe. « Il annonce vouloir élever plus « haut la question ; il la considère au point de vue de « l'intérêt général, et de la Paix européenne. » Il allègue en termes nobles et mesurés, que « cette paisible trans-« mission du Trône, cette action régulière et incontestée « du Droit public français imposera même aux étran-« gers, en même temps qu'elle touchera, dans un intérêt « direct, une des grandes Puissances, mêlera sa cause à « la nôtre et sa politique à notre avenir. »

Redevenant ainsi officiel et diplomatiquement impérial, au milieu de cette Assemblée où, parmi tous les restes de vieilles passions et les convoitises de parti, circule un souffle de liberté légale, il étonne, il embarrasse, il fatigue, bien plus qu'il n'entraîne. Son zèle de soumission, sa pompe de cour choquent ce sentiment d'égalité rude et moqueur, principale forme de la liberté parmi nous. Et lorsque, voulant prouver la nécessité de proclamer immédiatement Napoléon II, il demande avec feu, au nom de qui l'armée se battrait-elle, sans ce nom et sans ce souvenir, on trouve qu'il oublie la France pour le trône, la nation pour une famille, pour une Régence étrangère; on le lui crie de toutes parts. Et, après ce discours, qui voulait réunir les esprits dans un vote d'enthousiasme, dans un hommage commun de dévouement, la Chambre paraît plus distraite, plus divisée, plus tumultueuse.

Nombre de députés, quelques-uns bien obscurs, d'autres célèbres encore, sont au pied de la tribune, MM. Pennière et Bizonnet, MM. Malleville et Dupin. Jeune et plein d'ardeur, ce dernier a saisi la parole, et la garde quelque temps, à travers des interruptions qui semblent l'aiguillonner dans sa course, plus qu'elles ne l'arrêtent.

Maître de la Tribune, il a d'abord attaché l'attention par cette pensée vivement jetée « que l'intérêt national
« doit dominer tous les intérêts partiels, que la ques-
« tion du salut de l'État est seule constamment *à*
« *l'ordre du jour*, que l'instrument le plus efficace de
« ce salut est aussi le plus légitime; que le chercher,
« le choisir, le préférer à tout est le premier devoir des
« Représentants, leur perpétuel et inviolable serment. »
Alors, dans un sentiment d'impartialité toute civique,
« il se demande, il demande à la Chambre si la Pro-
« clamation immédiate, en ce moment proposée, est en
« effet ce moyen suprême, cette garantie infaillible qui
« doit tout primer, parce qu'elle pourvoit à tout. Pour-
« quoi, s'écrie-t-il nettement cette fois, l'Empereur a-t-il
« abdiqué? Pourquoi, se sacrifiant lui-même, est-il des-
« cendu une seconde fois du trône qu'il avait précédem-

« ment abdiqué pour lui-même, et pour sa famille? Parce
« qu'il a senti que, de sa personne et par sa présence,
« il ne ferait rien, pour préserver et le trône et l'État.

« Or, je vous adjure de le dire : Si Napoléon Ier,
« de son propre aveu, n'a pu sauver l'État, comment
« Napoléon II le pourrait-il davantage? Quelle force,
« quel prestige a-t-il en lui, aux yeux des ennemis
« coalisés contre son père? Quelle puissance a-t-il pour
« nous rallier et marcher à notre tête? Et ce prince
« d'ailleurs, et sa mère, ne sont-ils pas captifs? Avez-
« vous l'assurance qu'ils nous seront rendus? Et le
« présumez-vous avec vraisemblance, si leur retour
« devait être une force pour vous?

« C'était donc ailleurs, Messieurs, c'était plus près de
« vous, qu'il fallait chercher notre première arme de
« défense, notre garantie nationale, dans l'abandon
« nécessaire où nous laissait l'Empire. C'est ce que vous
« avez fait par votre prompte réponse à l'acte d'Abdica-
« tion, et par l'organisation immédiate d'un Gouverne-
« ment provisoire chargé des négociations à suivre au
« dehors, en même temps que du ralliement des forces
« nationales. Quelle était en cela notre pensée? Nous
« avons voulu, à la place d'un nom que les ennemis
« nous opposaient comme le principe de la guerre,
« présenter la Nation française elle-même. Eh bien!
« c'est au nom de la nation que nous combattrons et
« que nous traiterons : ce sera *l'intitulé* de nos actes,
« et ce nom vaut bien tous les autres. C'est de la Na-
« tion, de son choix indépendant et libre, que nous
« attendons un Souverain. La Nation précède tous les
« Gouvernements, et leur survit à tous. »

« — Que ne proposez-vous donc une république ? »

s'écrie alors une voix dans l'auditoire : M. Dupin descendait de la Tribune : cette question ne l'y ramène pas. Tout en ayant très-nettement répondu au mouvement oratoire du comte Regnauld, et par d'habiles détours qui montraient à demi le même but encore que la veille, ayant multiplié les répugnances pour une Proclamation immédiate, il laisse la Chambre indécise. On voit ce qu'il ne veut pas : on soupçonne ce qu'il veut ; mais il n'entraîne pas les suffrages là où lui-même ne porte pas ouvertement le sien. Le tumulte s'est accru, comme une image de la confusion qui règne dans les esprits.

Un autre jeune orateur, à ce moment d'incertitude, monte à la Tribune : c'était M. Manuel, qui devait commencer ce jour-là une renommée supérieure, je le crois, à son talent, et due en partie à la grandeur des crises qu'il traversa, et à cette première séduction de la parole politique, nouvelle alors pour nous, ou du moins renouvelée de si loin qu'elle avait tout l'attrait de la surprise, et le mérite de la découverte.

A dire vrai, distingué par la noblesse intelligente de la figure, par la hardiesse et le calme qu'il gardait à la Tribune, suffisant à tout par la netteté heureuse du langage, le jeune avocat d'Aix n'avait pas en lui cette vigueur et cet éclat de talent, cette abondance d'idées, ce grand art de la discussion savante et animée, dont la France du Midi donna de si puissants modèles à nos premières Assemblées, et que nous avons vus reparaître, à si haut degré, dans quelques hommes de nos trente années de liberté parlementaire et monarchique. Son esprit juste et facile était peu cultivé. Sa jeunesse, militaire d'abord, puis occupée des soins du barreau et emportée par le plaisir, n'avait eu de temps ni pour l'étude approfondie des lettres, ni pour les fortes méditations de Droit public et d'histoire.

La même fortune qui, par les élections de mai 1815, l'amenait à Paris, le rapprochait d'un patronage sans principes, et d'une influence toute d'expédients et de fourberies, que son âme naturellement honnête aurait dédaignée, dans un autre temps. « J'étais fait pour la « liberté, disait-il un jour ; et je ne paraîtrai probable- « ment qu'un homme de révolution. » Ce fut cette influence du titulaire de la Sénatorerie d'Aix, de Fouché, dont il habitait familièrement l'hôtel, qu'il écouta et qu'il servit, dans la séance du 23 juin, bien plus qu'il ne le croyait lui-même, et avec un succès dont il resta d'abord modestement étonné.

L'effet de son discours fut prodigieux, dans le désarroi de l'Assemblée ; et l'orateur, qui tirait d'affaire, sur l'heure, tant d'hommes embarrassés, et mettait d'accord, par l'ajournement, tant de vœux et de calculs contraires, parut un grand politique. Son premier art avait été de se faire écouter ; son succès, de tout réserver, sans irriter les impatients et les zélés. Il avait commencé sur un ton de modération qui semblait le scrupule de la conscience délibérant avec elle-même ; et, pour flatter l'orgueil et cacher la faiblesse de la Chambre, il faisait porter cette délibération sur le plus grand des intérêts, le choix possible entre les candidats à la Couronne de France, les titres divers, les avantages et les inconvénients de chacun d'eux, et du parti qu'il traînait à sa suite.

Il avait ainsi dénombré successivement les hommes de l'ancien Régime, les Princes de la maison royale rentrée en 1814, les survivants de la première Révolution, les adhérents du premier Empire, faisant à chacun sa part de force ou de faiblesse, avec des expressions ménagées pour piquer la curiosité, sans offenser trop vivement. Puis, après cette revue faite avec le calme d'un esprit modéré, mais ami de la gloire et de la liberté, l'orateur avait atténué et pour ainsi dire pacifié la question de guerre civile, qui semblait imminente, en la ramenant à une question de forme, qui ne devait ni passionner, ni diviser l'Assemblée.

« Doit-il donc s'agir pour nous, avait-il dit, d'un
« homme, d'une famille, d'une dynastie ancienne ou
« récente? Non, il s'agit de la Patrie. Pourquoi nous
« ôterions-nous un seul des moyens de la sauver?
« Pourquoi ne garderions-nous pas, sur ce point, une
« puissance de choix aussi absolue que notre dévoue-
« ment à sa cause sacrée? Messieurs, nous avons fait
« hier un grand pas. Sayons-nous s'il suffira, s'il est,
« je ne dis pas assez irrévocable, mais assez complet,
« pour assurer tout ce que veut notre patrie? Laissons
« agir le temps et se développer les événements; main-
« tenons le passé; n'aliénons pas l'avenir.

« En acceptant l'Abdication de Napoléon, vous aviez
« implicitement accepté la conséquence qu'elle em-
« porte avec elle, non par une stipulation nouvelle et
« précise, que personne n'aurait le droit d'imposer,
« mais en vertu de dispositions antérieures et géné-
« rales. Napoléon II est nécessairement reconnu, puis-
« que les formes constitutionnelles l'exigent ainsi.
« Mais, en nous conformant, sous ce rapport, à la loi
« préexistante, il nous était impossible de ne pas tout
« à la fois y suppléer et y déroger, dans ce qui touche
« à la défense immédiate de notre indépendance.

« A côté du principe d'hérédité, vous avez dû placer
« le devoir pressant de la sûreté nationale, la sécurité
« du jour et du lendemain, la liberté de vos délibéra-
« tions, la sauvegarde de votre existence publique,
« l'exécution fidèle de vos Décrets, pour la défense et la
« dignité du pays. C'est, il faut le dire, dans cette pensée
« que vous avez voulu remettre directement l'autorité
« actuelle, l'*intérim* de salut national à des hommes
« sortis du milieu de vous, associés à vos sollicitudes,
« se confiant à vous, et forts de votre confiance.

« Vous l'avez voulu, pour la Patrie elle-même, afin
« qu'un si grand intérêt soit seul consulté, que nul cal-
« cul d'ambition ne s'y mêle, en se fondant sur des pré-
« tentions à la tutelle d'un Souverain *mineur*, et qu'ainsi
« tel ou tel Prince ne puisse réclamer ses droits parti-
« culiers, au milieu des Droits nationaux, et s'ingérer
« comme arbitre des destinées de la France, avec
« d'autres projets, un autre but, un autre avenir que
« ceux de la Patrie et de vous-mêmes. C'est ce calcul et
« cette tentation que vous avez voulu rendre impos-
« sibles, par les mesures adoptées déjà, et sur lesquelles
« vous ne pourriez revenir, sans contradiction et sans
« faiblesse.

« Je demande donc l'*ordre du jour* motivé, 1° sur ce
« que Napoléon II est devenu Empereur des Français
« par le fait de l'Abdication de Napoléon Ier et par la
« force des Constitutions de l'Empire; 2° sur ce que
« les deux Chambres ont voulu et entendu, en nom-
« mant une Commission de gouvernement, assurer à
« la Nation, dans les circonstances extraordinaires où
« elle se trouve, les garanties dont elle a besoin, pour
« conserver sa liberté et son repos. »

Les lieux communs ne manquaient pas à ce discours ; la logique n'en était pas très-forte, ni le sentiment très-magnanime. Conserver à la fois sa liberté et son repos n'est pas toujours praticable ; et, quand on tient également à ces deux choses, on perd souvent la première, sans assurer pour longtemps la seconde. Toutefois, ce langage qui commandait et qui soutint l'attention, par la réserve habile des termes, le calme intelligent de l'orateur, et jusqu'à l'insinuation de sa voix, cet *ordre du jour*, en partie motivé sur la reconnaissance même du Pouvoir qu'on éludait, enleva tous les suffrages.

L'autre proposition de proclamer Napoléon II fut abandonnée de fait, au milieu d'acclamations çà et là retentissantes, en son nom. La majorité de la Chambre crut avoir gagné beaucoup, de n'avoir fait aucun acte nouveau, à l'appui d'un Pouvoir absent et peu souhaité. La déclaration d'Avénement immédiat, en tant que cet avénement résultait de l'Abdication de Napoléon Ier, demeurait singulièrement atténuée et presque démentie par la nomination directe d'une Commission de gouvernement émanée des Chambres seules.

Enfin, cet *ordre du jour*, en déclinant la sanction nouvelle qui avait été réclamée à l'appui des droits héréditaires du Prince absent et mineur, le laissait sans Représentation ni Tutelle, reconnu seulement, par la force *des Constitutions de l'Empire*, c'est-à-dire par le titre le plus confus et le plus faible, entre l'Acte constitutionnel du 22 frimaire an VIII, les Sénatus-consultes de thermidor an VIII, de floréal an XII, et l'Acte additionnel qui, par cette prétention du Pouvoir à vieillir toujours son origine, ne contenait rien sur la succession à l'Empire.

Après cette illusion d'unanimité enlevée par le magique ordre du jour de Manuel, le duc d'Otrante, installé dans sa Présidence, se sentit plus à l'aise; et le soir, à son cercle prodigieusement mêlé, il disait, avec son air goguenard, de moins bon goût, mais non moins imperturbable que l'ironie de M. de Talleyrand : « Eh « bien! voilà qui est au mieux ; on a mis en face l'an- « cien Régime et les Constitutions de l'Empire. J'espère « qu'on renverra bientôt les deux plaideurs dos à dos, et « qu'il sortira de tout cela quelque chose de plus con- « forme aux besoins et aux lumières du siècle. Manuel « s'est fait grand honneur, ce matin ; et la Chambre des « Représentants aussi, en votant comme un seul homme. « C'est là souvent le beau rôle des Assemblées. »

CHAPITRE XIX

PROCLAMATION, AU NOM DU GOUVERNENENT PROVISOIRE. — CHOIX ET INSTRUCTIONS DES PLÉNIPOTENTIAIRES ENVOYÉS AUX PUISSANCES ÉTRANGÈRES. — SÉJOUR INACTIF DE NAPOLÉON A L'ÉLYSÉE. — PLANS DIVERS ET STÉRILES. — DÉPART DE L'ÉLYSÉE POUR LA MALMAISON. — DERNIÈRE PROCLAMATION A L'ARMÉE.

Dans la double conduite, ou plutôt les conduites multipliées que le duc d'Otrante menait de front, le premier acte ostensible de sa Présidence fut une Proclamation aux Français, où, en consignant l'Abdication de Napoléon, et, par un mot rapide, l'avénement nominal de Napoléon II, il prenait lui-même directement possession du Pouvoir *intérimaire*. « L'Empereur, « osait-il dire, par un rapprochement que son propre « nom rendait d'une étrange hardiesse, s'est offert en « sacrifice, en abdiquant. Les membres du Gouverne- « ment se dévouent, en acceptant les rênes de l'État. » Et, en même temps, il avait soin de prescrire, par la même Déclaration, que tous les Actes publics fussent intitulés au nom seul du Peuple français, sans mention d'une autre Souveraineté.

Cette réticence fort significative aggrava les plaintes

et la colère de Napoléon contre le nouveau Directoire, comme il l'appelait, par une allusion menaçante; et il ne cessa de désigner les *Cinq* comme renfermant dans leur sein ses plus mortels ennemis, ceux qui, disait-il, « l'avaient vendu, et avaient hâte de le livrer. » Et, en effet, il ne lui restait parmi eux qu'un seul ami vraiment fidèle et éclairé, mais acceptant lui-même, par une haute raison, les conséquences inévitables de la chute qu'il déplorait, et pouvant, comme il le dit un jour, faire à Napoléon le sacrifice de son avenir et de sa vie, mais non pas de l'évidence et du bon sens.

L'impuissance et l'isolement allaient croissant d'ailleurs autour de l'Élysée. Malgré les instances et les adjurations faites à quelques Représentants, nulle réclamation ne s'éleva dans l'Assemblée contre l'interprétation pratique donnée par le duc d'Otrante au fameux ordre du jour; et quand on venait, dans l'intérêt de la Dynastie impériale, s'étonner ou se plaindre près de lui, il répondait avec un grand calme : « Pure
« affaire de forme; ne vous inquiétez donc pas; la Com-
« mission et surtout moi, n'avons jamais songé à dé-
« trôner au maillot Napoléon II; mais, vous en con-
« viendrez, ce Prince de droit n'a encore été reconnu
« par aucune Puissance. On ne pourrait donc traiter,
« en son nom, avec les Étrangers. Or, ce qui nous im-
« porte aujourd'hui, c'est de traiter, et de traiter vite.
« Ce qui peut servir à cela, ce n'est pas un bout de lange
« royal ou impérial, dont tout le monde ne fait pas
« relique; c'est le nom du Peuple français. C'est en ce
« nom seul que la Commission devait provisoirement
« agir, pour ne rien compliquer, pour abréger les

« protocoles, et pour ôter à l'ennemi tout prétexte de
« chicane ou de retard à l'ouverture de négociations
« impossibles avec l'Empereur, et difficiles avec l'Em-
« pire. »

Que répondre à cela? L'invasion commencée de la
France, la dislocation de l'armée, l'abandon du chef
suprême rendaient indispensable le recours le plus
prompt aux tentatives de paix. Dans la réalité même,
l'Abdication forcée de Napoléon avait dû paraître la
première et la plus décisive démarche vers ce but ; et à
cet égard, le Gouvernement provisoire se montrait
d'accord avec son origine et fidèle à sa mission, en
faisant d'abord ce que la Chambre avait voulu faire
elle-même; en adressant une Députation aux Puissances
étrangères, pour traiter des conditions de la paix, et
avant tout, s'il était possible, arrêter la marche des
colonnes ennemies.

Seulement, par une force secrète des choses, par
l'action à peu près égale des partis opposés, et les incertitudes réelles ou simulées du régicide royaliste, qui
manœuvrait au milieu d'eux, la Députation était choisie
avec peu de chances d'ascendant et de succès.

M. de La Fayette et M. d'Argenson y représentaient
la haine du despotisme, l'opposition intraitable à l'Empire et à sa Dynastie; le général Sébastiani, l'habileté
politique, le patriotisme sensé, plus que libéral, ayant
servi l'Empire avec zèle, mais subordonnant cette
affection à des idées bien comprises d'intérêt public;
M. de Pontécoulant était un révolutionnaire modéré,
sans parti pris contre les Bourbons, prêt à les recevoir avec la paix et la Charte mieux exécutée; M. de
Laforest enfin était un diplomate de toutes les épo-

ques, un serviteur résigné de tous les Pouvoirs, inclinant tout à fait aux Bourbons, avec ou sans la Charte.

Dès le 28 juin, les Plénipotentiaires recevaient leurs *Instructions* prescrivant d'abord la défense des deux points, sans lesquels on se rend, et on ne négocie pas, l'indépendance nationale et l'intégrité du territoire. Le premier terme, dans l'intention apparente du Gouvernement provisoire, et particulièrement sous la plume de M. Bignon, chargé des affaires étrangères, supposait le maintien du Trône, dans la famille de Napoléon ; et divers arguments étaient tirés, à cet effet, d'une première note du Gouvernement britannique et de notes conformes des autres Puissances, déclarant qu'elles n'entendaient pas poursuivre la guerre, avec le but d'imposer à la France un Gouvernement particulier.

Mais cette abstention même, ainsi mise en avant, fût-elle réputée sincère, ne rétractait pas la Déclaration précédente de ne vouloir traiter ni avec Napoléon, ni avec personne de sa famille. Elle abolissait encore moins l'exclusion collective du Trône, énoncée dans les Traités de Fontainebleau et de Paris, et dont Napoléon ne pouvait pas être relevé sans doute par sa nouvelle entreprise et sa dernière défaite.

Sans toucher nettement à cet obstacle principal, les *Instructions* s'attachaient à combattre d'autres difficultés, qu'elles affectaient de prévoir, les prétentions nouvelles qui pouvaient résulter de l'état de guerre, l'incertitude du véritable vœu de la Nation, les inconvénients présumables d'une longue *Minorité* : et, à ces objections pressenties, les mêmes *Instructions* répondaient par l'assertion, que le rétablissement de la famille des Bourbons sur le trône serait incompatible avec le repos de la France et, par conséquent, de l'Europe.

La question de l'intégrité du territoire national, qui aurait pu légitimement être traitée la première, l'était du moins avec force, sauf la disposition des auteurs de la *Note* à ramener encore ici la question *Dynastique*, par cette réserve formelle : « qu'il pourrait « être proposé sur l'une ou l'autre de ces conditions « fondamentales des combinaisons, touchant lesquelles « les Négociateurs devraient s'abstenir d'émettre une « opinion prématurée, mais demander aussitôt la di- « rection du Gouvernement. »

A cette espérance se mêlait, dans les *Instructions*, un autre rêve de parti, l'idée que l'Autriche et la Russie n'étaient pas au fond favorables au rétablissement des Bourbons, et l'éviteraient avec plaisir. Juger ainsi, c'était méconnaître ce puissant courant d'opinion, cette force d'intérêt défensif et de préjugé conservateur qui domine tout à certaines époques, les convoitises comme les répugnances, et qui faisait regarder alors la *Légitimité* rétablie sur un Trône comme la meilleure sauvegarde de toutes les *Familles régnantes*.

Pendant que les Plénipotentiaires du Gouvernement provisoire, ainsi munis de déclarations et d'arguments, que démentait la correspondance secrète du *Président*, partaient pour leur vaine mission, Napoléon, encore hésitant après son sacrifice, agité de mille pensées, mais sans projet fixe et sans instruments d'exécution, s'attardait à l'Élysée, comme pour épuiser le calice amer de sa nouvelle vie. Quel étrange contraste de ces

Cours plénières qu'il avait tenues tant de fois, de ces revues de Princes et de Rois passées à Dresde, dans les salons du roi de Saxe, ou mieux encore, de ces triomphales audiences des Tuileries, après Tilsitt, le Niémen et Wagram, quel contraste de ces splendeurs évanouies à la porte entre-bâillée de l'Élysée gardée par quelques invalides, et à cet intérieur de Palais presque désert, d'où le maître ne sort plus, et où n'entrent plus ni courtisans ni généraux !

Quelques tentatives cependant avaient eu lieu, dans ces derniers jours, pour exciter autour de Napoléon un reste de mouvement patriotique et populaire. Quelques agents de son ancien Pouvoir, trop compromis à son service, pour ne pas y persister le plus longtemps possible, soit d'eux-mêmes, soit par ordre direct, distribuèrent de l'argent, et ameutèrent du peuple. L'enrôlement des *Fédérés*, désagréable d'abord à l'Empereur, mais non interrompu, aidait à ce dernier effort. Trois jours de suite, des groupes de ces hommes s'entassaient dans l'avenue qui longe l'Élysée, devant le mur, alors peu élevé et sans grille, du jardin; et par leurs acclamations, ils appelaient incessamment l'Empereur, qui vint plus d'une fois en effet sur la Terrasse, et fut salué de mille cris et de *vivat* contre l'Abdication. Mais, à son visage austère et triste, il semblait que ses regards avaient, en un moment, mesuré avec dédain la faiblesse d'un tel secours et d'une telle ovation; et comme ce grand Capitaine vaincu qui, cherchant par le monde un ennemi à ses vainqueurs, attendait, en rougissant de honte, dans l'antichambre d'un palais barbare, le réveil d'un Roi de Bithynie, Napoléon paraissait embarrassé et confus d'être un moment le client applaudi de cette foule obscure, qui seule venait consoler son malheur.

Quelle que fût cependant l'impuissance de ces démonstrations populaires, elles inquiétaient à la fois le Pouvoir du jour, et cette classe paisible et riche, que tout Gouvernement, pour paraître exister, a besoin de rassurer d'abord. Le nombre croissant d'officiers et de soldats, que la dispersion de l'armée jetait dans Paris, leur langage de reproches pour la bourgeoisie et de regrets pour l'Empire, ajoutaient encore à l'anxiété assez générale des propriétaires.

Le duc d'Otrante s'était hâté de donner à l'ordre matériel l'appui d'un grand nom de l'armée, en mettant à la tête de la Garde nationale de Paris le maréchal Masséna, que liaient à lui d'anciens rapports d'amitié révolutionnaire, de disgrâce encourue en commun, sous le premier Empire, et de ressentiment partagé contre l'Empereur. Seulement, la rancune de Masséna, comme celle d'un guerrier, était plus franche et plus haute. Il était ennemi, et ne s'abaissait pas à trahir. Depuis le 20 mars, il s'était tenu loin de la Cour et de l'armée; et, s'il se montrait à Paris et assistait à la Chambre des Pairs, c'était pour donner force à qui pensait comme lui. Ces deux hommes, Fouché et Masséna, si habitués aux périls des factions et du champ de bataille, s'inquiétaient cependant de la présence même inactive de Napoléon à l'Élysée; et ils avaient grande hâte de le voir éloigné de Paris.

Pour déterminer ce départ, les fausses alertes, les avis secrets de complots prétendus ne furent pas épargnés; et un effort plus régulier s'y joignit. Dès le 24 juin, dans l'Assemblée des Représentants, un membre avait demandé, sans trouver de contradicteurs, « que l'ex-Empereur fût invité, au nom de la « Patrie, à quitter la Capitale, où sa présence ne « pouvait plus être qu'un prétexte de trouble et une « occasion de danger public. » Napoléon céda, jugeant sans doute inutile de s'opiniâtrer à de vains souvenirs de pouvoir, et de s'accrocher pour ainsi dire aux lieux, quand il avait perdu tout le reste. Il céda, sur des avis réitérés, à la crainte même d'être arraché de ce Palais de l'Élysée, et de voir violer son infortune par un dernier manque de respect.

De zélés admirateurs de son génie, d'ardents apologistes de son règne, et souvent de ses fautes, ont avoué avec désespoir qu'à ce moment, comme étourdi de la rapidité et de la hardiesse des coups qu'on lui portait, il parut tout à fait au-dessous de lui-même, sans énergie et sans action. Cela peut sembler vrai, au point de vue de l'héroïsme antique, et en songeant à cette manière qu'avaient eue de grands personnages de clore eux-mêmes leur vie, quand elle n'était plus au niveau de leur orgueil, ou de leur espérance : ils finissaient ainsi à volonté la tragédie. Mais Napoléon, qui, jeune et brillant de gloire, à la tête de l'armée d'Italie, avait, par un *ordre du jour* célèbre, interdit le Suicide aux *braves*, en signalant avec blâme le grenadier qui s'était tué pour un chagrin d'amour, devait pour son compte garder la même consigne devant d'autres douleurs.

Cette fidélité à soi-même, cette persistance à vivre rentrait dans sa forte nature, pleine à la fois de calcul et d'imagination, et pouvant dès lors, dans toute extrémité, sous le poids de tout malheur, supputer encore des chances, et attendre l'avenir. Ce qui est certain du moins, c'est que, pendant ce court sequestre à l'Élysée, s'il n'entreprit, s'il n'osa rien, si sa volonté parut toute passive et frappée de langueur, même aux yeux de ses plus idolâtres partisans, l'esprit cependant n'avait rien perdu de sa pénétrante vigueur. Et, sans doute même, c'était cette vue claire de toute chose, ce discernement de l'impossible qui lui prescrivait l'inaction. Son génie, voyant tout fermé, s'arrêtait immobile, sans illusion sur le moment présent.

Le jour, en effet, où les Plénipotentiaires du Gouvernement provisoire étaient partis avec des *Instructions*, si pressantes en faveur du fils de Napoléon, et si obstinément contraires au retour de l'ancienne Dynastie, un sénateur, gardant quelque zèle pour une cause qui ne lui semblait pas complétement perdue, était venu féliciter Napoléon de cette direction prescrite aux Négociateurs français; et il affectait d'en tirer les plus heureux augures.

L'Empereur sourit de ce zèle et de cette confiance : « Vous vous trompez, dit-il, les alliés ne vous donne-
« ront pas mon fils : mon fils régnera un jour sur
« la France; mais son heure n'est pas venue. Les
« *Instructions* des Plénipotentiaires, vous me le dites,
« et on me l'affirme, sont dans le sens de ma Dynas-
« tie. Si cela est, il fallait choisir d'autres hommes,
« pour les faire valoir. » Alors, résumant avec une force singulière tous les genres d'opinions, d'intérêts, de passions, qui lui étaient ennemis, il se plaignit que les principaux négociateurs désignés, La Fayette, Sébastiani, Pontécoulant, avaient déjà conspiré contre

lui, que Benjamin de Constant, qui leur était adjoint comme secrétaire, n'était pas moins hostile à sa cause, et voulait se racheter de l'avoir un moment servie. Il se plaignit encore que les Chambres, quels que fussent leur intérêt ou leurs vœux, ne pouvaient ni rien prescrire, ni donner force à rien, étant elles-mêmes trop divisées, pour avoir une volonté indépendante et obéie. « Elles sont, dit-il, soumises à Fouché, qui est soumis « à l'étranger. Il n'y aura donc pas de négociations; « mais une seule volonté dominante, la volonté du « dehors, renseignée, secondée, servie sur tous les « points par les trahisons du dedans. Si les Cham-« bres m'avaient donné tout ce qu'elles jettent d'a-« veugle confiance à la tête de cet homme, j'aurais « sauvé la France. Ma présence seule, au milieu de « l'armée, aurait tout entraîné. J'aurais obtenu mon « fils, pour prix de mon Abdication. Vous ne l'obtien-« drez pas. »

Là seulement étaient l'erreur de fait et le sophisme du génie. Ce que les Chambres donnaient à Fouché, c'était l'autorisation tacite de plier sous le joug de la nécessité; ce n'étaient pas des forces et des ressources pour lutter puissamment contre elle. Les décrets d'organisation militaire de Gardes nationales et autres mesures d'armement, votés d'urgence et à grand bruit, restaient sur le papier : le zèle n'y faisait pas moins défaut que le temps. Il n'y eut de réel que la faculté ouverte de négocier; et cette faculté même devenait un leurre, par les premiers refus des alliés.

Que si, de notre part, une autre conduite eût été possible, si la lassitude publique et les divisions intérieures de la Chambre eussent permis un ralliement soudain, un immense effort militaire dirigé par Napoléon, c'était un étrange raisonnement de prétendre que cet effort aurait abouti au paisible avénement du fils, par l'Abdication du père. Vainqueur, on n'abdique pas; vaincu, après un inutile déploiement d'énergie, et par l'effort redoublé de ceux qu'on a de nouveau mis en péril, on n'obtient pas son fils pour successeur. L'arbre arraché par une violente secousse ne laisse pas de racines en terre.

Au reste, que Napoléon crut en effet, ou fit semblant de croire ce qu'il disait ainsi, il n'en jugeait pas moins d'un regard infaillible le plus prochain avenir. « Fouché, disait-il, trompe tout le monde, et sera le « dernier trompé et pris dans ses propres filets. Il joue « la Chambre; les alliés le joueront; et de sa main, vous « aurez Louis XVIII, ramené par eux. » Le sophisme des fausses espérances ne reparaissait que dans son amertume contre quelques hommes et contre la Chambre des Pairs par exemple, telle qu'il l'avait faite. Jugeant bien l'effet du coup qu'on avait frappé devant elle, il exagérait d'ailleurs ce qu'aurait pu, pour la défense de l'Empire, cette Assemblée si nouvelle dans un pays si démocratique. « La Chambre des Pairs, disait-il, s'est « conduite comme une poule mouillée; elle a laissé « insulter Lucien par Pontécoulant, et détrôner mon « fils. Si elle eût tenu bon, elle aurait eu l'armée « pour elle. Les généraux la lui auraient donnée. Son « *ordre du jour* a perdu la France, et vous a rendu les « Bourbons. Moi seul, aujourd'hui, je pourrais encore « tout rétablir et tout sauver; mais vos meneurs n'y « consentiront jamais. »

L'*ordre du jour*, adopté par la Pairie, le 22 juin,

sous la véhémente et libre parole du comte de Pontécoulant, avait été en effet, ce qu'il parut au moment même, un signal de naufrage pour l'Empire. Mais qu'aurait produit un acte différent, un tocsin de ralliement, au lieu de ce cri d'abandon? Qu'aurait fait l'unanimité même des généraux, sur les bancs de la Pairie, après l'Abdication du Chef suprême? Il ne faut pas s'y tromper : cette Abdication avait rendu à chacun la liberté de ses calculs de talent et d'ambition, mais en laissant aussi à chacun sa faiblesse individuelle ; et Napoléon, qui ne trouvait dans les principaux de l'armée, avant le 22 juin, aucun instrument pour un nouveau 18 brumaire, n'en eût pas trouvé davantage, après une adhésion législative de la Chambre des Pairs.

Quelles que fussent, au reste, sur ce passé de la veille, les méditations stériles d'une pensée puissante, la nécessité arrivait plus impérieuse, à chaque heure, à chaque minute. Malgré la réunion maintenant constatée de près de soixante mille hommes de troupes, dont l'armée du maréchal Grouchy faisait la force principale, et qui, dans leur ensemble, couvraient la route vers Paris, l'invasion commencée de notre frontière du Nord, la marche non interrompue de deux armées ennemies sur notre territoire, l'approche accélérée du reste de la Coalition apportait à l'ex-Empereur, au milieu du danger national, une menace, incessamment croissante, pour sa personne et sa liberté. C'était bien lui qui pouvait se dire, comme ce premier aspirant au trône des Césars de Rome : « Il n'y a de refuge pour nous que l'Empire. » La splendeur de son nom ne lui permettait pas la retraite; et, vivant et libre, il ne pouvait jamais s'anéantir assez, pour rassurer le monde.

Il lui fallut cependant, après deux jours de léthargie rêveuses, entrecoupée de vives colères et de clairvoyances profondes, subir la nécessité de quitter d'abord l'Élysée et d'aller, ailleurs qu'à Paris, attendre le dénoûment prédit, qu'il dédaignait de fuir. Par un souvenir naturel, au moment où il s'arrachait tout à fait de l'Empire, il voulut se rapprocher du lieu témoin de ses premières grandeurs.

Le 25 juin, à midi, il quitta sans éclat, sans foule à traverser, presque sans garde, le palais de l'Élysée, et, dans une voiture assez simple, dont les stores étaient à demi baissés, avec quelques voitures de suite, remontant l'avenue des Champs-Élysées et la route qui passait près des constructions commencées de l'Arc de Triomphe, il se rendit à la Malmaison. C'est de là que fut datée, le même jour, sa dernière Proclamation à l'armée.

« Quand je cède à la nécessité qui me force à m'é-
« loigner de la brave armée française, j'emporte avec
« moi l'heureuse certitude qu'elle justifiera, par les ser-
« vices éminents que la patrie attend d'elle, les éloges
« que nos ennemis eux-mêmes ne peuvent lui refuser.
« Soldats, je suivrai vos pas, quoique absent; je connais
« tous les corps, et aucun d'eux ne remportera un avan-
« tage signalé que je ne rende justice au courage qu'il
« aura déployé. Vous et moi, nous avons été calomniés.
« Des hommes, indignes d'apprécier vos travaux, ont
« vu dans les marques d'attachement que vous m'avez
« données un zèle dont j'étais le seul objet.
« Que vos succès futurs leur apprennent que c'était

« la Patrie par-dessus tout que vous serviez, en m'obéis-
« sant et que, si j'ai quelque part à son affection, je la
« dois à mon ardent amour pour la France, notre mère
« commune.

« Soldats, encore quelques efforts; et la Coalition
« sera dissoute: Napoléon vous reconnaîtra aux coups
« que vous allez porter. Sauvez l'honneur, l'indépen-
« dance des Français; soyez, jusqu'à la fin, tels que
« je vous ai connus, depuis vingt ans; et vous serez in-
« vincibles. »

Ne semble-t-il pas qu'on voie, dans la pâleur de ce langage, s'effacer et disparaître jusqu'à la grande ombre de l'Empire? Quoi, dans cet appel à ses soldats vétérans, trop rares, hélas! dans cet encouragement et cet adieu qu'il leur adresse, Napoléon évite de prononcer le nom de son fils, et de recommander à leur courage ce dernier souvenir, ou plutôt cette survivance de lui-même, à laquelle il prétendait avoir tout immolé.

Il cède à une nécessité, qui le sépare de ses compagnons d'armes; il les prive de son commandement; il s'éloigne de leurs périls; et il leur promet que, sans lui, au prix de quelques efforts, ils vont dissoudre la Coalition. Quel faible et faux langage, incapable de communiquer une ardeur de désespoir ou d'espérance, qu'il n'exprimait pas? Fallait-il donc que rien ne manquât à la chute du grand homme, et que son génie parût un moment se troubler, s'obscurcir, comme sa fortune?

Sept années auparavant, à l'époque de la plus grande gloire de l'Empire, et sans doute dans la plus complète imprévoyance de ses futurs malheurs, au milieu de toutes les activités de l'intelligence rehaussant l'éclat des armes, en séance solennelle du Conseil d'État, le

27 février 1808, l'Institut de France rendant compte à l'Empereur du travail de la pensée française dans les lettres, les sciences, les arts, depuis dix ans, on avait vu le maître tout-puissant, le gagneur de tant de batailles, l'idole de tant d'adorations soumises, tressaillir d'un mouvement de joie reconnaissante, et se lever, s'incliner, avec des saluts de remerciements, au moment où l'orateur de l'Académie des lettres, Chénier, après un tableau peut-être excessif de ce que le mouvement de la Révolution, sitôt égaré par la fureur, ou comprimé par la Dictature, avait donné d'essor au dix-neuvième siècle, jetait, en passant, cette louange, aussi vraie que flatteuse :

« Elles partirent de l'armée d'Italie, ces belles Pro« clamations, où le vainqueur de Lodi et d'Arcole, en « même temps qu'il créait un nouvel art de la guerre, « créa l'éloquence militaire, dont il restera le modèle. « Suivant ses pas, comme la fortune, cette éloquence « a retenti dans la cité d'Alexandre, dans l'Égypte, où « périt Pompée, dans la Syrie, qui reçut les derniers « soupirs de Germanicus. Depuis, en Allemagne, en « Pologne, au milieu des Capitales étonnées, à Vienne, « à Berlin, à Varsovie, elle était fidèle au héros d'Auster« litz, d'Iéna, de Friedland, lorsqu'en cette langue de « l'honneur, si bien entendue des Armées françaises, du « sein de la victoire même, il ordonnait encore la vic« toire et communiquait l'héroïsme. »

Cette gloire de la parole, à laquelle Napoléon s'était montré si sensible, devait donc lui échapper aussi, comme une dépendance et un ornement de sa prospérité, qui tombait avec elle? Ou plutôt, disons que ce génie d'éloquence avait besoin de la grandeur des actes, et au moins de la satisfaction de l'âme en sa propre dignité : et ce sentiment, que la durée du malheur, le reflet lointain des grands souvenirs et les méditations de l'âme repliée sur elle-même devaient rendre plus tard à Napoléon, dans la lente consomption de sa captivité, ne pouvait guère trouver place dans le trouble et le malaise de sa sortie de l'Empire.

Pour achever, par un détail, de peindre ce profond déclin, les derniers adieux d'une voix jadis si puissante au cœur des braves n'eurent alors aucun éclat, aucune publicité. La Proclamation signée de Napoléon, et envoyée par lui, ne fut pas mise au *Moniteur*, par défense du duc d'Otrante; et Napoléon, subissant lui-même cette muette censure, ce silence oppressif, qu'il avait imposé tant de fois à l'innocence, au malheur, au talent, ne vit personne s'inquiéter ni s'émouvoir de son appel, qui n'était entendu ni connu de personne.

CHAPITRE XX

SÉJOUR MOMENTANÉ A LA MALMAISON. — PROJET PRÉSENTÉ A NAPOLÉON ET REFUSÉ PAR LUI. — DERNIÈRES INCERTITUDES.

Évidemment, dans ces jours de languissante et douloureuse épreuve, à ce lendemain de l'Abdication, à cette fin de l'Empire, sans commencement d'aucune autre chose, Napoléon, harassé d'incertitudes et de dégoûts, comme dans une fièvre ataxique de l'âme, ne sentait plus rien en lui de cet esprit d'audace et d'entreprise, que ses paroles voulaient encore inspirer. Aucuns des projets agités dans sa pensée, aucuns de ses rêves intermittents, ni ceux de l'ambition ranimée, ni ceux du découragement mélancolique n'aboutissaient à un terme fixe d'effort actif, ou de résignation.

Dès le premier instant de son Abdication imminente, prévoyant son isolement et ses dangers, du côté des *Puissances* étrangères, il avait songé à fuir le sol de France, à passer aux-États-Unis d'Amérique, pour y mener, disait-il, la vie libre d'un cultivateur citoyen : puis, il avait un moment imaginé, ou plutôt simulé le projet d'une retraite plus proche, sous la protection des lois britanniques, comme si pareille hospitalité eût été possible, comme si Royauté ou Constitution quelconque eût osé supporter un pareil voisinage, et abriter un pareil banni.

L'observation lui en fut faite par quelques-uns des derniers serviteurs sincères, qu'il entretint de ses variables pensées. La retraite en Amérique, au contraire, le refuge spontanément cherché au delà de l'Océan, sur cette terre immense, au milieu de cette immense démocratie, semblait une idée plus spécieuse et plus praticable.

Peut-être, cet autre hémisphère en eût été troublé. Peut-être, l'esprit de violence et d'audace qui circule dans les veines de ce Peuple sans aïeux et sans maître, accueillant le grand général, qui lui serait venu d'Europe, comme une aubaine de gloire jetée sur ses rivages, s'en serait servi, pour hâter sa destinée conquérante et envahir plus vite l'autre moitié du nouveau Monde. Peut-être, de l'immense tumulte, ainsi soulevé, peut-être de la haine jalouse que l'Empire anglo-américain garde à sa Métropole, de cette haine tout récemment aigrie dans une lutte de six mois acharnée et glorieuse, aurait jailli bientôt une guerre plus vaste retombant sur l'Angleterre et l'Europe.

Mais le projet de départ ne fut qu'à demi conçu, faiblement voulu et nullement tenté. La liste des bâtiments américains prêts à quitter quelques-uns de nos ports avait été secrètement demandée au Ministre de la marine. La réponse avait été aussi satisfaisante que prompte :

« Remarquez sur la liste, Sire, écrivait M. Décrès, à
« son ancien maître, le bâtiment américain du Havre :
« le Capitaine est dans mon antichambre. Sa chaise
« de poste est à la porte. Je réponds de lui. Demain,
« vous serez hors de l'atteinte de vos ennemis. »

Certes, pour le Prince, qui, après les souffrances en commun de la retraite de Moscou jusqu'à Smorgoni, seul, avec un compagnon fidèle, avait fait trois cents lieues, à travers les glaces et les périls d'une terre toute ennemie, un trajet si court de la banlieue de Paris à un des ports de France, une nuit de voyage *incognito*, une traversée sur l'Océan furtive et peut-être poursuivie, étaient, à tout prendre, aventure facile, et chance à ne pas refuser. Napoléon, cependant, ne voulut pas en essayer, soit que les caractères changent avec les temps, soit qu'il fût dans la nature du sien de tout oser, quand il voyait un grand but à l'horizon, et de rester inactif, quand il doutait.

Fuir, à travers des neiges désertes, seul avec Caulaincourt et le mameluck Roustan, sur un traîneau emporté à toute vitesse, que pouvaient arrêter quelques coureurs ennemis, c'était encore retourner vers l'Empire ; c'était aller périlleusement chercher des armées nouvelles, un grand peuple, et la reprise espérée de la Domination de l'Europe. Mais, gagner en quelques heures, avec de bons relais de poste, la ville du Havre, puis, entre les risques de mer, passer en Amérique, sous Pavillon étranger, ce n'était peut-être que consommer l'Abdication par l'exil, et renoncer plus complétement à la France, sans être sûr de trouver un grand destin ailleurs.

Tels furent sans doute les motifs de la répugnance invincible et des refus de Napoléon à cette offre spécieuse, à cette occasion de sûreté, la dernière sans doute, que le fidèle compagnon de son retour de Russie le pressait d'accepter. Ce conseil d'une raison hardie, cette prière d'un cœur dévoué ne rencontra qu'humeur et défiance.

« Je sais bien, dit l'Empereur, qu'on voudrait déjà
« me voir parti, être débarrassé de moi, et me faire
« prendre. »

A ces paroles inattendues, le duc de Vicence répondit,
comme il en avait le droit, par un geste d'étonnement
et d'indignation. « Ah! Caulaincourt, reprit aussitôt
« Napoléon, comprenant ce muet reproche; ce n'est pas
« de vous que je veux parler. » Mais, quand le duc insista de nouveau, non pas sur la pureté des vues qui
lui dictaient ce conseil (il n'en avait pas besoin), mais
sur la sagesse du conseil en lui-même, sur la facilité,
la certitude, les conséquences illimitées du succès; puis,
sur les dangers de tout autre plan pour la liberté de
l'Empereur, et enfin, sur le désir passionné, le devoir
d'honneur, la nécessité de le soustraire aux hasards
d'une attente passive, de le mettre hors de prise et de
le réserver au monde et à l'avenir, il fit de vains efforts;
il frappa sur le marbre : il trouva toujours même aversion, même lenteur pour cette tentative nouvelle, et
l'Empereur comme engourdi par une sorte de fatalisme,
qui le faisait demeurer inactif et indécis, sous l'approche du mal que prévoyait sa raison.

Napoléon même rompit l'entretien, sans paraître assez
touché de la généreuse obstination de Caulaincourt, et
en affectant de dire ce qu'il ne pouvait croire : « Après
« tout, qu'ai-je à craindre? J'ai abdiqué; c'est à la
« France à me protéger. »

Mais si, dans l'évasion même qui lui était offerte, il
avait redouté quelque embûche secrète, s'il avait soupçonné que des mains indignes, puissantes pour la trahison, voulaient le livrer et le faire prendre sur la route,
ou à la sortie du Havre, pouvait-il douter qu'elles ne

s'étendissent ailleurs? Ne les voyait-il pas toutes prêtes à se jouer de cette protection nationale qu'il invoquait, et qui, dans le chaos de l'invasion et de l'interrègne, n'était qu'un vain mot.

Soit donc que la résolution d'une fuite, non sans hasards, mais facile, après tout, ait alors manqué à Napoléon, soit qu'il eût placé autre part quelque nouvel espoir, soit qu'il éprouvât ce découragement de toutes choses, qui suit parfois de longs revers et d'opiniâtres mécomptes, il continua d'attendre, immobile à la Malmaison, ce que préparaient contre lui ses plus grands ennemis, et ce que sans doute leur travail caché devait rendre chaque jour plus inévitable.

Une pièce authentique, datée de Laon, le 26 juin, ne laisse sur cette conséquence extrême aucun doute. C'est la lettre signée des cinq Commissaires envoyés par le Gouvernement provisoire à la rencontre de l'armée d'invasion. Cette lettre des Plénipotentiaires français est une réponse à l'avis, que leur avait donné le Ministre des affaires étrangères de France, touchant le projet éventuel de l'Empereur, de passer avec ses frères aux États-Unis d'Amérique. Elle rend compte d'abord du nouveau et immédiat départ des Envoyés, pour aller, avec des passe-ports ennemis, et un aide de camp du feld-maréchal Blücher, jusqu'au quartier général des Souverains alliés à Heidelberg, ou à Manheim. —Puis elle indique les demandes excessives déjà transmises de la part du feld-maréchal Blücher, comme la condition ultérieure d'un Armistice quant à présent refusé, leurs instances inutiles, pour obtenir une suspension d'armes au moins de cinq jours, et enfin l'assurance donnée par deux aides de camp, au nom des deux généraux anglais et prussien, de leur disposition à recevoir, à leur prochain Quartier général de Noyon, de nouveaux Commissaires, qui seraient exclusivement chargés de négociations spéciales, à l'effet de suspendre la marche des armées Coalisées et de prévenir l'effusion du sang.

Ces retards, ces entraves compliquées se fondaient de la part des Alliés sur l'hypothèse d'un parti nombreux encore adhérent à l'Empereur, et des nouveaux efforts que ce Prince pouvait tenter. L'esprit politique et le vrai patriotisme du général Sébastiani, l'autorité morale de M. de La Fayette, la vive sincérité de M. de Pontécoulant, combattaient cette crainte prétendue, et s'efforçaient de démontrer que le 20 Mars était, en partie, une revanche des fautes de la Restauration; que Napoléon avait profité d'une irritation contre autrui, bien plus que d'un enthousiasme pour lui-même, mais qu'il n'avait plus aujourd'hui de pouvoir officiel, ni d'ascendant populaire.

Mais les Plénipotentiaires français avaient beau dire : on ne rassure pas ceux qui veulent un prétexte d'inquiétude. Les deux aides de camp étaient peu sincères sur ce point, comme dans leur assurance générale et réitérée que les Puissances alliées ne tenaient, en aucune manière, au rétablissement des Bourbons. Les plus clairvoyants de l'ambassade comprirent bien que ce langage était destiné à aplanir la route et pouvait, comme dit un d'eux, changer du noir au blanc, en approchant de Paris. Mais ce qui leur apparut dans un jour plus manifeste encore, c'était la difficulté fondamentale, touchant la personne de l'Empereur.

« Il résulte, écrivaient-ils nettement, de nos conver-
« sations avec les deux aides de camp des Généraux en

« chef, que les Puissances alliées exigeront des garan-
« ties et des précautions, afin que Napoléon ne puisse
« jamais reparaître sur la scène du monde. Ils préten-
« dent que les peuples mêmes demandent sûreté contre
« ses entreprises. — Il est de notre devoir, ajoutaient
« les mêmes négociateurs, d'observer que son éva-
« sion, avant l'issue des Négociations, serait regardée
« comme une mauvaise foi de notre part, et pourrait
« compromettre essentiellement le salut de la France.
« Nous avons d'ailleurs l'espérance que cette affaire
« pourra se terminer aussi à la satisfaction de l'Empe-
« reur, puisqu'ils ont fait peu d'objections à son séjour
« et à celui de ses frères en Angleterre, ce qu'ils ont
« paru préférer au projet de retraite en Amérique. Il
« n'a été question, dans aucune conversation, du Prince
« impérial. Nous ne devions pas aborder cette question,
« à laquelle ils ne se sont pas livrés. »

Combien cette lettre, dans sa réserve, n'est-elle pas historiquement instructive! et combien il est aisé d'y lire un dénoûment prochain, par l'impuissance ou la connivence de tout ce qui semblait résister! Évidemment, Napoléon, malgré ce reste de liberté personnelle qu'il paraît et qu'il croit avoir encore, est déjà, dans la pensée de ses vainqueurs et de ses successeurs, sous un *mandat de dépôt*. Sa sortie de France serait une évasion qui compromettrait le salut public. C'est un cas de responsabilité au moins diplomatique, clairement insinué au Gouvernement provisoire et à ses délégués. On fait peu d'objections au passage de Napoléon en Angleterre ; on ne veut pas seulement qu'il se retire en Amérique : et sans doute contre ce dessein présumé, des précautions, qu'une hardiesse heureuse et prompte aurait pu seule éluder, étaient déjà prises, de concert avec le duc d'Otrante.

La discrétion des Plénipotentiaires à ne point aborder cette question du Prince impérial, à laquelle leurs interlocuteurs *ne se sont pas livrés*, est également caractéristique, comparée surtout aux espérances que M. Bignon étalait, à cœur ouvert, dans ses *Instructions ministérielles*. Plus on avance, plus on sent l'impossible; et on arrive même à croire qu'il vaut mieux ne plus parler de ce point si délicat. Quant à l'hypothèse du séjour en Angleterre, et à la phrase sur l'espérance que cette affaire pourra se terminer à la satisfaction de l'Empereur, pareille conjecture n'engageait à rien dans une œuvre collective, tel que le rapport des Plénipotentiaires. Le sens si juste du général Sébastiani ne fut pas pris un moment à cette illusion. « Il serait étrange, dit-il, et
« avait-il fait dire à l'Élysée, que les Anglais, qui réta-
« blissent à volonté leur *alien-bill*, n'en fissent pas
« usage contre Napoléon et sa suite. » Et longtemps après, lorsqu'il causait librement de la fin de l'Empire et des incidents auxquels il avait pris part, sa gravité mêlée d'ironie rendait fort piquant le récit de cette Ambassade et des chimères ou des sophismes que se forgeait la foi constitutionnelle d'un des envoyés, la haine opiniâtre d'un autre, la subtilité d'un troisième.

« M. de La Fayette, disait-il, et M. d'Argenson ne
« doutaient pas que le Gouvernement anglais ne pût
« donner asile, sans inconvénient, à Napoléon sur le sol
« britannique; et Benjamin de Constant projetait une
« *note*, pour démontrer que rien n'était d'une exécution
« plus simple, plus opportune, et ne ferait plus d'hon-
« neur au Système représentatif. »

Quoi qu'il en soit, le cri d'alarme jeté par les Plénipotentiaires sur le danger pour le Gouvernement provisoire de favoriser ou de permettre une évasion de l'Empereur, le silence d'embarras ou de désaveu gardé sur le fils de Napoléon, l'avis officiellement donné d'envoyer à l'armée envahissante une autre Députation, pour traiter isolément la question d'*Armistice*, tout cela montrait le dessein arrêté des Puissances étrangères, et les déceptions réservées à la première Ambassade, qui poursuivait sa route vers Heidelberg ou Manheim.

Le Gouvernement provisoire, tout partagé qu'il était entre les espérances chimériques ou la fidélité loyale de quelques-uns de ses membres et les machinations imperturbables de son Président, conçut toute la portée de la dépêche des *Plénipotentiaires* et le peu d'espérance qu'elle laissait. Il désigna sur-le-champ une seconde *Députation* moins considérable par les noms, mais moins adverse à l'ancienne Dynastie, pour aller, sans sortir de France, au-devant des généraux alliés, traiter de l'*Armistice*.

Les caractères principaux de cette démarche nouvelle, c'était l'abandon éventuel, la non-revendication des droits héréditaires prétendus d'abord pour Napoléon II, puis la désignation indécise, enveloppée, la mise à l'essai, pour ainsi dire, d'une autre Candidature, « même étrangère à la France, même choisie surtout « dans un intérêt européen, mais qui pourrait encore « nous paraître admissible, subsidiairement à ce que « nous devions appeler le principe de notre indépen- « dance, dans toute sa plénitude.[1] »

[1] *Mémoires pour servir à l'histoire de Napoléon en* 1815, par Fleury de Chaboulon, v. II, p. 250.

A ces insinuations se joignait, dans le mandat des nouveaux Négociateurs, l'affirmation expresse que « les résolutions prises aujourd'hui même par le Gou- « vernement provisoire fournissaient une réponse à « toutes les objections, qu'on viendrait à faire sur « le danger et la possibilité du retour de Napoléon. »

Ces résolutions, ce n'était rien moins que l'envoi d'un officier général à la Malmaison, pour y surveiller la personne de Napoléon, et répondre de sa présence, en attendant un départ, dont la forme et la destination seraient, d'une manière plus ou moins avouée, le résultat de quelque concert secret avec les généraux ennemis.

Ainsi Napoléon, après plusieurs jours de liberté sans obstacle et sans effet, se retrouvait sous l'immédiate fatalité du champ de bataille qu'il avait quitté, et dont il n'avait pas assez vite su réunir à sa voix les débris glorieux. Il se trouvait gardé à vue par ses ennemis politiques intérieurs; et il allait bientôt devenir prisonnier de guerre de ses ennemis étrangers.

Quand le zèle politique, quand le dévouement personnel à Napoléon et l'enthousiasme pour l'Empire ont raconté cette crise de violent passage dans les destinées de la France, ils ont trouvé bien des coupables, ils ont porté bien des accusations de faiblesse, d'incapacité et de trahison, entassé bien des reproches divers et rigoureux sur les fautes militaires du maréchal Grouchy, l'animosité implacable et imprudente de M. de La Fayette et d'autres patriotes, l'abandon politique du général Sébastiani, l'esprit de transaction prématurée du prince d'Eckmühl, le découragement des uns, le calcul égoïste des autres.

Dans la réalité, un autre personnage bien plus

grand, même dans sa chute, était surtout et avant tout responsable de ce qui s'est fait, et de ce que lui-même a souffert. Là, où un seul commande et ne travaille qu'à sa propre et absolue domination, où les Institutions mêmes ne sont que des simulacres soumis à sa volonté, ce maître unique ne peut faire un moment défaut, sans affaiblir, et aussi, sans délier tout le monde. Si César avait manqué à Pharsale, ou déserté le champ de bataille de Munda, lorsqu'il y fut en péril, sa mémoire n'aurait le droit d'accuser la défection posthume d'aucun de ses lieutenants. Il y a dans les catastrophes de ce monde *un sauve qui peut* irrésistible, et presque irréprochable pour *la moyenne* de l'humanité, lorsque c'est le Chef suprême qui en donne l'exemple.

Seulement, à côté de ces abandons qui se justifient par l'entraînement, par la nécessité, quelquefois même par le cri du patriotisme et du bon sens, l'histoire garde tout son mépris pour ces brocanteurs de trahisons, pour ces sycophantes résolus de se vendre à tout venant, mais incertains du prix le meilleur et le plus sûr, et prolongeant ainsi les crises pernicieuses aux peuples, afin de tâter à loisir la chance qui va le plus à leur intérêt privé, et paye le mieux leur opprobre.

Quelle que fût, au reste, la médiocre loyauté des Puissances Coalisées et leur arrière-pensée de profiter d'un désarroi qui n'était ni la guerre ni la paix, pour entrer, sans combat, le plus avant qu'il était possible en France, et rançonner cette terre glorieuse qui leur avait infligé tant de défaites et les effrayait encore, il est certain que si le maréchal Grouchy avait réalisé la pensée, plutôt d'intérêt général que de calcul privé qui traversa son esprit, ou si le prince d'Eckmülh avait changé en Proclamation immédiate son projet d'adhésion militaire aux Bourbons, projet qu'il avait conçu depuis Waterloo, et dont il entretint le Gouvernement provisoire, là pouvait se rencontrer un grave empêchement au progrès de l'invasion : là certes s'offrait la meilleure chance de négocier un Armistice, qui ne fût pas seulement une trop tardive halte ; là enfin, l'espoir et le droit d'arrêter par la Paix cette marche ennemie que, dans les pertes et l'épuisement du pays, on ne voulait plus combattre autrement.

Le maréchal Grouchy, par son nom, par son origine, par les plaintes mêmes de l'Empereur inculpant son absence de Waterloo, n'était pas le mieux placé pour donner l'exemple d'un retour volontaire aux Bourbons et pour prendre un tel parti avec autorité. Il en jugea lui-même ainsi. Blâmé par le Gouvernement provisoire de lui avoir librement marqué dans ses lettres le découragement et l'indécision que répandait dans l'armée l'*Abdication* de l'Empereur, puis ayant reçu l'ordre de rapprocher ses troupes de la Capitale, après quelques moments d'hésitation et quelques velléités de faire davantage, il obéit ; et il n'osa que se démettre du commandement, lorsqu'il fut enfin sous Paris, avec un Camp grossi de forces nouvelles.

Le Ministre de la guerre, le prince d'Eckmülh, auquel la responsabilité revenait dès lors tout entière, et qui, par ses fortes qualités militaires, était le plus assuré de maintenir docile cette armée, sinon de la rendre victorieuse de toute une Coalition, proposa au Gouvernement provisoire, dès sa première visite au Camp, de prendre l'initiative sur l'avenir imminent, et d'envoyer offrir au roi Louis XVIII, dit-il, des conditions acceptables et nationales. La première de ces conditions était l'entrée du Roi à Paris, sans troupes étrangères, seul avec l'armée française réunie à ses généraux, pour reconnaître, sous le Drapeau tricolore, le Monarque et sa Dynastie, au nom de la Charte de 1814.

Ce traité eût-il été admis? le préjugé royal en eût-il voulu? la prudence l'eût-elle conseillé? les étrangers l'eussent-ils souffert? On peut le nier. Le sang de Waterloo était trop récent, versé à trop grands flots, pour que l'étendard guerrier de ce jour pût couvrir, de bonne grâce, la pacifique rentrée des Princes, que ramenait la défaite de Napoléon. Quoi qu'il en soit, le Gouvernement provisoire, pressé avec instance, interdit au prince d'Eckmühl toute persistance dans ce projet et tout commencement de démarche vers un but que quelques-uns de ses membres repoussaient de toute leur hostile inquiétude, et que leur Président voulait ménager, atermoyer et déterminer finalement à son profit et à son heure.

Le séjour à la Malmaison, cependant, ne pouvait être qu'une bien courte étape pour Napoléon. Il en fut promptement averti par Fouché. Revenant alors sur sa première indécision, il répondit qu'il était prêt à quitter la France, et à se rendre aux État-Unis, sous la condition qu'on lui donnât deux frégates, pour assurer son passage. Le Ministre de la marine reçut aussitôt l'ordre de faire armer les deux frégates; et le chargé des affaires étrangères, M. Bignon, celui-là même dont le zèle pour l'Empereur était le moins douteux, adressa sur-le-champ un message au duc de Wellington, à l'effet d'obtenir des passe-ports et des sauf-conduits pour Napoléon et sa suite.

C'était précisément le contraire de l'offre et de l'avis secret venus, quelques jours auparavant, du Ministre de la marine à Napoléon, et demeurés sans effet, par le refus de l'Empereur. Maintenant, afin d'assurer ce départ difficile, on l'annonçait officiellement ; et on le soumettait au bon plaisir et à la sauvegarde de l'ennemi. Le Gouvernement provisoire, avant d'autoriser la sortie des deux frégates, voulait avoir reçu les permissions anglaises qui ne vinrent pas ; et cette abstention de sa part, concevable après la demande faite, ne doit pas s'expliquer par le désir de réserver encore Napoléon, comme une menace pour l'ennemi : il faut y voir tout simplement le contre-coup de l'avis donné par les Plénipotentiaires français, dans leur dépêche du 26 juin ; et il est à présumer aussi que le duc d'Otrante, alors même, dans ses communications furtives avec les Puissances ennemies, réitérait de son mieux non pas sa promesse déjà remplie de trahir Napoléon, mais son autre promesse implicite de ne point le laisser échapper.

C'est pour l'acquit de cette promesse que le général Becker était envoyé à la Malmaison, avec le titre de commandant de la garde de l'Empereur. Sa mission écrite, qu'il montrait volontiers, quelques mois après, le chargeait « de veiller à la conservation de la personne « de Napoléon, au respect qui lui était dû, et d'empê- « cher les malveillants de se servir de son nom, pour « occasionner des troubles. »

Cette lettre de service était signée du duc d'Otrante, Président de la commission de Gouvernement. Le général Becker, alors et plus tard membre de la Chambre élective, était un officier distingué, attaché jadis à

Moreau, d'une physionomie noble et douce, remarquable en tout par la dignité polie des manières. Sa vigilance n'en fut pas moins assidue. Les officiers, encore assez nombreux, qui restaient ou venaient près de Napoléon, parurent d'abord indignés d'une telle précaution. C'était en effet une triste ironie du sort de voir l'Empereur prisonnier de son ancien Ministre de la police, dans les jardins de la maison de campagne où il se plaisait le plus aux jours de sa triomphale jeunesse et de son ascension vers l'Empire. Ce contraste des lieux et de la fortune présente était amer; et la reine Hortense le marqua par un cri de douleur, qu'elle ne put retenir, au premier moment, où elle vit le gardien donné à celui qu'elle était accoutumée à honorer, comme le plus grand des hommes, avec un sentiment d'orgueil et de culte filial.

Napoléon souffrit cette injure, ainsi que le reste, sans paraître ému ni gêné, conservant sa hauteur naturelle de commandement, et donnant lui-même des ordres à son surveillant, comme César[1], dit-on, dans sa jeunesse, se faisait servir en maître par les pirates, dans les mains desquels il était tombé, et qui attendaient sa rançon. Mais, ici, pour Napoléon ce n'était pas le début, et comme l'augure d'une grande destinée; c'en était la fin.

Napoléon vit de même, avec calme, éloigner successivement de sa personne plusieurs de ses officiers les plus fidèles, et jusqu'à ses secrétaires intimes, que rappelait, sous divers prétextes, le Gouvernement provisoire; et il songea seulement à se procurer par là quelques nouvelles, et à renouer quelques communications

---

[1] *In Velleii Paterculi* lib. II, § 28.

avec Paris. Mais tout était prévenu; tout était intercepté. Tout arrivait trop tard.

Le duc de Vicence, invariable dans son zèle, et trop confiant peut-être aux témoignages d'estime, qu'il avait personnellement recueillis dans les Cours étrangères, songeait encore à des tentatives de persuasion près de l'Autriche de la Russie.

Il plaidait, par dévouement, ce qu'il croyait conforme à l'intérêt et au vœu secret d'une grande Puissance; et l'inaction même de Napoléon lui semblait offrir désormais un retour d'espoir, pour cette négociation dernière. Mais les scrupules, et plus encore les craintes qui la rendaient impossible, étaient dans toute leur force; et le duc d'Otrante, mieux averti et plus clairvoyant, par son indifférence même sur le résultat et sur les moyens, démasquait chaque jour davantage un autre but, auquel il allait bientôt marcher, à visage découvert.

Une lettre fastueuse et vide, qu'il avait fait rédiger par la plume de Garat, dans le but ostensible d'invoquer amicalement et de placer entre la France et les Coalisés la médiation du duc de Wellington, ne montrait qu'une chose : c'est qu'au fond, le Gouvernement français travaillait à l'intérieur pour le dénoûment, que le général ennemi était réputé favoriser de ses vœux et de son influence, dans le Conseil des Rois. L'approche chaque jour plus imminente des armées étrangères, leur marche non traversée d'obstacles appuyait cette facile conjecture; et bientôt Napoléon put en avoir la certitude. Le 28 juin, le Ministre de la marine vint lui-même à la Malmaison annoncer officiellement, que les premières colonnes ennemies occupaient Compiègne, et que le Gouvernement provisoire, craignant pour la sûreté personnelle de Napoléon, l'engageait à partir sans retard et *incognito*. Il n'était plus question de ces *Passe-ports*, de ces *Sauf-conduits* demandés naguère par correspondance au duc de Wellington, et touchant lesquels nulle réponse n'avait été faite.

L'Empereur cependant promit alors ce que, cinq jours auparavant, il avait refusé aux instances secrètes du même Ministre, et ce qui certainement était devenu plus aventureux et plus impraticable. Le Ministre repartit aussitôt, pour donner de derniers ordres, que le temps déjà perdu, l'espionnage ennemi, le progrès de l'invasion et l'obsession maritime de nos Ports, sur l'Océan, allaient rendre bien inutiles; et l'Empereur, demeuré seul, entendit bientôt le retentissement éloigné, mais distinct et avançant toujours, des canons anglais et prussiens descendus dans la vallée de la Seine.

Il eut à ce moment un retour de confiance inexplicable, ou plutôt un accès de fièvre de guerre, dont l'influence n'agit qu'autour de lui, et ressemblait un peu à ces reprises soudaines de commandement, qu'essaya Charles XII, captif à Bender. Après une agitation visible de quelques minutes, marchant à grands pas dans son cabinet, l'oreille tendue aux coups réitérés du canon, il s'arrête, dicte impétueusement quelques paroles, les signe, et ayant fait appeler le général Becker : « Le « quartier général ennemi, lui dit-il, est à Compiègne, « à Senlis; ses batteries avancent au delà : il sera de- « main aux portes de Paris; le Gouvernement pro- « visoire est aveugle. Il faut être insensé ou traître, « pour ne pas voir à plein la mauvaise foi de l'Étran- « ger. Ces gens-là, qui croient gouverner, n'enten-

« dent rien à leur propre salut. Qu'ils me laissent
« faire ! »

Becker, paraissant subjugué par ce mouvement et par cette voix : « Vous le sentez, Général, reprit-il
« plus fortement ; tout est perdu, tout est par terre, à
« cette heure. Eh bien ! qu'on me rende le commande-
« ment de l'armée ; elle me reconnaîtra ; et moi, je
« m'engage à vaincre, à sa tête. Vous allez remettre
« ma demande à la Commission exécutive. Partez à
« l'instant ; une voiture est prête. Expliquez-leur bien,
« que je ne songe pas à reprendre le Pouvoir. Je veux
« battre l'ennemi, l'écraser devant Paris, vous couvrir
« tous par une victoire et contraindre les chefs de la
« Coalition à vouloir la paix. Cela fait, je poursuivrai
« ma route vers l'exil. Allez, Général, je me fie à vous.
« Secondez-moi en ceci ; et vous ne me quitterez plus. »
Voilà ce que, dix fois en 1816, j'ai entendu conter au général Becker, encore député et bien traité par la Restauration, à laquelle il adhérait, sans vaine protestation, ni zèle exagéré.

Quoi qu'il en soit, vaincu par cet ascendant singulier de l'Empereur, qui de son gardien faisait son messager, Becker était parti sur l'heure, avec une lettre, où Napoléon exprimait cette pensée, qu'en abdiquant à jamais le Pouvoir, il n'avait pas renoncé au premier droit, au premier devoir du citoyen, celui de défendre son pays. « La marche accélérée des ennemis sur la Ca-
« pitale, ajoutait-il, ne permet aucun doute sur leur
« mauvaise foi. Dans ces graves circonstances, MM. les
« membres de la Commission de Gouvernement, je de-
« mande à servir une dernière fois la Patrie. Je m'offre
« pour la défendre ; et je jure de la sauver. »

En recevant cette lettre, aux Tuileries, dans le cabinet même de Napoléon, et comme assis provisoirement à sa place, le duc d'Otrante, en donna lecture à ses collègues, devant le général Becker; puis il ajouta : « Que pensez-vous de cela, messieurs? Je crois qu'il se « moque de nous. Battus, ou maîtres du terrain, nous « serions bien lotis, avec un pareil défenseur. Allons « donc ; c'est trop fort. »

Carnot, dans sa candeur patriotique et sa tardive, mais entière conversion à l'Empire, inclina seul un moment à l'idée de rendre à Napoléon le commandement de l'armée, et de lui donner le temps d'une victoire qui électriserait la France, la délivrerait de l'étranger, et la laisserait, dit-il, « orgueilleuse de sa force, « et indomptable à tout autre joug que celui des lois. « Allons donc, mon cher collègue, s'écria Fouché, en « joignant les mains, toujours enthousiaste! toujours « admirable de désintéressement, toujours dupe! Vou- « lez-vous qu'il vous élimine encore, comme à l'épura- « tion du Tribunat? Tenez-vous, tout votants que nous « sommes, vous et moi, à être encore fructidorisé, comme « Royaliste? Et lui, que veut-il? Quoi! après avoir perdu « la partie sur un meilleur terrain et quitté le jeu, très- « vite, ma foi, revenir ainsi! Cela n'a pas de raison, de « part ni d'autre. Nous n'avons rien à faire qu'à refuser « et à nous mettre en garde. Si la demande de Napoléon « est sérieuse, il n'attend pas notre réponse ; et il a lui- « même sans doute filé, aussitôt le départ du général, « pour accourir au Camp sous Paris ; et il est mainte- « nant à haranguer les troupes. »

Becker, embarrassé du rôle qu'il avait accepté, affirma que « Napoléon n'avait pas voulu le tromper, et

« qu'infailliblement, il attendait son retour et l'autori-
« sation demandée. » Il insista vivement sur ce point,
comme sur une chose qu'il avait besoin de faire croire,
pour se justifier lui-même.

Je ne sais s'il avait raison d'ajouter dans son récit,
qu'il avait aperçu, dans les membres du Gouvernement
qui l'écoutaient, un moment d'incertitude et d'émotion. Mais, vrai ou non, cela n'eut aucun effet. Le duc
d'Otrante, qui d'abord avait juré et tempêté, répéta
paisiblement que « le rappel de Napoléon à la tête
« de l'armée était une folie, dans tous les sens ; qu'en
« premier lieu, c'était la ruine de tout essai de pacifica-
« tion possible ; que les ennemis, indignés de ce qu'ils
« appelleraient notre foi punique, n'admettraient plus
« avec la France ni trêve ni quartier ; que, du côté de
« Napoléon, la chance était pire encore ; qu'il n'y avait
« aucun fonds à faire sur ses promesses ; qu'en s'y con-
« fiant, on ne pourrait que périr avec lui, stérilement
« pour la Patrie, ou être les premières victimes de sa vic-
« toire ; que s'il lui arrivait, en effet, d'obtenir quelque
« avantage, il voudrait à l'instant remonter sur le
« Trône, se venger d'abord de qui l'aurait éconduit, et
« ensuite de qui aurait été assez niais, pour le rappeler.
« Ne serait-ce pas alors un beau spectacle de voir ce
« grand homme incorrigible envelopper dans sa ruine
« l'armée, Paris, la France et nous-mêmes, plutôt que
« de tomber seul, cette fois ? »

Une ardeur de bon sens égoïste rendait-il le Président de la Commission presque éloquent? Carnot lui-
même se laissa convaincre, qu'il n'y avait rien à faire
que de refuser l'offre fausse ou vraie de l'ex-Empereur,
et même d'empêcher à tout prix cette résurrection du

général Bonaparte, que son imagination avait un moment rêvée volontiers.

Les membres de la Commission répondirent donc simplement à l'ex-Empereur, dans une lettre collective, « que leurs devoirs envers la Patrie et les engage-« ments déjà pris, en leurs noms, par les Plénipoten-« tiaires, ne leur permettaient pas d'accepter sa proposi-« tion et le concours actuel de ses efforts. » Carnot consentit encore à se rendre près de Napoléon, après cette réponse transmise, pour la fortifier de son témoignage isolé, et en attestant l'épuisement des ressources, prévenir une tentative désespérée, qui ne pourrait qu'aggraver les maux de la France.

Becker, aussitôt reparti, trouva l'Empereur avec ses chevaux de bataille tout sellés et tout prêts, impatient lui-même de se rendre au Camp, sous Paris. Il y renonça cependant, après avoir lu la réponse de la Commission, et avant même l'arrivée de Carnot. « J'en étais sûr, dit-il, « en rejetant dédaigneusement cette réponse; ces gens-« là sont incapables d'énergie. Eh bien! puisqu'il en « est ainsi, partons pour l'exil; » et, appelant le plus jeune et le plus intelligemment dévoué des aides de camp alors près de lui, un brillant officier, que M. de Narbonne avait mis dans sa faveur, quatre années auparavant, il le chargea d'aller à Paris, pour presser son départ et son embarquement, selon les vues marquées par la Commission exécutive.

L'aide de camp arriva à la hâte près du Ministre de la guerre, le prince d'Eckmühl, qui en ce moment était le bras de la politique, dont nous ne voudrions pas dire que Fouché fût l'âme. A peine le jeune envoyé de l'ex-Empereur eut-il dit un premier mot de sa mission, que le Maréchal, disposé à voir, dans toute demande de précautions pour la route, un moyen calculé de retard, s'écria : « Votre Bonaparte ne veut pas partir; nous « le voyons. Mais il faudra bien qu'il nous débarrasse « de lui. Sa présence nous entrave; elle nuit à toute « négociation. S'il imagine que nous le reprendrons, il « se trompe. Voyez-vous? nous ne voulons pas de lui. « Dites-lui bien de ma part, qu'il faut qu'il s'en aille, et « que, s'il ne part pas à l'instant, je le ferai arrêter; j'irai « l'arrêter moi-même. »

L'aide de camp qui recevait cette réponse, à part même son ardeur d'alors dans la cause impériale, se sentit blessé dans sa foi militaire, à l'aspect de cette rupture si brusquement dénoncée, et de ce rude langage échappé contre l'Empereur à un des anciens grands de l'Empire, et au Ministre si récemment attaché, selon toute apparence, à la fortune du 20 mars. Quoique ayant fort l'expérience du monde, le jeune officier ne savait pas encore ce que huit jours de grandes catastrophes peuvent changer dans les procédés, la disposition politique et presque la conscience des hommes. Il répliqua vivement, et avec une énergie portée jusqu'à l'offense. Le prince d'Eckmühl, que ce zèle de dévouement étonnait peut-être, en fut plus sévère encore pour le message même. Forte et opiniâtre intelligence, longtemps domptée sous la main de l'Empereur, et intraitable à tout autre, ce Maréchal, par quelques-unes mêmes des qualités de bon sens rigoureux, qui formaient son génie militaire, était sans illusions d'enthousiasme, sans ardeur pour l'impossible, sans chevalerie pour le malheur. Patriote à la guerre, et par là même jaloux de conserver les restes de l'armée, et comme les dernières gouttes du sang français, sentant avec inquiétude le poids de responsabilité qui s'amoncelait sur lui, il était tout à la pensée d'un Armistice, d'une Trêve, d'un Traité qui prévînt les chances nouvelles d'une lutte, que sa raison jugeait trop inégale, et stérile, dût-elle offrir un premier succès.

Tout ce qui faisait obstacle à ce désir de paix lui était odieux, et devait être écarté à tout prix. Du reste, sans anciennes passions de parti, sans liens de révolution, il eût admis, nous l'avons vu, l'idée du retour des Bourbons plus aisément et plus vite que cela ne convenait à Fouché lui-même.

Contrarié sur ce point par la temporisation intéressée du Président de la Commission de gouvernement, le prince d'Eckmühl n'en resta pas moins en rapports assez intimes avec lui ; et c'était leur politique commune, qui dominait dans cette impatience d'être délivrés de Napoléon.

Un écrit, où la passion même paraît souvent véridique, a consigné littéralement les paroles de reproche échappées au jeune aide de camp, venu de la Malmaison près du Maréchal, et les menaces officielles qui furent la réponse de ce Ministre.

Ce qui ressort du récit de cette altercation sans témoins, c'est surtout l'empressement du Maréchal, pour hâter le départ de l'Empereur, non sans doute qu'il soit permis de lui supposer la pensée d'envoyer son ancien Général aux mains de l'ennemi, prêt à le capturer. Il ignorait certainement les ordres si précis donnés par l'amirauté anglaise, et en particulier cet ordre de l'amiral Hotham au capitaine Maitland, d'une date

plus récente : « Les lords commissaires de l'Ami-
« rauté¹, ayant toute raison de penser que Napoléon
« Buonaparte médite de s'échapper avec sa famille, de
« France pour l'Amérique, vous êtes par la présente
« requis et commandés, en exécution des ordres de
« Leurs Seigneuries, à moi notifiés par l'amiral très-
« honorable Lord Keith, d'exercer la plus vigilante ins-
« pection, et de soumettre à la plus stricte recherche
« tout navire que vous pouvez rencontrer; et, si vous
« êtes assez heureux pour saisir Napoléon en personne,
« vous devez le transférer, lui et sa famille, à bord du
« vaisseau que vous commandez, et, le gardant là sous
« soigneuse garde, retourner au port anglais le plus
« proche (Torbay, de préférence à Plymouth), avec toute
« la promptitude possible; et, à votre arrivée, vous ne
« devez permettre aucune communication avec la
« côte, etc.; et, sur votre responsabilité, vous garderez
« toute l'affaire dans un profond secret, jusqu'à ce que
« vous receviez les ordres ultérieurs de Leurs Sei-
« gneuries. »

La suite des événements, le caractère du prince
d'Eckmühl, son exil sous le nouveau ministère de
Fouché, le justifient de toute solidarité dans un acte
indigne de lui. Mais le Maréchal avait devant les yeux
l'état de l'armée rassemblée sous Paris; il calculait
avec sollicitude le contre-coup des projets annoncés
par Napoléon : il y voyait, soit la désunion anarchique, soit l'immolation stérile de nos dernières
forces; et il souhaitait avec passion que l'éloignement
de Napoléon ôtât cette cause de trouble pour nous, et

¹ *Life of Napoleon Buonaparte*, etc., by sir Walter Scott, vol. IX,
p. 55.

ce prétexte pour l'ennemi, de n'entendre à aucun arrangement.

L'offre divulguée de Napoléon de reprendre le commandement n'eut en effet d'autre résultat que d'inspirer aux Coalisés quelque chose de plus difficultueux et de plus oppressif. Ses saillies d'indignation, ses plans de délivrance s'exhalèrent en vives paroles, devant quelques affidés et devant Carnot lui-même, quand il arriva, pour confirmer en termes plus adoucis les injonctions du prince d'Eckmühl. Napoléon avait continué de qualifier avec colère et mépris le refus exprimé par la Commission, et que lui rapportait le général Becker. « Ces gens-là, disait-il, sont étourdis de « leur Souveraineté postiche ; ils sentent que, moi repa- « raissant à la tête de l'armée, ils ne seraient plus qu'une « ombre ; et ils me sacrifient, avec la Patrie, à leur mi- « sérable vanité. » Puis, il s'écriait encore : « Au fond, « pourquoi le souffrir ? J'ai abdiqué, pour sauver la « France et le trône de mon fils. Si ce trône doit être « perdu, mieux vaut sur un champ de bataille qu'ici. « Que je me jette dans les bras de mes soldats ! ma pré- « sence entraînera l'armée ; elle foudroiera les étran- « gers. » Mais ce langage, attesté par les témoins les plus dévoués, n'était suivi d'aucun acte.

Avec le représentant même de la commission, avec Carnot, plus sincère et plus ami que la majorité de ses collègues, tour à tour attiré vers l'Empereur par l'admiration, et retenu par quelque fâcheux souvenir, avec Carnot, Napoléon toucha d'autres cordes, l'espoir d'une vengeance patriotique, l'horreur de l'étranger, la haine des Bourbons. Après avoir paru quelques moments écouter les paroles de l'ancien Conventionnel sur les motifs graves de la Commission, la nécessité actuelle de négocier, les préliminaires de pacification à suivre : « Quoi! disait-il, si je reparaissais tout à coup, prêt à « leur marcher sur le corps, ou à me faire tuer à l'avant-« garde, vous ne voyez pas qu'ils accorderaient tout, « qu'ils iraient au-devant de vous, pour être délivrés « de moi, ou de mon ombre ! Je partirais alors ; je serais « banni, expatrié, captif peut-être, ou mort ; mais après « moi, il resterait une France. Quoi, mon cher Carnot, « cela ne vous tente pas, vous si patriote autrefois ! « L'avez-vous donc été jusqu'au repentir ? » Puis, il reprenait sur un autre ton, avec des traits plus familiers et plus poignants : « Si, au contraire, pendant que « les ennemis cernent Paris, vous me laissez ici ronger « mon épée, si vous avez plus peur de moi que d'eux, « ils se moqueront de vous ; ils vous joueront, à leur « aise ; et vous serez contraints de recevoir Louis XVIII, « chapeau bas. » Il lui échappait encore de dire, dans ce tumulte de pensées, et ces saillies ou ces artifices de colère : « A moi la faute, après tout : je suis trop scru-« puleux. Si nos cinq empereurs ne veulent pas de moi, « pour sauver la France, je puis me passer de leur « aveu. Que je me montre ! Paris et l'armée me salue-« ront comme un libérateur. Je le serai ; et seul je puis « l'être. » Mais tout cela était vain, devant la stoïque défiance où s'arrêtait maintenant l'esprit d'abord entraîné de Carnot, que le bon sens astucieux de Fouché avait enfin mis en garde.

Ce n'est pas tout ; le même sentiment, non pas de désertion, mais d'impuissance, avait gagné jusque tout près de l'Empereur. Dans son intimité, même la plus fidèle, la plus admirative et longtemps la plus éblouie, le duc de Bassano répondait maintenant à ces bravades d'espérance, à ces rêves de reprise d'Empire et de facile victoire : « Je crois tout, Sire ; mais la Chambre se dé- « clarera contre vous ; peut-être même, elle osera vous « mettre hors la loi. » Et Napoléon semblait céder à cette perspective, ou du moins s'en détourner, affectant de redire alors : « Que la crise ne pouvait durer, « sans aboutir; que la vérité se ferait jour enfin ; et « que pour lui, il attendrait avec confiance la voix du « peuple, des soldats et des deux Chambres. » Puis, des exclamations méprisantes sortaient de sa bouche, sur les manœuvres de l'infâme Fouché, et l'impuissance, la lenteur, la niaiserie de ses collègues.

Ce qui reparaissait toujours dans ce trouble passionné, c'était la vue nette de Napoléon sur des choses qu'il avait parfois niées comme impossibles. Il en raisonnait avec Maret, comme il en avait tout à l'heure menacé Carnot : et se reportant à ces hypothèses de déviation dynastique et de Prince constitutionnel choisi et accepté, à la façon anglaise de 1688 : « Quel rêve ! « disait-il, quelle chimère de dupes ! d'imaginer qu'on « vous donnera un Prince à votre goût, taillé sur le pa- « tron de la Constituante, recevant une Charte imposée, « au lieu de la donner à sa guise, ou peut-être de la « reprendre. Votre avenir est clair à tous. Vous aurez « les Bourbons. Alexandre fera ce que veulent les An- « glais ; et l'empereur d'Autriche, comme en 1814, ce « que voudront Alexandre et les autres. »

Les heures s'écoulaient cependant, au milieu de ces incertitudes traversées par divers projets, entre autres celui de se rendre à l'empereur Alexandre personnellement. Tout à coup Napoléon, par une contradiction nouvelle, reçoit du Gouvernement provisoire l'avis de différer son départ jusqu'à la remise des *Sauf-conduits* souhaités par lui, demandés en son nom et attendus vainement, depuis huit jours. Puis, aussitôt après, arrivent à la Malmaison deux nouvelles menaçantes, celle du refus par Wellington des *Sauf-conduits* réclamés, et la déclaration en son nom et au nom du maréchal Blücher, que, dans les circonstances actuelles, aucun Armistice ne peut intervenir, tant que Napoléon Bonaparte est à Paris et demeure en liberté.

Malgré l'anachronisme de cette mention de Paris, inexacte depuis quelques jours, le sens de la condition demandée était suffisamment explicite. Les armées anglaise et prussienne d'ailleurs n'avaient pas suspendu leur marche directe sur Paris ; et quoique assaillies en route par quelques attaques sans ensemble, elles ne pouvaient rencontrer qu'aux portes de la Capitale une bataille, que le nombre encore imposant des Troupes françaises, le secours des fédérés, le soulèvement possible des masses d'une grande ville et l'agonie convulsive de Napoléon devaient leur montrer formidable. On conçoit dès lors quel prix les généraux ennemis devaient mettre à ce que ce nom, à ce que ce bras ne fût ni dans Paris, ni à portée de Paris, et qu'il y eût impossibilité pour tous de l'espérer, ou de le craindre. De là sans doute, ces lenteurs de mauvaise foi, cette attente et ce refus de *Sauf-conduits*, que suivit bientôt la sommation renouvelée d'un départ immédiat, sans *Sauf-conduits*.

Soudain le bruit se répandit que les Coalisés, dont le canon retentissait depuis trois jours jusqu'aux villages voisins de Paris, allaient enlever Napoléon, dans l'asile où il était gardé, mais non défendu. Ce dernier péril, on peut le croire, précipita enfin son départ, dont les préparatifs se faisaient, à tout hasard, depuis trois jours, par l'entassement sur maint fourgon d'une foule d'objets commodes ou précieux.

Le 29 juin, à cinq heures du soir, Napoléon partit, onze jours seulement après Waterloo ; et ce court intervalle avait été comblé de tant de ruines, et en même temps agité de tant de vaines espérances, de tant d'incertitudes et d'incidents bruyamment stériles que la durée en avait paru longue, et que les passions âpres au dénoûment se désespéraient d'une si grande lenteur à quitter tout à fait l'Empire. Napoléon, par précaution sans doute, sur quelque secret avis, monta dans une des voitures préparées pour sa suite, étant précédé par le général Gourgaud, qu'il avait fait placer dans sa propre voiture.

Le convoi cheminait par un des côtés du Territoire, où ne s'étendait pas l'invasion de l'ennemi, la route de Rochefort. Napoléon était attendu dans ce Port par deux frégates désignées, *la Saale* et *la Méduse*, dont l'une devait le recevoir à bord et le conduire en toute hâte aux États-Unis d'Amérique. Un article des *Instructions* envoyées prescrivait aux deux Commandants, Napoléon une fois embarqué, d'appareiller dans les vingt-quatre heures au plus tard, si les vents le permettent, et si les croisières ennemies ne s'opposent pas au départ. Un autre article attestait une crainte plus grave encore, par la précaution énoncée en ces termes : « On évitera tous « les bâtiments de guerre, qu'on pourra rencontrer. « Si on est obligé de combattre des forces supérieures,

« la frégate sur laquelle ne sera pas embarqué Napo-
« léon se sacrifiera pour retenir l'ennemi, et pour
« donner à celle sur laquelle il se trouvera le moyen
« de s'échapper. »

A la bonne heure; mais ces recommandations mêmes, la gravité du péril prévu et du sacrifice ordonné, le secret impénétrable prescrit dans un autre article, secret, selon toute apparence, impossible à maintenir, nous semblent attester combien le Gouvernement provisoire avait manqué de vigilance ou de puissance, pour préserver la personne de Napoléon, et vers quelle embûche, à peu près inévitable, il l'envoyait, volontairement ou non. Sans doute, bien avant l'ordre officiel cité plus haut, toute précaution hostile était prise, pour fermer l'issue par mer à Napoléon; et le mensonge des préparatifs faits par le Gouvernement provisoire, pour suppléer aux sauf-conduits qu'il n'avait pu obtenir, cachait un péril devenu difficile à détourner, et auquel Napoléon n'aurait pu se soustraire que de lui-même, dès le premier jour, par une décision plus hâtive.

Quoi qu'il en soit, le jour même de la sortie de la Malmaison, le 29 juin, le Gouvernement provisoire, par un Message, informait les deux Chambres que l'approche de l'ennemi et la crainte de mouvements à l'intérieur lui avaient imposé le devoir sacré de faire partir Napoléon. Ainsi, le mystère promis, pour la sûreté de son voyage, était officiellement divulgué. Amis, ennemis, tous recevaient l'éveil; et les croisières anglaises qui, depuis Waterloo, sillonnaient incessamment les eaux et la côte ouest de France, la flotte du détroit[1] en

[1] *Life of Napoleon Buonaparte*, etc., by Sir Walter Scot, v. IX, p. 54.

particulier, qui, aux ordres de l'amiral Keith, épiait sur deux lignes, l'une plus rapprochée et partant plus restreinte, l'autre plus reculée et plus étendue, nos principaux ports, de Brest à Bayonne, et d'Ushant au cap Finistère, étaient averties de se tenir plus en garde, d'ouvrir leurs filets et d'attendre leur proie. Le signal était donné; et pendant que le convoi, parti de Malmaison, se hâtait d'une course assez inégale, les vaisseaux anglais, trente[1] navires au moins, de toute grandeur, se rapprochaient partout du point d'arrivée, pour guetter leur futur captif.

[1] *Life of Napoleon Buonaparte*, etc., vol XI, p. 45.

CHAPITRE XXI

INCIDENTS DE LA ROUTE DE NAPOLÉON. — SON ARRIVÉE A ROCHEFORT. ILLUSION DISSIPÉE. — ÉVÉNEMENTS DE PARIS APRÈS LE DÉPART DE NAPOLÉON. — DERNIERS EFFORTS MILITAIRES. — ASPECT DE LA CAPITALE. — NÉGOCIATIONS SECRÈTES ET PUBLIQUES DE FOUCHÉ. — CONVENTION AVEC LES GÉNÉRAUX ENNEMIS. — RETRAITE PACIFIQUE DE L'ARMÉE.

Partant ainsi, sous le coup d'une impérieuse nécessité, sentant la main perfide qui poussait et dirigeait sa route vers une embuscade ennemie, Napoléon cependant avait encore, ou affectait des illusions. Arrivé, le premier jour, au château de Rambouillet, il voulut y passer la nuit, dans une sorte de faste et de repos de cour; et il adressa de cette résidence des ordres à l'administrateur du mobilier de la Couronne pour un supplément de bagages, d'effets précieux et de livres, dont il prescrivait l'envoi sur Rochefort. Reparti au point du jour, avec sa suite assez nombreuse, et le général Becker son respectueux gardien, son voyage interrompu seulement par le retard de quelques relais, faisait souvent éclater de vives acclamations, là surtout où se rencontraient encore des troupes françaises.

A Niort, dans les Deux-Sèvres, ce mouvement fut

très-populaire : l'interrègne des Cent Jours avait peu pesé sur cette partie de la France ; et on n'y ressentait encore aucun contre-coup grave de la nouvelle invasion et des pénibles sacrifices qu'entraînait la défense. Les esprits émus ne voyaient en ce moment que l'ancienne gloire du Monarque banni ; et ils maudissaient l'Étranger, sans récrimination contre les fautes qui lui avaient rouvert l'entrée de la France.

Napoléon, sensible aux bruyants témoignages dont il était assailli dans Niort, et tournant tout en aide à sa passion, interpelle aussitôt le général Becker : « Vous « voyez, lui dit-il ; écrivez tout cela, Général, à la Com- « mission exécutive. Assurez-la qu'elle connaît mal « l'esprit de la France. Elle s'est coupé les bras, en m'é- « loignant. Si elle avait accepté mes offres, les affaires « auraient changé de face. Évidemment, je pourrais « encore exercer, au nom de la Nation, une grande in- « fluence sur la politique, en appuyant les négociations « du Gouvernement par une armée, que ma présence « aurait ralliée. »

« J'écrivis aussitôt, racontait le général Becker, selon « sa volonté ; car cet homme m'imposait toujours : et, « en même temps, je donnai quelques ordres, pour pré- « venir dans la nuit toute évasion de sa part. Mais j'avais « tort. Son calme aurait dû m'avertir. Il s'était accou- « tumé, dans toute chose, à une dignité grave, à un res- « pect de lui-même, qui ne lui permettaient pas de tenter « une fuite d'aventurier. » Le canon s'étant fait entendre, pendant que le Général terminait sa lettre, Napoléon lui dicta ce *post-scriptum* : « Nous espérons que l'en- « nemi vous donnera le temps de couvrir Paris, et de « voir l'issue des négociations. Si, dans cette situation,

« la croisière anglaise arrête le départ de l'Empereur,
« vous pourrez disposer de lui, comme soldat. »

C'était là, sans doute, une étrange espérance finale et une singulière hypothèse, que le *qui vive* de la flotte Anglaise faisant rappeler Napoléon, pour défendre ceux qui avaient si bien averti de son départ ses ennemis maîtres de la mer.

Quelle que fût au reste à cet égard la dernière illusion réelle ou simulée de l'Empereur, il dut bien comprendre la triste vérité, lorsque, arrivant à Rochefort, le 8 juillet (le jour même de l'ordre officiel de l'amiral Hotham), il vit partout la côte gardée à vue, la garnison française sous les armes, ne poussant aucun cri de *Vive l'Empereur!* et, en perspective de la rade, des vaisseaux de guerre anglais.

Là devait recommencer un tourment nouveau d'incertitude, avant de toucher à la fin du drame. Mais, comme le racontait encore le général Becker, les plus vives anxiétés de Napoléon étaient tournées vers Paris. Il en était plus occupé que de ses propres périls et de la mer fermée devant lui. Il y rêvait sans cesse; il imaginait autour de Paris quelque coup désespéré de la valeur française, à ce dernier moment. Il se faisait apporter les journaux, fort confus dans leurs récits, quoique libres encore; il en raisonnait avec feu, en tirait des inductions contre l'ennemi, pendant qu'auprès de lui ses suivants les plus fidèles songeaient à ce blocus maritime, qui les enfermait dans Rochefort.

Cependant, dès le 30 juin, l'armée de Wellington avait achevé de passer la rivière de l'Oise, et s'était avancée sur Paris par Senlis et Creil, tandis que les troupes prussiennes descendaient de Gonesse. Ce jour-là encore, dès le matin même, le canon anglais avait retenti dans la plaine Saint-Denis, et assailli le village d'Aubervilliers, en même temps que les Prussiens s'emparaient de Gennevilliers, du côté de Saint-Ouen. On eût dit que le départ de Napoléon avait donné le signal du feu, sur toute la ligne ennemie. Mais ces premières attaques contre des points fortifiés, au nord de Paris, n'étaient que démonstrations feintes. La masse des Coalisés se portait sur la droite, en traversant la Seine, pour aborder Paris par un côté ouvert et sans défense ; car l'animosité soldatesque du général prussien convoitait ce prix de la journée de Waterloo.

Le prince d'Eckmülh, sur qui pesait maintenant la responsabilité de la défense et le sort de l'armée, calculait, quoi qu'on en ait dit, avec une fermeté vraiment patriotique, l'imminence du danger : « Si « j'avais eu cent mille hommes, racontait-il longtemps « après, j'aurais, en m'adossant à Paris, écrasé les « Prussiens et repoussé les Anglais ; mais avec la moi- « tié de ce nombre, pour faire face, sur une telle circon- « férence, il était impossible de n'être pas forcé quelque « part ; et ce point emporté livrait Paris aux horreurs « d'une prise d'assaut, et en faisait une Saragosse. Je « n'avais pas voulu brûler Hambourg ; pouvais-je cou- « rir la chance de voir saccager Paris? »

Le jour même où la guerre était pour la seconde fois, depuis quinze mois, aux portes de notre immense ville, avec les deux premiers généraux de la Coalition, les plénipotentiaires du Gouvernement provisoire, dirigés de Laon sur l'Allemagne, atteignaient le mobile quartier général des trois Monarques, dans la ville de Hanau, que ces Princes allaient quitter, pour déboucher sur la France envahie, avec un surcroît de nombreuses armées. Les délégués français, recommandables par leurs noms, autant que par leur mission, n'obtenaient audience ni des Souverains, ni même de leurs Ministres; ils étaient seulement reçus par un Comité chargé de les entendre, et se composant du feld-maréchal Walmoden pour l'Autriche, du comte Capo d'Istria pour la Russie, du général Kleist pour la Prusse, et de lord Stuart pour l'Angleterre. La Conférence, comme on pouvait s'y attendre, fut décourageante et stérile. Les Monarques attendaient la nouvelle de la reddition de Paris.

Les Plénipotentiaires français, qui auraient voulu la prévenir par une transaction, étant très-vifs dans leurs instances, il y eut, dès le premier jour, une note des Commissaires étrangers, déclarant que « les alliés, « engagés réciproquement à ne faire aucune paix ni « trêve isolée, ne pourraient entrer en négociations « qu'avec le concours de tous les Cabinets; mais que, « dès à présent, ils regardaient comme une condition « essentielle de la paix ultérieure, que la personne de « Napoléon fût remise à leur garde. »

Avertis ainsi de l'inutilité de leur voyage et de toute discussion actuelle, les Plénipotentiaires se remirent en route pour la France dès le lendemain, 1er juillet. Cette réponse et cette date, rapprochées du premier avis donné par eux, le 26 juin, attestent assez quel mot d'ordre fermait déjà la mer à Napoléon, parti le 29 juin, pour Rochefort. En même temps, on le voit, de cette négociation tentée au loin près des Monarques alliés, rien ne pouvait venir en aide aux défenseurs de Paris; et il restait pour le Généralissime chargé d'une telle défense et du commandement de notre dernière armée, l'alternative d'une sanglante défaite qui livrerait la Capitale de la France à la guerre de rue en rue et au saccagement, ou d'une sanglante victoire qui la couvrirait quelques jours, sans reculer pour le pays le débordement de la Coalition.

Devant l'une ou l'autre de ces chances, en supposant même qu'elles fussent égales, ce que ne croyait pas le prince d'Eckmühl, doit-on blâmer son courage et son bon sens d'avoir voulu transiger? Doit-on admettre, comme on l'a prétendu, qu'il n'y ait eu dans cette résolution pacifique approuvée par tous les chefs principaux de l'armée que calcul personnel, souci de sa grande fortune, de son château de Savigny, et de son bel hôtel à Paris?

Nous ne le croyons pas. Ces vaillants hommes, ces illustres parvenus qui, comblés d'honneurs par Napoléon, l'avaient suivi si loin et si longtemps, ne méritent pas le reproche d'avoir sacrifié la gloire à l'égoïsme. Il est un terme à tout; et quand l'édifice d'un pouvoir gigantesque était détruit, quand la plupart de ses instruments étaient brisés, quand le Chef suprême était abattu, quand il renonçait, quand il se déposait lui-même, quand il s'expatriait, reprendre après lui l'œuvre de désespoir qu'il abandonnait, changer en ruine ce qu'il laissait encore debout, et accroître, dans un but incertain, les calamités de la Patrie, ce n'était le devoir absolu ni du Patriotisme, ni de l'honneur militaire.

Ce jugement sur la situation présente descendait des officiers aux simples soldats; et la même pensée était partout, sous une forme plus réfléchie ou plus rude.

Il se disait çà et là, même dans les lignes des vétérans d'élite : « A quoi bon nous battre, maintenant que nous « n'avons plus d'Empereur ? et pour qui recommencer ? »

C'est devant ces signes non douteux d'une difficulté croissante, dans les rangs mêmes de l'armée que, la nuit du 29 au 30 juin, le prince d'Eckmühl écrivit au Président du Gouvernement provisoire, « qu'il avait vaincu « ses préventions personnelles, et se sentait forcé d'admettre, comme seule voie de salut, la conclusion « d'un Armistice, et la proclamation spontanée du Gou« vernement de Louis XVIII. »

Le duc d'Otrante, qui, sans doute, s'était attendu à cette rechute du prince d'Eckmühl, comme il disait, répondit dès le matin du 30 juin : « Qu'il approuvait « tout à fait l'intention de traiter promptement d'un Ar« mistice ; mais que sur le reste, il fallait savoir quelle « était la prétention de l'ennemi ; qu'autrement, une « conduite mal calculée produirait trois maux : 1° D'a« voir reconnu Louis XVIII, avant tout engagement de « sa part ; 2° de n'en être pas moins conduit à recevoir « l'ennemi dans Paris ; 3° de n'obtenir finalement au« cune condition du Roi, qu'on aurait rétabli. »

A cette réflexion, le duc d'Otrante ajoutait qu'il prenait sur lui d'autoriser l'envoi de parlementaires aux postes ennemis et la conclusion de l'Armistice, à toute condition, disait-il, « qui serait compatible avec nos « devoirs et notre dignité, et plutôt par des cessions « provisoires de places fortes, à occuper sur divers « points, que par la reddition de Paris. »

Le duc d'Otrante avait aussitôt expédié cette réponse. Mais, lorsqu'il en communiqua le texte à ses collègues, ceux-ci, Carnot surtout, se récrièrent, qu'elle allait

beaucoup trop loin, qu'elle jugeait implicitement ou plutôt abandonnait au jugement d'autrui la question de la rentrée du Roi, en laissant au prince d'Eckmühl la liberté de les engager tous, moyennant quelque promesse qui lui serait faite, ou certaines formes de langage dont il se contenterait. Fouché ne discuta pas; et il écrivit aussitôt une seconde lettre, où se lisaient ces termes plus au gré des autres membres du Gouvernement : « Sur ma dépêche de ce matin, il est entendu,
« et bien inutile de vous dire, monsieur le Maréchal,
« que votre Armistice doit être purement militaire, et
« ne toucher aucune question politique. Il serait con-
« venable que cette demande d'Armistice fût portée par
« un Général de la ligne et un maréchal de camp de la
« garde nationale. » Puis, cette concession faite aux scrupules de Carnot : « Les bonnes gens, disait un mo-
« ment après le duc d'Otrante, s'imaginent qu'on em-
« pêche à volonté une question militaire de devenir une
« question politique; j'ai signé ce codicille, pour avoir
« la paix; ils verront tout à l'heure la suite. »

Autorisé par la première lettre du duc d'Otrante, sans se croire fort gêné par la seconde, le prince d'Eckmühl se hâta donc, le 30 juin même, durant le combat engagé sur plusieurs points, d'adresser au duc de Wellington une demande d'Armistice, principalement fondée sur le fait que l'Empereur, contre lequel était dirigée la guerre, avait abdiqué. Je ne crois pas que Wellington, qui disait peu de bons mots, ait répondu à cet argument : « Je le savais, depuis quinze mois. » Mais il est certain qu'en affirmant son extrême désir de faire cesser l'effusion du sang, le général anglais chercha quelques prétextes de retard. Il insista sur le besoin de savoir, avant de consentir à aucune suspension d'armes, quelle position occuperait l'armée française; et il s'en remit au feld-maréchal Blücher du soin de répondre, sous un autre point de vue, au fait principal allégué dans la demande, dont il lui fit donner communication immédiate.

Celui-ci, en effet, avec la hauteur vindicative d'un récent parvenu à la victoire, après de rudes échecs, prétendit d'abord discuter l'Abdication elle-même, la jugeant insuffisante et défectueuse, par la réserve que Napoléon avait exprimée en faveur de son fils. A ce prétexte de refus Blücher ajouta, selon la version officielle d'un journal allemand d'alors : « Nous poursuivrons « nos succès; Dieu nous en a donné le moyen et la vo- « lonté. Prenez garde à ce que vous allez faire, en ex- « posant votre Capitale aux calamités d'une ville prise « d'assaut, et craignez d'attirer sur vous les malédic- « tions de Paris, après celles de Hambourg. »

Les deux Chambres, cependant, étaient toujours en délibération, ou du moins en séance; et en même temps qu'elles apprenaient par un Message officiel le départ de Napoléon, un autre Message du même Pouvoir éphémère leur annonçait, avec la présence des ennemis en vue de la Capitale, la réorganisation de l'armée, la ligne de défense qu'elle formait autour de Paris et la résolution invincible dont elle se montrait animée.

Des députations furent aussitôt nommées par les deux Chambres, pour aller visiter le Camp si proche de nous; c'était là une bien faible copie de ces terribles Représentants en mission qu'avaient reçus les armées françaises, aux jours de la *Terreur*, et qui plus d'une fois, chargeant à la tête des troupes, et non moins redoutables à l'ennemi qu'à nos propres généraux, avaient décidé la victoire. Le temps de cet enthousiasme était passé pour tout le monde. Les Députations, cependant assez bien accueillies des soldats, revinrent à la Tribune des Chambres raconter ce qu'elles avaient dit, ce qu'elles avaient vu. Un de leurs rapporteurs dans la Chambre des Représentants était l'ancien sénateur Garat, ce bel esprit élégant, ce caractère timide et rêveur, Ministre de la justice au 21 janvier et encore au 31 mai, se servant de son art sophistique, pour se déguiser sa propre faiblesse, comme pour tromper la confiance des autres, et mêlant son indécision et sa vaine parole à tant de crises terribles, qu'il subissait, sans les souhaiter, sans les prévoir, et sans oser les maudire. Aujourd'hui, dans sa présence même à la Tribune, dans le compte fastueux qu'il rendait de l'aspect du Camp, il y avait quelque chose de vide et d'excessif, qui semblait décéler le mensonge caché sous cet appareil.

A travers les refus patents d'*armistice* d'une part, et les annonces d'un combat désespéré de l'autre, la négociation était en effet plus active que jamais. Le duc d'Otrante, avec son art particulier d'avoir des confidents intimes dans tous les partis, communiquait, à toute heure, avec l'ennemi.

Ses émissaires particuliers arrivaient où nul autre ne pouvait pénétrer; et tandis que depuis plusieurs jours nul avis ne revenait de la Députation spéciale envoyée au quartier général de Wellington, et composée du général Andréossy, de Boissy-d'Anglas, du général de Valence, du député Flaugergues et du paisible diplomate La Besnardière, tous noms choisis pour être inoffensifs ou même favorables, ce fut par un officier émigré et vendéen, par un ancien détenu au Temple, en compagnie de Sidney Smith, que Fouché leur fit donner de ses nouvelles et leur ouvrit une voie, pour lui répondre.

Le Gouvernement provisoire reçut alors une lettre datée de Louvres, le 1er juillet, par laquelle ses derniers Commissaires, dénués jusque-là de communications avec Paris, lui annonçaient enfin qu'aussitôt l'éloignement bien constaté de Napoléon Bonaparte, il pourrait être signé une suspension d'armes de trois jours, afin de faciliter le règlement d'un *Armistice*, durant lequel il serait traité des conditions de la Paix. Les commissaires, du reste, dans cette tardive dépêche datée de si près Paris, annonçaient ce qu'il était facile de deviner, et ce que savait parfaitement le duc d'Otrante :
« Ils avaient entretenu le général anglais, conformé-
« ment à leurs instructions écrites et verbales, sur les
« diverses manières de pourvoir au Trône. Celui-ci,
« tout en leur répétant, qu'aussitôt que la France aurait
« un chef de Gouvernement, la paix serait facile et
« prompte, leur avait fait, seulement comme individu,
« disait-il, plus que des objections contre l'Avénement
« de Napoléon II. Ayant même ajouté qu'il croyait
« son opinion personnelle de nature à trouver grand
« appui dans le Conseil des souverains alliés, il s'était
« résumé à dire que cet Avénement n'était pas accep-
« table, et que sous un tel règne l'Europe ne pourrait
« trouver aucune sécurité et la France aucun repos.

« Il semble, écrivaient encore les Commissaires, qu'à
« part cette exception formelle, on ne prétend s'oppo-
« ser, d'une manière absolue, au choix d'aucun autre
« chef du Gouvernement. Les Puissances alliées ne se
« proposent pas d'intervenir à cet égard. Mais on al-

« lègue seulement que, si le Prince choisi devait, par
« la nature même de sa situation, alarmer la tranquil-
« lité de l'Europe, il semblerait alors nécessaire aux
« Puissances alliées de se réserver certaines garanties ;
« et nous sommes fondés à croire que ces garanties se-
« raient des cessions de territoire. Un seul nom, celui
« du roi Louis XVIII, nous paraît réunir toutes les con-
« ditions qui empêcheraient l'Europe de demander de
« tels gages, pour sa propre sécurité. » Triste révélation
sans doute sur la crise extrême où était amenée la
France; mais souvenir consolant pour la mémoire du
Roi, qui rendit ce service temporaire à son pays !

Le même jour où ces réponses étaient faites aux envoyés du Gouvernement provisoire, le duc de Wellington recevait d'Allemagne une dépêche au nom des empereurs d'Autriche et de Russie, recommandant de presser sans relâche les hostilités, et avertissant aussi que, s'il était intervenu quelque Armistice consenti par les Chefs des deux armées d'expédition arrivées les premières devant Paris, Leurs Majestés n'en poursuivraient pas moins leur marche sur cette Capitale. Tout semblait donc se rencontrer, ou plutôt se concerter, pour ne laisser aucune trêve à la guerre et aucune dissidence dans la Coalition. Le duc de Wellington, en même temps qu'il communiquait cette lettre aux Commissaires français, et ne leur cachait pas l'arrivée immédiate du comte d'Artois auprès de lui, ajournait encore l'*Armistice*, et exprimait l'intention d'attendre l'aveu du maréchal Blücher, dont la réponse n'avait déjà que trop éclaté.

Tels étaient les renseignements que, le 1er juillet, le Gouvernement provisoire recueillit presque furtivement de ses Commissaires retenus au quartier général anglais, à quatre lieues de Paris. Telle était aussi l'illusion de quelques-uns des hommes de ce Gouvernement que, malgré des indices si clairs et des déclarations si nettes, ils crurent voir dans la marche annoncée et le langage des empereurs d'Autriche et de Russie, un autre dénoûment de la guerre que la restauration des Bourbons : en un mot, ils supposaient à l'empereur d'Autriche une autre ambition que d'être délivré de la peur de Napoléon et de l'exemple d'une Révolution victorieuse en France ; et ils croyaient le Czar plus qu'indifférent au sort d'une dynastie tombée, après un an de règne, et qui avait pu trouver, dans cet intervalle si court, le temps de faire un Traité secret d'alliance offensive contre la Russie.

Sur cette hypothèse suggérée par la passion et peu combattue par le duc d'Otrante, le Gouvernement provisoire voulut presser encore ses Commissaires de renouveler plus fortement leurs objections à toute idée de retour de Louis XVIII. Pour paraître sincère, dans son concours à cet acte collectif, Fouché ne refusa pas de l'appuyer par une lettre personnelle, qu'il adressait à chacun des deux Généraux de la *Coalition*, devant Paris.

En leur demandant de nouveau sous son nom, et comme chef apparent du Pouvoir *intérimaire*, cet armistice différé depuis plusieurs jours, il disait, dans une des formes de son astucieux langage d'alors : « Je « dois parler franchement à Votre Seigneurie : notre « état de possession, notre état légal qui a la double « sanction du Peuple et des Chambres, est celui d'un « Gouvernement où le petit-fils de l'empereur d'Au-

« triche est le chef de l'État. Nous ne pourrions penser
« à changer cet ordre de choses que dans le cas où la
« Nation aurait acquis la certitude que les Puissances
« révoquent leurs promesses, et que leur vœu commun
« s'oppose à la conservation de notre Gouvernement
« actuel. »

C'était, il faut l'avouer, une petite manière de servir
sinon les restes du parti impérial, du moins les intérêts,
les idées de la Révolution, que de les recéler sous ce
drapeau du petit-fils de l'empereur d'Autriche. Aussi
Fouché, tout en écrivant cette lettre, ne tenait et ne
croyait guère à sa propre objection, et à l'*état de possession* qu'il alléguait. Ses messages secrets démentaient,
au besoin, ses lettres particulières, autant que ses Communications officielles. Inébranlable dans un seul calcul
et un seul vœu, la chute de Napoléon, l'ayant prévue
avec son retour, l'ayant méditée, dès le lendemain de son
triomphe, l'ayant poursuivie sans cesse, il n'avait jamais,
on peut le présumer, souhaité sérieusement ni attendu
la Régence qui, comme il disait à Manuel, se serait toujours trop sentie de l'Empire. Il en faisait au dehors
une amorce, un leurre qui ne réussit pas devant la
saine politique de M. de Metternich, et l'abnégation
très-sensée de son Souverain. Il en faisait au dedans
une arme de guerre et non de paix sérieuse, et, suivant ses propres termes, « une reconnaissance de théâtre
« au troisième acte, et non un dénoûment. »

Il avait encore songé, nous l'avons dit, à une accession semi-élective du duc d'Orléans, comme à une
chance que pouvait seconder l'humeur de l'empereur
Alexandre et la tradition parlementaire de la Grande-
Bretagne. Au commencement, il travailla beaucoup

dans ce sens, malgré la réserve de scrupule et de prudence que rencontraient ses insinuations secrètement transmises.

Un mot de M. de Talleyrand l'avertit de ne pas aller trop loin, sur cette pente. « Rappelez bien à M. Fouché, « avait-il dit, de Vienne même, à un de leurs émis-« saires les plus intimes, que toutes les contradic-« tions sont possibles, dans la conduite des hommes ; « mais qu'il faut du temps, pour cela. Ici nous n'en « avons pas devant nous. Tout doit être remis en place « dans l'année, si on ne veut pas que tout s'écroule. « Or, notre mot d'ordre ce matin, au Congrès et par-« tout, c'est *la légitimité*. Nous ne pouvons donc pas « en finir, dans trois mois, par une usurpation, même « honnête et de bonne maison, comme dit le duc de « Wellington. Rappelez bien cela, mon cher, au duc « d'Otrante. »

Quoi qu'il en soit, la lettre de Fouché aux deux généraux, si peu sincère et si peu concluante sur le point principal, n'était pas sans habileté, dans l'insistance qu'elle mettait à réclamer, avant tout, l'armistice et à prévenir la violation de Paris. Pour cela, le prestigieux négociateur allait jusqu'à reconnaître indirectement ce qu'il semblait repousser, quelques lignes plus haut. « L'intérêt même du Roi, disait-il, est que tout « reste en suspens. La force peut le replacer sur le « Trône ; mais elle ne l'y maintiendra pas. Ce n'est ni « par la force ni par les surprises, ni par les vœux d'un « parti, que la volonté nationale pourrait être ramenée « à changer de Gouvernement. »

Malgré ces arguments et l'imminence d'une grande bataille, l'armistice ne venait pas ; et il y eut là deux jours d'une inexprimable anxiété, pour les bons citoyens.

Le personnage le plus exposé en apparence, le plus compromis, le plus responsable était celui-là même qui se jouait dans cette tempête, le Jacobin grand seigneur, suspect et nécessaire à tous, engagé à chaque parti soit ancien, soit nouveau, disons presque, à chaque homme un peu considérable, ici par des liens de crime, là par des solidarités de pouvoir ou de disgrâce, ailleurs par des services rendus ou promis, encourant toutefois, à chaque moment, de nouvelles haines par quelque action ou quelque parole bientôt reniée ou rachetée, et, parmi tout cela, libre, accessible, familier, imperturbable sous le feu des questions pressantes, des reproches amers, et parfois des menaces fanatiques, s'amusant lui-même de son péril, avec une verve de tromperie, un naturel dans le mensonge, qui ne tardait pas à rassurer les plus défiants, et calmait les plus intraitables.

La guerre cependant, une guerre d'extermination possible était là ; et à côté, dans l'intérieur, les vengeances civiles, le danger toujours prêt des fureurs populaires, du pillage et de l'incendie. Tous les maux étaient suspendus ; tous pouvaient s'effondrer sur nous ; et Fouché lui-même, comme cet acteur si affairé de la Comédie antique[1], cet esclave maître, ce *Dave* ou ce Panurge romain, qui embrouille et démêle tout, se moque et se sert de tous, parmi les chances toujours prêtes du *fouet*, des *fers aux pieds* et de *la croix*, devait avoir grande hâte que la pièce finît.

[1] Quid meritus? — crucem.
IN TERENT. *Andr.*, act. IV.

Tout à coup, il semble qu'elle se transforme, et que l'héroïsme va remplacer l'intrigue. L'occasion nous en est donnée par l'ennemi. Le maréchal Blücher, qui dans les triomphes mêmes de la Coalition est poursuivi par le récent souvenir de Ligny, et voudrait mettre à profit par quelque grand coup le retard calculé de l'Armistice, avait, nous l'avons dit, porté la force de son armée vers la partie sud-ouest de Paris, dont les abords, moins défendus, permettaient de tout entreprendre, et rendaient facile quelque effroyable alerte de nuit. Il avait ainsi répandu le plus grand nombre de ses troupes sur toutes les hauteurs qui, par ce côté, avoisinent Paris : et, d'Argenteuil, de Besons, de Chatou, dont les ponts coupés ne l'avaient point arrêté, il occupait le Pecq et Saint-Germain, prêt à descendre, par des plaines sans obstacle, sur une ville ouverte.

Attentif à ce mouvement, et toujours tacticien habile, au milieu de son zèle de pacification, le prince d'Eckmühl ne laissa les Prussiens se déployer ainsi, pendant deux jours, que pour leur opposer tout à coup une résistance, dont la vigueur inattendue les déconcerta beaucoup, si elle ne changea rien au dénoûment fatal. De son Camp, tourné vers Saint-Denis, il détacha et lança, par l'intérieur même de Paris, un Corps de cavalerie qui, sous les ordres d'Excelmans et de Vandamme, sortant par le point opposé, courut faire face aux troupes de Blücher. Ce corps, ainsi jeté, surprit, à la sortie de Versailles, l'avant-garde prussienne formée surtout des hussards de Brandebourg et de Poméranie, parmi lesquels figurait et fut tué un vaillant jeune homme, fils du général Yorck, ce premier et ardent provocateur de la défection allemande de 1813.

Alors, dans tout le feu de son agilité guerrière, Excelmans joignit les Prussiens près des bois de Verrières, les dispersa de son choc et les pourchassa jusque dans les larges rues de la Cité royale. Trois cents fédérés parisiens s'étaient mêlés, comme infanterie légère, à la Cavalerie française, et donnèrent un exemple suivi par quelques gardes nationaux de Versailles.

Cette ville de Cour du grand Monarque, qui, malgré ses fautes, ses malheurs et sa vieillesse, ne vit pas son Royaume impunément envahi ni sa Capitale menacée, et qui signa, en fin de compte, la noble paix de 1713, Versailles semblait ce jour-là (30 juin 1815), avec son immense place d'armes et ses spacieux quartiers, un champ de bataille tout préparé. De la rue du Chantier à la rue du Réservoir, du boulevard du Roi à l'entrée du village de Rocquencourt, on se charge, on se poursuit, on se repousse, tandis que les boutiques sont à peine fermées, et que les Dames regardent aux fenêtres.

L'habile manœuvre d'Excelmans, égale à son impétueux courage, eut quelque temps plein succès, et poussa les deux régiments ennemis, avec grandes pertes pour eux, jusqu'aux villages de Labretèche et de Saint-Non, où commencèrent à paraître les colonnes du centre de l'armée prussienne accourant de Saint-Germain et de Marly. Devant des forces si supérieures en nombre, après des coups de feux échangés, Excelmans, sans artillerie de campagne, se replia, mais en bon ordre, avec une centaine de prisonniers : et il retraversa de nuit Versailles, qu'il avait rempli tout le jour des bruyants faits d'armes de sa troupe, et où il laissait de nombreux blessés français et prussiens.

Cet incident de guerre retentit aussitôt dans Paris. Le Gouvernement provisoire se hâta d'en publier, à toute fin, un pompeux récit. La Chambre des Représentants le célébra, dans plusieurs discours. Les deux Chambres votèrent des remerciements au Corps de troupes du général Excelmans, et même aux gardes nationales de Versailles et des communes voisines. Mais un succès partiel et les ovations un peu exagérées qu'il excitait ne pouvaient changer les conditions trop inégales des forces mises en présence dans la guerre actuelle.

Dès le 1er juillet, à la pointe du jour, le maréchal Blücher, avec un grand corps d'armée, occupait Versailles sans défense, y frappait des contributions militaires, et y laissant une grosse réserve, étendait ses postes nombreux au Plessis-Piquet, à Saint-Cloud, à Meudon. De là, il semblait placé avec tout avantage pour enlever, plus près encore de Paris, des positions moins fortes, gardées par des troupes vaillantes, mais peu nombreuses. C'était principalement une partie du Corps d'expédition d'Excelmans, laissée avec quelques recrues de *Fédérés* sous les ordres de Vandamme, couvrant d'abord Sèvres et l'espace intermédiaire jusqu'à Chatillon, mais forcée bientôt, malgré l'intrépide obstination du chef, à reculer, d'une part, vers le bois de Boulogne, de l'autre vers Montrouge, c'est-à-dire une promenade, une banlieue de Paris, qui semblait dès lors être Paris même. Par le plus beau temps d'un premier jour de juillet, le canon et le bruit des vives fusillades arrivaient de tout ce côté de l'horizon jusqu'au centre de Paris, tandis que les deux armées ennemies communiquaient par un pont, jeté près d'Argenteuil, et que sur le point opposé, un poste anglais venait occuper Meudon en commun avec les Prussiens.

Si quelque chose pouvait ajouter à la singularité de cette crise néfaste, et au répugnant souvenir qu'elle a dû laisser, c'était le spectacle étrange qu'offrait, le même jour, à la même heure, une partie considérable de Paris. Était-ce légèreté, ignorance, ou insouciant oubli des maux de la guerre, que tant de récits domestiques, tant d'épreuves personnelles ou voisines ne nous avaient que trop enseignés? Était-ce confiance excessive dans le rempart vivant, que jetaient autour de Paris ces soixante mille hommes de vaillantes troupes amassés, devant nos faibles barrières, et prêts à se porter d'une rive à l'autre, sauf à ne pouvoir laisser une réserve suffisante, sur le côté qu'elles quitteraient. Était-ce enfin une sorte de quiétude cosmopolite et de foi dans la puissance éprouvée de la civilisation moderne, dans l'idée, enfin, qu'au milieu de sa Métropole, cette civilisation était inviolable, et que ni les ennemis, ni nous-mêmes, ne pouvions faire de Paris, de ce magnifique dépôt de la science et des arts, un nouveau Moscou?

Peu importe l'explication; mais nul contemporain n'oubliera l'aspect extraordinaire et tranquille, que présentait alors même cette grande ville, ces foules de curieux, répandus sur les boulevards, y compris, on peut le croire, le boulevard de Gand, ces promeneurs encombrant la rue de la Paix et la place Vendôme, ces allées des Tuileries remplies de femmes parées, attentives au bruit du combat, calculant la proximité croissante de ce bruit, et du reste, par moment, paisibles et souriantes; puis, ce qu'on n'avait pas vu, dans les villes libres de Hollande envahies par Louis XIV, ni de nos jours, dans bien des villes d'Allemagne visitées par nos armes, des hommes assis sous les arbres, se passant les gazettes, et s'informant des nouvelles de l'avant-garde, et des variations de la Bourse.

Oui, sans doute, cette incurie oiseuse du luxe et de la richesse n'aurait pu sans péril se produire longtemps, dans l'enceinte si remplie d'une grande ville, entre la sourde agitation de la pauvreté manquant de travail et les convoitises brutales qui couvent et fermentent, au milieu de toute multitude.

Il fallait, pour la sûreté, non plus de l'État, mais des familles, pour la vie, la propriété, l'honneur privé, ne pas trop prolonger cette épreuve de tentations antisociales. Dieu sait si Paris, désormais entouré de fossés profonds, avec des revêtements de pierre si solidement construits, et quatorze forts voisins, dont les feux le protégent, aura quelque jour à soutenir un siége régulier, comme celui de Rome défendue par Bélisaire, alors que les ressorts d'acier de ses machines grecques, artillerie du temps, lançaient sur les assaillants barbares, avec une barbarie rivale de la leur, les statues et les bas-reliefs des Temples romains. Affirmons, nous, que cette extrémité ne peut venir pour notre patrie, et que la véritable *enceinte continue* de Paris, ce sont les grandes batailles, que la France, quand elle n'est pas épuisée par vingt ans de guerre et quelques désastres inouïs, pourra toujours étager sur le chemin de sa Capitale, en lignes insurmontables à toute masse ennemie, qui ne serait pas la Coalition de l'Europe entière.

Mais, quoi qu'il en soit de la fortification actuelle de Paris et des devoirs qu'elle imposerait dans l'avenir, on doit l'avouer, il y aurait eu témérité, sans espoir, et cruauté, sans vrai patriotisme, à provoquer, lorsque ce rempart n'existait pas, toutes les chances d'un assaut, en livrant à la tête de forces trop inférieures en nombre, une dernière bataille, en avant de cette ville ouverte de toute part, avec ses rues et ses places pour unique refuge, s'il fallait reculer.

Fouché, aussitôt après le combat de Versailles, et lorsque les éclaireurs ennemis touchaient au mont Valérien, songea donc à traiter, à tout prix, sinon de la paix, sinon de l'Empire, au moins du salut matériel de Paris. Inquiet des lenteurs du Général anglais qu'il pressait, par de secrets messages, au nom de son péril personnel, dans une situation impossible à garder longtemps, il parut, à ce dernier moment, ne céder qu'à l'avis de Carnot et du duc de Vicence. Tous, dans le Gouvernement provisoire, chargèrent alors le prince d'Eckmühl d'adresser directement et en son nom, au général prussien, la demande d'un Armistice analogue à celui que, sur notre frontière du Nord, le maréchal Suchet venait de conclure avec le feld-maréchal Frimont commandant l'armée autrichienne.

La réponse cette fois fut immédiate et sans détour ; mais elle aggravait la crise par la hauteur exigeante des conditions. Repoussant l'exemple de l'armistice partiel conclu par le feld-maréchal Frimont, alléguant de nouveau l'insuffisance de l'Abdication conditionnelle de Napoléon, et la déclarant contraire au traité même de 1814, le Général ennemi terminait par l'affirmation, que c'était seulement dans Paris même, que pouvait se conclure l'Armistice demandé ; et il faisait entendre, par un abus des avis confidentiels de Fouché au duc de Wellington, que la présence des armées étrangères y devenait indispensable, pour protéger les honnêtes gens et les riches contre l'oppression de la populace.

Le soir du 1ᵉʳ juillet 1815, le Gouvernement provisoire, ayant sous les yeux cette réponse adressée au prince d'Eckmühl, réunit aussitôt en conseil extraordinaire les principaux chefs militaires présents alors à Paris, le maréchal Masséna, le maréchal Soult, le maréchal Lefebvre, d'autres généraux de la ligne et du génie, puis les présidents et les bureaux des deux Chambres ; et là, Carnot, qui avait, dans la journée, visité les points menacés autour de Paris, déclara que :
« Malgré la prise du village d'Aubervilliers, les travaux
« d'inondation et de défense pratiqués sur la rive droite
« de la Seine mettaient de ce côté la ville à l'abri de
« toute insulte; mais que la rive gauche était entière-
« ment à découvert, impossible à fortifier, dans le court
« répit d'une agression imminente, et qu'il n'y avait là
« de barrière contre l'ennemi qu'une bataille rangée, et
« de retraite, après cette bataille, que Paris ; que les
« deux généraux ennemis tenaient maintenant réunie,
« sur ce point étendu et vulnérable, la plus grande
« partie de leurs forces, et y préparaient une attaque
« avec des masses accablantes; qu'une fois, deux fois,
« repoussés, ils pourraient incessamment revenir à la
« charge, renouveler le combat, avec des troupes repo-
« sées, et bientôt recevoir des secours considérables, par
« l'approche des Bavarois et des Autrichiens, tandis
« que nos troupes, sans repos et sans renfort possible,
« réduites à combattre et à veiller nuit et jour, sur une
« ligne si étendue, que ne couvraient aucuns travaux de

« défense, succomberaient à la fatigue et seraient inévi-
« tablement forcées, ou prises en défaut, sur quelque
« point. »

En énonçant ces faits vus par lui-même, en résumant ces détails précis et techniques avec une douloureuse énergie de langage, l'ancien Rapporteur militaire du Comité de salut public, l'adversaire non douteux des Bourbons semblait céder à une démonstration invincible; et cette impression s'accrut encore, lorsqu'il ajouta que « les transports des vivres devenaient plus diffi-
« ciles et manqueraient bientôt à la population si nom-
« breuse entassée dans un étroit espace, au prochain
« moment surtout où l'arrivée d'une armée de soixante
« mille Bavarois compléterait le blocus, entre la Seine
« et la Marne. »

Le nom de Carnot, sa science militaire, sa fermeté stoïque, son ralliement tardif et opiniâtre à la cause de l'Empereur, donnaient grande autorité à ses tristes déclarations. Cela même nous explique le silence de Fouché, à ce moment de la crise : il ne pouvait ajouter; il n'aurait fait qu'affaiblir; et, se taisant alors, il avait, peu de jours après, le droit de répondre aux reproches amers de quelques anciens amis : « Al-
« lons donc; votre Carnot a fait cent fois plus que moi,
« pour la reddition de Paris. Ç'a été une question toute
« d'arbitrage militaire. Je ne suis pas général, moi;
« j'ai été passif, dans tout cela. Carnot a rendu Paris; et
« moi, je travaille encore des pieds et des mains à sau-
« ver la Révolution. »

Cette distinction alléguée par le duc d'Otrante n'était pas précisément vraie. Tout le monde, dans le Conseil tenu par le Gouvernement provisoire; songeait surtout à la question politique; et, après l'exposé si péniblement sincère de Carnot, chacun, avant de dire son avis, s'était informé de l'état des négociations, c'est-à-dire des réponses ou des conjectures transmises soit par les Plénipotentiaires pour la *Paix*, soit par les Commissaires pour l'*Armistice*. S'enquérir à cet égard, c'était ramener sur la scène le nom des Bourbons; et ce nom suscita bientôt de vifs débats. Pour être plus calmes, on convint de reprendre la question stratégique.

Invité le premier à dire son avis, le prince d'Essling, célèbre à tant de titres, et par la défense héroïque de la ville de Gênes, déclara Paris imprenable, si les habitants étaient décidés à barricader les rues et à créneler les maisons, comme à Saragosse; puis, après avoir rappelé les horreurs de cette résistance populaire animée par des prêtres, il ajouta que « rien dans l'immense et confuse
« population de Paris, dans l'état présent des mœurs,
« dans la division des partis, ne permettait de tenter
« un tel effort, une telle lutte contre la souffrance, la
« famine, la mort, et de supporter tant de maux, avec
« cette constance barbare et désespérée, seule condition
« du succès; qu'il fallait donc chercher un autre re-
« mède, et, à tout prix, négocier une suspension
« d'armes. »

Le maréchal Lefebvre, célèbre aussi par la défense de Dantzick, opina pour prolonger celle de Paris; le maréchal Soult, pour la terminer au plus tôt. Il déclara, ce que les incidents de la journée semblaient vérifier déjà, et ce qu'avait en partie reconnu Carnot : « Que sur la
« rive gauche, cette défense était impraticable, et que
« même, sur la rive droite, où la situation des lieux et

« les travaux exécutés offraient meilleur appui à la
« résistance, les ennemis, s'ils venaient à forcer la ligne
« qui joignait Saint-Denis à la Villette, pouvaient aus-
« sitôt pénétrer dans Paris, par la barrière Saint-Denis;
« et, quant à l'idée de faire de Paris une seconde Sara-
« gosse, le Maréchal se contenta de répondre que c'était
« une atrocité inexécutable. »

Malgré cet avis imposant et d'autres encore, il n'y eut pas de décision prise; et tout fut renvoyé à un Conseil de guerre, qui se tiendrait dans la nuit au quartier général du prince d'Eckmühl, à la Villette.

Là, dans une réunion toute militaire, sauf la présence du Président de la Commission exécutive, on convint d'abord en principe, qu'il ne serait posé et débattu que des questions de défense matérielle et de stratégie. Mais la question politique reparaissait sans cesse, et dominait tout. Elle se mêlait inévitablement à l'indication des moyens de résistance, et pour ainsi dire au choix des armes : tandis que les uns proposaient la levée en masse des *Fédérés*, l'appel de tous les citoyens patriotes, d'autres alléguaient la lenteur et les mécomptes d'un semblable recrutement, et jusqu'au manque actuel de fusils, pour armer ces foules si difficiles à rassembler. « Le maréchal Soult, reconnaissant, dit-
« il, les objections de fait et les insuffisances qu'il
« n'était pas permis au bon sens de nier, et que tout le
« courage du monde ne pouvait pas surmonter, »
aborda sans détour la question de la rentrée du roi Louis XVIII, et soutint l'affirmative, comme seule possible, et partant nécessaire.

C'était aussi, on peut le croire, l'avis de deux Maréchaux, qui, restés à l'écart, durant les Cent jours, après des marques de zèle et de regret données à la chute des Bourbons, venaient d'être appelés à ce Conseil suprême, non plus de l'Empire, mais de l'armée, Gouvion-Saint-Cyr et Macdonald. On concevra quel ascendant prenait cet avis, lorsqu'on voyait s'y rallier le Ministre de la guerre des Cent jours et le chef d'état-major de Waterloo. Devant cette autorité, et sous une certaine force des choses, l'impétueux Vandamme et les jeunes généraux le plus résolus à tout braver cédèrent eux-mêmes. L'avis de prévenir, par une transaction militaire obtenue de l'ennemi, la continuation du siége de Paris, prévalut à l'unanimité; et pour sembler plus impartial, il fut résumé sous la forme de questions et de réponses ainsi conçues :

D. Quel est l'état des retranchements élevés pour la défense de Paris?

R. L'état des retranchements et de leur armement sur la rive droite de la Seine, quoique incomplet, est en général assez satisfaisant.

D. L'armée pourrait-elle couvrir et défendre Paris?

R. Elle le pourrait ; mais non pas indéfiniment. Elle ne doit pas s'exposer à manquer de vivre et de retraite.

D. Si l'armée était attaquée sur tous les points, pourrait-on empêcher l'ennemi de pénétrer dans Paris, d'un côté ou d'un autre ?

R. Il est difficile que l'armée soit attaquée sur tous les points à la fois : mais si cela arrivait, il y aurait peu d'espoir de résistance.

D. En cas de revers, le général en chef pourrait-il réserver ou recueillir assez de moyens, pour s'opposer à l'entrée de vive force?

R. Aucun général ne peut répondre des suites d'une bataille.

D. Existe-t-il des munitions suffisantes pour plusieurs combats?

R. Oui.

D. Enfin, peut-on répondre du sort de la Capitale, et pour combien de temps?

R. Il n'y a aucune garantie à cet égard.

Délibéré et signé à trois heures du matin, dans la nuit du 1ᵉʳ au 2 juillet, cet avis fut aussitôt transmis au Gouvernement provisoire qui siégeait, en l'attendant, pour donner l'ordre du dernier sacrifice. Les cinq membres furent d'accord. Car, après Waterloo entraînant si vite la perte d'un grand homme et d'un Empire, comment se refuser à reconnaître qu'aucun général ne peut répondre des suites d'une bataille? On renonça donc à la livrer; et le prince d'Eckmühl fut averti de proposer immédiatement un Armistice préalable à la reddition de Paris, et nécessaire pour en négocier les conditions.

Le prince d'Eckmühl fit cette communication par un message verbal adressé au Commandant de l'Avant-garde prussienne.

Ce Commandant, le général de cavalerie Ziéthen, répondit par une lettre, qu'il est possible de reproduire, parce que, dans l'excès même de nos malheurs, l'insolente prétention qu'elle énonçait ne fut pas admise :

« Monsieur le général,

« Le général m'a communiqué verbalement, que
« vous demandiez un Armistice, pour traiter de la red-
« dition de la ville de Paris.

« En conséquence, monsieur le général, je dois vous
« déclarer que je ne suis nullement autorisé d'accepter
« un Armistice. Je n'ose même point annoncer cette
« demande à S. A. le maréchal prince Blücher; mais
« cependant, si les députés du Gouvernement déclarent
« à mon aide de camp, le comte Westphalen, qu'ils
« veulent rendre la ville, et que l'armée française
« veut se rendre aussi, j'accepterai une suspension
« d'armes.

« J'en ferai part alors à S. A. le prince Blücher, pour
« traiter sur les autres articles. »

Une des conditions inscrites dans cette lettre semblait le délire du succès, dans un subalterne. Et rien, certes, ne justifiait cette insolence, qui aurait pu recevoir bientôt un cruel démenti. Alors même, en effet, le prince d'Eckmühl, tout en croyant à la nécessité politique de traiter de la paix, faisait graduellement passer sur la rive gauche de la Seine la plus grande partie de cette armée française, qui, malgré ses pertes, ne songeait guère à se rendre; et il déployait un front de bataille inférieur en étendue à la masse ennemie, mais que nulle puissance de la stratégie et du nombre n'aurait pu forcer, sans une des journées les plus sanglantes, à joindre aux calamités guerrières de notre siècle.

Le prince d'Eckmühl qui, trois jours auparavant, avait mêlé à sa demande d'armistice à Wellington une sorte de défi par voie d'alternative, et dans une forme très-courtoise, disait cette fois « qu'il n'y avait d'autre
« réponse à l'insolence de Ziéthen, que de lui tuer
« vingt mille hommes; qu'une armée de cinquante
« mille hommes concentrée sur un point et bien com-
« mandée était sûre de faire à l'ennemi des maux ef-

« froyables, et qu'il n'y avait pas ici pour les Français
« d'autre manière de se rendre. »

Cette chance d'un désespoir si redoutable frappa sans doute l'ennemi; et on peut croire aussi que dans l'intervalle les efforts secrets et les insinuations du duc d'Otrante ne firent pas défaut. Ses messages confidentiels étaient-ils d'un traître qui révélait les blessures intérieures de son parti? ou n'était-ce pas plutôt un réveil de zèle patriotique attestant que cet homme, malgré tout ce qui pèse sur lui de reproches, comprenait assez le courage et le dévouement d'autrui, pour en calculer la puissance à la dernière heure, et pour en faire un argument de prudence et de bon sens, aux yeux de l'étranger? Deux hommes intelligents, un aide de camp de l'infortuné Murat et l'ancien émigré M. de Tromelin, employé déjà dans les négociations de cette époque, furent les porteurs des derniers et instants avis donnés par Fouché.

Dans l'ascendant prompt et décisif qu'obtint cet avis sur la passion aveugle des généraux prussiens, il faut aussi faire une part à la sagesse militaire du général anglais qui ne s'obstina pas, ne conçut pas une folle ambition de victoire et apprécia, pour les siens et pour lui-même, l'inestimable avantage d'éviter une bataille de plus, après Waterloo, et de pouvoir supposer la guerre dès à présent finie.

Le matin du 3 juillet, le prince d'Eckmühl recevait donc une nouvelle communication du général Ziéthen qui, sans rappeler en rien sa réponse de la veille, se bornait à lui annoncer « que les Députés du Gouver-
« nement pouvaient se présenter, qu'ils seraient con-
« duits à Saint-Cloud, où se trouveraient les délégués
« des généraux anglais et prussiens. »

La négociation s'ouvrit dès lors, et fut toute militaire dans la forme et les détails de l'acte qui intervint. Mais il n'y en a pas moins motif de rendre justice à la fermeté de sens et au courage des négociateurs civils, qui représentaient la France, dans cette crise déplorable. Le prince d'Eckmühl avait choisi pour ses commissaires le baron Bignon, chargé du portefeuille des affaires étrangères, après le duc de Vicence, M. de Bondy, préfet de la Seine, et le général Guilleminot, chef d'État-major de l'armée française sous Paris. S'étant présentés aux avant-postes, ils furent à l'instant conduits à Saint-Cloud, où les attendaient deux Commissaires étrangers, pour l'armée prussienne le baron Muffling, qui a écrit cette guerre, et pour l'armée anglaise, le colonel Hervey. La conférence dura tout le jour, sans communication possible des négociateurs français avec Paris et leur Gouvernement. Ils étaient munis de *Pleins Pouvoirs*, et sous le coup d'une nécessité qui ne les poussait que trop vite, se sentant eux-mêmes responsables de la bataille et de l'assaut près de suivre, s'ils revenaient, sans transaction immédiate.

M. Bignon, esprit orné et fin, trop séduit par l'Empire et trop crédule à toutes les espérances, à tous les projets qui repoussaient les Bourbons, remplit du moins, en ce moment, avec habileté, le rôle difficile qui lui était échu. Il fut bien secondé par l'esprit sage et ferme du général Guilleminot et l'intrépide loyauté de M. de Bondy. En stipulant l'éloignement de l'armée française et sa retraite derrière la Loire, avec tout son ensemble d'organisation militaire, et la réserve des droits personnels de ses membres, les négociateurs français reconnaissaient sans doute une douloureuse impuissance, celle de défendre utilement Paris; mais ils conservaient à la France et à son futur Gouvernement la force encore intacte d'une armée considérable. Dans cet interrègne, où la société pouvait paraître accablée sous les ruines de l'ordre politique, ils prévenaient un dernier malheur fatal à la Pologne, l'anarchie se mêlant à l'invasion.

Restait la conséquence même de cet éloignement de l'armée, l'occupation de Paris, le renouvellement de l'injure qu'en 1814, le génie même de Napoléon n'avait pas su détourner, et que, du milieu de sa marche trop attardée vers cette ville ouverte, il avait vu presque s'accomplir sous ses yeux, se repliant alors avec désespoir, et revenant abdiquer à Fontainebleau. Aujourd'hui, l'Abdication réitérée de Napoléon, sa sortie de l'Empire avait, plusieurs jours à l'avance, réellement livré Paris, en n'y laissant plus un nom assez grand pour le couvrir et le défendre contre l'avant-garde de l'Europe : et l'Empereur avait fait cette faute ou ce sacrifice, après l'expérience tant de fois constatée, qu'à Paris seul s'acquérait et se perdait la Souveraineté de la France.

Quelque douloureuse que fût donc la négociation du 3 juillet, pour tout citoyen, pour tout homme de guerre, elle dut paraître alors un des événements que la Révolution, témérairement entreprise par la descente au golfe Juan, et abandonnée, après le désastre de Waterloo, attirait fatalement sur la France.

Une clause même de la Convention, qu'il fallut stipuler, marquait tout ce qu'il y avait de précaire dans l'état d'un pays où les Institutions étaient si faibles et le Pouvoir si changeant. « Les commandants en chef des « armées anglaise et prussienne, disait l'article X, s'en-

« gagent à respecter et à faire respecter par leurs su-
« bordonnés les Autorités actuelles, tant qu'elles exis-
« teront. »

Mais si pareille formule accusait doublement la funeste extrémité où nous fûmes réduits à cette époque, les dispositions touchant l'inviolabilité des propriétés publiques, la garantie absolue des personnes dans leurs droits et leur liberté, et pour tous les faits relatifs aux fonctions qu'elles occupent, ou auraient occupées, ces dispositions expresses, dont quelques-unes furent violées plus tard, attestaient, avec la prévoyante fermeté des Commissaires français, le respect qu'imposait encore l'ombre de cette vaillante armée et les noms glorieux de ses chefs. Une dernière condition statuait en ces termes, hélas! trop inutiles :
« S'il survient des difficultés sur l'exécution de quel-
« qu'un des articles de la présente Convention, l'inter-
« prétation en sera faite en faveur de l'armée française
« et de la ville de Paris. »

Seulement l'article, qui posait en principe ce droit d'interprétation favorable, ne spécifiait pas à quelle autorité impartiale ou mixte il appartiendrait d'en faire l'application ; et le déni de justice, ou l'iniquité arbitraire de la décision demeurait toujours possible.

Enfin, cette Convention funestement amenée fut souscrite le 3 juillet 1815, et ratifiée par le maréchal prince d'Eckmühl, l'habile et énergique défenseur de l'occupation de Hambourg contre une puissante armée et le soulèvement du pays. Mais, redisons-le, le Maréchal, en 1813, n'avait pas craint d'épuiser tous les maux de la guerre, pour se maintenir dans une ville étrangère ; et il refusait honorablement d'infliger pareil sacrifice à la Capitale de son propre pays, alors surtout qu'on ne pouvait assurer que la résistance désespérée de Paris sauverait l'indépendance de la France. Que justice en soit rendue à sa mémoire, accusée, mais glorieuse !

Ce ne fut pas, à ce moment même, sans protestations et sans luttes que se consomma le sacrifice, dont il était l'instrument. Aussitôt qu'on connut dans Paris le détail de la Convention signée, l'éloignement préalable des troupes, les dates prochaines de la remise des portes, et de l'entrée dans les murs, le service maintenu de la garde nationale, mais en commun avec les patrouilles et les postes ennemis, un grand tumulte éclata. Des groupes s'amassèrent ; des reproches de trahison éclatèrent ; et on put craindre que cette suspension d'armes annoncée ne précipitât quelque sortie désordonnée des tirailleurs et des *Fédérés*.

Aux portes de Paris, l'agitation n'était pas moins grande dans l'armée, parmi les jeunes officiers et beaucoup de soldats. Quelques-uns jetaient leurs armes de découragement et de douleur ; le plus grand nombre demandait, avec des cris de fureur, à marcher à l'ennemi.

Dans le cercle des généraux le plus attachés à l'Empire, on accusait le prince d'Eckmühl d'intelligence secrète avec les ennemis ; on signalait, comme ayant été reçu près de lui, un habile agent de la cause royale, le baron de Vitrolles, plusieurs fois souffert et mis en sûreté par le duc d'Otrante. L'esprit d'anarchie militaire excité par quelques hommes alla même jusqu'à prétendre retirer au prince d'Eckmühl le commandement de l'armée et le remettre en d'autres mains. Mais la force et la conviction manquaient, pour oser jusque-là ; et quand, pour avoir un nouveau général en chef, on tenta de s'adresser à Vandamme lui-même, dont la réputation de témérité semblait tout promettre, on le trouva résigné, comme d'autres, à la nécessité de la paix, l'ayant reconnue dans le Conseil de guerre, et la justifiant par son exemple.

Au milieu de l'indignation bruyante des soldats, la garde impériale, forte encore de huit mille hommes, gardait une colère plus calme, qui ne troublait pas la discipline des rangs et semblait plutôt s'armer en silence, pour un dernier effort et une charge désespérée contre l'ennemi. La parole du général Drouot, sa douleur et l'exemple de son sacrifice apaisèrent aussi ce mouvement plus concentré et plus profond que les autres agitations militaires; et, dès le 4 juillet, la retraite de l'armée commença, pour s'achever en trois jours. C'était un égard bien dû à cette vaillante armée que, même dans l'abandon et après le départ du chef suprême, elle ne vît pas de ses yeux la Capitale, qu'il n'avait pu défendre, et qu'il délaissait avec l'Empire, supporter encore une fois la présence de l'étranger.

CHAPITRE XXII

RÔLE CONTINUÉ DU DUC D'OTRANTE. — SA PROCLAMATION. — FORCES NOUVELLES DE L'ANCIENNE MONARCHIE. — DERNIERS ACTES DE LA CHAMBRE DES REPRÉSENTANTS. — PRINCIPES CONSTITUTIONNELS DE TOUTE PART RECONNUS. — TRANSFORMATION DU DUC D'OTRANTE EN MINISTRE DE LOUIS XVIII.

Le duc d'Otrante touchait au terme de sa périlleuse comédie; et rien n'était encore extérieurement changé dans son rôle, qu'il jouait avec tant de vraisemblance, qu'on put le croire trompé lui-même et pris de court par les événements. Mais, dans la réalité, il ne fut imprévoyant et déçu que sur un point, la durée de son importance et du prix attaché à ses services. Sur le reste, sur le retour immédiat de Louis XVIII, sa conviction était faite, et sa résolution arrêtée. Jusqu'au dernier moment de la crise politique, cependant, il continua de prendre pour dupes ceux qu'il avait pour auxiliaires. Entre les mécontentements de quelques généraux, les protestations irritées de quelques Représentants, les colères et les alarmes de quelques restes invalides des *Comités* de l'ancien *Terrorisme*, son langage était libre, aisé, rassurant pour tout le monde;

« Ne compliquons pas les choses, disait-il. Tout finira
« bien, et de soi-même; nous aurons un Bourbon, et
« une Constitution nationale, un pacte consenti. »

Même la capitulation de Paris, appelée *Convention*, ne changeait rien à ce langage ; et le jour où elle commençait à s'exécuter matériellement, le chef du Gouvernement provisoire, si près de sa propre transformation et de sa ruine, publiait, sous sa signature, une Proclamation aux Français, pour leur faire connaître comment il venait de défendre les intérêts du peuple et de l'armée : « Également compromis, disait-il, dans
« la cause d'un Prince abandonné par la fortune et la
« volonté nationale. »

La suite de cette pièce singulière célébrait, avec un ton de confiance inaltérable, « la conservation
« de l'armée, la sécurité maintenue à la Capitale,
« l'appui donné aux espérances des amis de la li-
« berté, les déclarations solennelles des Souverains de
« l'Europe, les garanties politiques promises et qui
« seront trouvées dans nos Constitutions et notre Sys-
« tème représentatif. » Rien ne manquait à cette allocution. Il y avait même une phrase morale et philosophique contre « les préjugés de l'orgueil, l'injustice des
« Cours et l'ambition des Courtisans, dont le peuple a
« besoin d'être préservé par des lois, quelles que soient
« les lumières, les vertus et les qualités personnelles
« du Monarque. »

Pareille phrase déjà flatteuse, et presque directe dans l'application, était le premier signe public et tant soit peu officiel du passage à Louis XVIII, dont les proclamations, répandues à profusion depuis plusieurs jours, respiraient un assez grand esprit de modération attesté surtout par l'aveu, que son *Gouvernement avait fait des fautes*.

Ainsi, de tous les côtés à la fois, par la force, par l'abandon, par la tromperie, par le vœu spontané ou intéressé d'un assez grand nombre et par la lassitude de tous, s'approchait rapidement la seconde Restauration. Il faut le dire sincèrement, elle entraînait cette fois avec elle une plus fâcheuse conséquence, qui fut encore aggravée par l'âpre convoitise des Gouvernements étrangers se ravisant sur les profits à tirer de leur premier et de leur nouveau succès. Cette condition empirée de la Monarchie, c'était de paraître plus évidemment solidaire d'une victoire, dont cependant elle payait si durement les frais. Au lieu d'être, comme en 1814, non pas la cause de la guerre, mais la médiatrice de la paix, et le dénoûment le moins offensif pour tous, la Restauration semblait, cette fois, avoir été l'occasion urgente de la reprise d'armes, et en recueillir le prix immédiat. Cela n'était vrai qu'en partie, cependant.

L'occasion, la cause déterminante, la nécessité morale de la guerre étaient toutes dans Napoléon seul, dans l'insulte et le danger que son retour infligeait à l'Europe. La famille des Bourbons eût disparu de la terre, à la sortie des Tuileries, que la passion, l'inquiétude des Rois, l'instinct même des peuples froissés par nos Conquêtes n'en auraient pas dirigé moins vivement une Croisade unanime contre le maître déchu de l'Europe reporté, en vingt jours, de l'île d'Elbe sur le trône de France. C'était pour tous une question d'honneur et de sûreté.

C'est par cette vérité même, manifeste alors et vivement ressentie de Stockholm à Vienne, de Londres à

Berlin, qu'on peut concilier avec le langage si froid de quelques-uns des Princes étrangers sur Louis XVIII l'ardente activité de la Coalition. Quand ces Princes disaient ne vouloir nullement imposer les Bourbons à la France, et quand ils paraissaient même en doute sur l'avantage de les rétablir, ce n'était pas seulement dissimulation et calcul ; c'était aussi réelle indifférence. Au fond, la seconde rentrée de Louis XVIII fut bien plutôt une conséquence des événements accomplis, que l'effet d'une absolue et invariable préférence. La guerre, que la Coalition encore tout armée recommença pour sa propre défense, cette guerre n'eût pas ramené les Bourbons, sans la force nouvelle qui était venue s'attacher à leurs droits en désuétude, et grandir leur malheur par le contre-coup même du 20 Mars.

Les événements du 20 Mars, au milieu des ruineux sacrifices qu'ils allaient imposer à la France, donnaient à la Dynastie des Bourbons deux choses qui lui avaient manqué d'abord, un titre rajeuni et des partisans de date nouvelle. Ils relevaient le prix de cette Charte de liberté, de ces principes de droit public, de ces garanties légales embrassées alors d'une conviction tellement vive par la France, que Napoléon, réimposé par la force, fut obligé de les reprendre dans le bagage des vaincus, et de s'en revêtir à son tour. Puis, ces mêmes événements du 20 Mars, si rapides d'abord et si peu contrariés dans leur premier cours, apportaient cependant à la Maison de Bourbon d'autres auxiliaires, un autre parti que celui dont elle avait paru entourée en 1814. Ce n'était pas cette fois une chose vaine et sans vertu politique, de voir des Maréchaux, des Ministres de Napoléon s'attacher à la fortune de cette ancienne Dynastie qui fuyait devant lui, la suivre même à l'étranger, ou lui rester fidèles en France, en se séparant du vainqueur, sur le sol même de sa victoire.

Ce dernier fait avait frappé surtout. Rien n'avait semblé plus grave augure de l'avenir et protestation plus exemplaire dans le présent, que le généreux Macdonald, si respectueux pour Napoléon, durant l'agonie de la première Abdication à Fontainebleau, et que Gouvion-Saint-Cyr, si patriote d'origine et si éminent général, émigrant, pour ainsi dire, sans quitter la France, refusant tous deux leurs épées à leur ancien Empereur, et se réservant à un autre Pouvoir ou, du moins, au nom seul de la Patrie. Ainsi la Révolution du 20 Mars, même en chassant avec une facilité si déplorable la Dynastie restaurée, lui donnait une seconde Émigration, plus sensée et plus utile que la première; et elle liait à sa cause bien des hommes tenant par les noms, les idées, la fortune à la France contemporaine. Malheureusement, à côté de cette recrue de nouveaux appuis, les incidents et la fin du 20 Mars rendirent aussi à l'ancien royalisme un ascendant, et des prétextes qui durent multiplier en France ces partialités violentes et ces rigueurs judiciaires, dont le souvenir demeure dans l'esprit des peuples, et fait aux Gouvernements plus de tort qu'il ne peut jamais leur donner de force durable.

Ainsi, dans le dénoûment prochain et déjà visible des Cent jours, se mêlaient le bien et le mal, plus de lumières et plus de passions, la nécessité plus avouée d'un régime de liberté légale, et la chance d'une réaction plus vindicative, de meilleurs et de plus nombreux instruments pour soutenir une Restauration moins spontanée que la précédente, et qui, restant chargée des dates malheureuses de son origine et de son rétablissement, ne pourrait les effacer que sous le progrès croissant d'un bien-être, et d'une liberté sentie par la nation.

Les hommes firent-ils défaut à cette œuvre laborieuse et diverse? ou bien y avait-il, dans les événements mêmes, une contradiction et une difficulté insolubles à tous les efforts? Et d'abord, le Pouvoir législatif en particulier, qui avait beaucoup osé contre Napoléon, ne manqua-t-il pas l'occasion de faire ce qui importait à l'intérêt de la France? ou cela même n'était-il pas impraticable pour cette assemblée, sitôt après la chute de l'Empereur?

Il eût mieux valu sans doute, pour le bien et la dignité de la France, que la Chambre élective, que la Représentation dite nationale, qui rompait si nettement avec Napoléon et ne le reconnaissait plus pour Empereur, du moment qu'il était général malheureux, ne s'arrêtât point là, et ne détruisît pas le Pouvoir, sans le remplacer. Mais, d'autre part, cette Assemblée, qui, malgré ses justes défiances, avait salué Napoléon de tant d'hommages, peut-on se la figurer tournant tout à coup ses vœux ailleurs, et reconnaissant ou réclamant le Souverain qu'avait renversé le 20 Mars? Malgré tout ce qui s'est dit et tout ce qui se voit de l'inconstance intéressée des hommes, malgré les apostasies individuelles, dont la mesure est sans limites, il y a dans la parole collective des Assemblées une certaine dignité qui oblige, une certaine pudeur qui ne peut tout à coup se démentir.

La Chambre élective des Cent jours fit moins et plus que les Communes d'Angleterre, en 1660. Par là même, elle annula son rôle et le réduisit à une protestation testamentaire, que plus d'une de nos Révolutions suivantes devait remettre en honneur et en pratique et qui forme encore une *Utopie* dans nos Archives.

Le jour même de l'occupation de Paris, cette Assemblée, réunie en séance solennelle, délibéra et vota, sous la forme la plus brève, la série de Principes constitutionnels dont elle entendait faire à jamais la loi du pays et la condition de l'Avénement légitime au trône. C'étaient, dans un ordre un peu confus et avec des expressions parfois trop étendues, pour être assez efficaces :

« La liberté des citoyens; l'égalité des droits civils et
« politiques; la liberté de la presse;

« La liberté des cultes;

« Le système représentatif;

« Le libre consentement des levées d'hommes et d'im-
« pôts; la responsabilité des Ministres; l'irrévocabilité
« des ventes de biens nationaux de toute origine;

« L'inviolabilité des propriétés;

« L'abolition de la dîme, de la noblesse ancienne et
« nouvelle, héréditaire, et de la féodalité;

« L'abolition de toute Confiscation de biens; l'entier
« oubli des opinions et des votes émis jusqu'à ce jour.

« L'institution de la Légion d'honneur; les récom-
« penses dues aux officiers et aux soldats, les secours
« dus à leurs veuves et à leurs enfants;

« L'institution du jury; l'inviolabilité des juges; le
« payement de la dette publique. »

Il y a sans doute plus d'un double emploi et d'une redite de parti, dans ce pêle-mêle de garanties nationales, voté le 5 juillet 1815, entre la Convention, signée avec les généraux des deux armées étrangères, et la rentrée des Bourbons. Les meilleurs articles compris sur cette liste sont communs à la Charte de 1814, comme à celle de 1830, et semblaient à jamais assurés d'être le fondement de notre Droit public, si nous avions un Droit public.

L'abolition spécialement proclamée de la *Dîme* et de la *Féodalité* n'était qu'une précaution vraiment dérisoire, ou plutôt qu'une arme de circonstance, destinée à fortifier une calomnie populaire. Mais l'interdiction expresse de toute confiscation était un principe très-bien placé et très-utile à rétablir, après l'omission notoire qu'en avait faite l'Acte additionnel et en présence des séquestres que, par Décret de propre mouvement, avait naguère prononcés l'Empereur.

En tout, ce dernier vote de la Chambre des Représentants était le sommaire du Droit constitutionnel, auquel prétend, plus ou moins, toute nation civilisée, et qu'elle ne saurait perdre tout entier, sans déchéance morale. On discuta peu ce que tant de Constitutions antérieures nous avait déjà promis; et la Chambre s'accorda pour le voter d'enthousiasme et en ordonner l'envoi à la Chambre des Pairs, dont la conservation était sans doute implicitement réservée par ces mots : *le Système représentatif*.

Un orateur, d'une présence d'esprit et d'une résolution toujours actives dans ce débat, M. Dupin, soutenait fortement le principe et l'à-propos pour la Chambre de cette Déclaration de doctrine, à léguer après soi; et il prononça, dans ce moment, des paroles expressives, dont l'application a pu se renouveler pour lui : « Il faut « qu'on sache, dit-il, que la Représentation nationale « tout entière est associée aux nobles sentiments énon-

« cés dans la Déclaration. Il faut que tout ce qu'il y a
« d'honnêtes gens, d'hommes raisonnables et d'amis
« d'une sage liberté, sachent bien que leurs vœux
« avaient ici des organes fidèles, et que la force elle-
« même ne pourra les empêcher de les émettre. »

L'orateur ne crut pas sans doute pouvoir alors ajouter utilement à ces paroles la désignation, qu'il laissait entrevoir, quelques jours auparavant. Une Assemblée législative est rarement politique ; et elle agit d'ordinaire avec plus de passion que de prévoyance. L'extrême division des partis ajoutait à cette difficulté d'une conduite calculée en commun. Enfin, au moment où la Chambre votait sa Déclaration, il lui arrivait encore des assurances de l'entière liberté que la France aurait, pour le choix de son Gouvernement. Afin de mieux répondre à cette disposition présumée, on décida que la Déclaration serait portée par une Députation solennelle au camp des Souverains coalisés.

« Ils entendront notre langage avec un noble intérêt,
« dit M. Dupont de l'Eure ; ce langage est digne d'eux,
« et de la grande Nation que nous représentons. » Pompeuses et faibles paroles, avec lesquelles une opinion vaincue s'étourdit elle-même, jusqu'au moment du démenti dernier de ses espérances. La vérité allait éclater enfin, aux yeux des plus opiniâtrement aveugles.

Le signal décisif en fut donné par le duc d'Otrante, au retour d'une Conférence qu'il eut avec le duc de Wellington, le lendemain de la Convention de Paris. Ses collègues du Gouvernement provisoire l'attendaient aux Tuileries, encore incertains du dénoûment, et ayant l'air de ne pas voir ce qui se passait en France, la chute rapide du Pouvoir impérial, le Drapeau royaliste arboré de nouveau dans le Midi, et relevant la guerre civile dans la Vendée, les riches départements du Calvados et du Nord, et presque toutes les villes importantes dans le Royaume, de Toulouse à Bordeaux, de Caen à Lille et à Cambrai, zélées pour la *Restauration*, et l'attendant comme la paix. Fouché, seul dans le Gouvernement, savait à fond ce qu'il en était. Ni les proclamations publiées au nom de Louis XVIII, ni la présence du comte d'Artois au Quartier général anglais, ni les transactions particulières, que se ménageaient déjà bien des hommes publics, n'avaient ébranlé la confiance de Carnot, qui cependant, nous l'avons vu, avait lui-même voté pour la reddition de Paris. Militaire et tacticien, il cédait à la nécessité matérielle; mais il n'en n'admettait pas, il n'en voulait pas voir encore la conséquence politique.

Devant ces dernières et opiniâtres espérances du parti de la Révolution et de l'Empire, le retour de Fouché, après une absence d'un jour, fut un coup de théâtre. Jamais changement de rôle et d'habit n'avait été plus prompt, et journée de négociateur plus remplie. «Arrivé
« le 5 juillet au matin au quartier général de Wellington,
« le duc d'Otrante, racontait-il lui-même, avait reçu le
« plus affectueux accueil, et beaucoup de félicitations
« sur le calme conservé dans Paris, sur le départ si bien
« commencé des troupes, et l'espoir que cette grande
« révolution allait s'achever, sans la moindre effusion
« de sang. »

Jusque-là, parfait accord; mais le duc d'Otrante, toujours selon son propre récit, avait répondu que «ce bon
« ordre était surtout maintenu, grâce à l'idée du respect
« des Alliés pour notre indépendance, et par la convic-
« tion que la question du Gouvernement futur de la

« France était réservée tout entière. » A cela, le duc de Wellington s'était récrié, en attestant les nouvelles qu'il recevait de l'*intérieur* et de l'*étranger*, « que la chose
« était jugée; qu'il n'y avait pour la France qu'un Sou-
« verain possible; que les Puissances alliées n'en re-
« connaîtraient jamais d'autre; et qu'enfin Louis XVIII
« ferait son entrée à Paris, le 8 juillet, dans trois jours. »

Comme pour faire tomber du même coup toute l'arrière-garde de chimères et de calculs politiques qu'on s'était faits sur les divisions d'intérêts, et les buts opposés des Monarques alliés, le duc d'Otrante ajouta dans son récit, que le comte Pozzo di Borgo lui avait répété littéralement la même chose, au nom de l'empereur de Russie, et fait lire deux lettres du prince de Metternich et du comte de Nesselrode, non moins expresses et non moins concluantes, sur la Reconnaissance unanime donnée par l'Europe à la maison de Bourbon.
« Je vous avoue, ma foi, dit en finissant Fouché, avec
« son impassible ironie, qu'alors moi, je l'ai reconnue
« aussi. A ce moment, le duc de Wellington m'ayant dit
« que Louis XVIII était arrivé, la veille au soir, au châ-
« teau d'Arnouville, il m'a pressé de monter dans sa
« voiture, voulant me conduire lui-même à l'audience
« de ce prince. J'ai aussitôt, pour en finir, accepté cette
« offre, non pas officiellement, mais pour mon compte
« personnel, croyant utile, en toute occasion, de rap-
« peler les Principes, et de dire la vérité sur les intérêts
« permanents du pays et sur l'état de l'opinion. »

Alors il raconta, non sans quelques altérations et quelques réticences, à ses collègues ébahis, son entrée dans la Cour ambulante du Roi, en donnant le bras au général anglais, sa réception, les graves et respectueuses paroles qu'il avait prononcées, l'attention, l'approbation qu'elles avaient obtenues, la promesse du Roi que de nouvelles garanties seraient ajoutées à la Charte de 1814, l'explication enfin sur les Proclamations royales déjà publiées, dont les termes, lui fut-il dit, seraient moins des prétextes de sévérité que des occasions de clémence.

Le duc d'Otrante ajouta même que dans cet entretien, où il avait été si net, il n'avait pas hésité à parler de la Cocarde tricolore; mais que, sur ce point, il n'avait pu prévaloir contre une prévention trop forte, qu'appuyait surtout le prince de Talleyrand présent à l'audience.

Dans ce récit détaillé, Fouché ne supprimait qu'un fait important, son entrée dans le Conseil du Roi, et sa nomination immédiate au Ministère de la police générale. Son entrée dans le Conseil du Roi! Oui, par ordonnance royale résolue ce jour-là, et datée du 7 juillet, le Conventionnel Fouché, le votant de la mort de Louis XVI, le Proconsul de la Loire et du Rhône était Ministre de la seconde Restauration, de celle qui se renommait surtout du principe de la Légitimité. Les fauteurs d'un tel choix, les parrains ou les témoins de ce baptême étaient le prince de Talleyrand et le duc de Wellington, le récent publiciste de la Légitimité et le grand général des Tories anglais, et ajoutons aussi, pour être vrai, le comte d'Artois, et les plus zélés de son parti, bien des royalistes d'émigration et de cour, bien des agents secrets de la Restauration, et beaucoup aussi de ces hommes doux et paisibles qui, dans le retour de l'ancienne Monarchie, saluaient surtout un gage de paix et de repos.

Maintenant le titre de Fouché à cette confiance, honteuse pour ceux qui l'accordaient, et ridicule pour celui qui croyait se l'approprier d'une manière durable, ce titre unique était la trahison constamment présumée et bientôt patente, dont il avait, dès le premier jour, comme investi Napoléon.

Sous ce rapport, le service ne valait pas mieux que le nom de l'homme; et le tout ensemble devait le repousser des Conseils du Roi, au lieu de l'y faire admettre, même pour quelques jours, et par une tromperie analogue à la sienne. Ce fut pour la Restauration une grande faute politique; car c'était une faute contre l'honneur.

Qu'un général étranger, un homme de guerre plus habile que magnanime, aidé sur quelques points par les messages secrets de Fouché, et qui, après tout, n'était pas chargé de veiller à la dignité de la Couronne de France, ait recommandé le duc d'Otrante au choix de Louis XVIII, on le conçoit sans trop de peine; on reconnaît là cette politique d'expédients, un peu matérielle et rude, qu'on pouvait attendre d'un semblable allié.

Mais le même avis, la même insistance dans M. de Talleyrand, à l'issue de sa campagne au Congrès de Vienne, étonne et choque beaucoup. On ne reconnaît point là, même à part la morale, le coup d'œil de cet homme d'État. Redescendre ainsi vers Fouché, l'introduire dans le Conseil royal était pour M. de Talleyrand une grande méprise, et, cette fois, un défaut d'habileté, par défaut de scrupule. Céda-t-il à la pensée de couvrir, devant les ingratitudes de Cour, son propre nom, les souvenirs de son propre passé, par un nom bien plus compromis, et un passé bien autrement vulnérable? Se consola-t-il un peu malignement de cet abaissement intérieur de la Couronne, en supposant qu'elle en serait plus docile et plus fidèle à d'autres influences acceptées et souffertes, sans la même honte? Se trompa-t-il enfin sur l'esprit de la France, au point de croire que dans un pays, théâtre instable de tant de changements, il fallait rassurer contre la crainte des réactions politiques et de l'esprit *Émigré*, par une garantie sans mesure offerte même aux crimes de la Révolution?

Il n'importe; son avis, en cela, fut aussi fâcheux pour lui-même que pour Louis XVIII. Dans sa disposition à conseiller par calcul ce qu'il aurait dû repousser, même à ce titre, il portait la peine des rôles trop divers, auxquels il s'était parfois plié avec trop d'indifférence.

Cette fois encore, il n'approuvait pas ce qu'il faisait; et il n'y cherchait et n'y voyait sans doute qu'un expédient provisoire; mais cet expédient trop fort l'entraîna lui-même; et l'association qu'il avait acceptée compromit son ascendant et ses services, en même temps que, par les indignations réelles et jouées qu'elle excita, elle ouvrit une porte plus large aux partialités et aux vengeances qu'on avait prétendu prévenir, et qui sont la tentation presque inévitable d'une Monarchie restaurée.

Le premier jour cependant, cette faute fut médiocrement ressentie, et se perdait, pour ainsi dire, dans le tumulte d'un si grand changement. Louis XVIII, en se résignant à la commettre, avait obéi surtout à une crainte, dont l'exagération même porte une excuse avec soi.

Il avait redouté l'effusion du sang. Obsédé des rapports secrets de tout cet espionnage de parti, si trompeur et si effaré qui s'agite, dans la joie même du succès, il avait craint quelque désespoir des passions jacobines, ameutées depuis trois mois, et que pouvait servir par la violence cette foule d'éléments impurs croupissant toujours dans la fange d'une grande ville. Acquérir contre ce danger le secours actif de Fouché, apaiser par sa police la fermentation de cette lie, ne semblait au Roi trop cher à aucun prix. Le retard l'effrayait; et il ne sut pas résister à tous ces murmures d'impatience et d'inquiétude, à tous ces empressements peureux de rentrer à Paris, qu'il entendait bourdonner autour de lui.

L'événement, plus ou moins aplani et secondé par des services si grandement payés d'avance, répondit au vœu du Roi. Il est certain que, le 8 juillet, la rentrée, non pas sans doute triomphale, mais presque populaire de Louis XVIII, se fit aux acclamations d'un peuple immense accouru partout au-devant de lui, et qui, dans son cortége, aimait à reconnaître, à côté de quelques vieux compagnons de son premier exil, les noms glorieux et récemment éprouvés pour sa cause d'Oudinot, de Gouvion-Saint-Cyr et de Macdonald.

Le 7 juillet au matin, le Gouvernement provisoire, trompé et déserté par son Président, avait notifié sa démission dans une lettre au Président de la Chambre des Représentants. Les quatre membres délaissés s'y plaignaient d'avoir été induits à croire, la veille encore, que les Souverains alliés n'étaient pas unanimes sur le choix du Prince qui devait régner en France : et la confiance que leur avait donnée cette longue incertitude, le regret d'en être désabusés était en quelque sorte leur seule Protestation contre le dénoûment, qu'ils avaient laissé venir les surprendre en flagrant délit de pouvoir inerte. Le même jour, après cette lettre reçue, la Chambre des Représentants se sépara : mais elle s'ajournait au lendemain ; et sur l'heure, elle déclarait sa Résolution unanime de ne céder qu'à la force des baïonnettes, cet instrument trop fréquent de la Clôture de nos Assemblées législatives.

Manuel, qu'une épreuve récente de son habileté à tirer la Chambre d'embarras, avait élevé trop haut dans l'attente publique, ne fit, pour provoquer cette Déclaration, que répéter littéralement les célèbres paroles de Mirabeau à M. de Brézé ; et il n'y avait ajouté, de son chef, que ce bien faible commentaire : « Il est de notre devoir de donner à la Patrie nos der- « niers moments, et, s'il le faut, la dernière goutte « de notre sang. » Puis, le président Lanjuinais avait levé la séance, malgré les réclamations de quelques membres ; et le lendemain, de très-grand matin, un détachement de la garde nationale ayant occupé la salle, tout fut fini alors, non pas du Gouvernement représentatif, mais de la Chambre des Représentants, de cette Assemblée peu librement élue, reproduisant d'ailleurs assez bien les opinions successives, et pour ainsi dire les couches secondaires et tertiaires du terrain de la Révolution, assemblée honnête dans sa masse, plus dénuée de prévoyance que de patriotisme, et qui, du reste, dans son coup d'État contre Napoléon, ne fit que dévoiler une faiblesse de situation qu'elle ne créait pas, et qu'elle allait bientôt partager.

Il restera de cette Assemblée, avec l'exemple de son refus de voter des mesures arbitraires, sa Proclamation dernière des principes essentiels de Droit public et des garanties politiques et civiles que trente ans de possession à peu près continue vinrent ensuite, en apparence, naturaliser parmi nous.

La puissance de ces nobles vérités semblait dominer dès lors, au milieu même des faits de guerre, et sous le coup des événements qui pouvaient le plus hautement marquer le triomphe exclusif de la force matérielle.

Leçon mémorable! De même que la lutte victorieuse des Rois, contre les envahissements et le génie de Napoléon, avait été due, pour une grande part, à l'invocation des maximes de dignité humaine et de liberté publique, à l'intervention passionnée des peuples dans la défense de leurs territoires et de leurs droits, au réveil enfin de l'intelligence et du sentiment civique venant partout animer la résistance des armes; ainsi, après la chute de Napoléon, le rétablissement du Pouvoir, auquel il laissait la place vide, ne parut moralement possible qu'au prix des mêmes Principes et des mêmes déclarations, des mêmes formes de liberté promises et rendues à la France. Et, qu'on le reconnaisse bien! sans exagérer pour cela le désintéressement politique et la sincérité des grandes Puissances: ces Puissances croyaient alors elles-mêmes à la liberté, comme à un résultat nécessaire de la civilisation, comme à une invincible conséquence, que le Despotisme militaire d'un homme avait entravée et prétendu détruire, mais qui avait brisé cet homme, et après lui, reprenait son cours naturel.

Ce progrès, sans doute, les Puissances n'entendaient pas y satisfaire en tout; elles comptaient en atténuer la force; mais, elles le ménageaient, elles l'honoraient, et elles croyaient pouvoir utilement l'associer au droit des Couronnes et aux traditions du passé. Les exemples de l'Angleterre, les habitudes légales de ses hommes d'État, l'action de son Parlement ajoutaient beaucoup à cette inclination des esprits dans le reste de l'Europe, et jusque sous la tente de l'autocrate de Russie. Tout n'était donc pas modération apparente et diplomatie dans le langage des Rois, des Ministres, des Généraux étrangers, parlant de leurs vœux pour l'affermissement de l'ordre constitutionnel en France et la stabilité de la Charte. A quarante ans de distance, quand la mort a fait tomber tous les voiles, quand l'intérêt politique même a changé, et que la Coalition disjointe n'a plus de secrets, la publication posthume des *Correspondances* les plus intimes nous atteste que, sur les points les plus graves en fait de liberté, le langage, même officiel, du temps était sincère [1].

A ces premiers moments d'une si grande crise, entre ces tremblements et ces raffermissements du sol européen, le duc de Wellington, lord Castlereagh, le czar de Russie croyaient ce qu'ils disaient du Gouvernement par les Chambres, et des libres discussions essentielles désormais à la France. Était-ce amour pur du *Système représentatif* pour lui-même ? nous n'approfondissons pas ce problème. Mais il y avait sur ce point conviction pratique et spéculative dans les Tories anglais les plus fermes, comme dans les Empereurs les plus absolus. L'inauguration et le succès paisible de ce nouvel ordre en France semblait alors, dans la pensée

---

[1] *The letters and despatches of viscount Castlereagh.* Th. scr. v. II, p. 400.

des politiques, comme dans celle des peuples, le terme définitif de l'Autocratie militaire, et le commencement d'une ère meilleure et plus durable.

Sans doute, il entrait dans cette idée un sentiment de délivrance et de sécurité, pour ceux qu'avait le plus menacés la fortune démesurée de Napoléon. Mais, ne refusons pas d'y voir aussi quelque désir du bien-être des peuples. Et en effet, après ce long excès de pouvoir absolu, dont l'Europe avait tant souffert, et qui finissait si mal pour le Despote et pour ses instruments, on était partout tenté de croire qu'il y avait du bon dans la liberté, dans la modération du Pouvoir, dans le règne absolu des lois, et que cela seul donnait aux Trônes une force renouvelée, qu'ils ne trouvaient plus ailleurs. Napoléon lui-même paraissait l'avoir reconnu dans son dernier essai : et si cette résipiscence l'avait peu servi, c'est qu'elle était bien tardive, et trop invraisemblable chez lui.

CHAPITRE XXIII

FIN DU SÉJOUR DE NAPOLÉON A ROCHEFORT. — PROJETS DIVERS ET IMPUISSANTS. — PASSAGE A L'ILE D'AIX. — NÉGOCIATIONS, AVANT DE SE RENDRE A BORD D'UN VAISSEAU DE GUERRE ANGLAIS. — RÉCITS CONTRADICTOIRES. — NOTIFICATION DE L'ORDRE DE TRANSPORT A SAINTE-HÉLÈNE. — RÉCLAMATIONS. — PASSAGE SUR UN AUTRE VAISSEAU. — PROTESTATION. — DÉPART POUR SAINTE-HÉLÈNE.

Quoi qu'il en soit, le grand exemple offert par les vicissitudes de l'Empire et de l'Empereur semblait se compléter, à ce moment même; et le terrible apologue, sur la fin probable réservée de nos jours aux plus grands triomphes de la force, de l'astuce et du génie, allait recevoir sa *moralité*. Arrivé, après quatre jours de voyage, sous l'escorte du général Becker, dans la ville de Rochefort, toujours avec l'espérance ostensible de passer en Amérique, Napoléon, au milieu des empressements de curiosité populaire attachés à tous ses pas, s'aperçut bien vite qu'il n'avait pas d'issue devant lui, qu'il était prisonnier sur terre, et que la mer était gardée.

Plusieurs jours avant son arrivée, des vaisseaux anglais avaient paru dans les eaux de Rochefort; leur nombre s'augmentait; et ils étaient en communication de jour et de nuit avec le rivage. Napoléon d'abord passa de longues heures, devant un télescope braqué sur la mer. Rien ne s'ouvrait. Tous les points du cercle étaient occupés, ou rapidement parcourus.

Le 8 juillet cependant, le jour même de la rentrée des Bourbons dans Paris, soit lassitude d'attendre, soit espérance d'échapper à ce blocus maritime, il voulut s'embarquer sur l'une des deux frégates que le Gouvernement provisoire avait fait préparer pour lui, et qui devaient exclusivement servir à son passage ou à sa défense. Malgré le vent contraire, il monta sur la frégate la *Saale*, et, escorté de la *Méduse*, il se fit conduire à l'île d'Aix, dans les eaux de Rochefort, en deçà de la Station ennemie, qu'il voyait croiser devant nos côtes.

Descendu dans cette île, il y reçut les honneurs militaires, puis inspecta toutes choses avec ses habitudes innées de commandement, et comme s'il eût été l'Empereur en voyage. Quelques anciens généraux, quelques officiers dévoués, le duc de Rovigo, le général Lallemand, le colonel Gourgaud, M. de Las-Cases, l'accompagnaient avec un domestique assez nombreux, et la surveillance du seul général Becker. Mais déjà la véritable garde de l'illustre captif était ailleurs, à l'horizon, sur les vaisseaux anglais. Le lendemain, plus d'obstacle des vents, plus de nécessité ni de prétexte d'attendre ; mais une escadre anglaise plus nombreuse et plus rapprochée croisait devant le port et semblait garder à vue les deux frégates françaises.

Celles-ci ne firent dans la journée aucuns essais ni préparatifs de départ, soit que Napoléon refusât lui-même de tenter une épreuve qu'il jugeait insurmontable, soit que les Capitaines des deux frégates françaises eussent des ordres secrets, au rebours de leurs instructions apparentes. Il voulut alors rentrer à Rochefort ; et pour le faire plus secrètement et plus vite, il se jeta dans un canot. Mais à peu de distance, le littoral lui paraissant gardé, comme la mer, il revint à l'île d'Aix. A ce moment même, l'ordre de l'amirauté anglaise que nous avons cité plus haut, et qui avait été plus spécialement notifié sous la date du 8 juillet, s'appliquait dans toute sa minutieuse rigueur.

C'est en présence, non pas seulement du surcroît de vigilance, mais de l'ordre de capture violente ainsi réitéré, que se trouvait Napoléon ; et la puissance du navire de guerre le *Bellérophon*, et d'autres légers navires, entre autres, le *Slaney* et la *Phébé* qui suivaient ses mouvements, expliquent assez la difficulté pour les deux frégates de tenter un passage de vive force.

Restaient les plans de fuite secrète et aventureuse. Un frère même de l'Empereur, l'ex-roi Joseph, voulait aider à cela de tous ses secours et de son exemple : il était à Rochefort, servant d'intermédiaire, et pressant la tentative de départ, qu'il réalisa pour lui-même. Une corvette danoise stationnée sur la côte fut achetée, pour recevoir et transporter Napoléon. Mais comme, évidemment, à la sortie du port, elle aurait été arrêtée et visitée par la Croisière anglaise, il fallait recourir à des déguisements, à des cachettes d'une efficacité douteuse en soi, et dont s'indignait la fierté de Napoléon. Ce projet rebuté tout à fait, sur l'offre généreuse de quelques jeunes aspirants de marine, on songea qu'avec un petit vaisseau côtier, un chasse-marée manœuvré par ces intrépides jeunes gens, il serait possible de tromper toute vigilance ennemie, et d'achever le passage jusqu'à New-York. Mais, après quelques hésitations, et quoique touché d'un tel dévouement et tenté par ce courage, Napoléon rejeta le projet, surtout à cause de l'obligation inévitable de se ravitailler sur les côtes d'Espagne ou de Portugal, et la chance de tomber là, dans des mains ennemies.

Une autre idée l'occupa quelque peu : c'était l'occasion offerte d'un vaisseau américain alors à l'embouchure de la Gironde. Un des généraux qui lui étaient dévoués fit le voyage de Bordeaux, avec autant de secret que de rapidité, pour juger des motifs de confiance et des moyens de succès qu'on pouvait trouver là; et il rapporta l'assurance du zèle intelligent et passionné, que l'armateur américain était prêt à mettre dans une entreprise, qui lui serait glorieuse et qui charmerait son pays.

Mais, au moment où venait cette réponse, Napoléon, trompé sans doute par quelques conseils, et peut-être aussi par certaines illusions de raisonnement, qu'il se faisait à lui-même, songea sérieusement à se confier aux vaisseaux anglais. Des écrivains britanniques ont mis un grand prix à démontrer que ce parti de Napoléon ne fut déterminé ni par aucune promesse qu'on lui eût faite, ni par une libre volonté de sa part, et qu'en se remettant aux Anglais, il ne fit que céder à la nécessité et prévenir une coaction prochaine et irrésistible.

Il n'est pas douteux, en effet, que les dispositions déjà prises par le Gouvernement anglais, depuis ces retards et ces refus des passe-ports négociés avec le duc d'Otrante, jusqu'aux ordres qui bloquèrent absolument Rochefort, ne laissaient presque aucun espoir de libre passage en Amérique. D'autres ordres, de la même date, divulgués depuis, nous apprennent que le siége, formé autour de l'île d'Aix, ne se serait pas borné longtemps à intercepter la sortie du port, et à guetter la proie.

Le 13 juillet 1815[1], lord Castlereagh écrivait à l'amiral sir Hotham, commandant la Croisière, de partir du cap Finistère et de diriger une portion de ses forces contre les deux frégates françaises stationnées à l'île d'Aix, sauf à informer d'abord le gouverneur de l'île que les Anglais agissaient ainsi, en qualité d'alliés du roi de France, et à rendre cet officier responsable de la défense qu'il pourrait faire et du feu qui partirait de ses batteries.

Napoléon, quoique dans l'ignorance d'une intention si notoirement hostile, éprouvant de toutes parts une impuissance égale, soit de rentrer à Rochefort et de se rejeter en France, soit de forcer le passage, soit de se dérober nuitamment, soit de rester amarré à l'île d'Aix, tenta, le 10 juillet, par des intermédiaires, une première négociation avec le Capitaine du vaisseau de guerre le *Bellérophon*. Les envoyés étaient le général Savary, et le comte de Las-Cases, d'une fidélité devenue si justement historique. Leur but ostensible était la demande d'un *Sauf-conduit*, que Napoléon, disaient-ils, attendait toujours du Gouvernement anglais. La première question mise en avant était, « si le passage serait

---

[1] *Life of Napoleon Buonaparte*, etc., v. IX, p. 91.

« laissé sans obstacle aux deux frégates, l'une ayant Na-
« poléon à son bord ; ou, si lui-même pourrait passer
« personnellement, sous pavillon neutre ? » Le capitaine
Maitland déclara : « Qu'il ne pouvait permettre à aucun
« vaisseau armé de s'avancer en mer, sortant des eaux
« de Rochefort. Il était également hors de ses pouvoirs,
« disait-il, de laisser, sans une autorisation de son supé-
« rieur l'amiral Hotham, l'Empereur partir sur un vais-
« seau appartenant à des neutres. » Seulement, il offrait
d'écrire immédiatement à l'Amiral ; et d'accord avec les
deux envoyés, il écrivit en effet aussitôt, pour annoncer la communication qu'il avait reçue et demander des
ordres.

Le général Savary et le comte de Las-Cases prolon-
gèrent l'entretien, affectant de redire au Capitaine anglais combien le projet de retraite de Napoléon était
cette fois sincère, irrévocable, et combien l'intérêt de
l'Angleterre et de l'humanité serait de favoriser aujour-
d'hui son passage en Amérique. Dans la conversation, le
capitaine Maitland ne put s'empêcher, affirmait-il plus
tard, d'exprimer cependant un doute assez naturel : « Si
« le Gouvernement britannique était amené à accorder
« un passe-port pour l'Amérique [1], au général Buona-
« parte, quelle caution aurait-il contre son retour et
« contre le danger qu'il ne fut ramené, avec une grande
« guerre, d'un nouveau genre ? Les Américains, atta-
« qués chez eux, nous donnaient encore bien du mal,
« il y a six mois. »

Le général Savary, toujours d'après le même témoin,
répondit par une distinction entre la première et la

---

[1] *Life of Napoleon Buonaparte*, etc., v. IX, p. 62.

seconde abdication. « En 1814, l'éloignement de l'Em-
« pereur avait été machiné par les intrigues d'une fac-
« tion, à la tête de laquelle était Talleyrand. Le senti-
« ment de la nation n'avait pas été consulté : elle avait
« été prise au dépourvu, comme lui-même avait été
« renversé par trahison ; cette fois, au contraire, il a
« volontairement résigné le pouvoir. Il a senti que l'in-
« fluence qu'il avait eue sur le peuple français, lui
« échappait ; il n'a pas voulu lutter plus longtemps
« contre cet abandon ; et il aime mieux chercher une
« retraite aussi obscure qu'il soit possible pour lui,
« afin d'y vivre en paix, loin du trône qu'il a quitté
« sans regret, et qui n'aurait plus pour lui les mêmes
« conditions de grandeur. »

Ce fut alors que le capitaine Maitland laissa échapper
les paroles qui ont pu donner un grave prétexte au reproche de déloyauté, contre lequel il protesta toujours,
mais que la plainte de Napoléon, sans le rendre indubitable, doit rendre immortel : « S'il en est ainsi de ses
« dispositions, aurait dit cet officier, pourquoi ne pas
« demander un asile en Angleterre ? » Le général Savary répondit : « Qu'il y avait pour l'Empereur plu-
« sieurs raisons de ne pas souhaiter ce séjour : le climat
« est humide et froid ; le pays est trop voisin de France,
« et Napoléon serait là comme en expectative, au centre
« de tous les changements et de toutes les Révolutions
« qui pourraient arriver sur le Continent. Il est d'ail-
« leurs accoutumé à regarder les Anglais comme ses
« plus opiniâtres ennemis. » Et à cela Savary aurait
ajouté, d'une manière un peu crue, « qu'il y avait
« chez eux, en effet, bien des gens qui, dans leurs
« préjugés, faisaient de Napoléon un être malfaisant,

« une espèce de monstre, en dehors de l'humanité. »

Quoi qu'il en soit des autres détails de cet entretien, la question du capitaine Maitland reportée à Napoléon lui parut-elle une offre ? et, sous les anxiétés de sa situation, crut-il voir dans ce léger incident ce qui n'y était pas ? Il est certain que, dès le 13 juillet, sans avoir reçu de nouvel avis, et de réponse précise touchant la demande transmise du *Bellérophon* à l'amiral Hotham, Napoléon écrivit sa fameuse lettre au Prince Régent d'Angleterre.

Le lendemain 14, dès sept heures du matin, le comte de Las-Cases, en compagnie cette fois du général Lallemand, se fit de nouveau conduire près du capitaine Maitland, pour demander des nouvelles de la consultation faite la veille par cet officier, dans sa lettre à l'Amiral.

Le Capitaine, suivant l'apologie qu'il a publiée, se montra réservé, affirma « que, s'il avait reçu ré-
« ponse, il l'aurait aussitôt transmise, et qu'il ne
« fallait pas trop multiplier les visites, *sous pavillon de*
« *trêve*. »

L'entretien reprit cependant, après un déjeuner offert à bord ; et le comte de Las-Cases eut occasion de dire que l'Empereur, dans son vœu inquiet, pour épargner de nouveaux sacrifices de sang humain, s'en irait bien volontiers en Amérique par toute voie que voudrait autoriser le Gouvernement britannique, sur un vaisseau de guerre français, sur un vaisseau armé en flûte, sur un vaisseau marchand, ou même sur un vaisseau de guerre anglais. Le capitaine aurait alors répondu :
« Je n'ai pas d'autorisation, pour admettre aucun
« arrangement de cette nature; et je ne crois pas que

« mon gouvernement y consentît ; mais je puis, je le
« pense, aller jusqu'à recevoir Napoléon à mon bord,
« pour le transporter en Angleterre. Si cependant il
« adoptait cette idée, je ne saurais faire aucune pro-
« messe, quant à la réception qu'il pourra trouver,
« attendu que, même dans le cas proposé par moi,
« j'aurais agi sous ma propre responsabilité, et sans
« avoir la certitude que ma conduite dût obtenir l'ap-
« probation du Gouvernement britannique. »

En supposant la phrase de conversation du capitaine
Maitland aussi prudemment rédigée que ce *procès-
verbal*, qu'il en a dressé lui-même, à loisir, après l'événement, restait toujours, à côté de cette offre circons-
pecte de recevoir Napoléon à bord, cette autre phrase
cordiale du premier entretien : « Pourquoi ne pas de-
« mander un asile en Angleterre ? »

Mais il est vrai aussi que la chose, même spontanément offerte, devait paraître difficile et douteuse. Le
comte de Las-Cases, dans l'entretien du 14 juillet, revenant, comme il le raconte, sur cette idée de la veille,
avait rappelé l'exemple du séjour prolongé de Lucien
au même lieu. Mais Lucien, à cette époque, était un
disgracié, un banni de l'Empire, et non pas l'Empereur
lui-même. Il était recommandé à l'Angleterre surtout
par sa rupture avec le redoutable ennemi, qu'il s'agissait aujourd'hui d'accueillir en personne. Puis enfin, à
telle époque, ou à telle autre, qu'importait au monde la
résidence du prince Lucien ?

Au reste, à part les expressions plus ou moins avouées
du Capitaine anglais, il paraît certain que le comte de
Las-Cases, trop facilement persuadé, termina l'entretien du 14 juillet par ces mots : « Tout bien consi-

« déré, je fais peu de doute que vous verrez l'Empereur
« à bord du *Bellérophon*. »

En attendant, et dans la même journée, d'après un avis que le comte de Las-Cases, retourné à terre, reçut presque aussitôt du capitaine Maitland, le général Gourgaud, porteur de la lettre de Napoléon au Prince Régent d'Angleterre, fût mis à même de partir sur un des légers navires de la Croisière anglaise, *le Slaney*; et, le même jour, le capitaine Maitland adressait au premier lord de l'amirauté un rapport, en ces termes : « J'ai l'honneur de vous informer
« que le comte de Las-Cases et le général Lallemand
« sont venus aujourd'hui à bord du vaisseau, que je
« commande pour Sa Majesté, avec une proposition du
« comte Bertrand à moi, que je reçoive à bord Napo-
« léon Buonaparte, d'après son intention de se confier
« à la générosité du Prince Régent. Me considérant
« comme autorisé par ordre secret de leurs Seigneu-
« ries, j'ai accédé à la proposition; et il doit s'embar-
« quer à bord de ce vaisseau, demain matin.

« Pour qu'il ne puisse s'élever aucun malentendu,
« j'ai expressément et positivement expliqué au comte
« de Las-Cases, que je n'ai autorité quelconque, pour
« accorder des conditions d'aucune sorte. Le seul en-
« gagement que j'ai pris, c'est de transporter Napoléon
« et sa suite en Angleterre, pour être reçu de telle
« manière que Son Altesse royale jugera convenable. »

Ce rapport du capitaine Maitland, se référant à l'ordre secret d'intercepter, à tout prix, le passage de Napoléon et de saisir sa personne, n'eût pas sans doute rassuré les négociateurs du Conquérant vaincu, s'il eût été d'avance connu d'eux; et l'intention en est peu d'accord

avec la phrase non désavouée : « Pourquoi ne pas de-
« mander un asile en Angleterre? » La captivité,
sur un rocher lointain, n'est pas un asile dans la métropole. Mais, sans disculper la foi de l'officier anglais, il reste à dire que Napoléon de son côté se confia
facilement à des paroles un peu vagues, parce qu'il
n'avait plus d'autre issue que de se confier. La forme
même de sa lettre au Prince Régent n'invoque et ne
suppose aucune convention antérieure. C'est un pur
appel à une générosité, qui ne répondit pas.

« Altesse Royale, en butte aux factions qui divisent
« mon pays et à l'inimitié des plus grandes Puissances
« de l'Europe, j'ai terminé ma carrière politique ; et je
« viens, comme Thémistocle, m'asseoir au foyer du
« peuple britannique. Je me mets sous la protection
« de ses lois, que je réclame de Votre Altesse, comme
« du plus puissant, du plus constant et du plus géné-
« reux de mes ennemis. »

Cette lettre, confiée au général Gourgaud, qui, par
ordre du capitaine Maitland, était aussitôt dirigé vers
Londres sous pavillon anglais, paraît surtout écrite
pour la postérité et avec une intention marquée de grandeur antique. L'inégalité qu'elle établit entre les ennemis de Napoléon, la préférence d'estime, qu'elle réserve
au Prince Régent d'Angleterre, forme un curieux
contraste avec le langage ancien de l'Empire, et tant
d'outrageux reproches jetés à la perfide Albion et aux
manœuvres du Cabinet anglais. Mais cette fois Napoléon,
tout en s'adressant au Chef de l'État, croyait parler puissamment au peuple et réveiller, non pas dans l'*Opposition* seulement, mais dans toute la Nation anglaise, un
sentiment d'honneur légal et un scrupule du droit qu'il

n'attendait pas des Monarques absolus. C'était un hommage suprême, que ce grand Dominateur des hommes rendait à l'esprit de liberté. A tout prendre, il l'aimait mieux pour gardien que le Pouvoir absolu de son ancien ami, le Czar, ou même de son beau-père; et ce calcul, pour avoir été trompé, n'en était pas moins raisonnable.

Le 15 juillet, Napoléon, sans plus demander, sans plus attendre de garanties ou même d'explications personnelles, s'embarqua avec sa suite, sur un autre navire que les deux frégates affectées d'abord à son service, sur le brick français *l'Épervier,* en *Station* dans la *Rade* ; et il se dirigea vers le navire anglais *le Bellérophon.* Napoléon avait près de lui les généraux Bertrand, Savary, Lallemand, M. et Mme de Montholon avec leurs enfants, le comte de Las-Cases avec son jeune fils et près de cinquante officiers inférieurs ou domestiques. Le vent et la marée étant contraires, et le brick avançant avec peine, le capitaine Maitland envoya la chaloupe du *Bellérophon,* pour recevoir l'auguste passager et le transporter à bord.

A ce moment, où l'Empereur s'éloignait pour jamais de cette terre de France, sur laquelle il était rentré tant de fois, à la suite de merveilleux triomphes, ou à la sortie d'affreux désastres, on entendit des gémissements et des cris de *vive l'Empereur !* s'élever du brick français, qu'il venait de quitter. Le général Becker, qui jusque-là n'avait cessé de l'accompagner, s'était préparé à le suivre encore, dans la chaloupe anglaise. Ce fut alors que Napoléon lui dit, en lui touchant la main :
« Retirez-vous, Général; il ne faut pas que vous alliez
« plus loin. Je ne veux pas qu'on puisse croire, qu'un
« Français soit venu me livrer à mes ennemis. » Paroles

attestées souvent, et qui semblent prouver que Napoléon n'était pas, à ce moment même, aussi confiant et aussi trompé qu'il s'est plaint de l'avoir été !

Le général obéit. Sa mission était achevée, sans qu'il en ait eu lui-même complétement le secret. Il n'avait plus d'ordres, au delà du cercle de la Croisière anglaise ; et l'influence intérieurement ennemie qui, d'accord avec l'Étranger, avait épié et pressé tous les pas de Napoléon, depuis son retour de Belgique, n'avait plus rien à faire. La dette était acquittée, et la dernière, la plus grande dépouille de Waterloo recueillie par les Anglais.

La honte, sinon de la perfidie, de l'impuissance du moins, restait à ceux qui s'étaient engagés publiquement à stipuler l'inviolabilité personnelle de Napoléon ; la faute était à lui-même, s'il avait cru à cette promesse. Mais, il est plus vraisemblable que tombé de si haut, après de si grands retours de fortune, la lassitude de lutter plus longtemps l'avait pris, et qu'il se livrait sciemment aux mains qu'il voyait inévitables, tout en affectant de se croire libre encore.

C'est ainsi qu'au moment où il mettait le pied sur le navire anglais et y était reçu avec respect, mais sans les saluts extraordinaires qui accueillent un Souverain, le capitaine Maitland s'étant avancé vers lui, il dit à cet officier, d'une voix haute : « Je viens me placer sous la « protection de votre Prince et de vos lois. » Ces paroles, si remarquables par le contraste du passé, parurent aux spectateurs accompagnées de tout ce qu'il peut y avoir de séduction dans la dignité la plus imposante.

Le lendemain au point du jour, le *Bellérophon*, emportant sa proie sans égale, mit à la voile, pour conduire

Napoléon en vue de cette Angleterre, qu'il avait projeté d'envahir, dont il avait rencontré partout en Europe l'opiniâtre hostilité, et qu'il demandait maintenant pour asile. Voguant, sous pavillon ennemi, vers un port inconnu, le grand Captif paraissait calme et serein. Là, comme ailleurs, il examinait tout de son pénétrant coup d'œil, et semblait passer une inspection de Marine, à bord d'un vaisseau de guerre anglais. Debout quelques heures de la journée sur le grand pont, attentif au détail de la manœuvre, à la tenue de l'équipage, dont il admirait l'ordre et le silence, il causait, au milieu de ses suivants fidèles, avec le capitaine Maitland, et parfois quelques-uns des principaux officiers, que charmaient son abord et ses paroles.

Avec le capitaine Maitland surtout, il avait presque une affectueuse confiance, lui parlant de l'Impératrice et de son fils, se plaignant d'en être séparé, et lui montrant leurs portraits, non sans verser quelques larmes. La traversée fut assez lente. Le 23 juillet, on longeait devant la côte de Bretagne le promontoire d'Ushant. Napoléon demeura ce jour-là longtemps sur le tillac, les yeux tournés vers le rivage français et ne parlant pas. Le 24 juillet, à la pointe du jour, le *Bellérophon* était en avant de Darmouth ; et Napoléon fut frappé d'abord de l'aspect hardi de la côte, et, quand le vaisseau toucha Torbay, de la beauté du paysage. « Cela, dit-il, « me rappelle Porto-Ferrajo, dans l'île d'Elbe. » Singulier rapprochement, qui semblait lui remettre sous les yeux, avec un regret, sa petite et dérisoire Souveraineté, au moment où se préparait au loin son étroite prison !

Le général Gourgaud, parti neuf jours auparavant avec la lettre au Prince Régent, avait mission d'exprimer verbalement au Prince et à ses Ministres que le vœu de Napoléon serait de pouvoir habiter quelque district d'un comté d'Angleterre, et d'y vivre dans la retraite et l'étude, sous le nom du colonel Duroc. Mais ce projet, cette prétention à une obscurité impossible, et, d'autre part, cette hospitalité confiante demandée au gouvernement britannique, tout cela ne pouvait paraître sérieux et praticable aux politiques accoutumés à chercher sur leur libre sol, dans la sanction temporaire de l'*alien-bill*, une sauvegarde préventive contre des invasions de l'esprit révolutionnaire, moins redoutables que le nom et surtout que la présence de Napoléon.

Une convention d'ailleurs allait être signée entre les Puissances coalisées touchant l'ex-Empereur; et elle confiait à l'Angleterre la part principale d'exécution, dans la vengeance ou plutôt dans la précaution commune.

Arrivé promptement à terre, et aussitôt acheminé vers Londres, le général Gourgaud n'avait pas été reçu par le Prince Régent, et n'obtenait pas de réponse au message verbal, dont il était chargé : la réponse fut dans les actes.

A peine le *Bellérophon* eut-il jeté l'ancre à Torbay, qu'il survint un ordre de l'amiral Keith et d'autres instructions interdisant toute communication avec le rivage et prescrivant que personne ne fût reçu à bord du vaisseau.

Le 26 juillet, un autre ordre dirigea le *Bellérophon* sur Plymouth.

Là, comme on peut le croire, il ne fut pas permis à

Napoléon, malgré ses vives instances, de mettre pied à terre, ni de se montrer sur la rade, où s'étaient amassées des foules immenses, dans la plus grande agitation de curiosité qui, jamais peut-être, ait remué le fond du peuple anglais. Seulement quelques journaux arrivaient à bord du *Bellérophon*; et on y lisait, comme bruit public, la nouvelle que Buonaparte ne serait pas autorisé à descendre à terre, mais qu'il allait immédiatement être conduit à Sainte-Hélène, pour y être détenu prisonnier de guerre.

Napoléon parut agité de cette annonce ; et il exprima le désir de voir l'amiral Keith, dont le neveu, le capitaine Elphinston, blessé et pris à Waterloo, avait reçu de l'Empereur, dans la bataille même, quelques marques d'attention bienveillante, que l'amiral avait témoigné ressentir avec reconnaissance. L'entrevue désirée eut lieu dès le 28 juillet, mais sans autre résultat qu'une courtoisie réciproque. L'amiral Keith n'était pas dépositaire de l'ordre déjà connu ; et, dans aucun cas, il ne pouvait en déterminer le changement ou le retard.

Pendant ce stérile entretien, la frénésie de curiosité populaire multipliait les tentatives, pour arriver jusqu'au *Bellérophon* et entrevoir le monarque prisonnier. Une foule de barques étaient à la mer et avançaient de toutes parts, dépassant çà et là, malgré la garde des chaloupes armées, l'intervalle de la longueur d'un câble, distance à laquelle il était prescrit de se tenir loin du grand vaisseau. Des coups de feu même furent tirés des sabords, pour éloigner ces importuns visiteurs. Napoléon, ayant paru quelques moments sur le pont, fut salué, de tous les bateaux, par mille acclamations d'admirateurs inconnus, auxquels il répondit, en s'in-

clinant, « étonné, disait-il, de tant d'intérêt pour
« lui, dans cette foule étrangère. » Mais cela même ne
pouvait que confirmer l'invariable décision déjà publique, avant d'être notifiée, et sur laquelle l'amiral Keith
n'avait voulu ni compléter ni tromper la crainte de
Napoléon, sa déportation à Sainte-Hélène, dans le lieu
de sûreté le plus lointain et le plus destructeur, celui
auquel on songeait, à Vienne, même avant le 20 mars.

La perspective de cette prison transatlantique était
donc déjà familière à Napoléon; elle avait été un des
stimulants secrets de son évasion de Conquête sur la
France.

Quatre mois plus tard, et dans l'intervalle, tant de
milliers d'hommes ayant péri, la même pensée de précaution était reprise et s'achevait cette fois. Surprit-elle
Napoléon, autant qu'elle l'indigna? Lui semblait-il, au
fond de l'âme, qu'en pleine liberté et avec une confiance
lâchement déçue, il s'était livré par préférence à la foi
britannique? Il y a doute pour nous.

Dans l'extrémité où ses désastres de guerre l'avaient
réduit, devant la défiance indocile, ou même l'hostilité directe des forces *révolutionnaires* qu'il avait
un moment suscitées, dans l'abandon d'une partie
de ses Généraux, et la trahison intérieure d'une partie
de son Conseil, Napoléon, investi de toute part, avait-il pensé qu'il lui était loisible de se faire à volonté
l'hôte inviolable d'une des grandes Puissances, ses
ennemies?

L'Angleterre a soutenu qu'elle avait usé contre Napoléon sans générosité, mais sans perfidie, des privilèges du Droit de la guerre. Elle prit à sa garde le
vaincu, moins encore parce qu'elle avait le plus contri-

bué au succès de la bataille suprême, que parce que ses flottes et ses possessions lointaines promettaient de fournir la meilleure surveillance et la plus insurmontable prison.

Napoléon affecta d'en juger autrement, et de se dire victime d'un manque de foi, et frauduleusement attiré dans un piége, qu'il aurait pu fuir ; il prit ce rôle et ce langage, afin de jeter, du haut de son malheur, une flétrissure à son ennemi. Ce fut le 31 juillet que commença, devant le monde et l'histoire, cette plainte plus dramatique peut-être que sincère. La veille au soir, un des sous-secrétaires d'État, sir Henry Bunbury, était arrivé à Plymouth, porteur de l'ordre du Gouvernement britannique. Le lendemain, avec lord Keith et le secrétaire de cet amiral, il s'était rendu à bord du *Bellérophon;* et, reçu par l'ex-Empereur, lui avait donné lecture en français d'une lettre du premier Lord de l'amirauté, portant, dans sa teneur principale[1], « qu'il serait contraire aux
« devoirs des Ministres britanniques envers leur auguste
« Souverain et envers ses alliés, de laisser au général
« Buonaparte les moyens et l'occasion de troubler encore
« la paix de l'Europe ; qu'en conséquence, l'île Sainte-
« Hélène était choisie pour sa future résidence ; qu'elle
« était choisie pour cet usage, parce que la situation du
« lieu permettait qu'il y jouît de plus de liberté qu'on
« ne pourrait lui en accorder ailleurs, avec le même
« degré de sécurité.

« Qu'à l'exception des généraux Savary et Lallemand,
« le général Buonaparte pourrait faire choix de trois
« officiers supérieurs, pour l'accompagner à Sainte-Hé-

---

[1] *Life of Napoleon Buonaparte*, etc., vol. IX, p. 78.

« lène; qu'une suite de douze domestiques lui serait
« également accordée; que les personnes autorisées à
« l'accompagner seraient sujettes à certaines restric-
« tions, et ne pourraient avoir la liberté de quitter l'île,
« sans l'approbation du Gouvernement britannique. »

Enfin il était annoncé « que l'amiral sir John Cock-
« burn, nommé au commandement supérieur du cap de
« Bonne-Espérance, serait immédiatement prêt à met-
« tre à la voile, pour conduire le général Buonaparte à
« Sainte-Hélène, et que dès lors il était désirable que
« le général fît choix, sans délai, des personnes qui de-
« vaient former sa suite. »

Napoléon, qui d'abord avait reçu avec la dignité la plus calme les trois délégués anglais, écouta cette lecture, sans interruption et sans la moindre émotion apparente.

Interrogé[1] s'il avait quelques observations à faire, il prit la parole sur un ton de tranquillité et même de douceur, déclarant qu'il protestait solennellement contre les ordres, dont lecture venait de lui être donnée; que le Ministère anglais n'avait pas le droit de disposer de lui, en la manière indiquée; qu'il faisait appel au peuple anglais et aux lois du pays, et qu'il demandait, devant quel tribunal, il devait porter cet appel. « Je suis venu,
« dit-il alors d'une voix plus animée, me remettre vo-
« lontairement à la générosité de votre Nation. Je ne
« suis point un prisonnier de guerre ; et si je l'étais,
« j'ai le droit d'être traité conformément à la loi des
« nations; mais je suis venu vers ce pays, comme pas-
« sager à bord d'un de vos vaisseaux, après une négo-

---

[1] *Life of Napoleon Buonaparte*, etc., vol. IX, p. 79.

« ciation préalable avec le commandant. S'il m'avait dit
« que je serais prisonnier, je n'aurais pas voulu venir.

« Je lui fis demander s'il voulait me recevoir à bord,
« et me transporter en Angleterre. L'*amiral* Maitland
« répliqua qu'il avait reçu, soit que le fait fût exact, soit
« qu'il le prétendît, des ordres particuliers de son Gou-
« vernement relatifs à moi. C'était donc un piége qui
« m'était tendu. Je vais à bord du navire anglais, comme je
« serais entré dans une ville d'Angleterre : un vaisseau,
« un village, c'est même chose. Quant à l'île Sainte-
« Hélène, ce serait mon arrêt de mort. Je demande
« à être reçu citoyen anglais. Combien d'années faut-il
« pour donner droit d'être naturalisé ? »

Sir Henry Bunbury répondit qu'il croyait quatre an-
« nées nécessaires. Bien ! reprit Napoléon. Que le Prince
« Régent, durant ce laps de temps, me mette sous telle
« surveillance qu'il jugera convenable ! Qu'il me fasse
« placer dans une maison de campagne, au centre de
« l'île, à trente lieues de tout port de mer ; qu'il prépose
« un officier, spécialement délégué auprès de moi, pour
« examiner ma correspondance et inspecter mes actions,
« — ou, si le Prince Régent voulait exiger de moi une
« parole d'honneur, je pourrais bien la donner. — Je
« jouirais alors d'un certain degré de liberté person-
« nelle ; et je me livrerais librement à l'étude.

« — Quant à Sainte-Hélène, je ne pourrais y vivre
« trois mois : ce séjour serait mortel à ma constitution. Je
« suis habitué à faire vingt milles à cheval, par jour. Que
« deviendrais-je sur ce petit rocher, au bout du monde ?
« Non ; Botany-Bay vaut mieux que Sainte-Hélène. Je pré-
« fère ma mort au séjour de Sainte-Hélène. Et quel bien
« peut vous faire ma mort ? Je ne suis plus un Souverain.

« Quel dommage peut résulter de mon existence, comme
« personne privée, et sous telle restriction que le gou-
« vernement jugerait convenable [1] ? »

Transcrites littéralement des notes officielles du sous-secrétaire d'État anglais, ces paroles semblent authentiques et ont parfois la forme originale du génie qui les laissait échapper. Quelques-unes étonnent et affligent cependant. Napoléon a-t-il pu jamais aspirer au titre de citoyen anglais et questionner sur la durée du temps d'épreuve exigé pour y parvenir? A-t-il fait ce sarcasme contre sa gloire et sa destinée? S'il faut le croire, ce fait seul, rapproché de tant d'expressions de ses discours publics et de tant d'actes de son règne, ne sera pas la moins étrange contradiction de sa vie.

Napoléon, suivant le même procès-verbal ennemi, raisonna longtemps encore sur le choix qu'il avait fait d'un navire britannique, sur la marque de libre préférence qu'il avait donnée, en se confiant à la nation anglaise : « Autrement, disait-il, pourquoi ne me serais-je
« pas adressé à mon beau-père, ou à l'empereur Alexan-
« dre, qui est mon ami personnel? Nous sommes devenus
« ennemis, parce qu'il lui fallait annexer la Pologne à ses
« États, et que ma popularité, parmi les Polonais, était en
« travers de sa route. Mais, hors cela, il était mon ami; et
« il ne m'aurait pas traité, comme on le fait. Si votre gou-
« vernement agit ainsi, il vous déshonorera aux yeux de
« l'Europe. Votre propre Nation blâmera cette conduite.
« Et d'abord, vous ne savez pas le sentiment que ma
« mort soulèvera en France et en Italie. A présent, on
« a dans ces contrées grande opinion de l'Angleterre.

---

[1] *Life of Napoleon Buonaparte*, etc., vol. IX, p. 81.

« Si vous me tuez, cette opinion sera détruite. — Qu'y
« avait-il, pour me forcer à la démarche que j'ai faite?
« Le drapeau Tricolore flottait encore à Nantes, à Bor-
« deaux et à Rochefort. L'armée n'avait pas encore fait
« sa soumission; ou même, si j'avais pris le parti de me
« rejeter en France, qu'est-ce qui pouvait m'empêcher
« d'y rester caché plusieurs années, dans les rangs du
« peuple qui m'est si dévoué? »

Il revint encore sur la négociation particulière qui avait précédé son entrée à bord du *Bellérophon,* sur les honneurs qui lui avaient été rendus par le Commandant de ce navire et par l'amiral Hotham, qu'il avait une fois visité, dit-il, en acceptant un déjeuner à bord du *Superbe.* « Et tout cela, murmura-t-il amèrement, n'était qu'un
« piége préparé pour moi. Quelle honte à l'Angleterre! »

Puis, réitérant son affirmation, qu'il s'était par choix, et de plein gré, mis dans les mains de son plus ancien ennemi : « Souvenez-vous, dit-il avec hauteur, de ce que
« j'ai été, et quelle place j'ai tenue parmi les Monarques
« de l'Europe. Celui-ci briguait mon appui; cet autre
« me donnait sa fille. Tous recherchaient mon amitié.
« J'étais l'Empereur reconnu par toutes les Puissances
« de l'Europe, hormis l'Angleterre; et elle-même m'a-
« vait auparavant reconnu, comme premier Consul.
« Votre Gouvernement n'a pas le droit de m'appeler le
« général Buonaparte; » et marquant du doigt cette expression, dans la lettre de lord Melville, il ajoutait : « Je
« suis Prince et Consul; et je devrais être traité comme
« tel, s'il y a un traitement pour moi. Quand j'étais à
« l'île d'Elbe, j'étais aussi bien Souverain, dans cette île,
« que Louis XVIII, sur les côtes de France. Nous avions
« nos pavillons respectifs, nos vaisseaux, nos troupes.

« Les miennes, il est vrai, ajoutait-il avec un sourire,
« étaient sur une plus petite échelle. J'avais six cents
« soldats; il en avait deux cent mille. Finalement, je
« lui ai fait la guerre. Je l'ai défait et détrôné. Il n'y
« avait pas là motif de me priver de mon rang, comme
« un des Souverains de l'Europe. »

Durant cette plaidoirie extraordinaire, dont quelques traits ont pu être mal saisis ou surchargés, mais qui certainement porte plus d'une empreinte du génie sophistique se débattant contre la force, que le génie guerrier n'avait pu vaincre, le sous-secrétaire d'État et l'Amiral parlaient peu, s'abstenaient de répliquer, alléguant qu'ils n'étaient pas autorisés à entrer en discussion, et que leur devoir unique était de faire connaître au Général les intentions du Gouvernement, et de transmettre sa réponse, s'il les en chargeait.

A cela, il redit encore plusieurs fois que sa détermination était de ne pas aller à Sainte-Hélène, et son vœu d'être autorisé à demeurer en Angleterre. Sir Henry dit alors de nouveau qu'il était certain que Sainte-Hélène avait été choisie, parce que la situation du lieu offrait, pour l'exercice du corps et pour toutes autres tolérances, plus de facilités qu'il ne pourrait en être accordé, sur quelque point que ce soit de la Grande-Bretagne. « Non,
« non, reprit Napoléon avec feu; je n'irai pas là. Vous ne
« voudriez pas y aller, vous, Monsieur;.... ni vous My-
« lord, en s'adressant à lord Keith. »

L'Amiral s'inclina et répondit « qu'il y était déjà allé
« quatre fois. » Napoléon protesta derechef, et contre la détention, et contre l'envoi à Sainte-Hélène. « Je
« ne suis pas un hercule, dit-il avec un sourire; mais
« vous ne me conduirez pas à Sainte-Hélène. Je préfère

« la mort, ici même. Vous m'avez trouvé libre ; laissez-
« moi m'en retourner ; remettez-moi où j'étais ; sinon,
« laissez-moi passer en Amérique. » Et il insistait sur
son intention de mourir, plutôt que d'aller à Sainte-
Hélène, ajoutant « qu'il n'avait pas grand motif de
« souhaiter la vie. »

Puis, comme pour résumer le désordre de cet entretien, il demanda gravement à l'Amiral de ne point
faire un pas de plus, pour sa translation sur le *Northumberland*, avant que le Gouvernement ne fût informé de ce qu'il avait dit, et n'ait fait connaître une
décision dernière. En même temps, il pria sir Henry de
communiquer sans délai sa réponse, « s'en remettant à
lui, dit-il, pour la forme à y donner. » Après quelques
vives paroles et quelques silences, il dit encore « que son
« espoir avait été de descendre à terre et de s'établir dans
« le pays, avec un Commissaire chargé de l'accompa-
« gner, désignation qui lui serait fort utile, pendant un
« an ou deux, pour l'avertir de ce qu'il aurait à faire.
« Vous pouviez, dit-il, choisir quelque homme respec-
« table. L'armée anglaise doit compter des officiers dis-
« tingués par la probité et l'honneur ; et vous n'auriez
« pas mis près de moi quelque personnage intrigant,
« voulant jouer le rôle d'espion, et faire des cabales. »

Tantôt impétueux et amer, tantôt séduisant de douceur et presque de bonhomie, le monologue de Napoléon avait enfin cessé ; et les deux délégués anglais
étaient sortis de la présence de l'auguste captif. Quelques moments après, il fit appeler lord Keith, dont il
semblait attendre davantage ; et il ouvrit un nouvel
entretien, en demandant à l'amiral son avis personnel
sur la conduite que lui, Napoléon, devait tenir.

Lord Keith répondit, avec le flegme anglais, qu'il était un officier, qu'il avait rempli sa charge, et laissé copie de ses Instructions, et que s'il semblait nécessaire de recommencer la conférence, il fallait y appeler sir Henry Bunbury. Napoléon répliqua qu'il n'en était pas besoin. « Pouvez-vous seulement, dit-il, d'après ce qui « vient de se passer, me garder ici jusqu'à ce que je « reçoive des nouvelles de Londres ? » Lord Keith répondit « que cela dépendrait surtout des Instruc- « tions apportées par l'autre amiral, et dont il n'avait « pas connaissance. » « Y a-t-il quelque Tribunal, « reprit Napoléon, auquel je puisse m'adresser ? » Lord Keith répondit « qu'il n'était pas jurisconsulte, mais « qu'il croyait que nul Tribunal semblable n'existait. « Il était sûr seulement, ajoutait-il, qu'il y avait de la « part du Gouvernement anglais toute disposition à « rendre la situation de Napoléon aussi favorable que « le permettait la prudence. » « Comment cela ? » s'écria Napoléon, en prenant vivement la copie des instructions sur la table ; « comment cela ? » Lord Keith répliqua que la destination prescrite valait mieux que d'être emprisonné, dans un plus étroit espace, en Angleterre, ou envoyé soit en France, soit peut-être en Russie. « — En Russie ! Dieu m'en garde ! » s'écria Napoléon.

Quelque partialité qu'on puisse supposer dans ce compte rendu des paroles de Napoléon, n'ayant pour auditeurs que des ennemis, on doit rappeler[1] que ceux-ci demeuraient frappés de sa dignité calme, et de l'imposante douceur de ses traits et de ses manières, durant un débat si pénible et si désespérément inutile.

[1] *Life of Napoleon Buonaparte*, etc., v. IX, p. 90.

Seulement, ils soupçonnaient, en l'écoutant, la sincérité de son indignation : ils le croyaient, à ce moment même, un grand acteur et un diplomate épuisant tous les efforts d'adresse, pour conjurer un dénoûment qu'il avait prévu, et qu'il finirait par subir.

Quoi qu'il en fût de cette opiniâtre lutte et de la muette persistance du Gouvernement britannique, le retard qu'avait souhaité Napoléon se prolongea quelques jours. Ils furent consumés d'une part en spectacles d'affluence inouïe sur la plage et dans la rade, et de l'autre, en explications, à bord du *Bellérophon*.

Par moments, un millier de barques couvraient la mer, dans le cercle du grand navire à l'ancre; et elles n'étaient pas sans peine tenues, par une garde vigilante, à trois cents verges de distance. L'inquiétude s'accroissait avec la durée même de cette épreuve, par les refus réitérés de Napoléon et les menaces de son suicide échappées au désespoir des siens. Deux frégates anglaises de plus avaient été appelées, comme auxiliaires, autour du *Bellérophon;* et partout, à bord, les sentinelles étaient triplées, le jour et la nuit.

Un incident assez étrange, tel que les habitudes légales de l'esprit anglais pouvaient seules le rendre vraisemblable, vint ajouter aux anxiétés de cette surveillance. Une feuille publique avait annoncé que la liberté personnelle de Napoléon serait réclamée par une sommation juridique, en vertu de l'acte d'*Habeas corpus*, et qu'on le ferait descendre à terre, pour le jugement du cas. On oubliait que la puissance de cette revendication, si ancienne et si effective dans la loi anglaise, ne s'applique pas à un étranger, et moins encore à un prisonnier de guerre, tel que l'était Napoléon, sinon par le droit, certainement par le fait et par la prétention de l'orgueil britannique.

Rien de semblable n'était donc essayé, ni possible. Mais un autre effort de chicane libératrice fut tenté en faveur du héros captif, au moins par la curiosité de le voir de plus près. Un Anglais, placé sous l'inculpation *de libelle* contre un officier de la flotte, imagina de citer Napoléon et de le faire intervenir dans son procès comme témoin à entendre, sur des faits et usages de la Marine française. La citation était adressée, et devait être remise à l'amiral lord Keith, comme détenteur actuel de la personne de Napoléon. Mais l'aventureux huissier qui s'était chargé de ce message, monté sur une barque pour l'exécuter, ne put ni franchir la barre de surveillance posée en deçà du *Bellérophon*, ni joindre, à force de rames, la chaloupe de lord Keith, qu'il vit s'éloigner par un autre côté, pour regagner son vaisseau amiral. L'esprit anglais s'occupa quelque temps de ces petits intermèdes de comédie légale, mêlés au cinquième acte de cette grande destinée près de finir. Au fond, ni dans les lois britanniques, ni dans la passion même des Whigs les plus avancés, il n'y avait d'arme préparée, pas plus que de vœu sincère à l'appui de la liberté de Napoléon. Personne, au fond, n'eût voulu la cautionner. Pour tous, la peur de son génie rendait irrésistibles les motifs de sa captivité.

Lui-même cependant, à cette époque, et plus tard encore se fit illusion sur la puissance de cet intérêt populaire ou de ces réclamations de principes qu'entretenait son nom, et que réveillèrent parfois ses plaintes, transmises du rocher de Sainte-Hélène aux salles de Westminster. Et ce n'est pas là le moins grand contraste, la moins instructive leçon de sa prodigieuse histoire, que d'avoir vu ce maître si absolu, ce despote de nature et d'habitude, cet infracteur de tout droit public, cet intraitable ennemi des libertés civiles chercher, dans son extrême malheur, le pays si longtemps hostile et odieux pour lui, où subsistent les meilleures garanties de ce droit et de ces libertés, s'y confier de préférence à tout autre pays, et s'exagérer à soi-même la sauvegarde qu'il en attendait.

Quelle qu'ait été la part de cette vaine espérance, dans le refus d'abord si opiniâtre de se laisser conduire à Sainte-Hélène, la résistance de Napoléon parut céder, au bout de quelques jours. On avait désarmé les officiers de sa suite. Lui-même, à qui on n'avait pas retiré son épée, était obsédé d'une perpétuelle surveillance. Il en souriait parfois, avec dédain : et malgré certaines paroles ambiguës qui lui échappaient, et ce qu'il dit à Las-Cases[1], sur la pensée d'*une mort romaine*, il ne paraît pas que la manière dont Brutus, Cassius ou Caton échappèrent à leurs ennemis, l'ait jamais tenté. A suivre son histoire, à chercher dans ses paroles ce qu'on peut deviner de son âme, on croira qu'il était dans cette indomptable nature et dans cette puissante imagination d'attendre tout de l'avenir, de ne s'abattre même sous l'excès du malheur, que pour se relever par l'espérance, et se refaire à soi-même incessamment un rêve de grandeur, dans les chances mobiles du temps !

Après quelques jours donc de débats, de récriminations, de refus réitérés, tandis qu'autour de lui se multipliaient les dits et les contredits, sur le procédé plus

---

[1] *Life of Napoleon Buonaparte*, etc., v. IX, p. 95.

ou moins sincère du capitaine Maitland, qui, s'il n'a pas trompé Napoléon, certainement, du moins, ne l'a pas assez averti, tout à coup la volonté soulevée de l'auguste captif parut tomber et se soumettre. Il donna lui-même la première marque de ce changement, par le désir exprimé de pouvoir comprendre au nombre des personnes qu'il emmènerait avec lui le chirurgien anglais O'Méara, attaché à l'équipage du *Bellérophon*. Bientôt les autres dispositions, pour le départ sans retour de Napoléon, furent prises avec le même calme, et sans plus d'efforts.

Ce changement doit s'expliquer, sans doute, par la connaissance du Traité[1] signé le 2 août à Paris, et réglant, d'un commun accord avec les grandes Puissances, la captivité et la surveillance du général Buonaparte dans une des colonies de l'Empire britannique. Le Parlement anglais, prorogé dès le 12 juillet, au milieu de félicitations triomphales, pour ne reprendre ses séances que le 22 août, entendit sans doute à cette époque et plus tard, quelques amères récriminations et aussi quelques nobles paroles sur les sévérités réservées à l'homme, qu'avaient reconnu tous les Souverains du Continent, et qui longtemps avait parmi eux tenu la première place. Mais, à relire aujourd'hui ces protestations généreuses, on sent qu'il y manque la vérité de l'indignation et le vœu même du succès qu'on réclame; c'est, pour ainsi dire, une aumône que la liberté jette au Despotisme vaincu. Il en fut de même de quelques cris de colère poussés dans les journaux anglais. On les lut, et on passa outre; une nécessité plus forte

---

[1] *The parliamentary debates*, etc., v. XXXI, p. 236.

un instinct de prudence, reconnu par les politiques et senti de la foule, rendait vain tout ce bruit et entraînait invinciblement les précautions qui pouvaient seules rassurer les Rois et les Peuples.

Napoléon, encore en vue de l'Angleterre, où, dans son malheur pas plus que dans sa puissance, il ne lui était donné de descendre, reçut, le 4 août, l'avis qu'il serait le lendemain transféré sur le navire le *Northumberland*, pour être conduit à Sainte-Hélène. Ce fut alors qu'il écrivit, dit-on, au Prince régent d'Angleterre, une lettre qui n'a pas été connue : puis, sans renouveler les menaces et les déclarations de résistance, dont il avait semé ses entretiens, il résuma, dans un acte de protestation, ce qu'il voulait persuader au monde.

Dans cet acte qui fut remis directement à lord Keith, par M. de Las-Cases : « Je proteste solennellement « ici, disait-il, à la face du ciel et des hommes, contre « la violence qui m'est faite, contre la violation de « mes droits les plus sacrés, et l'emploi de la force, « pour disposer de ma personne. Je suis venu libre- « ment à bord du *Bellérophon;* je ne suis pas le pri- « sonnier, je suis l'hôte de l'Angleterre. Je suis venu, « à l'instigation du Capitaine, qui a dit avoir des ordres « de me recevoir à bord, et de me conduire en Angle- « terre, avec ma suite, si cela m'était agréable. Je me « suis présenté de bonne foi. Assis à bord du *Belléro-* « *phon,* j'étais sur le foyer du peuple anglais.

« Si le Gouvernement, en donnant l'ordre au Ca- « pitaine de me recevoir, ainsi que ma suite, n'a voulu « que me tendre une embûche, il a forfait à l'honneur « et flétri son pavillon. Si cet acte se consommait, c'est « en vain que les Anglais voudraient parler désormais

« de leur loyauté, de leurs lois et de leur liberté. La foi
« britannique aura péri dans l'hospitalité du *Belléro-*
« *phon.* J'en appelle à l'histoire : elle dira qu'un ennemi,
« qui fit vingt ans la guerre au peuple anglais, vint
« librement, dans son infortune, chercher un asile sous
« ses lois. Quelle preuve plus éclatante pouvait-il vous
« donner de son estime et de sa confiance ? Mais com-
« ment répondit-on, en Angleterre, à une telle magna-
« nimité ? On feignit de tendre une main hospitalière à
« cet ennemi ; et quand il se fut livré, on l'immola.

« A bord du *Bellérophon,* 4 août 1815.

« NAPOLÉON. »

Cette réclamation de celui qui tant de fois avait étouffé par la force le droit et la prière, ne fut écoutée de personne ; elle allait seulement commencer le long amas de griefs et de plaintes contentieuses, dont Napoléon devait remplir une partie de ses amers loisirs, sous le ciel monotone et consumant du Tropique.

Le 7 août enfin, l'exilé de l'Europe, traversant avec les honneurs militaires le pont du *Bellérophon*, pour descendre dans la barque de lord Keith, fut conduit et reçu, avec les mêmes honneurs, sur le vaisseau amiral le *Northumberland* ; et le lendemain, il était emporté, sur l'Océan, pour la lointaine prison que lui destinait une inflexible crainte.

CHAPITRE DERNIER

On dit que, passant à la hauteur du cap de la Hogue, et reconnaissant à l'horizon les côtes de la France, il les salua de loin, en étendant ses mains vers elles, et s'écria : « Adieu, terre des braves, adieu, chère France; « quelques traîtres de moins, et tu serais encore la « grande nation et la maîtresse du monde. » C'était méconnaître étrangement la nature humaine et l'histoire, que de faire une si grande part à la trahison, et que d'attribuer à l'infidélité ou aux embûches de quelques hommes la ruine de cette grandeur prodigieuse née des circonstances et du génie. Cela n'était pas vrai, même du second Empire, à la chute duquel la trahison aida sans doute quelque peu, surtout après les revers advenus et les fautes commises : et cependant, ce second Empire n'était qu'une image et une ombre du premier, n'ayant ni sa réalité puissante, ni ses illusions glorieuses, imposé seulement à la surface du sol, et d'une durée trop courte, pour avoir eu le temps de revivre.

Mais le premier Empire, cette œuvre immense qu'avait fondée Napoléon, en profitant de tout à la fois, de tant de forces guerrières et civiles déployées avant lui, de tant de folies à réparer, de tant de malheurs à soulager, d'une nation sous les armes à conduire où il voudrait, d'une société bouleversée à reconstruire, en son nom et à rassurer par ses lois, d'une religion proscrite à relever, en se faisant bénir et sacrer par elle, ce ne sont pas quelques traîtres qui pouvaient mettre la cognée dans un tel édifice de grandeur et de stabilité ! Ce furent les imprudences seules et les iniquités du fondateur, l'excès de Despotisme, sous lequel il amortit et brisa l'impulsion héroïque dont il avait hérité, l'abus enfin de son propre génie et l'oppression de tous les droits du peuple généreux, qu'il employait à subjuguer les autres peuples. Quelques traîtres, qui ne sont pas des assassins, comptent peu, dans la destinée d'un homme de génie tout-puissant ; et leur rôle ne commence d'ordinaire que lorsque cet homme est à demi perdu par ses propres erreurs, par les maux qu'il a faits et les malédictions qu'il a méritées.

N'étant plus désormais le spectacle du monde, n'ayant plus pour témoins que ses gardiens, Napoléon, pendant les deux mois et demi de navigation qu'il passa sur le *Northumberland*, dans la société de l'amiral Cockburn, ne parut jamais perdre ni négliger cet art d'imposer par l'admiration, d'étonner et parfois même de plaire, qui s'était mêlé à l'exercice de sa toute-puissance.

Des recueils étrangers ont réuni mille traits de ses entretiens : il a eu son Dangeau, sur le *Northumberland*, comme à Sainte-Hélène ; mais bien loin, et bien au-dessus de ces reproductions toujours incomplètes, de cette fidélité souvent fautive, lors même qu'elle est littérale, c'est lui-même qu'il faut lire, qu'il faut entendre.

C'est lui seul qui, dans les tristesses de sa relégation du monde, dans le travail de ses *dictées* reprises sur les mêmes sujets, a élevé le plus durable monument à sa mémoire et doublé son immortalité de Monarque et de guerrier, par ses tableaux de grand peintre et de penseur profond. Que reste-t-il en effet du génie, de l'imagination et de l'âme de la plupart des hommes qui ont matériellement dominé le monde? Par où peut-on les étudier en eux-mêmes et reconnaître, à travers les siècles, l'accent de leur voix? Quelques paroles magnanimes, quelques mots de grandeur et d'orgueil se sont conservés d'Alexandre, comme une épitaphe de ses conquêtes et de sa vie. On a recueilli de César quelques lettres brèves et saisissantes, comme l'éclair de sa volonté, et un livre unique, non pas seulement le récit de ses Campagnes, mais l'image transparente de son génie rapide, impérieux, éclatant, et simple dans les grandes choses.

Longtemps après, au faîte du Pouvoir absolu érigé par César, on vit le plus humain des empereurs de Rome, le seul qui, par l'ascendant de la règle morale sur lui-même, ait contre-pesé tous les vices du Despotisme, Marc-Aurèle, révéler dans quelques édits et graver sur ses tablettes transmises à l'avenir le secret de ses vertus et le principe du bien qu'il a fait au monde.

Entre les Monarques qui ont vaincu, à la tête de peuples barbares, Timour a laissé [1] des Mémoires qui

---

[1] *Institutions de Timour*, traduites par Langlès.

expliquent ses Conquêtes, bien plus par une supériorité de culture dans le génie du chef que par l'impétuosité guerrière de ses hordes sauvages.

Dans les temps plus modernes, un vaillant Capitaine qui devint un grand roi, notre Henri IV, a jeté à travers les épreuves de sa vie quelques courtes et admirables harangues et une foule de lettres qui ont gardé jusqu'à nous le feu de son esprit et les traits distincts de son héroïsme original. Plus près de nous, un grand Prince, Louis XIV, roi dès l'enfance, a laissé, dans des fragments de *Mémoires*, dans des lettres nombreuses, dans quelques mots d'une inimitable noblesse, le modèle idéal et vrai de sa gravité laborieuse et de sa dignité suprême.

Bien plus près encore, et sous l'influence des libres doctrines qui précédèrent nos révolutions, un autre Monarque, élève de nos écrivains et de notre langue, naturalisé Français sur un trône étranger, a cherché et cru trouver dans l'étude une renommée comparable à celle de ses habiles conquêtes. Mais, supérieur dans l'action, éminent par l'esprit de persévérance et de sagacité, la grandeur de la pensée et du langage a manqué à ses écrits; et il sera pour l'avenir un grand roi, et un auteur ayant eu bien plutôt la passion que le génie des lettres.

D'un esprit plus vaste et moins sage, Napoléon n'aura pas, comme Frédéric, gardé ses Conquêtes et affermi sur la paix un État créé par la guerre. Il aura passé, comme son gigantesque Empire; il n'aura rien fondé qu'un souvenir immortel. Mais sa gloire, moins intacte, moins égale, sera bien plus grande en étendue et sans doute en durée. Il parlera lui-même à la dernière postérité. A part tout ce qu'on peut rassembler et décrire des incidents de son élévation et de son règne, le travail de sa Captivité, cette histoire dictée près de son tombeau et laissée incomplète par sa mort ne cessera pas d'être lue, comme un des monuments du génie français; et les bas-reliefs qu'il a gravés lui-même de la Campagne d'Italie, de l'expédition d'Égypte, de la prise du Pouvoir au 18 brumaire, de la journée de Marengo et d'une partie des guerres d'Allemagne expliqueront à jamais, et directement, par l'empreinte de l'historien, la domination du héros et le long éblouissement des hommes.

FIN.

TABLE DES MATIÈRES

	PAGES
CHAPITRE Ier. L'avant-veille et la veille du 20 mars 1815. . . .	1

CHAPITRE II. Événements extérieurs. — Travaux du congrès de Vienne, depuis sa première réunion. — Influence de la diplomatie française. — Graves questions résolues. — Dernières questions à résoudre interrompues par l'entreprise de Napoléon. 49

CHAPITRE III. Annonce à Vienne de l'entreprise de Napoléon. — Impressions diverses. — Conduite de M. de Talleyrand. — Déclaration du 13 mars. 79

CHAPITRE IV. Conséquences de la déclaration du 13 mars.—Impressions des esprits en Allemagne. — Premiers débats du Parlement britannique. — Entreprise du roi de Naples Murat. 88

CHAPITRE V. Lendemain du 20 mars à l'intérieur. — Formation du nouveau gouvernement de Napoléon. — Essais de guerre civile. — Démarches à l'égard de l'étranger. — Tentatives de paix et polémique officielle. — Forclusion et hostilité générale. 109

CHAPITRE. VI. Suite de l'entreprise du roi Murat. — Courte suspension et reprise des hostilités. — Défaite de ce Prince. — Actes nouveaux du Congrès. — Débats du Parlement anglais.   136

CHAPITRE VII. Prompte pacification du Midi. — Impossibilité de la guerre civile. — Puissance nominale des Bourbons. — Situation du roi Louis XVIII à Gand. —Troubles dans l'Ouest sous l'instigation étrangère. — Préparation de l'Acte additionnel, et anecdote qui s'y rapporte.   165

CHAPITRE VIII. Solennité du Champ de Mai. — Impressions de cette cérémonie. — Continuation du mouvement européen. — Graves débats du Parlement britannique. —Castlereagh, Grattan.   188

CHAPITRE IX. Préliminaires de l'Assemblée des Représentants. — Quelques détails sur sa formation. — Anecdotes de Paris et de Vienne.   221

CHAPITRE X. Ouverture des deux Chambres. — Détails relatifs à la formation de la Chambre des Pairs. — Discours de l'Empereur. — Suite du cérémonial constitutionnel. — Adresses simultanées des Pairs et des Représentants. — Réponses de l'Empereur. — Son départ pour l'armée. — Séance de la Chambre des Représentants. — Le Parlement britannique.   232

CHAPITRE XI. Anxiété croissante de Paris. — Détails intérieurs de l'Élysée. — Situation de la Chambre des Représentants.   258

CHAPITRE·XII. Séance matinale de la Chambre des Représentants. — Aspect de l'Assemblée. — Premiers incidents de la séance. — M. de La Fayette. — Résistance ouvertement manifestée, et attaque à l'Empire.   269

CHAPITRE XIII. Séance de la Chambre des Pairs. — Aspect de la Chambre. — Extraits inédits de ses délibérations du 21 juin 1815.   282

CHAPITRE XIV. La journée du 22 juin 1815, à la Chambre des Pairs de Napoléon.   306

CHAPITRE XV. Entretien de M. de Pontécoulant. — Séance de

TABLE DES MATIÈRES.

nuit à la Chambre des Pairs. — Le prince Lucien. — Douloureux incident du général de Labédoyère. — Déclaration finale. 322

Chapitre XVI. Séance de la Chambre des Représentants. — Propositions tendantes à confirmer l'abdication de Napoléon. — Terme moyen adopté. — Hommage de remerciement décrété à Napoléon. — Comment fut évitée la déclaration de Régence. 344

Chapitre XVII. Dernière réception officielle à l'Élysée. — Réponse de Napoléon au bureau de la Chambre des Représentants. — Formation élective de la commission de Gouvernement. — Lendemain de l'abdication. — Séance de la Chambre des Pairs, le 23 juin. — Le général Drouot; son discours en réponse aux attaques du jour précédent. 362

Chapitre XVIII. Séance de la Chambre des Représentants. — Jeu double et manœuvre dernière du duc d'Otrante. — Débat sur la succession de Napoléon. — Discours de M. Manuel. — Manière de reconnaître et d'éluder le droit réclamé pour Napoléon II. 372

Chapitre XIX. Proclamation au nom du Gouvernement provisoire. — Choix et instructions des Plénipotentiaires envoyés aux Puissances étrangères. — Séjour inactif de Napoléon à l'Élysée. — Plans divers et stériles. — Départ de l'Élysée pour la Malmaison. — Dernière proclamation à l'armée. . 388

Chapitre XX. Séjour momentané à la Malmaison. — Projet présenté à Napoléon et refusé par lui. — Dernières incertitudes. 404

Chapitre XXI. Incidents de la route de Napoléon. — Son arrivée à Rochefort. — Illusion dissipée. — Événements de Paris, après le départ de Napoléon. — Derniers efforts militaires. — Aspect de la Capitale. — Négociations secrètes et publiques de Fouché. — Convention avec les généraux ennemis. — Retraite pacifique de l'armée. 435

Chapitre XXII. Rôle du duc d'Otrante. — Forces nouvelles de l'ancienne Monarchie. — Derniers actes de la Chambre des Représentants. — Principes constitutionnels de toute part reconnus. — Transformation du duc d'Otrante en ministre de Louis XVIII. 470

Chapitre XXIII. Fin du séjour de Napoléon à Rochefort. — Projets divers et impuissants. — Passage à l'Ile d'Aix. — Négociations avant de se rendre à bord d'un vaisseau de guerre anglais. — Récits contradictoires. — Notification de l'ordre de transport à Sainte-Hélène. — Protestation. — Passage sur un autre vaisseau de guerre. — Départ pour Sainte-Hélène. 489

Chapitre dernier. 520

FIN DE LA TABLE DES MATIÈRES.

Imprimerie de Gustave Gratiot, 30, rue Mazarine.

www.ingramcontent.com/pod-product-compliance
Lightning Source LLC
Chambersburg PA
CBHW071938240426
43669CB00048B/1819